汽车电器与电子设备

（第3版）

赵福堂　编著

北京理工大学出版社
BEIJING INSTITUTE OF TECHNOLOGY PRESS

内 容 提 要

本书主要内容包括：蓄电池、交流发电机与电压调节器、起动机、汽车点火系统、汽车照明与信号系统、电器仪表及显示系统、汽车车身电器装置、汽车电子控制装置、CAN 数据传输系统、汽车导航系统、汽车电器设备总线路等 11 章。本书系统地讲述了现代汽车电器设备的基本结构、工作原理、使用特性、常见故障及排除。

本书可作为高等院校汽车工程专业的教材，也可供工程技术人员、工人参考使用。

图书在版编目（CIP）数据

汽车电器与电子设备 / 赵福堂编著 . —3 版 . —北京：北京理工大学出版社，2009.5（2023.2 重印）
ISBN 978 - 7 - 81045 - 341 - 7

Ⅰ. 汽…　Ⅱ. 赵…　Ⅲ. ①汽车 – 电气设备②汽车 – 电子设备
Ⅳ. U463.6

中国版本图书馆 CIP 数据核字（2009）第 056624 号

出版发行／北京理工大学出版社
社　　址／北京市海淀区中关村南大街 5 号
邮　　编／100081
电　　话／(010)68914775(办公室)　68944990(批销中心)　68911084(读者服务部)
网　　址／http：// www. bitpress. com. cn
经　　销／全国各地新华书店
印　　刷／三河市华骏印务包装有限公司
开　　本／787 毫米×1092 毫米　1/16
印　　张／20
字　　数／464 千字
版　　次／2009 年 5 月第 3 版　　2023 年 2 月第 29 次印刷　　责任校对／申玉琴
定　　价／49.00 元　　　　　　　　　　　　　　　　　　　　责任印制／王美丽

图书出现印装质量问题，本社负责调换

编写委员会·————————————————————

出版说明·————————————————————

　　为贯彻汽车工业产业政策，推动和加强汽车工程图书的出版工作，中国汽车工程学会成立了"汽车工程图书出版专家委员会"。委员会由有关领导机关、企事业单位、大中专院校的专家和学者组成，其中心任务是策划、推荐、评审各类汽车图书选题。图书选题的范围包括：学术水平高、内容有创见、在工程技术理论方面有突破的应用科学专著和教材；学术思想新颖、内容具体、实用，对汽车工程技术有较大推动作用，密切结合汽车工业技术现代化，有高新技术内容的工程技术类图书；有重要发展前景，有重大使用价值，密切结合汽车工程技术现代化需要的新工艺、新材料图书；反映国外汽车工程先进技术的译著；使用维修、普及类汽车图书。

　　出版专家委员会是在深化改革中，实行专业学会、企业、学校、研究所等相互结合，专家学者直接参与并推动专业图书向高水平、高质量、有序发展的新尝试。它必将对活跃、繁荣专业著作的出版事业起到很好的推动作用。希望各位同仁、专家积极参与、关心、监督我们的工作。限于水平和经验，委员会推荐出版的图书难免存在不足之处，敬请广大同行和读者批评指正。

　　本书由赵福堂编著，经专家委员会评审通过、推荐出版。

汽车工程图书出版专家委员会

第3版前言

《汽车电器与电子设备》一书是 CSAE 汽车工程图书出版专家委员会选题图书。本书为第三版。该书自 1997 年 12 月初版问世以来已修订过一次，共印刷了九次，累计印数 29 000 册，深受广大读者的欢迎和关注，被多所院校选为教材，受到广大师生的好评。

本书共分十一章，包括蓄电池、交流发电机与电压调节器、起动机、汽车点火系统、汽车照明与信号系统、电器仪表及显示系统、汽车车身电器装置、汽车电子控制装置、CAN 数据传输系统、汽车导航系统、汽车电器设备总线路。

本次修订保留了汽车电器与电子设备的基本内容，删去了一些部分，增加了一些新的内容，如汽车导航系统等。该书紧密结合汽车使用要求和特点，重点讲述各种汽车电器与电子设备的功能、基本构造、工作原理、特性以及常见故障诊断与排除方法，针对性、实用性较强。本书的编写注重汽车电器与电子设备的完整性、系统性，注重反映新技术、新装置以及汽车电器与电子设备的发展趋势。本书文字精炼，图文并茂，通俗易懂，便于自学。

本书可用作高等院校汽车专业的教材，也可供相关工程技术人员、工人参考使用。

本书由北京理工大学刘昭度教授主审。

在本书的编写过程中，天津工程师范学院高鲜萍老师参加了编写工作，并提出了宝贵的修改意见；本书的编写工作得到了北京理工大学许多学者、教授的热情帮助和支持，在此对他们表示衷心的感谢。

殷切期望广大读者对书中的误漏之处，予以批评指正。

作　者

再版前言

    《汽车电器与电子设备》一书是 CSAE 汽车工程图书出版专家委员会选题图书。是作者根据多年的教学经验、科研成果，按照教学大纲的要求编著的。

    本书共分十章，包括汽车传统电气设备的基本内容，有关电子技术在汽车应用方面的新内容，如新型蓄电池、新型起动机、电子电压调节器、电子点火系、计算机控制的电子点火系、前照灯的安全保护电路、新型电子仪表及显示系统、电子控制燃油喷射系统、电子控制防抱死制动系、电子控制自动空调、电动车窗、电动后视镜、电动坐椅、中央门锁、汽车防盗装置、CAN 总线等最新科技成就。

    该书紧密结合汽车使用要求和特点，着重讲述各种汽车电器与电子设备的功能、基本构造、工作原理、使用特性以及常见故障诊断与排除。针对性、实用性较强。本书在注意保持汽车电器与电子设备的完整性、系统性和基本内容的基础上，编写各章时注意新技术的发展趋势，介绍了国外部分新的先进的实用技术。文字精炼，通俗易懂，图文并茂，便于自学。

    本书可作为高等院校汽车工程专业使用教材，也可供工程技术人员、工人参考。

    本书由北京理工大学刘昭度、张付军教授主审。

    在编著过程中，得到北京理工大学车辆工程学院不少专家、教授、技术人员的热情帮助和支持，在此表示衷心感谢。

    由于编著者水平有限，书中缺点、错误在所难免，恳请读者批评指正。

作　者

目 录

绪　　论

　　《汽车电器与电子设备》是以汽车构造、内燃机构造、电工学、电子学、电化学等为基础，同时与自动化技术、计算机应用技术有着密切联系的一门专业课程教材。本书全面系统地讲述了汽车电器设备的用途、类型、构造、原理、特性等理论知识以及使用、保养、检修等技能。同时，介绍了国内外汽车电器新技术及汽车电器与电子设备的发展新动向。

　　汽车是由动力装置、底盘、车身和电器四大部分构成的。汽车电器与电子设备性能的好坏直接影响汽车的动力性、经济性以及工作可靠性和安全性。例如：为使汽车可靠地启动，需要采用电动起动机；为使发动机获得最佳经济性，需靠点火系统在最适当的时间点火；为确保汽车工作可靠、行车安全，则有赖于各种指示仪表、信号装置和照明系统等电器的正常工作。

　　汽车电器设备在汽车工业中发挥了极其重要的作用，并将继续发挥其应有的作用。基础电器设备将继续向提高品质、提高性能的方向发展，辅助电器的种类将得到进一步扩展，图0－1所示反映了汽车电器电子技术的当今国际应用水平。

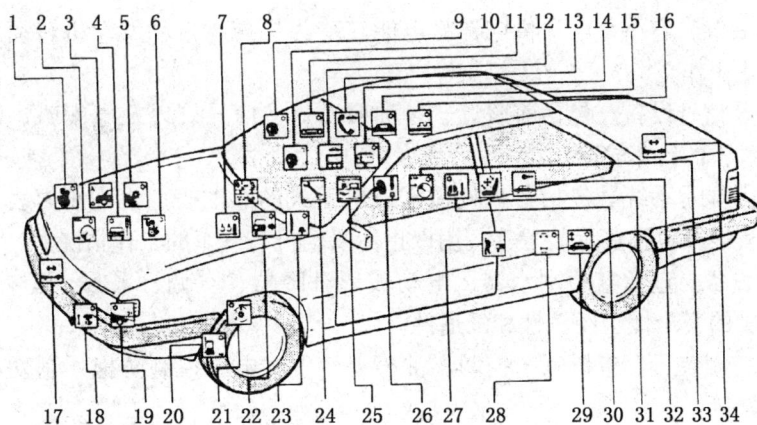

图 0－1　当今汽车电子技术的应用

1—电子增压控制（柴油机）；2—怠速/转速控制；3—排气中氧质量分数控制；4—停车/启动控制；
5—变速器及差速器控制；6—电子点火、燃油喷射及数字式电子控制；7—发动机功率控制；
8—电子组合仪表；9—电子语言输出系统；10—语音合成器；11—收录机；12—微型
电子计算机；13—汽车电话；14—导航系统；15—电子显示系统；16—多路传输系统；
17—防撞系统；18—前照灯调节器；19—带气体放电的前照灯；20—轮胎气压监测
系统；21—防抱死制动系统（ABS）与驱动防滑装置（ASR）；22—自诊断系
统；23—风窗洗涤器；24—维修间隔显示器；25—零部件磨损检测系统；26—安
全气囊、自动安全带；27—防盗报警系统；28—车辆转向控制系统；29—行驶
装置控制器；30—采暖及空调控制系统；31—坐椅位置调节系统；
32—中央门锁；33—车速调节系统；34—行李仓控制系统

一、汽车电器设备的组成及特点

现代汽车上所装电器与电子设备虽然种类繁多、功能各异，但按其功能可分为电源和用电设备两大部分。

1. 电源部分

电源部分包括蓄电池、发电机及调节器。

（1）蓄电池。启动发动机时，蓄电池是汽车上供给起动机电流的唯一电源。当发电机不工作或转速较低，其电压低于蓄电池时，由蓄电池向全车用电设备供电；当用电设备接入较多时，可协助发电机向外供电。

（2）发电机及调节器。当发电机达到一定转速，其电压高于蓄电池电压时，发电机向全车用电设备（起动机除外）供电，并向蓄电池充电。它是汽车运行中的主要电源。为使各种汽车电器都能稳定工作，三相交流发动机必须设置电压调节器，以使电压维持在某一允许的相对稳定的范围之内。

2. 用电设备部分

用电设备部分包括点火系统、启动装置、照明及信号设备、仪表及显示系统、辅助电器设备及电子控制装置等。

（1）点火系统。点火系统是汽油机不可缺少的组成部分，其功能是按发动机工作顺序产生高压电并通过火花塞跳火，保证适时、准确地点燃汽缸内的可燃混合气。有蓄电池点火系统和电子点火系统两大类。

（2）启动装置。它由蓄电池供电，将电能转变为机械能带动发动机转动。完成启动任务后，立即停止工作。

（3）照明及信号设备。包括前照灯、各种照明灯、信号灯以及电喇叭、蜂鸣器等。保证各种运行条件下的行车安全。

（4）仪表及显示系统。包括各种机械式或电子式的燃油表、机油压力表、水温表、电流表、车速里程表及各种显示装置等，用以指示发动机与汽车的工作情况。

（5）电器设备。包括电动刮水器、电动玻璃升降器、空调、采暖、音响视听设备等，以提高汽车行驶的安全性、经济性和舒适性。

（6）电子控制装置。包括电子控制燃油喷射装置、电子控制防抱死制动系统，电子控制自动变速装置等。

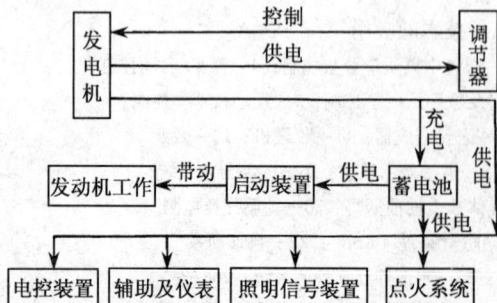

图 0-2 汽车电器及电子设备的组成

汽车电器及电子设备组成及电源与用电设备之间的关系如图 0-2 所示。

汽车电系的特点如下。

（1）低压。汽车电系的额定电压有 6 V、12 V、24 V 三种。汽油车普遍采用 12 V 电源，柴油车多采用 24 V 电源。汽车运行中的电压，一般 12 V 系统的为 14 V，24 V 系统的为 28 V。

（2）直流。汽车发动机是靠电力起动机启动的，直流串激式电动机必须由蓄电池供给直流电，而向蓄电池充电又必须用直流电，所以汽车电系为一直流系统。这主要是从蓄电池充电来考虑的。

（3）单线制。电源到用电设备只用一根导线连接，而用金属机件作为另一根公共回路线的连接方式称单线制。由于单线制导线用量少，线路清晰接线方便，因此广为现代汽车所采用。

（4）并联连接。汽车上所有用电设备都是并联于电源（蓄电池和发电机）的。汽车在使用中，当某一支路用电设备损坏时，并不影响其他支路用电设备的正常工作。

（5）负极搭铁。这是我国 GB 2261—1977《汽车拖拉机用电气设备技术条件》规定的。采用单线制时蓄电池的一个电极需接至车架上，俗称"搭铁"。蓄电池的负极接车架就称之为负极搭铁，反之则为正极搭铁。我国标准规定统一采用负极搭铁。

（6）汽车电路有颜色和编号的特征。为了便于区别各线路的连接，汽车所有低压导线必须选用不同颜色的单色或双色线，并在每根导线上标有编号。编号由厂家同意编定。

（7）具有相对独立的电路系统。汽车电路有相对独立的系统组成，一般包括电源电路、启动电路、点火电路、照明与信号电路、仪表与报警电路、辅助装置电路。

汽车电器设备是贯穿全车的一个完整系统，它的部件分布于全车各个部位。图 0 - 3 是汽车电器设备布置示意图。各部件的安装位置与其功能密切相关。

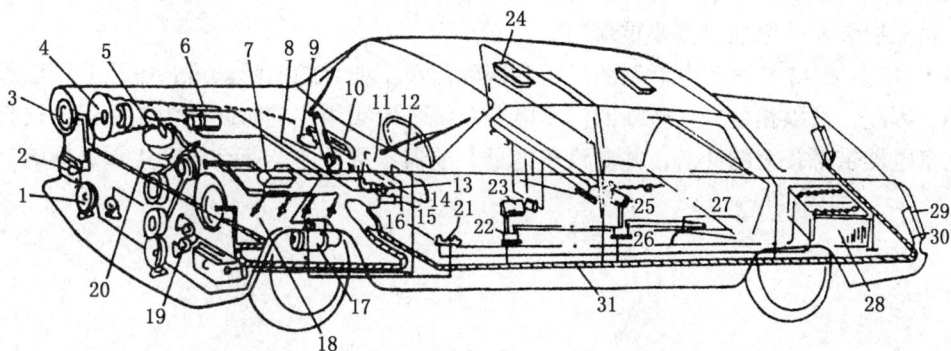

图 0 - 3　汽车电器在汽车上的分布

1—雾灯；2—小灯及前转向灯；3—前照灯；4—冷、暖风电机；5—分电器；6—点火线圈；7—调节器；
8—刮水器电机；9—收放机喇叭；10—收放机；11—电流表；12—电喇叭按钮；13—点火开关；
14—组合仪表；15—车灯总开关；16—保险丝盒；17—起动机；18—火花塞；19—电喇叭；
20—发电机；21—电源总开关；22—玻璃升降器电机继电器；23—玻璃升降器电机；
24—室内照明灯；25—坐椅移动电机；26—坐椅移动电机继电器；
27—玻璃升降及坐椅移动电机开关；28—蓄电池；29—尾灯和
制动灯；30—后转向灯及倒车灯；31—电线束

二、汽车电器系统的发展趋势——电压升级

在以节能、环保和安全为中心的现代汽车中，汽车电器设备越来越多，电器负荷越来越大，这就要求汽车电器系统能够提供更高的电能，传统的 14 V 电压供电系统已经不再适应目前的需求，电压升级已经成为汽车电气系统的发展趋势。

目前，学术界提出的汽车电压升级方案有两种：一种是汽车 42 V 的电压方案；另一种是汽车 14 V/42 V 双电压方案。简单地说，汽车 42 V 单电压方案是将目前汽车上采用的 14 V 电源改为 42 V（发电机输出电压 14 V 的 3 倍）。从理论上讲，电压提高 3 倍，电流会减少 65%。这除了能减少线束截面积、减小电机体积外，还能趁机将车上的电器来一场革命，例如，取消目前使用的机械式继电器，进入固态开关模式，采用电子模块代替目前的分立元件等。目前的豪华轿车使用 1~3 kW 的功率，而将来高级轿车的使用功率将达到 10~20 kW，如果汽车性能要提高，装置要增多，唯有走电压升级这一条路。

但电压改动将涉及整个汽车电气系统的技术改造，还涉及配件供应商、配套商的利益问题。例如，现在的蓄电池都是 6 V 或 12 V，实施升压就要研制生产 24 V 或 48 V 的新型蓄电池。汽车上的发电机、起动机、刮水器电动机、微型电动机、灯泡、仪表、继电器等器件都要改进，对目前汽车零配件制造行业产生重大冲击。另外，提高电压对采用灯丝型灯光系统有不利影响。

由于直接采用 42 V 单电压方案对现有的汽车及零部件行业冲击过大，所以有学者提出了 14 V/42 V 双电压方案，以作为由 14 V 和 42 V 平稳过渡的措施。但双电路供电系统需要安装 14 V 及 42 V 蓄电池组，因而增加了车辆附加承载，占用更大的空间及增加造价。而且尚待解决的问题不少，例如 AC/DC 变换器产生的电磁干扰；高电压瞬态现象及抑制控制方法；双电压电器系统在车辆运行时的功率流向及分配问题；等等。尤其是安全问题，电线绝缘和电路保护装置的标准等都要重新制定。

14 V/42 V 及 42 V 汽车电器系统已得到国际汽车工业界的广泛认可，电压升级已经是大势所趋。因此，可以相信，这些新的汽车电器系统进入实用化的时间已为期不远，这将对传统的汽车电器带来较大的冲击，并对汽车电子、电器零部件的产业结构产生深远影响。

第一章

蓄 电 池

◉ **学习目标**

通过本章的学习，重点掌握汽车用蓄电池的基本构造、工作原理、工作特性以及影响蓄电池容量的因素。熟悉蓄电池的充电、正确使用及检测维护故障排除方法。了解各种新型蓄电池的结构特点及汽车用蓄电池的发展趋势。

电池是将化学能转换为电能的一种低压直流电源，通常称为化学电源。一般将电池分为四大类：

第一类为原电池，又称一次电池，如锌-二氧化锰电池等。

第二类为蓄电池，又称二次电池，如铅-二氧化铅、镉-氢氧化镍电池等。

第三类为储备电池，如镁-氯化银、锌-二氧化铅电池等。

第四类为连续电池，或称燃料电池，如氢-空气、肼-空气电池等。

蓄电池的种类繁多。视蓄电池的电解液是酸性还是碱性，蓄电池可分为酸性蓄电池和碱性蓄电池两大类。碱性蓄电池的电解液为化学纯净的氢氧化钠或氢氧化钾溶液。酸性蓄电池的电解液为化学纯净的硫酸溶液。在汽车上使用最广泛的是启动型铅酸蓄电池，其电极的主要成分是铅，电解液是稀硫酸溶液。

铅蓄电池在汽车上的安装位置，根据汽车制造厂车型结构设计而定。一般轿车装在发动机罩内，货车装在车架前部的左侧或右侧，客车多装在车厢内。蓄电池都是用特制金属框架和防震垫固定的。

汽车上装有两个直流低压电源，一个是启动型蓄电池，另一个是发电机。发电机是由发动机带动而发电的，蓄电池是靠内部的化学反应来储存电能和向外供电的。两个电源与全车用电设备均接成并联电路，如图 1-1 所示。

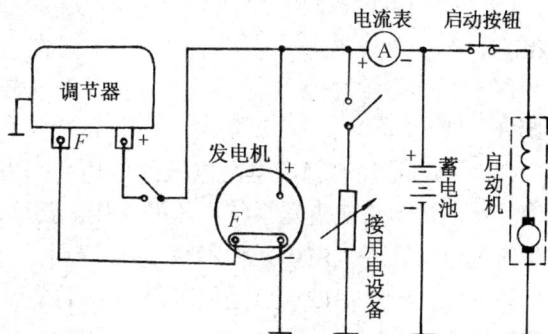

图 1-1 汽车并联电路

蓄电池是汽车电气系统的心脏，在一定情况下（如发动机未运转时）蓄电池供给用电设备所需的全部电能。图1-2中（a）～（c）表示交流发电机和蓄电池供应电流的三种情况。

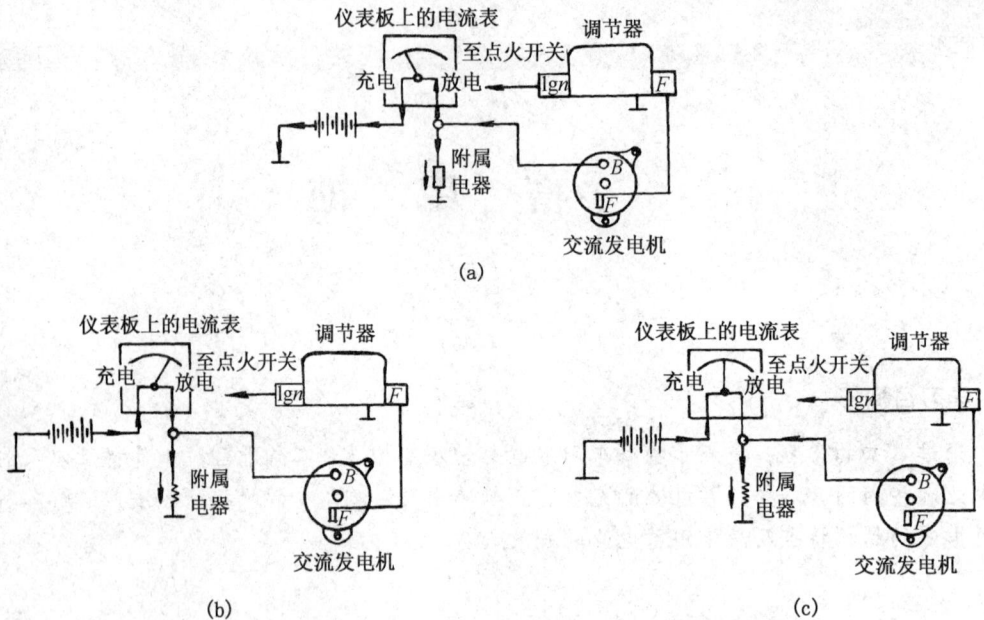

（a）

（b）

（c）

图1-2　交流发电机和蓄电池供应电流情况

（a）交流发电机供电给附属电器和蓄电池；（b）蓄电池供电给附属电器；
（c）交流发电机和蓄电池同时向附属电器供电

在发动机工作时，用电设备所需电能主要由发电机供给，而铅蓄电池的主要用途如下。

（1）汽车发动机启动时，蓄电池向起动机和点火装置供电。启动发动机时，蓄电池必须在短时间（5～10 s）内给起动机提供强大的启动电流（汽油机为200～600 A，柴油机有的高达1 000 A）。

（2）在发电机不发电或电压较低，发动机处于低速时，蓄电池向点火系及其他用电设备供电，同时向硅整流发电机供给他激激磁电流。

（3）当用电设备同时接入较多，发电机超载时，蓄电池协助发电机共同向用电设备供电。

（4）当蓄电池存电不足，而发电机负载又较少时，可将发电机的电能转变为化学能储存起来，即充电。

（5）蓄电池还有稳定电网电压的作用。当发动机运转时，交流发电机向整个系统提供电流。蓄电池起稳定电器系统电压的作用。蓄电池相当于一个较大的电容器，可吸收发电机的瞬时过电压，保护电子元件不被损坏。延长其使用寿命。

铅蓄电池最突出的优点是内阻小，电压高而且稳定，还复系数（即放出电量与充入电量之比）高，成本低，易于满足汽车的需要。然而，它也有一些缺点，如比能低，可靠性较差，易于出现故障，需要经常维护，使用寿命较短等。

第一节 蓄电池的构造及型号

一、铅蓄电池的构造

铅蓄电池都是由正、负极板、隔板、电解液、外壳、联条和接线柱等主要部件构成，如图1-3所示。6 V和12 V启动型铅蓄电池一般由3个或6个单格电池串联构成。每个单格的标称电压为2 V，由若干单格电池串联组成蓄电池总成，以满足汽车用电设备的需要。

蓄电池主要由下列各部组成。

1. 极板组

极板组是蓄电池的核心部分，极板分正极板、负极板两种。蓄电池的充放电过程是靠极板上的活性物质与电解液的电化学反应来实现的。极板是由栅架及铅膏涂料组成，其形状如图1-4所示。

栅架的作用是容纳活性物质并使极板成形。整个架体的平面内构成许多大小相同、分布均匀的长方形空格，下部有凸筋，上部的一角有板耳，如图1-5所示。

栅架的材料多为铅锑合金。加锑是为了提高浇铸性能和机械强度。锑的质量分数一般为5%~7%。但锑有副作用，会加速氢的析出，产生自放电，加速电解液的消耗，缩短蓄电池的使用寿命。为了避免这些缺点，栅架的制作技术将向锑质量分数不超过3%的低锑和不含锑的铅钙锡合金发展。

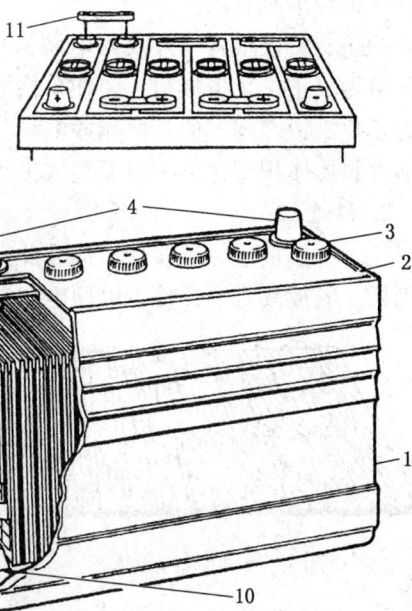

图1-3 蓄电池的构造

1—蓄电池的外壳；2—密封膏；3—加液孔塞；4—接线柱；5—负极板；6—同极连接片；7—隔板；8—正极板；9—极板支架；10—沉淀池；11—联条

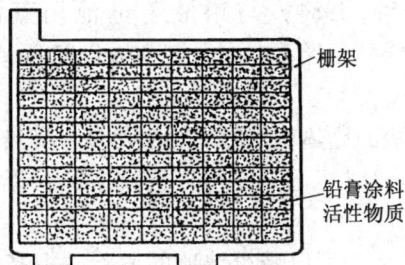

图1-4 极板

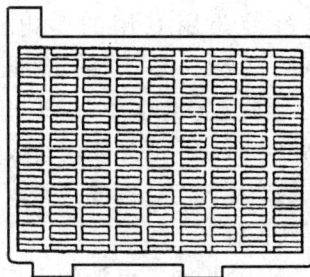

图1-5 栅架

铅膏是由铅粉与一定密度的稀硫酸混合而成的。为了提高负极板上活性物质的多孔性，防止极板纯化和收缩，铅膏里常加入添加剂，如木素磺酸钠、木素横酸钙、硫酸钡、腐殖酸、炭黑等。同时还在活性物质中加入天然纤维和合成纤维，以防止活性物质的脱落和裂纹。

活性物质是进行电化学反应的主要成分。经过化成处理（正、负极板上的活性物质的转化过程称为化成处理，也就是将涂膏后的生极板首先经过热风干燥，然后再置入稀硫酸中进行充电和保护性放电的过程）后，正极板上的活性物质多为孔性的二氧化铅（PbO_2），呈红棕色。负极板上的活性物质为海绵状纯铅（Pb），呈青灰色。

国产负极板的厚度为 1.8 mm，正极板为 2.2 mm。国外现有一种薄型极板，厚度为1.1 ~ 1.5 mm。薄型极板对提高蓄电池的比容量（极板单位尺寸所提供的容量）和改善启动性能都是很有利的。

把正、负极板各一片浸入电解液中，就可获得 2 V 电动势，但是为了增大蓄电池的容量，常做成正、负极板组，装在单格电池内。负极板的数量总比正极板多一片。这样正极板都处于负极板之间，使其两侧放电均匀，否则，由于正极板的机械强度差，单面工作会使两侧活性物质体积变化不一致而造成极板拱曲，活性物质就容易脱落。

2. 隔板

正、负极板应尽量靠近，但彼此又不能接触以免短路，故在相邻的正负极板之间加有绝缘隔板。隔板具有多孔性，以便电解液渗透，且化学性能稳定。常用的隔板材料有木质的、微孔橡胶的、微孔塑料的、塑料纤维的以及浸树脂纸质隔板等。木质隔板原料充足、便宜、制作简便，但耐蚀性差。以微孔塑料隔板使用最为普遍。隔板也是制成长方形片状，面积比极板略大些。厚度一般不超过 1 mm，成形隔板的一面有特制的纵向沟槽，另一面则为平面，如图 1 - 6 所示。安装时隔板上带沟槽的一面应面向正极板，这是因为正极板在充放电过程中化学反应激烈，沟槽能使电解液较顺利地上下流通。

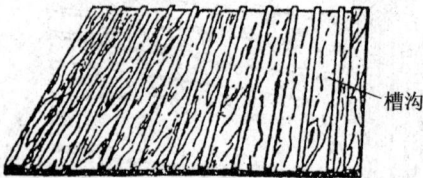

槽沟

图 1 - 6 隔板的形状

近年来，出现了一种微孔塑料套袋，将正极板紧紧地套装在里面，以防活性物质脱落。

3. 电解液

电解液又称电解质，俗称电水。它的作用是形成电离，促使极板活性物质电离产生电化学反应。电解液是用专用的蓄电池用硫酸（GB 4554—1984）与铅酸蓄电池用蒸馏水（ZBK84004—1989）按一定的比例配制而成的。相对密度：普通蓄电池为(1.26 ± 0.010) g/cm^3（30 ℃）；干荷电蓄电池为(1.280 ± 0.010) g/cm^3（25 ℃）。

配制电解液时，必须使用耐酸耐热的器皿，因硫酸的比热比水的比热小得多，受热时温升很快，易产生气泡，造成飞溅现象，所以配制电解液时切记只能将硫酸徐徐倒入蒸馏水中，并不断搅拌。

电解液的密度对蓄电池的工作有重要影响，密度大，可以减少结冰的危险并提高其容量，但密度过大，由于黏度增加，反而会降低蓄电池的容量。电解液必须符合标准相对密度。根据我国地域辽阔、气候条件复杂的特点，统一规定了不同地区和气温条件下的电解液相对密度值，见表 1 - 1。

表 1−1 不同地区和气温条件下的电解液相对密度

气 候 条 件	全充电 15 ℃时的密度/（g·cm^{-3}）	
	冬 季	夏 季
冬季温度低于 −40 ℃地区	1.310	1.250
冬季温度高于 −40 ℃地区	1.290	1.250
冬季温度高于 −30 ℃地区	1.280	1.250
冬季温度高于 −20 ℃地区	1.270	1.240
冬季温度高于 0 ℃地区	1.240	1.240

电解液必须规定标准温度。电解液的温度不同，其相对密度值也相应改变。一般温度每变化 1 ℃，相对密度变值为 0.000 7。电解液温度升高，相对密度减小，温度下降，相对密度增大。因此，温度是确定电解液相对密度值的前提。世界各国都规定了电解液的标准温度，我国是 15 ℃，而日本为 20 ℃，欧美国家则规定为 25 ℃和 30 ℃。

4. 壳体

蓄电池的壳体是用来盛放电解液和极板组的，外形为长立方体，内部一般分隔成互不相通的三个或六个单格电池槽，顶沿四周有与池盖相接合的特制封沟，壳内底部有凸筋，用以支撑极板组。壳体应耐酸、耐热、耐寒、耐震、绝缘性能好、有一定的机械强度。国内多采用硬橡胶外壳，即硬橡胶模压后，经硫化而成，俗称胶壳。近年来，由于工程塑料的发展，多用塑料（聚丙烯）制成。塑料外壳不仅耐酸、耐热、耐震，而且强度高韧性好、质量小，壳体壁较薄，一般为 3.5 mm（而胶壳壁厚为 10 mm），外形美观透明，塑料壳体易于热封合，生产效率高，已成为一种发展趋势。

外壳的顶部有相同材料的池盖，分单体盖和整体盖两种。单体盖上有 3 个孔，两侧圆孔作为极桩孔，中间为带内螺纹的加液孔，平时用加液孔螺塞拧紧，加液孔螺塞的顶部中心有通气小孔。可随时排出电池内的 H_2 和 O_2，以免发生事故。若在孔盖上安装一个氧化锰过滤器，可避免水蒸发逸出，减少水的消耗。整体盖有 3 个或 6 个加液孔和两个接外电路用的极桩。

5. 联条

蓄电池总是由 3 个或 6 个单格电池组成的，各单格电池之间靠铅质联条串联起来。联条的安装有传统的外露式，还有较先进的穿壁式，如图 1−7 所示。

采用穿壁式联条有许多优点。如体积比能量提高 20% 左右，质量比能量提高 15% 左右，

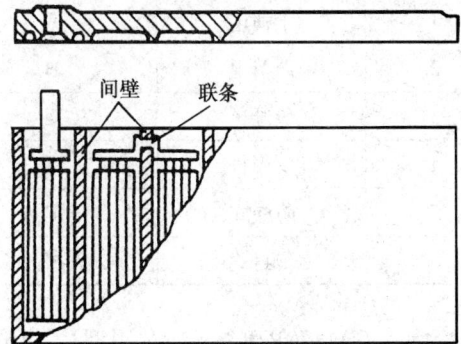

图 1−7 单格电池之间的穿壁焊示意图

联条功率消耗减少 80%，端电压提高 0.15 ~ 0.40 V，节约铅锑合金 50%，同时还能有效地避免氧化腐蚀，保证接触良好，提高技术性能。

二、蓄电池的型号

根据原机械工业部标准 JB 2599—1985《铅蓄电池产品型号编制方法》规定,蓄电池型号由三部分组成,各部分之间用破折号分开,其内容及排列如下。

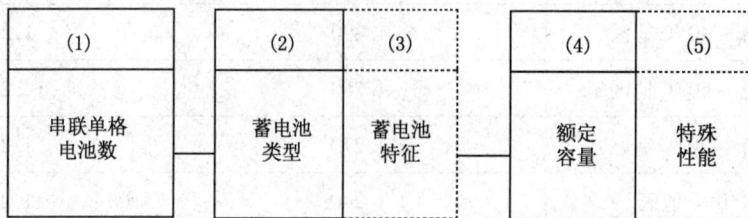

(1)		(2)	(3)		(4)	(5)
串联单格 电池数		蓄电池 类型	蓄电池 特征		额定 容量	特殊 性能

(1) 串联单格电池数。指一个整体壳体内所包含的单格电池数目,用阿拉伯数字表示。

(2) 电池类型。根据蓄电池的主要用途划分,启动型蓄电池用"Q"表示,代号"Q"是汉字"启"的第一个拼音字母。

(3) 电池特征。为附加部分,仅在同类用途的产品具有某种特征,而在型号中又必须加以区别时采用。如为干荷电蓄电池,则用汉字"干"的第二个拼音字母"A"表示;如为无须(免)维护蓄电池,则用"无"字的第一个拼音字母"W"来表示。当产品同时具有两种特征时,原则上应按表 1-2 所示顺序用两个代号并列表示。

(4) 额定容量。是指 20 A·h 的额定容量,用阿拉伯数字表示,单位为 A·h(安·时),在型号中可略去不写。

(5) 特殊性能。在产品具有某些特殊性能时,可用相应的代号加在型号末尾表示。如"G"表示薄型极板的高启动率电池,"S"表示采用工程塑料外壳与热封合工艺的蓄电池。

表 1-2 蓄电池产品特征代号

序号	产品特征	代号	序号	产品特征	代号
1	干荷电	A	7	半密封式	B
2	湿荷电	H	8	液密式	Y
3	免维护	W	9	气密式	Q
4	少维护	S	10	激活式	I
5	防酸式	F	11	带液式	D
6	密封式	M	12	胶质电解液式	J

例如,CA1170P2K2 柴油车用型号为 6-QAW-100S 的蓄电池,是由 6 个单格串联而成,标准电压为 12 V,额定容量 100 A·h 的干荷电式免维护蓄电池。

第二节 蓄电池的工作原理

蓄电池的种类虽然很多,其工作原理完全相同。铅蓄电池的基本工作状态是放电和充电，所谓放电，就是在使用时把化学能转变为电能向用电设备供电；充电就是把外面输入的电能转变为化学能储存在蓄电池里的过程。

蓄电池中发生的化学反应是可逆的。一般认为双极（或双重）硫酸盐化理论（简称双硫化理论）能较确切地说明蓄电池中的化学反应过程。蓄电池正极板上的活性物质是二氧化铅（PbO_2），负极板上的活性物质是海绵状纯铅（Pb），电解液是硫酸水溶液（H_2SO_4）。据双硫化理论，接通用电设备时，蓄电池可以放出电流，而放电后又以相反的方向通过电流，可以使极板上的活性物质恢复到原来的状态。在正常、合理的使用条件下，蓄电池能反复进行充、放电循环，发挥供电和储电的特殊功能，因而又被称为二次电池或再生电池。国产蓄电池一般的充放电循环期为 250 ~ 500 次。

一、电解液中的电离过程和电离平衡

铅蓄电池的电解液是硫酸水溶液。硫酸水溶液是二类导电体，依靠带电离子导电。H_2O 是一种极性分子，即显示一定的电性，它可与其他极性分子作用。H_2SO_4 是一种具有极性键的分子，可与 H_2O 作用。所以硫酸多以氢离子和酸式硫酸根离子或氢离子和硫酸根离子的形式存在。

硫酸在水分子的作用下离解为氢离子（阳离子）和酸式硫酸根离子（阴离子）：

$$H_2SO_4 \rightleftharpoons H^+ + HSO_4^-$$

酸式硫酸根离子又可离解为氢离子和硫酸根离子，但比较困难：

$$HSO_4^- \rightleftharpoons H^+ + SO_4^{2-}$$

水可电离为

$$H_2O \rightleftharpoons H^+ + OH^-$$

电离是可逆的，在一定条件下，当电离过程的速度和离子结合成分子的速度相等时，则建立起电离平衡。当然，这是一种动态平衡。

二、电势的建立

当极板浸入电解液时，在负极板处，铅受到两方面的作用，一方面它具有溶解于电解液的倾向，少量铅溶于电解液，生成 Pb^{2+}，在极板上留下两个电子，使极板带负电；另一方面，由于正、负电荷的吸引，Pb^{2+} 有沉附于极板表面的倾向。当两者达到平衡时，溶解停止，使负极板具有负电位，约为 $-0.1V$。

正极板上，少量的 PbO_2 溶于电解液，与水生成 $Pb(OH)_4$，再离解成四价铅离子和氢氧根离子，即

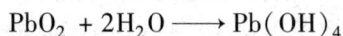

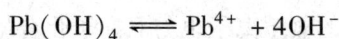

$$PbO_2 + 2H_2O \longrightarrow Pb(OH)_4$$

$$Pb(OH)_4 \rightleftharpoons Pb^{4+} + 4OH^-$$

Pb^{4+} 有沉附于极板的倾向且大于溶解的倾向，因而在正极板上使极板呈正电位，当达到平衡时，约为 $+2.0\ V$。因此，当外电路未接通，反应达到相对平衡时，蓄电池的静止电动势 E_0 约为

$$E_0 = 2 \times 0 - (-0.1) = 2.1\ (V)$$

三、铅蓄电池的放电过程

铅蓄电池的放电过程就是化学能转变为电能的过程。蓄电池接上负载，在电动势的作用下，电流 I_f 从正极经负载流向负极，即电子从负极到正极，使正极电位降低，负极电位升高。

放电时的化学反应过程如图1-8所示。

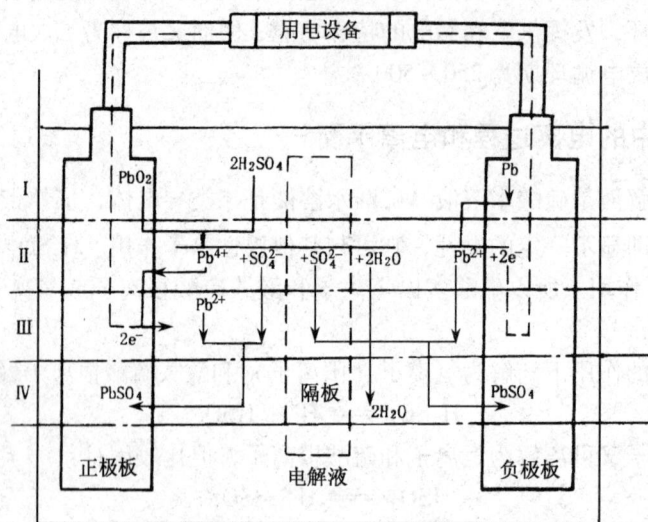

图1-8　铅蓄电池的放电过程

Ⅰ—充电状态；Ⅱ—溶解电离；Ⅲ—接入负载；Ⅳ—放电状态

在负极，铅原子首先被电离成二价的铅离子和两个电子。Pb^{2+} 与电解液中的 SO_4^{2-} 结合生成 $PbSO_4$ 沉附在负极板上。

负极板的电化学反应式如下

$$Pb \longrightarrow Pb^{2+} + 2e^-$$

$$H_2SO_4 \longrightarrow 2H^+ + SO_4^{2-}$$

$$Pb^{2+} + SO_4^{2-} \longrightarrow PbSO_4$$

$$Pb + H_2SO_4 \longrightarrow PbSO_4 + 2H^+ + 2e^-$$

在正极，首先是 PbO_2 和 H_2O 生成不稳定的氢氧化铅，其中铅的四价离子当遇到由负极来的两个电子后立即变为二价铅离子。接着二价铅离子再与硫酸根反应生成硫酸铅附着在正极板上。与此同时，正极板附近的氢正离子也与氧离子化合生成水。

正极板的电化学反应式如下

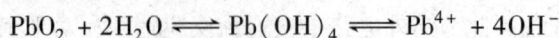

$$PbO_2 + 2H_2O \Longleftrightarrow Pb(OH)_4 \Longleftrightarrow Pb^{4+} + 4OH^-$$

$$Pb^{4+} + 2e^- \longrightarrow Pb^{2+}$$

$$H_2SO_4 \longrightarrow 2H^+ + SO_4^{2-}$$

$$Pb^{2+} + SO_4^{2-} \longrightarrow PbSO_4$$

$$PbO_2 + H_2SO_4 + 2H^+ + 2e^- \longrightarrow PbSO_4 + 2H_2O$$

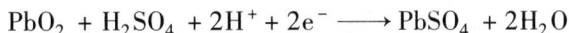

放电过程总的反应为

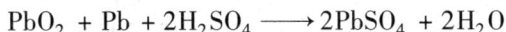

$$PbO_2 + Pb + 2H_2SO_4 \longrightarrow 2PbSO_4 + 2H_2O$$

在放电过程中，正极板上的 PbO_2 和负极板上的 Pb 都逐渐转变为 $PbSO_4$，电解液中 H_2SO_4 逐渐减少而水增多，所以电解液密度是不断下降的。

理论上，放电过程应进行到极板上的活性物质全部变为硫酸铅为止，但由于电解液不能渗透到活性物质的最内层去，使用中所谓放完电的蓄电池，实际上只有 20% ~ 30% 的活性物质变成了硫酸铅。因此，采用薄型极板，增加多孔率，提高极板活性物质的利用率是发展的方向。

四、铅蓄电池的充电过程

所谓充电过程，就是在外加电场作用下，正、负极板上硫酸铅还原为二氧化铅和海绵状铅，电解液中水转变为硫酸的过程。即电能转变为化学能储存起来的过程。

充电时，应将蓄电池接直流电源。当电源电压高于蓄电池的电动势时，在电场力的作用下，充电电流 I_c 流入蓄电池正极，再从负极流出，即驱使电子从正极经外电路流入负极。此时，正负极板发生的反应正好与放电过程相反，其充电时的化学反应过程如图 1-9 所示。

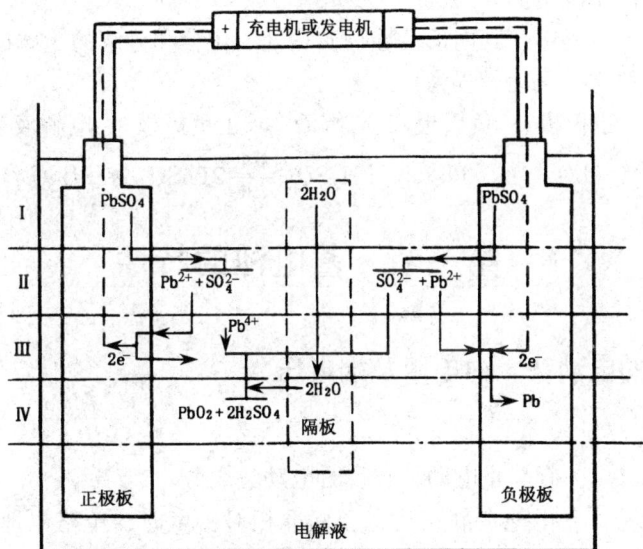

图 1-9 铅蓄电池的充电过程

Ⅰ—放电状态；Ⅱ—溶解电离；Ⅲ—通入电流；Ⅳ—充电状态

在负极，先是硫酸铅溶解并电离为二价铅离子和硫酸根离子。二价铅离子获得两个电子，还原为铅原子附着在负极板上，而硫酸根离子则与电解液中的氢离子结合生成硫酸。

负极的反应式为

$$PbSO_4 \longrightarrow Pb^{2+} + SO_4^{2-}$$

$$Pb^{2+} + 2e^- \longrightarrow Pb$$

$$SO_4^{2-} + 2H^+ \longrightarrow H_2SO_4$$

$$PbSO_4 + 2H^+ + 2e^- \longrightarrow Pb + H_2SO_4$$

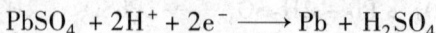

在正极，硫酸铅也是先被离解为二价铅离子和硫酸根离子。而二价铅离子在外加电场作用下被氧化，失去两个电子变为四价铅离子。四价铅离子又与电解液中的氢氧根结合，生成 $Pb(OH)_4$，$Pb(OH)_4$ 又分解为 PbO_2 附着在极板上，同时生成水。

其反应式如下：

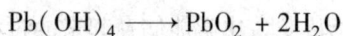

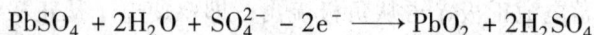

$$PbSO_4 \longrightarrow Pb^{2+} + SO_4^{2-}$$

$$Pb^{2+} - 2e^- \longrightarrow Pb^{4+}$$

$$4H_2O \longrightarrow 4H^+ + 4OH^-$$

$$Pb^{4+} + 4OH^- \longrightarrow Pb(OH)_4$$

$$Pb(OH)_4 \longrightarrow PbO_2 + 2H_2O$$

$$4H^+ + 2SO_4^{2-} \longrightarrow 2H_2SO_4$$

$$PbSO_4 + 2H_2O + SO_4^{2-} - 2e^- \longrightarrow PbO_2 + 2H_2SO_4$$

在充电过程中，消耗了水，正、负极板上的硫酸铅逐渐还原为二氧化铅和海绵状铅，生成了硫酸，电解液的密度是上升的。

蓄电池在充放电过程中，其内部活性物质是处于化合和分解的矛盾运动中，略去中间的化学反应，充放电的化学反应过程为：

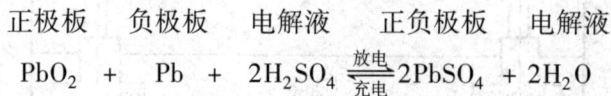

$$\overset{\text{正极板}}{PbO_2} + \overset{\text{负极板}}{Pb} + \overset{\text{电解液}}{2H_2SO_4} \underset{\text{充电}}{\overset{\text{放电}}{\rightleftharpoons}} \overset{\text{正负极板}}{2PbSO_4} + \overset{\text{电解液}}{2H_2O}$$

第三节 蓄电池的特性

一、蓄电池的电动势、内电阻及端电压

1. 电动势

根据蓄电池的工况，有静止电动势和瞬时电动势之分。

（1）静止电动势。蓄电池在静止状态和标准相对密度时，单格电池两电极之间的电位差值，称为静止电动势。静止电动势的大小取决于电解液的密度和温度。温度为 15 ℃ 时的经验公式为

$$E_j = 0.84 + r_{15\,℃}$$

$r_{15\,℃}$ 可根据下式计算：

$$r_{15\,℃} = r_t + 0.000\,7(t - 15)$$

式中 r_t——任意电解液温度 t 时的实测相对密度；

  0.000 7——电解液相对密度温度系数；

  t——实测相对密度时的电解液温度（℃）。

（2）瞬时电动势。瞬时电动势是指铅蓄电池充、放电过程中，标准电解液渗入极板孔

隙内进行电化学反应时，在正负极板上产生的电极电位差值，用 E 表示。其值仍按静止电动势公式计算，但需注意：极板孔隙内部电解液标准相对密度，在放电时比外部的要小些，因此瞬时电动势小于静止电动势；反之，在充电时，瞬时电动势高于静止电动势。

2. 内电阻

蓄电池的内电阻 R_0 是指极板电阻、电解液电阻、隔板电阻、联条和极桩电阻的总和。

完全充足电的蓄电池在温度为 20 ℃时，内阻 R_0 可按下述经验公式计算其近似值

$$R_0 = \frac{u_e}{17.1 Q_e}$$

式中　u_e——蓄电池额定电压（V）；

$\quad\quad\ Q_e$——蓄电池额定容量（A·h）。

电解液的电阻随其相对密度和温度不同而变化。如 6－Q－75 型蓄电池在温度为 +40 ℃时其内阻约为 0.01 Ω，但在 -20 ℃时，则为 0.019 Ω，可见内阻随温度的降低而增大。

图 1-10 所示为电解液内阻随电解液相对密度变化的关系曲线。相对密度为 1.2 时(15 ℃)，硫酸的电离最好，黏度较小，电阻也最小。总之，蓄电池的内电阻通常都是很小的，因而能输出较大的电流，适应启动需要。

3. 端电压

蓄电池的端电压 u 就是用直流电压表测得的正、负极桩之间的电压值。其大小随充、放电程度的不同而变化。放电时端电压逐渐下降，并且总是低于瞬时电动势。它们之间的关系为

$$u = E - I_f R_0$$

式中　E——瞬时电动势；

$\quad\quad\ I_f$——放电电流（A）。

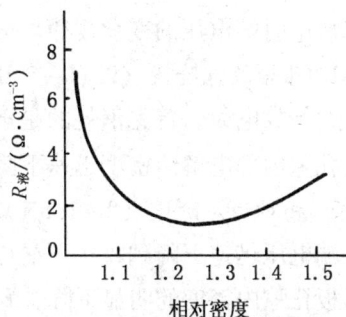

图 1-10　电解液内阻与电解液
相对密度的关系（15 ℃）

充电时，端电压逐渐升高，且总是高于瞬时电动势，它们之间的关系为

$$u = E + I_c R_0$$

式中　I_c——充电电流（A）。

综上所述，电动势的大小在电解液相对密度一定时，变化很小。蓄电池在充、放电过程中，内电阻是一个变量，其值虽小，但直接影响端电压的大小。端电压是衡量任何一种电源供电质量的主要指标之一。所以，研究蓄电池的特性，主要是了解在一定条件下端电压与充、放电时间的变化规律。

二、蓄电池的放电特性

蓄电池的放电特性是指恒流放电过程中，蓄电池的端电压 u_f 和电解液相对密度 r 随放电时间的变化规律。如图 1-11 所示。

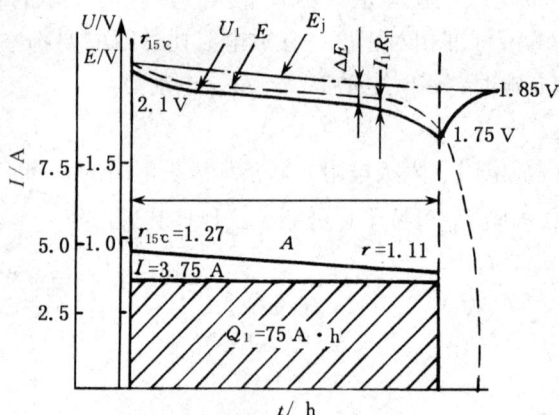

图 1-11 铅蓄电池的放电特性

在放电过程中，电解液密度是随放电时间的延长按直线规律减小的，从 1.27 降至 1.11。这是因为在恒流放电中，单位时间内，蓄电池内部活性物质与电解液进行化学反应的速度是一定的，这时所消耗的硫酸和生成的水与放电时间成正比。因此可用测量电解液密度来判断蓄电池的放电程度，在一般情况下，电解液密度每下降 0.04，蓄电池约放电 25%。因静止电动势 E_j 与密度 $r_{15℃}$ 成正比，故 E_j 也随时间成直线下降，两者平行。

在放电时，蓄电池的端电压 u_f 是不断下降的，且 u_f 总是小于电动势 E，即 $u_f = E - I_f R_0$。放电时端电压的变化规律可分为如下三个阶段。

1. 开始放电阶段 (2.11~2.0 V)

开始放电时，首先消耗的是极板孔隙内部的硫酸。而极板孔隙内部的硫酸很有限，所以极板孔隙内部电解液密度迅速下降，使电动势 E 和端电压 u_f 也随之迅速下降。

2. 相对稳定阶段 (2~1.85 V)

端电压迅速下降到 2.0 V 左右时，接着在较长时间内缓慢地下降到 1.85 V。这是因为随着极板孔隙内密度的明显下降，孔隙内外的密度差不断增大，硫酸向孔内的扩散速度也随之加快，从而使放电电压和放电电流得以维持。

当孔外补充的硫酸和孔内消耗的硫酸相等时，孔内外的密度差将基本保持一定。这时孔内的电解液密度将随孔外的电解液密度一起下降，端电压也将随之直线下降。

3. 迅速下降阶段 (1.85~1.75 V)

此阶段的放电有以下三方面的特点。

(1) 放电接近终了时，孔隙外的密度已大大下降，难以维持足够的密度差，使离子扩散的速度下降，同时离子扩散距离也增长。

(2) 在放电过程中，附着在极板表面的硫酸铅增多，堵塞孔隙，将部分活性物质与电解液隔开。

(3) 硫酸铅本身的导电性极差。放电时间越长，硫酸越多，内电阻越大。

由于以上三方面的原因，导致放电终了端电压由 1.85 V 速度下降到 1.75 V。此时应停止放电，如再继续放电，电压将急剧下降到零，致使蓄电池过放电容量严重下降或报废。如果适时切断放电电流，电动势还会回升到 1.95 V。

铅蓄电池放电终了的特征是：

(1) 单格电池电压下降到放电终了电压（以 20 h 放电率放电时，终止电压为 1.75 V）。

(2) 电解液密度下降到最小许可值，约为 1.11 g/cm^3。

允许的放电终止电压与放电电流强度有关，电流越大，放电时间越短，允许的放电终了电压越低，见表 1-3。表中 Q_e 为铅蓄电池的额定容量。

表 1-3　放电电流与终止电压的关系

放电电流/A	$0.05Q_e$	$0.1Q_e$	$0.25Q_e$	Q_e	$3Q_e$
连续放电时间	20 h	10 h	3 h	30 min	5.5 min
单格电池终至电压/V	1.75	1.70	1.75	1.55	1.5

三、蓄电池的充电特性

蓄电池的充电特性是指恒流充电过程中，蓄电池的端电压 u_c 和电解液相对密度 r，随充电时间的变化规律。如图 1-12 所示。

在充电过程中，蓄电池的密度 r 和静止电动势 E_j 与充电时间成直线关系增长，端电压 u_c 不断上升，并且总大于电动势 E。因为加在正负极桩上的端电压，必须克服蓄电池的电动势和电池内部电压降 $I_c R_0$，电流才能通过。即

$$u_c = E + I_c R_0$$

在充电开始的瞬间，电动势 E 和端电压 u_c 迅速上升，接着进入稳定上升阶段，当 u_c 上升到 $2.3 \sim 2.4$ V，开始产生较多的气泡时，就表示接近充电终了。接着电压急剧上升到 2.7 V，以后便不再上升，电解液呈现"沸腾"状态，这就是充电终了。如果此时切断电源，u_c 逐渐降低到静止电动势 E_j 的数值 2.11 V。

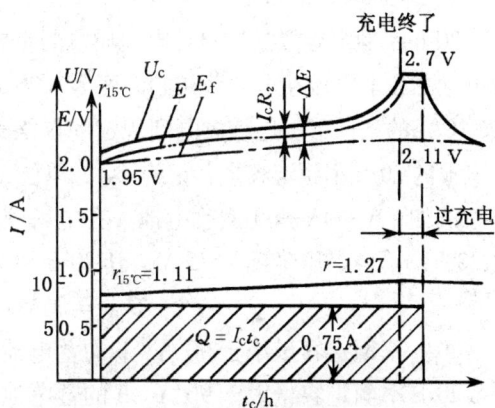

图 1-12　铅蓄电池的充电特性

充电过程中，端电压 u_c 如此变化的原因可作如下解释：开始接通充电电流时，极板孔隙表层迅速生成硫酸，使孔隙中电解液密度增大，故 u_c 迅速上升。新生成的硫酸不断地向周围扩散，当继续充电至孔隙内硫酸所产生的速度和向外扩散的速度达到平衡时，u_c 就随整个容器内电解液密度的上升而缓慢上升。当电压达到 $2.3 \sim 2.4$ V 时，极板上的活性物质几乎全部恢复为二氧化铅和铅。继续通电，便使电解液中水又分解，产生氢气和氧，以气泡的形式剧烈放出，形成沸腾现象。由于产生的氢气是以离子 H^+ 状态集结在负极板处，来不及立即全部变为气泡而泄出，使溶液和极板之间产生的 0.33 V 的附加电压，因而使 u_c 上升到 2.7 V 左右。此时，应及时切断电路停止充电，否则造成过充电。过充电时，由于剧烈放出气泡会在极板内部造成压力，加速活性物质脱落，使极板过早损坏。

铅蓄电池充满电的特征是：

（1）端电压上升到最大值 2.7 V，并在 $2 \sim 3$ h 内不再增加。

（2）电解液相对密度上升到最大值 1.27 g/cm^3，在 $2 \sim 3$ h 内不再增加。

（3）蓄电池内产生大量气泡，电解液沸腾。

第四节　蓄电池的容量

一、蓄电池的容量

蓄电池的容量标志蓄电池对外供电的能力，是蓄电池的主要性能参数。一般为标称容量，是指在一定条件下的恒定放电电流 I_f 与放电时间 T_f 的乘积，可用下式表达：

$$C = I_f \cdot T_f$$

式中　C——蓄电池的容量（$A \cdot h$）；

　　　I_f——放电电流（A）；

　　　T_f——放电时间（h）。

1. 20 h 率额定容量

20 h 率额定容量是检验蓄电池质量的重要指标之一。GB 5008.1—1991 标准规定，以 20 h 放电率的放电电流在电解液初始温度为（25 ± 5）℃，电解液相对密度为（1.28 ± 0.01）g/cm^3（25 ℃）的条件下，连续放电到规定的单格终止电压 1.75 V 时，蓄电池所输出的电量，称为蓄电池的 20 h 率额定容量，记为 C_{20}，单位为安培·小时（$A \cdot h$）。

例如，6—QA—60 型蓄电池，在电解液初始温度为 25 ℃时，以 3 A 的放电电流连续放电 20 h，单格电压降到 1.75 V，其 20 h 率额定容量为：

$$C_{20} = 3 \text{ A} \times 20 \text{ h} = 60 \text{ A} \cdot \text{h}$$

20 h 率额定容量小于 90 $A \cdot h$ 的蓄电池称为 A 类蓄电池。

20 h 率额定容量大于 90 $A \cdot h$ 的蓄电池称为 B 类蓄电池。

2. 额定储备容量

额定储备容量是国际上通用的另一种表示蓄电池容量的方法。它是指完全充足电的 12 V 蓄电池在电解液温度为 25 ℃条件下，以 25 A 电流放电到单格终止电压为 1.75 V 时所能维持的时间。记为 C_m，单位为分钟（min）。

额定储备容量表达了在汽车充电系统失效的情况下，蓄电池能为照明和点火系统等用电设备提供 25 A 恒定电流的能力。例如，北京切诺基吉普车用 58—475 型蓄电池的额定储备容量为 82 min；6—QA—60 型蓄电池的额定储备容量为 94 min。额定储备容量 C_m 与 20 h 率额定容量 C_{20} 的换算公式如下：

$$C_{20} = \sqrt{17\,778 + 208.3C_m} - 133.3$$

$$C_m = \frac{(C_{20} + 133.3)^2 - 17\,778}{208.3}$$

式中　C_{20}——蓄电池 20 h 率额定容量（$A \cdot h$）；

　　　C_m——蓄电池额定储备容量（min）。

当 $C_{20} \geqslant 200$ $A \cdot h$ 或 $C_m \geqslant 480$ min 时，上式不适用。

3. 启动容量

对于汽车启动用蓄电池来说，启动容量是表示蓄电池在发动机启动时的供电能力的。启动容量有两种规定：常温启动容量和低温启动容量。

（1）常温启动容量。蓄电池在电解液初始温度为 25 ℃时，以 5 min 放电率的电流放电 5 min 至单格电压降至 1.5 V 时所输出的电量，称为常温启动容量。5 min 放电率的电流在数值上约为其额定容量的 3 倍。例如，对 6—Q—100 型蓄电池，$C_{20} = 100$ A·h，在电解液初始温度为 25 ℃时，以 $3C_{20}$ 的电流放电，即 $3C_{20} = 3 \times 100$ A = 300 A 放电 5 min，单格电池电压降至 1.5 V，蓄电池端电压降至 1.5×6 V = 9 V，其启动容量为（300×5/60）A·h = 25 A·h。

（2）低温启动容量。低温启动容量为电解液初始温度为 −18 ℃时，蓄电池以启动电流 I_s（A）值放电 60 s，单格电压降至 1.4 V 时所输出的电量。

二、影响蓄电池容量的因素

蓄电池的容量越大，可提供的电能就越多。蓄电池的容量与下列几个因素有关。

1. 极板的构造对容量的影响

极板面积越大，片数越多，则参加反应的活性物质也越多，容量越大。提高表面积的方法有两条：一是增多极板的片数，一是提高活性物质的孔率。

极板越薄，活性物质的多孔性越好，电解液渗透容易，活性物质的利用率高，增加了反应深度，容量也就越大。

国产蓄电池面积已统一，每对极板面的容量为 7.5 A·h，所以极板数与容量的关系可用下式计算：

$$C = 7.5(N - 1)$$

式中　C——额定容量（A·h）；

　　　N——正负极板的总片数。

2. 放电电流对容量的影响

在蓄电池放电过程中，正、负极板上的活性物质会不断转变为硫酸铅。而 $PbSO_4$ 的体积比 PbO_2 大 1.86 倍，比 Pb 大 2.68 倍，所以随着 $PbSO_4$ 的不断产生，极板孔隙会逐渐减小，使硫酸渗透困难。放电电流越大，单位时间内产生的 $PbSO_2$ 越多，堵塞极板孔隙的作用越明显，极板内层活性物质不能参加反应。同时，放电电流越大，硫酸的需求量也越大，这就必将导致孔隙内电解液密度急剧下降，于是端电压也迅速降低，从而缩短了放电时间。

图 1−13 所示是 6—Q—135 型蓄电池不同放电电流情况下的放电特性。

从图 1−13 可以看出，放电电流越大，端电压下降的越快，越早出现终了电压而影响铅蓄电池的使用寿命。因此必须严格控制启动时间，每次启动的时间不得超过 5 s，而且相临两次启动之间的时间间隔应为 15 s。

图 1−14 所示是放电电流与容量之间的关系。放电电流越大，极板上用于参加电化学反应的活性物质越少，容量越低。

3. 电解液温度对容量的影响

电解液温度降低，则容量减小，如图 1−15 所示。电解液温度降低，电解液黏度增大，渗入极板的能力降低。同时电解液内电阻增大，蓄电池内阻增加，使端电压下降，因此容量减小。在冬季应注意铅蓄电池的保温工作。

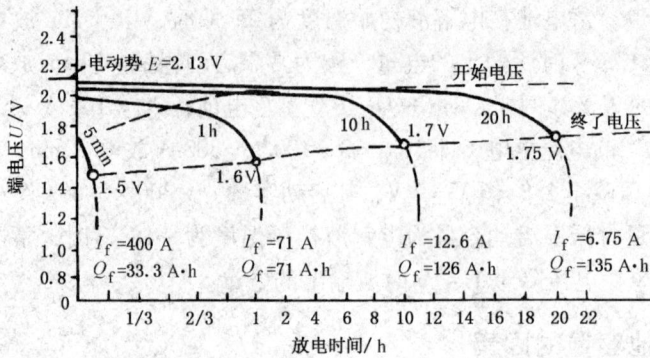

图 1 - 13　6—Q—135 型蓄电池不同放电电流情况下的放电特性

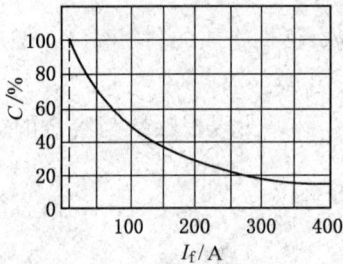

图 1 - 14　蓄电池容量与放电电流的关系

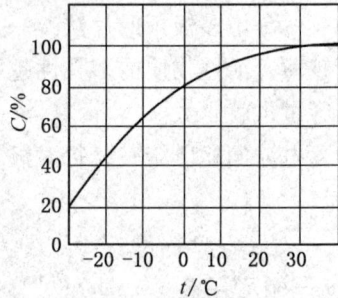

图 1 - 15　电解液温度对容量的影响

4. 电解液密度对容量的影响

适当增加电解液的相对密度,可以提高电解液的渗透速度和蓄电池的电动势,并减小内阻,使蓄电池的容量增大。但相对密度超过一定数值时,由于电解液黏度增大使渗透速度降低,内阻和极板硫化增加,又会使蓄电池的容量减小。图 1 - 16 所示为电解液的相对密度与蓄电池容量的关系。

实践证明,电解液密度偏低有利于提高放电电流和容量,有利于延长蓄电池的使用寿命,冬季在不使电解液结冰的前提下,也应尽可能采用稍低的电解液密度。

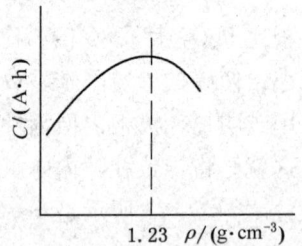

图 1 - 16　电解液相对密度
对容量的影响

第五节　蓄电池的充电

一、充电方法

蓄电池的充电必须根据不同情况选择适当的方法,并且正确地使用充电设备。这样才能提高工作效率，延长蓄电池及充电设备的使用寿命。

通常蓄电池的充电方法有定流充电、定压充电和近年来的快速脉冲充电。

1. 定流充电

定流充电是指充电全过程中，保持充电电流基本恒定的充电方法（如图 1－17 所示）。它是蓄电池充电的主要方法，广泛用于初充电、补充充电和去硫化充电等。

图 1－17（a）所示为定流充电的接线方法，从接线特点可知所有被充铅蓄电池都接成串联，故又称为串联充电，采用此法充电时，蓄电池不论是 6 V 或 12 V 都可串在一起，最好额定容量相同。如果容量不一样时，则可先按小容量的蓄电池选择充电电流，待其充足后先摘除；然后再改用大容量的充电电流继续充电。被充蓄电池串联的个数，由充电设备的额定电压确定，一般按下式计算：

$$6 \text{ V 蓄电池个数} = \frac{\text{充电设备额定电压值}}{3 \times (2.6 \sim 2.8)}$$

$$12 \text{ V 蓄电池个数} = \frac{\text{充电设备额定电压值}}{6 \times (2.6 \sim 2.8)}$$

图 1－17（b）所示为充电特性曲线。蓄电池在充电刚开始时用较大的电流，经过一定时间改用较小的电流，至充电终期再改用更小的电流充电，称为分级定流充电。一般分两个阶段：第一阶段以规定的充电电流进行充电，单格电压充到 2.4 V 时，已基本充足，活性物质基本还原，并开始电解水，电解液开始产生气泡，这时如果不将充电电流减小，则不仅不利于使极板内部的活性物质继续还原，而且由于气泡的剧烈产生并急速从极板孔隙中冲出，就会将孔隙边缘的活性物质冲掉，使容量降低。第二阶段，由于以上原因充电电流比第一阶段减少一半，一直继续到电解液密度和电压达到规定数值且在 2～3 h 内不变，并激烈冒出气泡为止。

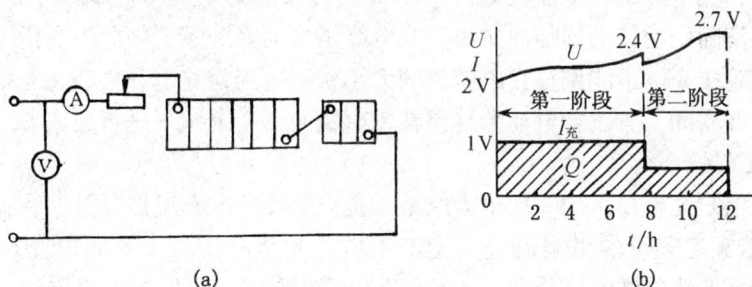

图 1－17　定流充电

（a）连接简图；（b）充电特性曲线

定流充电适应性强，可以任意选择和调整充电电流，因此可对各种不同情况的蓄电池充电如新蓄电池的初充电、普通充电、去硫化充电等。它的缺点是充电时间长，且需经常调节充电电流。

2. 定压充电

定压充电是指充电全过程中，电源电压 u 始终保持不变的充电方法。如图 1－18 所示。

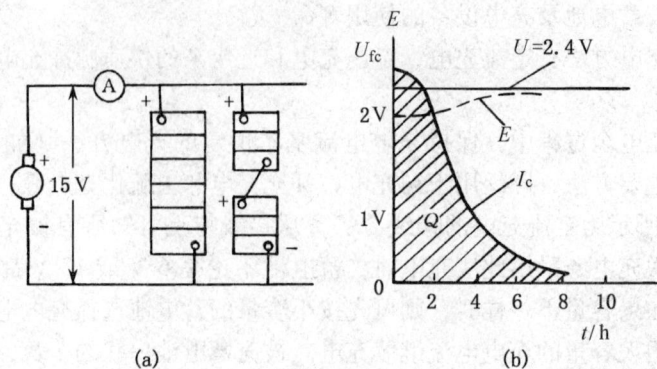

图 1 − 18 定压充电

(a) 连接简图；(b) 充电特性曲线

采用定压充电时，补充电的蓄电池必须并联在充电电源之间，如图 1 − 18 (a) 所示，故称为并联充电，由 $I_c = (u - E)/R$ 知，随着蓄电池电动势 E 的增加，充电电流 I_c 会逐渐减小。如果充电电压调节得当，就必然会在充满电时，充电电流 I_c 为零，这就是充电终了。

采用定压充电时，必须适当地选择充电电压。若充电电压过高，不但初期充电电流过大，而且会发生过充电，使极板弯曲，活性物质脱落，温升过高；若电压过低，则蓄电池不能充足电。

一般每单格电池约需 2.5 V，即对 6 V 蓄电池充电电源电压应为 7.5 V，对 12 V 蓄电池应为 15 V。

定压充电时，充电升始时电流较大，4 ~ 5 h 内可获容量的 90% 95%，因而可缩短充电时间，充电电流随电动势的增加而减小，充电终了自动降到零，因此不必由人照管，适于补充充电。由于定压充电不能调整充电电流的大小，不适用初充电和去硫化充电。汽车上蓄电池和发电机是并联的，所以蓄电池始终是在发电机的恒定电压下进行充电。

3. 脉冲快速充电

脉冲快速充电是充电技术的一次重大改革，是充电技术的新发展。脉冲快速充电的特点是先用 0.8 ~ 1 倍额定容量的大电流进行定流充电，使蓄电池在短时间内充至额定容量的 50% ~ 60%。当蓄电池单格电压升到 2.4 V，开始冒气泡时，由控制电路控制，开始进行脉冲充电。即先停止充电 25 ~ 40 ms（称前停充），接着再放电或反充电，使蓄电池反向通过一个较大的脉冲电流（脉冲深度为充电电流的 1.5 ~ 3 倍，脉冲宽度为 150 ~ 1 000 μs），然后再停止充电 25 ms（称后停充）。以后的充电一直按：正脉冲充电—前停充—负脉冲瞬间放电—后停充—再正脉冲充电的循环过程进行，直至充足。脉冲电流的波形如图 1 − 19 所示。

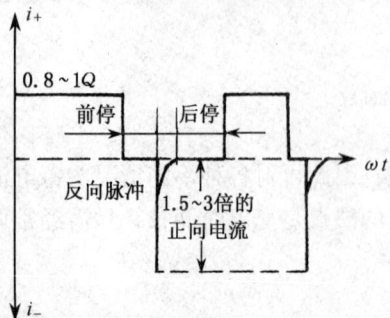

图 1 − 19 脉冲快速充电的电流波形

脉冲快速充电的优缺点：

（1）充电时间大为缩短。按常规充电，新电池初充电需 70 ~ 90 h，补充充电也需 13 ~ 16 h，采用脉冲快速充电，一般初充电 5 h，补充充电 1 h。

（2）可增加蓄电池容量，提高启动性能。

由于脉冲快速充电能够消除极化，因此充电时化学反应充分加深了反应深度，使蓄电池容量增加，提高了启动性能。

（3）去硫化显著。按一般去硫化充电费时且麻烦，而用脉冲快速充电只需 4 ~ 5 h，且效果良好。

（4）采用脉冲快速充电时，蓄电池析出气体的总量虽然减小，但其出气率高，对极板活性物质的冲刷力强，活性物质易脱落，因此对蓄电池寿命有一定的影响。

二、充电的种类

对新蓄电池必须进行初充电，使用的蓄电池需进行补充充电。为保持蓄电池的一定容量和延长寿命，需进行过充电和循环锻炼充电。为消除极板硫化故障，需进行去硫化充电等。

1. 初充电

对新电池或更换极板的电池的首次充电叫初充电。初充电的特点是充电电流小，充电时间长，电化学反应充分。初充电的程序如下。

首先按蓄电池制造厂的规定，并根据本地区的气温条件选择电解液密度（一般为 1.25 ~ 1.285）。注入电解液前，温度不得超过 30 ℃，加入电解液后应静置 4 ~ 6 h，以使极板浸透，若液面因电解液渗入极板而降低，应补充到高出极板上缘 15 mm。然后，将蓄电池正负极分别与充电机正负极相接，并按表 1 - 4 充电规范中初充电电流进行充电。初充电应选用较小的电流。充电过程通常分两个阶段进行。第一阶段的充电电流约为额定容量的 1/15，充至电解液放出气泡，单格电池端电压达 2.4 V 为止。此段充电时间为 25 ~ 35 h。然后将电流降低一半，转入第二阶段充电，直到充足为止，时间为 20 ~ 30 h。全部充电时间为 60 ~ 70 h。

在整个充电过程中，应经常测量电解液的温度，当温度上升到 40 ℃时应将电流减半；如继续上升到 45 ℃则应停止充电，待冷至 35 ℃以下时再充电。初充电临近结束时，应测量电解液相对密度，如不合乎规定，应用蒸馏水或相对密度为 1.400 的电解液进行调整。调整后再充电 2 h，直至密度符合规定为止。

2. 补充充电

蓄电池在使用中，常有充电不足的现象，应根据需要进行补充充电，一般每月至少一次，如发现下列现象，必须及时进行充电：

（1）当电解液相对密度降到 1.150 以下时。

（2）冬季放电超过 25%，夏季超过 50%。

（3）灯光比平时暗淡。

（4）启动无力。

补充充电电流值见表 1 - 4，通常也是分两阶段进行，方法和补充电相同，一般需 13 ~ 16 h。

表 1-4　铅蓄电池的充电电流规范

蓄电池型号	额定容量/(A·h)	额定电压/V	初次充电				补充充电			
			第一阶段		第二阶段		第一阶段		第二阶段	
			电流/A	时间/h	电流/A	时间/h	电流/A	时间/h	电流/A	时间/h
3—Q—75	75		5		3		7.5		4	
3—Q—90	90		6		3		9.0		5	
3—Q—105	105		7		4	20~30	10.5	10~11	5	3~5
3—Q—120	120	6	8	25~35	4		12.5		6	
3—Q—135	135		9		5		13.5		7	
3—Q—150	150		10		5		15.5		7	
3—Q—195	195		11		7		19.5		10	
6—Q—60	60		4		2		6		3	
6—Q—75	75		5		3		7.5		4	
6—Q—90	90	12	6	25~35	3	20~30	9.0	10~11	4	3~5
6—Q—105	105		7		4		10.5		5	
6—Q—120	120		8		4		12.0		6	

3. 间歇过充电

间歇过充电是避免在使用中极板硫化的一种预防性充电。一般应每隔 3 个月进行一次。充电方法是先按补充充电方式充足电，停歇 1 h 后，再以减半的充电电流进行过充电，直至充足电为止。

4. 循环锻炼充电

循环锻炼充电是蓄电池为了防止极板钝化而进行的一项保养性充电。它适用于长期处在小电流放电工况下；经常过放电使用；长期放置不用的蓄电池。

充电方法是先按补充充电或间歇过充电将蓄电池充足电，用额定容量放电率放电，即用 20 h 放电率放电，其容量降低值小于 $10\%C$ 时，再用补充充电法充足电即可使用。

5. 去硫化充电

去硫化充电是消除蓄电池极板硫化的一种排除故障性充电。方法是先倒出电解液，用蒸馏水冲洗数次；再注入蒸馏水至高出极板 15 mm，用 2~2.5 A 或初充电第二阶段的充电电流充电，并随时测量电解液的相对密度。如相对密度上升到 1.15 时，应停止充电。再将电解液倒出后注入蒸馏水，然后继续充电。如此反复，直至电解液相对密度不再增大为止。最后进行一次放电，再将其充足电，将电解液相对密度调整为标准值即可。经过去硫化充电的蓄电池，其容量应恢复到额定容量的 80% 以上，否则必须进行多次充放电处理。

三、充电设备

蓄电池是直流电源，必须用直流电充电。汽车上采用就是发动机驱动的发电机给蓄电池充电。充电室采用的充电设备种类较多，主要有：三相交流电动机——直流发电机充电设备；各种整流充电设备，其中包括各种固体整流器（比如硒整流器、氧化铜整流器、硅整流器），充气管整流器（如钨灯整流器），水银整流器（如汞弧整流器）；可控硅整流器，还有脉冲快速充电设备、全自动充电设备等。其中硅整流充电设备和可控硅充电设备，由于结构简单、使用方便、工作可靠，在充电中得到广泛的使用。

四、蓄电池充电注意事项

蓄电池充电应严格遵守如下安全注意事项。

（1）严格遵守各种充电方法的充电规范。

（2）将充电机与蓄电池连接时，应注意极性，正接正，负接负，不可接错，以免损坏蓄电池。

（3）在充电机工作时，不要连接或脱开充电机导线。

（4）在充电过程中，要注意各个单格电池电压和电解液密度，及时判断充电程度。

（5）在充电过程中，要注意各个单格电池的温升，以免温度过高，影响蓄电池的使用性能。

（6）室内充电时，打开蓄电池加液孔盖，使气体顺利逸出，以免发生事故。

（7）充电室要安装通风设备，严禁在蓄电池附近产生电火花、明火和吸烟。

（8）充电时，导线必须连接牢固可靠。

第六节　蓄电池的使用与维护

一、蓄电池的维护

为了使蓄电池经常处于完好状态，延长其使用寿命，在日常使用中，应注意做好如下维护保养工作。

① 定期检查蓄电池安装是否牢固，线夹与极桩的连接是否牢固，并及时清除线夹和极桩上的氧化物。在其表面涂上凡士林或黄油可防止氧化。

② 经常检查蓄电池表面是否清洁，应及时清除灰尘、油污、电解液等脏物。畅通加液孔盖通气小孔。

③ 定期检查电解液的液面高度，液面一般应高出极板 10～15 mm，液面过低时应及时补充蒸馏水。除非确知液面降低是电解液溅出所致，否则一般不允许加注硫酸溶液。

④ 检查蓄电池的放电程度，如果放电程度冬季超过 25%，夏季超过 50%，就应对蓄电池立即进行补充充电。

⑤ 定期对蓄电池进行补充充电，不考虑蓄电池放电程度强制性进行补充充电，以保证蓄电池始终保持充足电状态，避免极板硫化。定期补充充电一般为每月一次，城市公共汽车可短些，而长途运输车辆可更长一些。

⑥ 连接蓄电池时，细心查明极性，不要接错。

⑦ 脱开蓄电池时，始终要先拆负极（搭铁）电缆。

⑧ 千万不要把工具放在蓄电池上。它们可能会同时触及两个极桩，使蓄电池短路而引起事故。

⑨ 每次接通起动机时间不得超过 3～5 s。再次启动时，应间隔 15 s 以后再进行。

二、蓄电池技术状况检查

汽车每行驶 1 000 km，或冬季 10 ~ 15 天，夏季 5 ~ 6 天，为了及时发现蓄电池使用中的内在故障，对蓄电池应做下列检查。

1. 电解液液面高度的检查

电解液液面高度可以用玻璃管测量，将内径为 5 ~ 6 mm 的玻璃管从蓄电池的加液口插入，直至压到防护板，顶住极板组为止。然后用大拇指堵住玻璃管的上口并将玻璃管提出。如果玻璃管下端液柱长度为 10 ~ 15 mm，说明电解液液面高度符合要求，测量液面高度的示意图如图1 – 20所示。测量时如电解液不足应加注蒸馏水。除非确实知道液面降低是因蓄电池侧倒电解液洒出或电解液溅出所致，一般不允许加入硫酸溶液。对于透明塑料壳体的蓄电池，在壳体上标出两条线，电解液液面要求应在此两条线之间。

目前，有的汽车上使用了一种检测电解液液面高度的传感器，其原理是利用蓄电池电解液本身具有导电的特性，将一根铅棒插入电解液中，当液面低于规定值时，便成为不导通状。

2. 电解液密度的检查

通过测量电解液密度就可以得到蓄电池的放电程度。电解液的密度可用专用的密度计测量，如图 1 – 21 所示。

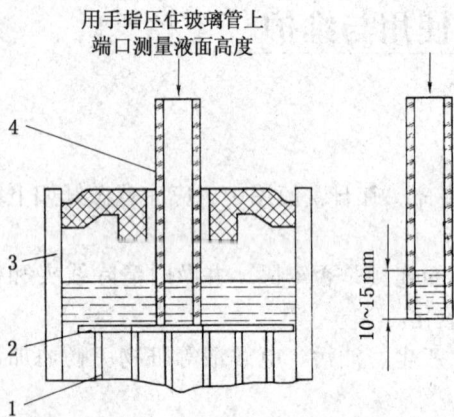

图 1 – 20　电解液液面高度的检查

1—极板；2—极板防护片；3—容器壁；4—玻璃管

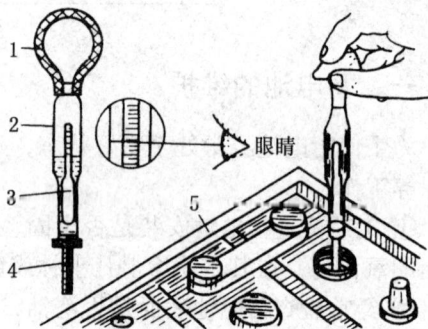

图 1 – 21　吸管式密度计结构及测量电解液密度的方法

1—橡皮球；2—玻璃管；3—浮子；4—橡皮吸管；5—被测电池

测量时先将密度计下部的橡皮吸管插入蓄电池单格电池内，用手捏一下橡皮球，然后慢慢松开，电解液就被吸入玻璃管中，此时密度计的浮子浮起，其上刻有读数，浮子与液面相平行的读数就是该电解液的密度。

在测量电解液密度的同时，应该用温度计测量电解液的温度，然后将所测得的密度再换算出 25 ℃时的密度才是实际的电解液密度。这是因为当温度变化时电解液的密度也在变化，它随温度升高而降低，温度每上升 1 ℃，电解液密度减少 0.000 75 g/cm³，因此必须先定个温度标准。我国是以 25 ℃为标准（美国、日本分别以 25 ℃和 20 ℃为标准），所以新配制的电解液还是待检查蓄电池的电解液，其密度值一律要按表 1 – 5 换算到 25 ℃，并加以修正。

表 1-5 不同温度下电解液密度计读数的修正值

电解液温度/℃	密度修正数值/（g·cm⁻³）	电解液温度/℃	密度修正数值/（g·cm⁻³）
+45	+0.014 0	−5	−0.010 2
+40	+0.010 5	−10	−0.024 5
+35	+0.007 0	−15	−0.028 5
+30	+0.003 5	−20	−0.031 5
+25	0	−25	−0.035 0
+20	−0.003 5	−30	−0.038 5
+15	−0.007 0	−35	−0.042 0
+10	−0.010 5	−40	−0.045 5
+5	−0.014 0	−45	−0.049 0
0	−0.017 5		

实践经验表明，电解液密度每减少 $0.01\ \text{g/cm}^3$，相当于蓄电池放电 25%，蓄电池电解液密度与放电程度及气温的关系见表 1-6。

表 1-6 蓄电池电解液密度与放电程度及气温的关系

电解液密度 /（g·cm⁻³） ＼ 气温 放电率	冬季气温低于 −40℃ 的地区		冬季气温在 −40℃ 以上地区		冬季气温在 −30℃ 以上地区		冬季气温在 −20℃ 以上地区		冬季气温在 0℃ 以上地区	
	冬季	夏季	冬季	夏季	冬季	夏季	冬季	夏季	冬季	夏季
全充电时	1.31	1.27	1.29	1.26	1.28	1.25	1.25	1.24	1.24	1.23
放电 25%	1.27	1.23	1.25	1.22	1.24	1.21	1.23	1.20	1.20	1.19
放电 50%	1.23	1.19	1.21	1.18	1.20	1.17	1.19	1.16	1.16	1.16
放电 75%	1.19	1.15	1.17	1.14	1.16	1.13	1.15	1.12	1.12	1.12
全放电时	1.15	1.12	1.13	1.10	1.12	1.10	1.11	1.09	1.09	1.09

在大电流放电和加注蒸馏水后，不应立即测量电解液密度，因为此时电解液混合不均匀，测得不准。

3. 用高率放电计测量放电电压

对于装有分体式容器盖的蓄电池，由于单格电池的极桩外露，还可以用高率放电计测量蓄电池各个单格在大电流放电时的电压值，即模拟接入起动机负荷，测量蓄电池在接近起动机启动电流放电时的端电压，用以判断蓄电池的放电程度和启动能力，如图 1-22 所示。

高率放电计是由一个 3 V 的电压表和一个负载电阻组成，是按汽车启动时向起动机提供大电流的情况设计的一种检测仪表。测量时，应将两个叉尖用力压在单格电池的正、负极桩上，时间不超过 5 s，观察接起动机的负载大电流放电时的端电压，以此来判断蓄电池的存放电情况，详见表 1-7。

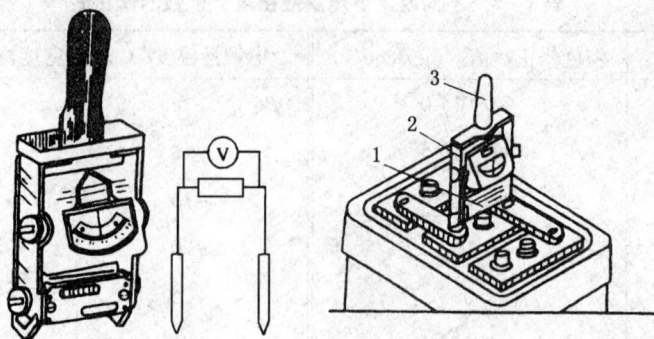

图 1-22　用高率放电计测量单格电池电压
1—分流电阻；2—电压表；3—高率放电计手柄

表 1-7　蓄电池单格电池电压与放电程度对照表

用高率放电计（100 A）测得单格电压/V	蓄电池的放电程度/%	用高率放电计（100 A）测得单格电压/V	蓄电池的放电程度/%
1.7~1.8	0	1.4~1.5	75
1.6~1.7	25	1.3~1.4	100
1.5~1.6	50		
注：电压上限值适用于新的或容量较大的蓄电池。			

一般技术状况良好的蓄电池，单格电池电压应在 1.5 V 以上，且在 5 s 内保持稳定；若其电压在 5 s 内迅速下降，或某一单格电池比其他单格要低 0.1 V 以上时，表明该单格电池有故障，应进行修理。

高率放电计因型号不同，其分流电阻的阻值也不同，则测量时其放电电流和电压值也就不同，使用时应按照说明书的规定。

4. 蓄电池开路电压的检查

开路电压检测用来确定蓄电池的充电状态。检测时，蓄电池必须是稳定的，若蓄电池刚补充完电，至少应等待 10 min，让蓄电池的电压稳定后，再进行测量。测量时把电压表接在蓄电池两极桩上，跨接时应认准极性。测量开路电压，读数要精确到 0.1 V。

一般来说，蓄电池在 25 ℃时处于较佳状态的读数应为 12.4 V 左右，若充电状态达 75% 或 75% 以上，就可认为蓄电池充足了电，其对应关系见表 1-8。

表 1-8　开路电压的检测结果表明充电状态

开路电压/V	充电状态
12.6 或 12.6 以上	100%
12.4~12.6	70%~100%
12.2~12.4	50%~75%

续表

开路电压/V	充电状态
12.0 ~ 12.2	25% ~ 50%
11.7 ~ 12.0	0 ~ 25%
11.7 或 11.7 以下	0

注意：如果汽车有许多常接蓄电池的电器设备如计算机、时钟、存储式收音机等，在读取电压表读数之前应脱开蓄电池负极电缆。

三、蓄电池的正确使用

蓄电池在使用中应注意"三抓"和"五防"。

1. 三抓

（1）抓及时，正确充电。放完电的蓄电池应在 24 h 内送充电间充电；装车使用的蓄电池每两个月应补充充电一次；带电解液存放的蓄电池每两个月应补充充电一次。

（2）抓正确使用操作。不连续使用起动机，每次启动时间不得超过 5 s，两次使用起动机应间歇 15 s；冬季冷车启动之前，应先空转发动机数次，并应预热发动机；安装、搬运蓄电池应轻搬轻放，不可敲打或在地上拖曳，车上蓄电池应固定牢固。

（3）抓清洁保养。经常清除蓄电池表面的灰尘污物；电解液洒在电池表面时，应用抹布蘸 10% 浓度的苏打水或碱水擦净；极柱和电线头上出现氧化物，应予清除；经常疏通通气孔。

2. 五防

（1）防止过充或充电电流过大。

（2）防止过度放电。

（3）防止电解液面过低。

（4）防止电解液密度过高。

（5）防止电解液内混入杂质。

第七节　蓄电池的故障及其排除

蓄电池在使用中所出现的故障，多是由于维护和使用不当而造成的。蓄电池的外部故障，有壳体或盖子裂纹、封口胶干裂、极桩松动或腐蚀等；内部故障有极板硫化、自放电、内部短路、活性物质脱落、极板拱曲等。下面简单分析几种常见的故障现象和原因及其排除方法。

一、极板硫化

1. 极板硫化的现象与特征

蓄电池长期充电不足或放电后长时间未充电，极板上会逐渐生成一层白色粗晶粒的硫酸铅（$PbSO_4$），在正常充电时，不能转化为二氧化铅（PbO_2）和海绵状铅（Pb）。这种现象称为"硫酸铅硬化"或"不可逆硫酸盐化",简称"硫化"。这是蓄电池早期损坏的主要原因之一。

这种粗而坚硬的硫酸铅晶体很难重新溶解于电解液。它的导电性差,结构致密,体积大,堵塞极板孔隙,使电解液渗入困难,容量降低,内阻增大,启动时不能供给大的启动电流,以至不能启动发动机。

蓄电池硫化主要表现在:极板上有较厚的白霜,充、放电时会有异常现象;放电时容量明显下降,用高率放电叉检查时,单格电压急剧降低;充电时单格电压上升快,且迅速升高到 2.8 V 左右,电解液温度迅速升高,但密度却增加缓慢,且过早出现沸腾现象。

2. 硫化的成因

铅蓄电池在正常放电时是不会生成粗结晶硫酸铅的。因为正常放电时极板上的电流密度较大,放电点多且电化学反应速度快,在较短的时间内便可形成大量晶核,所以生成的 $PbSO_4$ 结晶十分细微,80% 以上的晶粒直径不超过 $10^{-3} \sim 10^{-5}$ cm,这样的晶粒在电解液中溶解度大,充电时可较充分地氧化还原为 PbO_2 和 Pb。

蓄电池在已经放电的条件下长时间放置或长期充电不足,细结晶的 $PbSO_4$ 就会随着电解液温度的变化反复溶解、析出。由于这个过程十分缓慢,所以析出的 $PbSO_4$ 往往集中在较少的晶核上慢慢长成粗大的结晶。当电解液温度升高时,只有细结晶的 $PbSO_4$ 被溶解下来,成为 Pb^{2+} 和 SO_4^{2-},而当电解液温度降低时,它们便重新结晶成为大颗粒的 $PbSO_4$。随着季节、昼夜温度反复变化,久而久之,极板表面就会被难于溶解的粗结晶 $PbSO_4$ 所覆盖,造成极板硫化。

极板硫化还与电解液中的杂质有关。当杂质吸附在 $PbSO_4$ 表面,将使这部分 $PbSO_4$ 的溶解速度减慢。也就限制了负极板在充电时 Pb^{2+} 的还原。对于正极板来说,硫化的可能性较小,因为正极板在充电时发生强烈的阳极极化,足以使极板表面吸附的杂质和粗结晶的 $PbSO_4$ 氧化掉,所以正极板不易发生硫化。

电解液浓度增大也是极板硫化的原因之一。负极板上在放电时生成的 $PbSO_4$ 晶粒,随着电解液浓度的提高而增大,从而使溶解度下降,充电时还原困难。

通过以上分析,可将蓄电池极板硫化的主要原因归纳如下。

(1) 极板硫化的主要原因是蓄电池长期处于欠充电(俗称亏电)使用工况。即长期充电不足,或放电后未即时充电,当温度变化时,硫酸铅发生再结晶的结果。

(2) 电池液面过低,极板上部外露与空气接触而强烈氧化(主要是负极板)。由于汽车在行驶中电解液上下波动,与极板氧化部分接触也会生成大晶粒的硫酸铅,使极板硫化。

(3) 电解液密度过高,有害杂质质量分数大,使极板上生成的 $PbSO_4$ 难于溶解而使极板硫化。

(4) 蓄电池经常过量放电或小电流深放电,在极板活性物质细孔内层生成平时充电不易恢复的硫酸铅。

对于已经硫化的铅蓄电池,轻度硫化的可用间歇过充电方法消除。硫化比较严重的则应采取去硫化充电方法排除。用快速充电机充电对于消除硫化有较显著的效果。硫化很严重时,只能更换极板或报废。

二、自放电

充足电的蓄电池,处于静置不工作状态时,其容量自行损耗的现象称为自放电。这种无功的消耗电量是蓄电池的一大缺点。一般充足电的蓄电池在 24 h 损耗的电量不超过 $0.7\% C$ 时，属于正常的自放电。若在 24 h 内超出了耗电限额，则属于故障性自放电。能够引起蓄电池自放电的原因归结起来主要有以下几个方面。

（1）蓄电池材料不纯，内部含有杂质引起的自放电。这是主要原因。在蓄电池原材料选择、加工、极板制作、焊接、整体组装、电解液配制、注入等过程中，难免带入一些有害杂质，从而给蓄电池留下了自放电的隐患。

杂质与极板、杂质与杂质之间产生电位差，形成闭合的局部电池，产生局部电流，使蓄电池自放电。特别是混入那些比铅电位高的金属杂质，危害更大。例如铜混入电解液，它依附在负极板上与铅组成一个小电池，铜为正极，铅为负极，电流由铜到铅，再经过电解液回到铜构成闭合电路而自行放电。此外，铁、锰、硝酸、氯和一些有机物等杂质都能引起自放电。

（2）正极板 PbO_2 的分解和负极板 Pb 的自溶而形成自放电。

正极板 PbO_2 会自发地还原成 $PbSO_4$，并析出氧气从而引起自放电，其反应式为

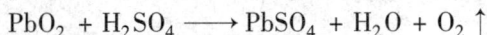

$$PbO_2 + H_2SO_4 \longrightarrow PbSO_4 + H_2O + O_2 \uparrow$$

特别是 H_2SO_4 浓度增大时，其反应速度将增大。

负极板 Pb 的自溶造成自放电，其反应式为

$$Pb + H_2SO_4 \longrightarrow PbSO_4 + H_2 \uparrow$$

如果负极上没有催化氢气产生的杂质，则氢气的产生很缓慢，可以忽略。若负极有 Ag、Cu、As、Sb 等金属杂质，则会形成强烈的气相催化作用，使自放电加剧。

（3）栅架与有效物质接触引起自放电。由于栅架材料中含有锑，正极板上 PbO_2 与栅架中的 Sb 相接触也会引起自放电，其反应式为

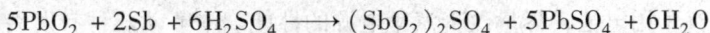

$$5PbO_2 + 2Sb + 6H_2SO_4 \longrightarrow (SbO_2)_2SO_4 + 5PbSO_4 + 6H_2O$$

特别是当正极板上的活性物质脱落使栅架外露时，栅架上 Sb 与电解液直接接触，更会使上述反应加剧。

（4）蓄电池盖上积存有电解液、油污等引起自放电。电解液积存在盖板上时，使正、负极桩形成通路而放电。油污等积存在盖板上时，由于油污中含有大量的硫化物和氧化物，很容易引起极桩和联条腐蚀，以及形成蓄电池表面的导电通道，造成电能的无益消耗。

（5）电解液浓度差引起自放电。电解液浓度有差异，由于硫酸下沉，下部密度比上部大，使极板上、下部产生电位差也会引起自放电。

（6）蓄电池内部短路引起的自放电。极板上活性物质脱落，下部积沉物过多使极板短路；隔板炭化、发脆以至损坏使极板短路，造成自放电。

发生自放电故障后，应倒出电解液，取出极板组，抽出隔板，再用蒸馏水冲洗极板和隔板，然后重新组装，加入新的电解液重新充电。

三、极板短路

隔板损坏、极板拱曲或活性物质沉积过多都会造成极板短路。极板短路的特征是开路端电压低。充电时，电解液温度迅速升高，而端电压和相对密度回升缓慢，且充电末期气泡很少。用高率放电计测量端电压时很低或迅速下降为零。

对于极板短路必须拆开，查明原因而排除之。

四、极板活性物质大量脱落

极板活性物质大量脱落多发生于正极板。产生的原因主要是：充电电流过大，电解液温度过高，活性物质膨胀松软而脱落；经常过充电，致使极板孔隙中逸出大量气体，并对极板孔隙造成压力，使活性物质脱落；放电电流过大，接入起动机时间过长，致使极板拱曲引起活性物质脱落；电解液密度过低而冻结使活性物质脱落；另外在汽车行驶中，由于剧烈震动，而使活性物质脱落等。

其特征是电解液混浊，并有褐色物质自底部上浮，蓄电池容量不足。

对于极板活性物质脱落的蓄电池，沉淀物少时，可以清除后继续使用，沉淀物多时，应更换极板。

除以上故障外，还有极板拱曲、负极板硬化、钝化和收缩，正极板栅架腐蚀变形，单格电池极性颠倒，内阻异常增大，电解液非正常减少，密度过高或过低，电解液冻结等。所有这些故障，都将使蓄电池无法正常工作。应根据具体情况查明蓄电池故障的原因，然后加以排除。

实践证明，蓄电池的故障很少是由于质量低劣而造成的，基本上是由使用保养不当和技术管理不善而造成的。

第八节　新型蓄电池

启动型铅蓄电池虽然被誉为汽车的传统电源，但仍存在能量低、相对密度小，充电频繁，维修麻烦，寿命较短，受地区气温条件影响较大等缺点。为此，人们长期以来都在不断研制其他类型的汽车用电池，尽量改善汽车电源的性能。本节就几种有发展前途和推广价值的其他电池作一简要介绍。

一、干荷电铅蓄电池

在极板完全呈干燥状态下能够长期（一般为 2 年）保存其化学过程中所得到的电量的蓄电池叫做干荷电铅蓄电池。这类电池在注入符合规定的电解液之后，静置 20~30 min 即可投入使用。不需进行初充电，使用方便，是应急的理想电源。

干荷电铅蓄电池之所以具有干荷电性能，主要在于负极板的制造工艺与普通铅蓄电池不同，在负极板上的活性物质是海绵状铅，由于其表面积大，化学活性高，容易氧化，所以要在负极板的铅膏中加入某种抗氧化剂，如松香、油酸、硬脂酸、有机聚合物等。加入抗氧化剂后，可在干燥的过程中，形成一种保护膜覆盖在海绵状铅的表面，以免与空气接触而氧化。在极板化成过程中要有一次深放电或反复充、放电循环，使之在极板的深层也形成海绵状铅。

正极板上的活性物质是二氧化铅，在空气中是很稳定的。对于储存超过 2 年的干荷电铅蓄电池，因极板上有部分氧化，使用前应补充充电，充电 5~10 h 后再使用。由于这种电池使用方便，是理想的应急电源，已得到广泛使用。

目前，干荷电铅蓄电池均采用穿壁跨接式联条、整体塑料容器结构，图 1-23 所示为干式荷电铅蓄电池结构。

干荷电蓄电池的使用。初次使用时，需将蓄电池加液盖旋开，疏通通气孔（有些采用蜡封口，有些采用封条贴封），加入标准相对密度为 1.26（15 ℃）的电解液到规定高度，记下相对密度和温度，将蓄电池静放 20 min，然后再测量电解液温度和相对密度，如温度上升不到 6 ℃，相对密度下降不到 0.01，蓄电池即可使用。若超过以上规定差值，应照正常充电率对蓄电池再充电。

干荷电蓄电池除不必长时间初充电外，其使用与维护要求与普通蓄电池完全一致。

在下列情况下，请对干荷电蓄电池补充充电，并达到电充足状态。

图 1 - 23 干荷电铅蓄电池结构
1—容器；2—隔板；3—极板；4—穿壁式联条；
5—整体盖；6—极柱；7—加液盖；
8—液面高度标线

（1）电解液注入后，超过 48 h 没使用的。

（2）由于发电机工作不良或车辆停放时间长或行驶行程过短等原因，造成蓄电池容量损失或充电不足（电解液相对密度低于 1.087 g/cm^3）的。

（3）蓄电池干态储存超过 1 年有效期的。

二、胶体电解质铅蓄电池

在胶体电解质蓄电池中，电解质用经过净化的硅酸钠溶液和硫酸水溶液混合后，凝结成稠厚的胶状物质，故而得名。

这种蓄电池的主要优点是电解质呈胶体状，不流动，无溅出，使用时只需加蒸馏水，不需要调整和测量相对密度值。使用、维护、保管、运输都比较安全和方便。同时，可保护极板活性物质不易脱落。寿命比一般铅蓄电池长 20% 以上。其缺点是内阻较大，启动容量较小，自放电程度较高。

三、免维护蓄电池

免维护蓄电池是现代汽车上广泛使用的一种新型蓄电池，或称为 MF 蓄电池。这种新型蓄电池 20 世纪 70 年代后期进入国际市场，并得到迅速发展。

免维护蓄电池的含义是，在汽车合理使用过程中无须加水，只要把电池装好就一了百了，名副其实的免维护。无论任何高温或低温天气都有足够的电力启动汽车，结构坚固耐用，保护装置多。市内短途车可行驶 80 万 km，长途货车可行驶 40 ~ 48 万 km，不需进行维护，可用 3.5 ~ 4 年不必加水，极桩基本没有腐蚀，自放电少，在车上或储存时不需要进行补充充电，是一种先进的新型汽车电源。

1. 免维护蓄电池的结构特点

图 1 - 24 是免维护蓄电池的结构示意图，与普通铅蓄电池相比在构造与使用特性上具有很多特点。

（1）采用铅钙合金栅架。免维护蓄电池的结构特点主要是极板栅架采用铅钙或低锑合金制成。AC Delco 免维护蓄电池采用"小窗口"式铸造的铅钙栅架（不含锑），带有塑料底座。铸造的系条坚固，增强了正极板的抗震性，具有坚固、电功率高和防腐蚀等优越性。

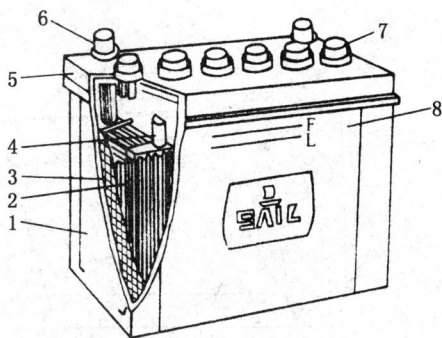

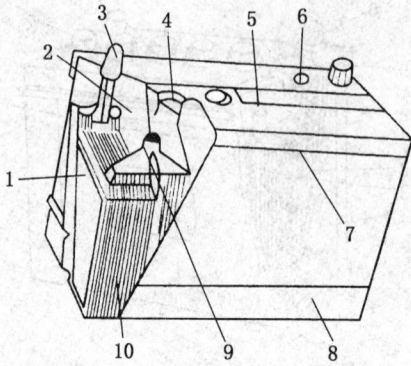

图1-24 免维护铅蓄电池的构造

1—极板组；2—极板上部；3—压铸成型密封式极桩；4—安全通气装置；5—盖；6—内装液体密度计；7—外壳与盖黏接处；8—外壳；9—穿壁式单格电池连接条；10—袋式隔板

采用铅钙合金栅架一是增强了栅架的支承强度；二是使蓄电池在充、放电过程中，减少了析气量、耗水量，自放电也大大减少。

（2）采用袋式聚氯乙烯隔板。如图1-25所示，将正极板装入袋式聚氯乙烯微孔塑料隔板之中，避免了活性物质脱落，并防止极板短路，因而壳体底部不需凸筋，降低了极板组的高度，增大了极板上部容积，使电解液储量增多，延长了补充充电期限。

（3）采用新型安全通气装置和气体收集器。如图1-26所示，这种新型安全通气装置，实际是在孔盖内部设置了一个氧化铝过滤器，它可以安全通风，既可避免蓄电池内的硫酸气排出与外部火花直接接触发生爆炸，又可借助通气装置中装有的催化剂钯，促使化学反应中产生的氢离子与氧离子再结合成水返回电解液。

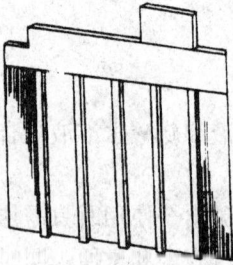

图1-25 袋式隔板

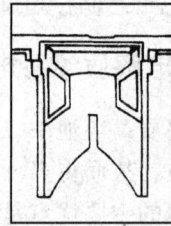

图1-26 通气装置

气体收集器用以收集水蒸气和硫酸气。当水蒸气和硫酸气进入集气室后将其冷却变为液体再流回电解液。

有的生产厂家生产的免维护铅蓄电池通气装置使用一种消氢帽，其结构如图1-27所示。它是在蓄电池的防酸隔爆帽中增加了一个消氢装置，用铂、钯作催化剂，将电池内部产生的氢和氧重新化合成水，再流回电解液。消氢帽安装在免维护蓄电池盖的出气孔上。

这种通气装置可使蓄电池顶部和接线柱保持清洁，减少接线端头的腐蚀，保证接线牢固可靠。

（4）内装液体密度计电眼。MF蓄电池增设了一个内装式温度补偿型密度计电眼。实际是一个检视装置。通过这个装置，可以判断出所使用蓄电池的技术状况。

目前，采用全密封型免维护蓄电池的小轿车越来越多，由于这种蓄电池盖上没有设置加液孔，因此不能用密度计测量电解液的相对密度，为此在这种免维护蓄电池盖上设有一只结构如图1-28（a）所示的蓄电池技术状态指示器（电子眼）来指示蓄电池的技术状况。

蓄电池技术状态指示器又称为内装式密度计，由透明塑料管、底座和两只小球（一只为红色、另一只为蓝色）组成，借助于螺纹安装在蓄电池盖上，两只颜色不同的小球安放在塑料管与底座之间的中心孔中，红色小球在上、蓝色小球在下。由于两只小球是由密度不同的材料制成，因此可随电解液密度变化而上下浮动。

　　蓄电池技术状态指示器是根据光学折射原理来反映蓄电池技术状态的。当蓄电池存电充足、电解液相对密度大于 1.22 时，两只小球向上浮动到极限位置，经过光线折射小球的颜色，从指示器顶部观察到的结果如图 1-28（b）所示，中心呈红色圆点、周围呈蓝色圆环，表示蓄电技术状态良好。

　　当充电不足，电解液相对密度过低时，蓝色小球下移到极限位置，如图 1-28（c）所示，中心呈红色圆点，周围呈无色透明圆环，表示蓄电池充电不足，应及时补充充电。

　　当电解液液面过低，两个小球都下移到极限位置，如图 1-28（d）所示，中心呈无色透明圆点，周围呈红色圆环，表示电解液不足，蓄电池无法继续使用，应更换蓄电池。

　　（5）单格电池间的连接条采用穿壁式贯通连接以减小内阻。

　　（6）外壳为聚丙烯塑料热压而成的全密封外壳，工艺性好，重量轻。

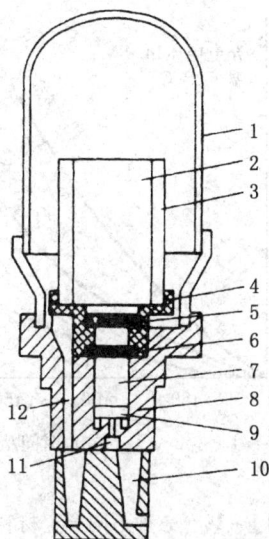

图 1-27　消氢帽

1—外罩；2—铜球及分子筛；3—刚玉筒；4—瓷盘；5—上滤气片；6—下滤气片；7—滤酸粒；8—托盘；9—塑料片；10—回水盘；11—进气孔；12—回水管

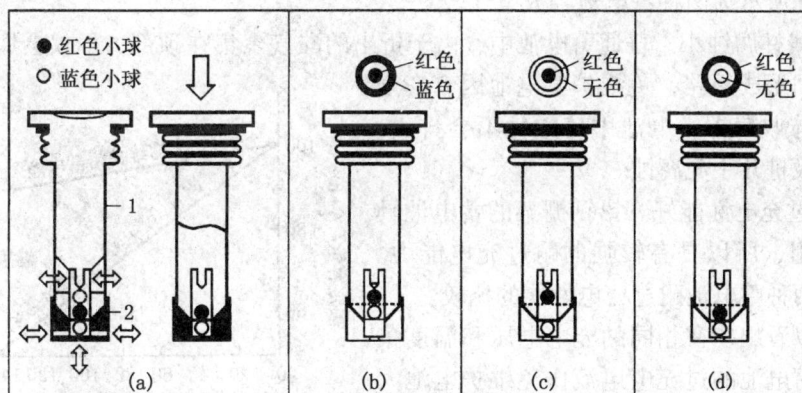

图 1-28　蓄电池技术状态指示器结构原理

（a）指示器结构；（b）存电充足；（c）充电不足；（d）电解液不足

1—透明塑料管；2—指示器底座

2. 免维护蓄电池的优点

　　（1）在整个使用过程中不需添加蒸馏水。铅蓄电池在使用过程中，消耗水的途径一是水的蒸发（占 10% 左右），一是水的电解（占 90%），蓄电池析气导致电解液失水，在充电末期冒出大量气泡，失水更多。免维护蓄电池采用铅钙栅架，在对蓄电池充电时，单格电池

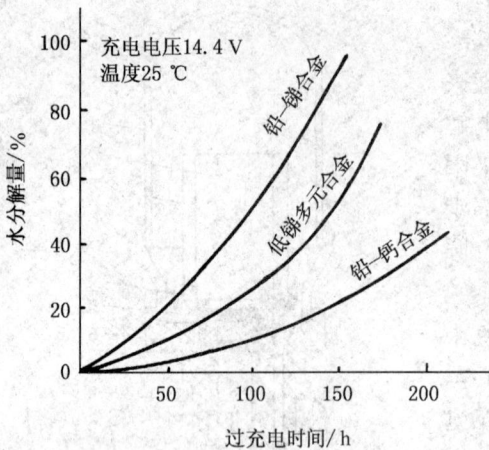

图 1-29   三种不同合金材料栅架制作的
蓄电池的电解液损耗特性

电压在 2.15 V 之前不会冒出气泡,因此,水分蒸发少。实践证明,传统蓄电池每行车 1 000 km,消耗水 16~32 g,而免维护电池每行车 1 000 km,仅消耗水 1.6~3.2 g。图 1-29 所示是三种不同材料栅架制作的蓄电池,在充电过程中电解液中水分的耗量程度的比较。

在相同的充电电压和温度条件下,铅钙合金栅架的蓄电池水的消耗最少。传统蓄电池采用含锑的栅架,在充电和加速大电流放电时,要产生大量的气泡,使电解液中水分蒸发,因此需经常添加蒸馏水。另外由于免维护蓄电池采用袋式隔板将极板完全包住,并且极板直接坐落在电池底部,可使电解液量比普通电池增加较多。不但储液量增加,而且耗水量又减少,所以免维护电池在使用中无需加水。

(2)自放电少,寿命长。普通蓄电池,由于栅架含锑,在放电过程中,锑要从栅架内转移到正负极板的活性物质及电解液中去,因而增加了自放电,缩短了使用寿命。免维护蓄电池由于极板栅架中无锑,因此,自放电大大减少,使用寿命延长,一般在 4 年左右。

图 1-30 所示为两种蓄电池自放电比较。

(3)接线柱腐蚀小。普通蓄电池中,由于析出的酸气聚集在顶部,不仅会腐蚀接线柱,还会在电极间形成短路,免维护蓄电池因有安全通气孔和气体收集器,电池中硫酸气不会排出。顶部干燥,极桩几乎无腐蚀。

(4)耐过充电性能好。铅钙栅架的蓄电池具有较高的内阻,所以具有较强的耐过充电能力。图 1-31 是两种蓄电池耐过充电性能的比较。

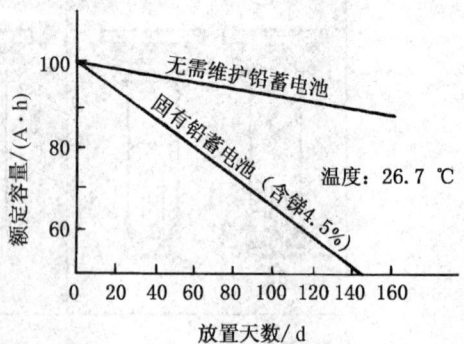

图 1-30   两种电池自放电比较

从图可以看出,在相同的充电电压和温度条件下,普通蓄电池的过充电电流比免维护电池大得多。图 1-31(a)中免维护蓄电池的过充电电流,在充满电时仅 52 mA,几乎接近零;而普通电池都保持着 1.1 A 的充电电流。图 1-31(b)中表现的差别更大。比较(a)、(b)图可知,当温度从 26.7 ℃提高到 51.6 ℃时,普通电池的过充电电流增大了三倍,而免维护电池仅增大一倍多。

(5)启动性能好。免维护电池由于单格间采用穿壁式连接,缩短了电路的连接长度,放电电压可提高 0.15~0.4 V,因此有较好的启动性能。此外,还具有低温启动功率大、耐热和抗震性能好等优点。

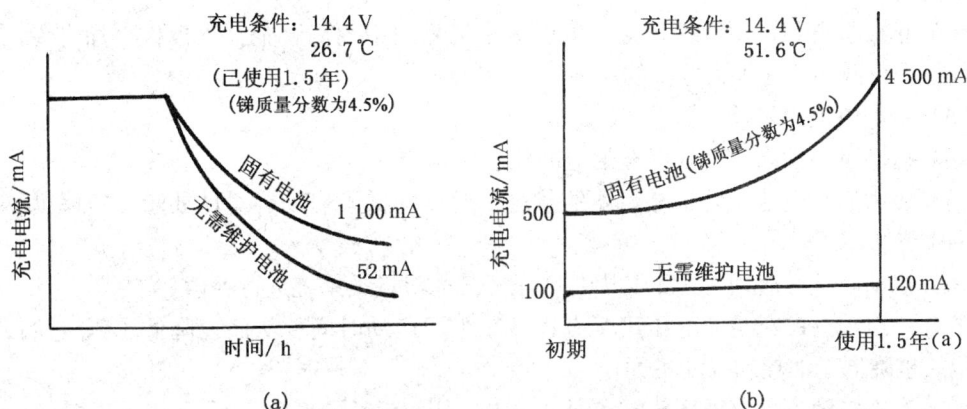

图1-31　两种铅蓄电池耐过充电性能的比较

（a）充电电流比较；（b）使用期间充电电流的变化比较

第九节　智慧型蓄电池

铅酸蓄电池的主要缺点是寿命短、比能低。根据国外一些汽车协会的统计，汽车需要修理的次数中，有50%是电池耗损过度所致。电池失灵是汽车故障最普遍的原因，如何延长电池的寿命，使电池安全可靠是一个重要的课题。

免维护电池可以说是第二代的铅酸蓄电池，它采用了低锑合金和铅钙合金，耗水量少，自放电率也比普通电池要小1/3，它做成全密封状态，终生不用加水，使用方便，也延长了寿命。

智慧型电池是第三代的铅酸蓄电池，它在一个电池箱内有两组电池，并且采用了微电子技术的EMC能量管理器进行控制，寿命更长，性能更可靠。

电池的负载有两种，一种是起动机，一种是其他的辅助用电，如照明、风扇、加热器、音响、电动窗的起动机等。这两种负载的性质完全不同，传统电池要同时兼顾启动和辅助用电的要求，在设计上不得不进行折中，结果降低了它的性能。对启动来说，在短时间里需要大的电流，为此，需要有多片薄的极板以使电池的每一格栅里活性材料有大的表面积，活性材料希望具有低密度，电池的内阻必须要小，以维持足够的电压。这样的电池，如果经常充电放电或长时间充电容易受损，寿命比较短；面对启动以外的辅助用电，使用的时间相对较长，需要的是中小强度的电流，针对这样的要求，极板的设计应该比较厚，活性材料的密度应比较大，它的板栅应该选用能经受深度放电而不会发生严重损坏的合金，这样的合金会增加电池的内阻、气泡率和水分损失，它不适合于启动。

在智慧型电池里分启动和辅助两个电池，这样就可以针对各自的特点而进行优化设计。

一、启动电池的结构特点

启动电池是针对启动时，在短时间内大电流供电的要求设计的，它具有以下特性和优点。

（1）薄极板上涂以低密度的活性物质，大电流放电时具有最大的极板面积，启动时，可给起动机提供大的启动电流。

（2）正极板栅架采用低锑合金，负极板栅架采用铅钙锡合金，负极板上涂有专门的添加剂，可提高低温时提供大电流的能力。

（3）启动电池内阻低。

（4）启动可靠性高，即处于充足电的状态。

（5）因为启动电池是处于充足电的状态，所以降低了启动容量的要求，也降低了启动电池的重量和体积。

（6）启动电池在启动时，不必因为电压降落而对点火系统进行补偿。

（7）一组独立的充足的电压用于点火，减少了启动时间，从而也降低了这一阶段废气的排出，也降低了油耗和发动机磨损。

（8）启动电池不需要循环放电和深度放电，从而延长了寿命。

二、辅助电池的结构特点

辅助电池专门设计的适合于循环放电和深度放电，即能够满足长时间、中小强度电流供电的要求，它具有以下特性和优点。

（1）厚的极板，涂以高密度的活性物质，正极板栅架用低锑合金，负极板栅架用铅钙锡合金，提高在深度放电下的循环性能，使它在这种负载下有长的寿命。

（2）在深度放电之后，仍然有良好的放电特性。

（3）隔套上衬有玻璃丝垫，以获得长的寿命。

三、EMC 能量管理器

双电池系统由能量管理器对两个电池的充、放电进行控制，它由传感器、控制线路、继电器等组成，它具有以下几个功能。

（1）当汽车开动时，将启动电池和辅助电池及充电电路连接。

（2）当汽车停止而某辅助负载接通时，将启动电池和辅助电池分开，这样可以提高启动的可靠性和延长电池的寿命。

（3）如果辅助电池电压过低，振动传感器检测到汽车有人上车，管理器把启动电池与辅助电池连接。

（4）当启动时，把启动电池和辅助电池分开，提供充足的电压给点火系统，以提高启动性能。如果辅助负载大，该功能要求辅助电池具有充足的储备容量和足够的电压。

（5）在充电系统不良的情况下，将启动和辅助电池的组合容量供给点火系统。

（6）智慧型电池系统的能量管理器用微处理器来确定电池的充电状态，并由此决定充电方式，避免了过度充电，同时可避免传统充电系统所固有的一系列问题。

智慧型蓄电池有许多方法可以确定电池的充电状态，通常有以下几种方法。

① 根据温度和电压来近似确定充电状态。

② 根据端电压降时间的变化由微处理器进行计算来确定充电状态。

③ 根据电流、电压、温度和时间由微处理器进行计算，同时对内阻、自动电和容量进行修正，从而确定充电状态。

（7）智慧型蓄电池具有低充电状态切断功能。

低充电状态切断对防止辅助电池在一段时间里过度放电是很重要的，后者会引起不可恢复的损坏，仅根据端电压跌到某预定值以下就切断负载，在汽车使用中是不可靠的，因为负载大小是在不断变化的。智慧型蓄电池是当充电状态跌到预定的状态值以下时切断负载。

这样做的好处是：

① 使放电深度处于安全水平。

② 提高了循环寿命和整个电池的使用寿命。

③ 降低在接下去的充电时的电解液分层。

④ 可提高充电效率。

⑤ 可缩短充电时间。

⑥ 在严寒地区可以防止电解液因过度放电而容易冻结。

智慧型蓄电池采用双电池系统，针对启动和辅助供电两种不同的负载对电池的极板、活性物质、隔离袋、栅架等进行的优化设计，并用微电子技术对两组电池进行管理，把高科技与传统技术结合起来，提高了启动性能，延长了使用寿命，减少了启动时废气的排放，更加安全可靠方便。随着汽车技术的发展，汽车电器日趋复杂完善。智慧型蓄电池将愈益显示出传统电池无法比拟的优点。

第十节　汽车用 42 V 电气系统

一、概述

随着高新技术及其装置在汽车上的广泛应用，传统的 12 V 电源已经不能满足需要，如何提高汽车供电系统的电压，已成为国际论坛中的讨论热点，尤其在欧洲，由于燃油价格较高，因此，将改进汽车效率放在优先地位。欧美的汽车制造商与零部件供应商已达成协议，将汽车的供电系统电压标准由 12 V 提高到 42 V。这将是汽车电气系统的巨大变革。

现在的 12 V 汽车电源已经有近 50 年的历史了。在这之前汽车广泛采用 6 V 电源，由于汽车发动机的压缩比的不断提高，起动机的功率也随之增加，6 V 电源已经不能满足需要，所以，从 20 世纪 50 年代开始逐步被 12 V 电源所取代。当时汽车的电器附件较少，12 V 电源完全能满足需要，这一系统一直沿用了 50 年。目前 12 V 电系已制约着汽车电器的发展，已经到了必须改革的时候了。现代汽车电器电子设备越来越多，例如电动转向、电制动、主动悬架、空调系统、导航系统和自娱系统等，12 V 电源的功率在 3 kW 左右，42 V 电源的功率是前者的一倍，这将给汽车电器提供了较大的发展空间。从技术角度看，42 V 电源较易实行，但在实际应用中仍有许多问题需要解决，提高电压后有一系列好处，但对采用灯丝型灯光系统有不利影响。因此，在开始阶段，仍保持 12 V 与 42 V 同存一个时期。不同车型采用 42 V 电源的时间进度将是不同的，高档车型将率先采用。

二、轿车用电量需求的发展

20 世纪 80 年代以来，随着人们对汽车乘坐舒适性、燃油经济性、排放环保性要求的日益提高，汽车上的新装置、新技术不断增多，能耗量不断增加。据雷诺公司介绍，1980 年以来汽车电气系统的用电量以每年大约 4% 的幅度增长，交流发电机输出功率从几百瓦增加到现在的约 1.5 kW。图 1-32 是乘用车交流发电机平均峰值功率增长图。80 年代时雷诺汽车公司预期到 2005 年，高档车型上的用电量将从现在的 1.5 kW 增加到 5 kW，有些专家甚至期望达到 7.5 kW。预计 2005 年高档轿车上选装的电力负载及功率消耗见表 1-9。

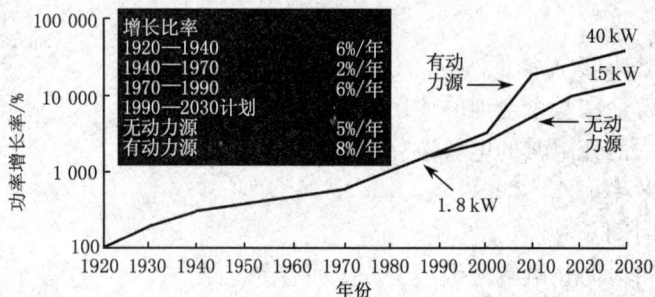

图 1-32 乘用车交流发电机平均峰值功率增长图

表 1-9 预计 2005 年轿车上选装的电力负载功耗一览表

负载类型	功率/W		
	峰值	平均值	
		夏天	冬天
电磁阀（6 缸，6 000 r/min）	2 400	800	800
水泵	300	300	30
发动机冷却风扇	800	300	—
全电子自动驾驶仪	1 000	100	100
电加热车窗	2 500	—	250
催化转换器	3 000	60	120
电控悬架	12 000	360	360
通信导航音响系统	100	100	100
总计	—	2 120	1 760

由公式 $P = UI$ 可知，在现有电气系统的额定电压下，要输出上述大功率，必须大大增加交流发电机的输出电流。低电压、大电流输出会降低爪极式交流发电机的效率，并且为了降低线路上的电阻热损耗，导线的截面积将增加几倍，这不仅增加了整车装备的质量，而且对发动机舱和车厢的空间布置带来很多问题。

由于汽车舒适性电子装置的增多以及技术的不断改进和完善，例如用于舒适性方面的前挡风玻璃车窗加热器、电子辅助取暖器和立式空调以及通信电子装置组件等，尤其是汽车主动和被动安全装置的一些部件进一步电气化，功率消耗势必明显增加。此外，电子技术的发展使一些带电的机械装置逐步转变为带电机械的电子产品，如电子制动、电子转向、机械阀的电子控制等，这些装置不仅增加了耗电量，而且对未来汽车电气系统的可靠运行提出了更高的要求。唯一可行的办法就是提高电系的电压以增大功率。

三、汽车用 42 V 电气系统

1. 两种电气系统

新的电气系统有两种类型：一种是双电压的 14/42 V 电气系统，另一种是单一电压的 42 V 电气系统。

目前制造的大量汽车电子部件不能在 42 V 电源下使用，双电压 14/42 V 系统是过渡阶段的电源。只有当大量的部件都适应 42 V 电源时，才能大批量生产 42 V 车用电源，因此 42 V 电源将成为最终型的汽车电源。

（1）14/42 V 双电压电气系统。图 1-33 是 14/42 V 电气系统的结构框图，它由大功率起动机/发电机、DC/DC 转换器、36 V 吸液性玻璃纤维 AGM（Absorbent Glass Mat）铅酸蓄电池和最新型 12 V 锂聚合物蓄电池等组成。

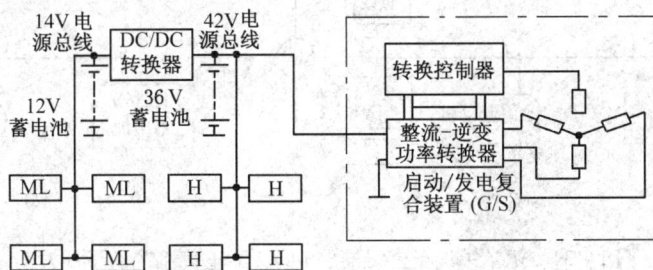

图 1-33　14/42 V 双电压电气系统结构框图
ML—中小功率负载；H—高功率负载

这种双电压电气系统的特点是按电器设备和电子装置消耗功率的大小分为两组。耗电功率较大的一组，如三元催化转换系统、挡风玻璃加热装置、发动机冷却风机、电控悬架及电磁阀驱动电路等，使用 42 V 供电系统，可大大降低负载电流，减小体积，利于电子元件小型化，便于提高集成度；而消耗功率较小的一组，如传统的照明、信号装置、仪表及电动门窗、中央门锁、发动机电控燃油喷射和点火系统等，则采用 14 V 供电系统，可充分利用现有的制造工艺和技术，使其稳定价格，平缓过渡。

图 1-34 是德尔福汽车公司在还没有完全成为 42 V 电气系统之前推出的四种 14/42 V 电气系统的设计方案。可以看出，14/42 V 双电压系统能更快地达到实用化阶段。

（2）42 V 电气系统。单一电压的 42 V 电气系统具有使用效率高、控制系统较为简单、配用电池为一组同等电压的蓄电池等特点。

在功率不变的情况下，电压和电流之间的关系是：如果电压提高到原来的三倍（14 V×3 = 42 V），则电流下降到原来的 1/3。在选择车用线束时，主要是根据线束传输电流的大小，当然，出于机械强度和接头牢固性的要求，有一个最小尺寸的限制。改用 42 V 电压，不仅能减小线束和接头的尺寸、重量及费用，而且能够更多地使用比传统线束尺寸更小、易于生产的带状电缆。采用 42 V 电源可适应更多新型电子装置在汽车上应用，同时可提高燃油经济性和废气排放水平。

采用 42 V 电源，其电功率预计是 12 V 电源的 3 倍，可达 6~7 kW。

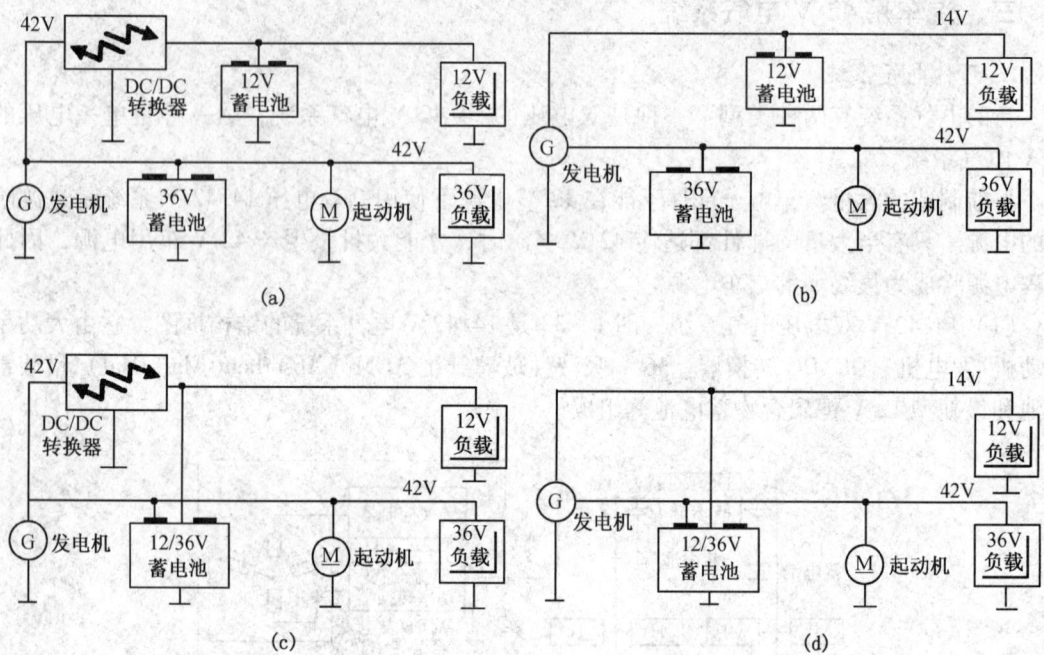

图 1 - 34　德尔福汽车公司推出 14/42 V 电气系统的设计方案
(a) 单电压发电机和单电压能源储存；(b) 双电压发电机和单电压能源储存
(c) 单电压发电机和双电压能源储存；(d) 双电压发电机和双电压能源储存

2. 42 V 电气系统中的关键装置

(1) 启动/发电复合装置。由于电气系统中交流发电机具有较大的输出功率，为了合理利用资源，利用交流发电机的可逆性，再配置一套半导体整流 - 逆变功率转换器，将交流发电机和起动机合成为一个启动/发电复合装置。启动发动机时，42 V 蓄电池通过整流 - 逆变功率转换器向启动/发电复合装置供电，复合装置工作在启动状态；当发动机启动后，整流 - 逆变功率转换器工作在整流方式，复合装置工作在发电状态，向 42 V 蓄电池充电和向其他用电设备供电。在发电状态，可根据需要输出不同的电压。

这种启动/发电复合装置一般安装在汽车传动系统中。目前开发出的电机有感应式、永磁式和开式磁阻等形式。

这种装置以集成式起动机/交流发电机/阻尼器（ISAD）组成，它除了具备强的发电能力之外，还能够在不到十分之二秒时间内重新启动发动机，能够做到这一点的原因之一就是，它是一种三相交流装置。其中，使用了一个功率变换器，这种功率变换器将采用功率变换能力强、由微控制器控制的金属氧化物场效应晶体管，可将流电能存储在蓄电池中并将其转换为交流电能。在交流发电机模式下，这个功率变换器还将是整流系统。这种新型的启动/发电复合装置的效率可达 80% ~ 90%。这不仅能节省发动机功率，而且还能够消除转换为热量的能量损失，从而还能够提高发电机的可靠性。

(2) DC/DC 转换器。由图 1 - 34 (a)、1 - 34 (c) 可知，当交流发电机设计为单电压（42 V）输出并且电气系统使用 14/42 V 双电压时，在高低电源之间及在高电源与低电源负载之间必须加装 DC/DC 转换器，可以将供电系统分割为两个具有不同电压的供电子系统。它利用一组绝缘门极双极型晶体管 IGBT（Isulated Gate Bipolar Transistor）工作在脉宽调制器 PWM 方式，通过调整矩形波电压的占空比来改变输出电压的平均值，从而得到理想的电压。

四、42 V 电气系统对未来汽车零部件的影响

42 V 电气系统的应用，将使汽车零部件的设计理念和结构组成发生重大的变革。一些零部件及整体系统将被淘汰，一些零部件将得到更优化设计，并将开发生产出一些新技术产品。

1. 对汽车整车的影响

由于电源能提供足够的功率，21 世纪将广泛采用网络汽车、导航系统、车载计算机、电动动力转向、电子制动、电子伺服制动、电动水泵、电动坐椅、电加热坐椅及电加热三元催化转化器等新技术，并向智能化驾驶方向发展。

2. 对汽车发动机的影响

由于采用电控气门配气相位及电磁阀技术，发动机将取消传统的凸轮轴、气门挺杆、气门摇臂及轴、液力挺杆及正时齿轮等部件，大大简化发动机结构，缩小其体积，提高效率。

3. 对电动机及电磁阀的影响

采用 42 V 电气系统，选用更好的绕组材料后，可使电动机及电磁阀的整体质量降低 20% 左右。体积小、质量轻的电机将使车门减薄，坐椅周围空间增大，乘坐宽敞、舒适。

4. 对照明系统的影响

系统电压提高后，现在的照明装置均不能采用。前照灯必须采用高强度的放电灯，并配备功能可靠的防眩目装置。其他灯具也将采用氖气灯，以延长使用寿命。

5. 对电气开关和连接器件的影响

系统电压提高后，开关接触瞬间的电磁辐射必须加以考虑。传统机械式的继电器、断电保护器、调节器工作时产生电磁辐射，因而将被淘汰；由于新的供电系统中采用大量的功率半导体器件，熔断丝式的保护电路也将被废除。具有自诊断功能和电路保护能力的多路传输控制系统将被广泛采用。

14/42 V 及 42 V 电气系统已得到国际汽车工业界的广泛认可，因此，可以断言这一新的汽车电气系统进入实用化的时间已为期不远了。由于该电气系统的固有特点，以功率半导体元器件同微电子器件相结合的控制装置，将在新的电气系统中获得大量应用，这将对传统的汽车电器带来较大的冲击，并对汽车电子、电器零部件的产业结构产生深远影响。经过坚持不懈的努力，最终会使 42 V 电气系统变为现实。

第十一节 电动汽车用电池

20 世纪 70 年代以来，由于受到汽车排放污染和能源危机的冲击，世界各国都在不断探索和研制更理想的汽车用电池。用电池代替发动机做汽车的动力源，于是电动汽车应运而生。电动汽车不但可以节约能源，而且无污染、低噪声、热辐射少、操作简单、维修方便，因此各国都在大力开展电动汽车的研究。作为电动汽车动力源的新型高能电池的研究便成为十分重要的课题。

目前汽车用铅蓄电池比能量仅为 $40 \sim 50$ W·h/kg，质量大、容量小，且需经常充电。因此，作汽车的动力源显然是不适宜的。动力电池要求其比能量应大于 140 W·h/kg，充电循环次数应在 800 次以上，在汽车上一次充电的续驶里程应达到 240 km。丹麦霍普公司的电动汽车，充电一次，可行驶 100 km，时速为 $70 \sim 80$ km；美国 LN—7 电动汽车时速可达 95 km，从静止到 80 km/h 车速，所用时间少于 20 s，爬坡度为 30%，日本研制的一种电动汽车使用镍镉电池，最大车速可达 85 km/h，一次充电可行驶 160 km。目前，世界各国正在研制的新型高能电池种类繁多，诸如，钠硫电池、燃料电池中的氢－氧、碳化氢、联氨电池、锌－空气电池、锂合金二硫化铁电池、太阳能电池等。下面介绍几种有发展前途的动力电池。

1. 钠硫电池

钠硫电池的结构原理如图 1－35 所示。

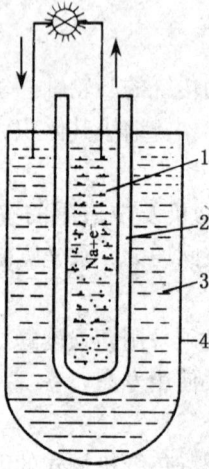

图 1－35 钠硫电池原理图

1—熔融钠；2—电解质；3—熔融硫；4—不锈钢壳体

在钠硫电池中，负极的反应物质是熔融的钠，正极反应物质是带有一定导电解质的硫，电解质为 β － 氧化铝矾土的陶瓷管（$NaAl_{11}O_{17}$），它既是绝缘体又能自由传导钠离子。当外电路接通时，负极不断产生钠离子并放出电子，即

$$Na \rightleftharpoons Na^+ + e^-$$

电子通过外电路移向正极，而钠离子通过 β － 氧化铝矾土电解质和正极的反应物质硫起作用，生成钠的硫化物。即

$$2Na + xS \rightleftharpoons Na_2S_x$$

Na_2S_x 可以是 Na_2S_2、Na_2S_4、Na_2S_5 等。

上述反应不断进行，电路中便获得了电流。理论上这种电池比能量可达 664 W·h/kg，效率可达 100%，充电时间短，无污染，原材料丰富，因而各国都很重视这种电池的研制。一个钠硫电池相当于 10 多个铅蓄电池。钠硫电池的缺点是 NaS 易燃烧，工作温度高达 $250\ ℃\sim 300\ ℃$，且寿命短，使用还有一定困难。

2. 燃料电池

燃料电池由燃料（氢、煤气、天然气等）、氧化剂（氧气、空气、氯气）、电极（多孔烧结镍电极和多孔银电极等）和电解质 KOH 溶液等组成。

燃料电池中燃料的化学能量不作燃烧，是利用燃料的氧化反应，从化学能直接转变为电能的。它与普通电池不同，只要不断地加入燃料和氧气，就会不断地产生电能，因此称为燃料电池。这种电池能量移动效率极高，理论上可以达到 80% ~ 90%。

燃料电池的种类很多，有氢－氧、碳化氢、联氯等，现以氢－氧燃料电池为例简介如下。

氢－氧燃料电池的燃料为氢气，氧气作氧化剂，其结构原理如图 1－36 所示。

A 是氧气腔，氧气由高压氧气筒供给，工作压力为 $0.7 \sim 1.33$ kPa；E 是氢气腔，氢气由高压氢气筒供给。正极 B 是多孔性的氧电极，用钴和铝作催化剂；负极 D 是多孔性的氢

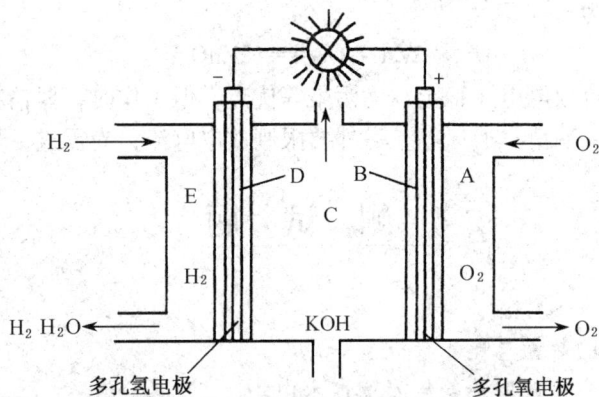

图 1 - 36　氢氧燃料电池结构示意图

A—氧气腔；B—正极（多孔氧电极）；C—饱含电解质石棉层；D—负极（多孔氢电极）；E—氢气腔

电极，用钯作催化剂。C 是饱含电解液的石棉填充物，电解液是 30% 的 KOH 溶液，由电液泵使之循环。其化学反应如下：

电解液中 KOH 不断电离和化合形成相对平衡状态，即

$$KOH \rightleftharpoons K^+ + OH^-$$

放电时在负极 D 处，氢离子与氢氧根离子化合生成水，并放出电子，电子通过外电路送到正极，即

$$2H^+ + 4OH^- \longrightarrow 4H_2O + 4e$$

在正极 B 处，氧与水及外电路流来的电子起作用，生成氢氧根离子，进入电解液，即

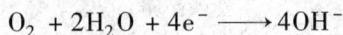

$$O_2 + 2H_2O + 4e^- \longrightarrow 4OH^-$$

电池的总反应为

$$2H_2 + O_2 \longrightarrow 2H_2O$$

在反应过程中，氢和氧不断地消耗生成水，所以只要不断地供给氢和氧，反应就能继续进行，不断地产生电能向外供电。

燃料电池，由于比能量已达 200 ~ 350 W·h/kg，为铅蓄电池的 4 ~ 7 倍，且不需要充电，只要不断地供应燃料就可以继续使用，而且能量转换效率极高，无排放污染，因此适合作为汽车的动力源。但它需要贵重金属作催化剂，成本高，且燃料的储存和运输都有一定困难，因此有待进一步解决。

3. 锌 - 空气电池

锌 - 空气电池的比能量可达 150 ~ 400 W·h/kg。正极板是由金属网集电器、活性层等组成的一个薄空气电极，负极板是纯锌，电解液为氢氧化钾水溶液。其工作电压为 1.0 ~ 1.2 V。

放电时正极板上的反应为

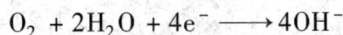

$$O_2 + 2H_2O + 4e^- \longrightarrow 4OH^-$$

负极板锌的氧化过程为

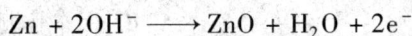

$$Zn + 2OH^- \longrightarrow ZnO + H_2O + 2e^-$$

充电时按上述过程反向进行。

蓄电池的总反应为

$$2Zn + O_2 \Longleftrightarrow 2ZnO$$

锌－空气电池具有放电电压稳定，无污染等优点，但工作时，要消耗一定的能量用于清除空气中的二氧化碳，滤清、通风等。另外要限制放电电流，尚需进一步研究解决。

测 试 题

一、判断题

1. 蓄电池负极板的数量总比正极板多一片。 （　　）
2. 配制电解液时应将硫酸徐徐倒入蒸馏水中。 （　　）
3. 安装蓄电池隔板时带沟槽的一面应面向负极板。 （　　）
4. 启动型酸铅蓄电池正极板上的活性物质是二氧化铅，负极板上是海绵状纯铝。

（　　）
5. 蓄电池与用电设备是串联连接的。 （　　）
6. 免维护蓄电池与普通蓄电池比较，自放电多。 （　　）
7. 干荷电蓄电池在极板完全呈干燥状态下，在保存期内可保存其化学过程中所得到的电量。 （　　）
8. 智慧型蓄电池由启动电池、辅助电池和能量管理器组成。 （　　）
9. 未来汽车将使用 42 V 电气系统。 （　　）
10. 电动汽车用钠硫电池采用液体电解质。 （　　）

二、单项选择题

1. 蓄电池是将（　　）的装备。
   A. 化学能转化为电能 　　　　　　　　B. 机械能转化为电能
   C. 热能转化为化学能 　　　　　　　　D. 化学能转化为机械能
2. 启动汽油发动机时，蓄电池可在短时间内给起动机提供（　　）的启动电流。
   A. 10 ~ 50 A 　　　　　　　　　　　　B. 100 ~ 150 A
   C. 200 ~ 600 A 　　　　　　　　　　　D. 600 ~ 1 000 A
3. （　　）为蓄电池的最大负荷。
   A. 汽车大灯 　　　　　　　　　　　　B. 空调鼓风机
   C. 发电机 　　　　　　　　　　　　　D. 起动机
4. 蓄电池的负极电缆外表的颜色通常为（　　）。
   A. 红色 　　　　　　　　　　　　　　B. 黑色
   C. 白色 　　　　　　　　　　　　　　D. 绿色
5. 蓄电池完全充电后其电解液的密度通常为（　　）g/cm³。
   A. 0.917 ~ 1.1 　　　　　　　　　　　B. 1.941 7 ~ 2.30
   C. 1.128 17 ~ 1.130 　　　　　　　　　D. 1.27
6. 如果蓄电池的正、负极接反，会使（　　）损坏。
   A. 发电机整流器 　　　　　　　　　　B. 汽车控制计算机
   C. 汽车前照灯 　　　　　　　　　　　D. A 和 B

7. 干荷电蓄电池和普通蓄电池的主要差别是（   ）具有较高的荷电性能。

    A. 负极板   B. 正极板

    C. 正极板组   D. 正、负极板组

8. 干荷电蓄电池在注入电解液后静置_____ min 即可投入使用。

    A. 0～5   B. 10～20

    C. 20～30   D. 30～50

9. 免维护蓄电池汽车行驶_____ km 无需添加蒸馏水。

    A. 80   B. 800

    C. 8 000   D. 80 000

10. 从汽车上拆下蓄电池时，首先应拆下_____电缆，将蓄电池安装在汽车上时，应首先安装_____电缆。

    A. 负极 正极   B. 正极 负极

    C. 正极 正极   D. 负极 负极

第二章

交流发电机与电压调节器

● **学习目标**

通过本章的学习，重点掌握交流发电机的结构原理及工作特性，以及使用维护、常见故障的诊断及排除；掌握电子电压调节器的工作原理与检测方法；熟悉新型发电机的结构特点，了解触点式电压调节器的工作原理。

汽车上虽然装有蓄电池，但它存储的电能非常有限。比如启动发动机时，起动机要消耗蓄电池大量电能，若不及时对其进行补充充电，就不能满足汽车上不断增多的用电设备的需求，也就很难保证汽车的频繁启动与正常运行。所以可以说发电机是汽车电气系统的主要电源。发电机的作用是将发动机的部分机械能变成电能，向除起动机以外的所有用电设备供电，并及时对蓄电池进行补充充电。

长期以来，汽车上采用的是直流发电机，由于靠整流子换向的直流发电机已不能适应现代汽车的要求，而逐渐被交流发电机所取代。交流发电机的采用，是汽车电器的一大突破。它始用于 20 世纪 50 年代，当今世界发达国家均已在汽车上普遍采用硅整流交流发电机，我国也从 70 年代开始使用，并已迅速普及。所以本书不再叙述直流发电机及其调节器。

交流发电机与直流发电机相比，在结构方面带有根本性差别的是用硅二极管的固体换向器取代了机械整流器。这就是交流发电机优于直流发电机的主要原因之一。因此，现代汽车都使用硅整流发电机。

第一节　交流发电机的构造

目前国内外生产的汽车交流发电机的结构基本相同，都是由三相同步交流发电机和硅二极管整流器两大部分构成。图 2－1 所示为交流发电机的组件图。

一、三相同步交流发电机

三相同步交流发电机的作用是产生三相交流电。它主要由转子、定子、前后端盖、风扇及皮带轮等组成。

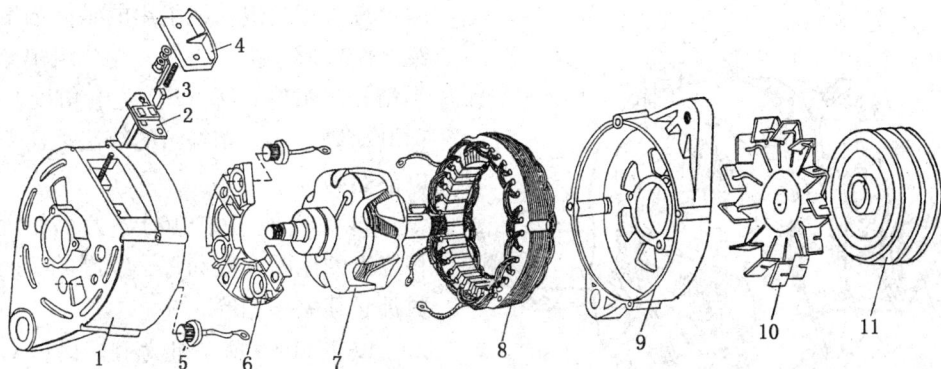

图 2 - 1　交流发电机的组件图

1—后端盖；2—电刷架；3—电刷；4—电刷弹簧压盖；5—硅二极管；6—散热板；7—转子；
8—定子总成；9—前端盖；10—风扇；11—皮带轮

1. 转子

转子是三相同步交流发电机的旋转磁场部分。它是由转轴、两块爪形磁极、磁轭、激磁绕组、滑环等部件构成，如图 2 - 2 所示。

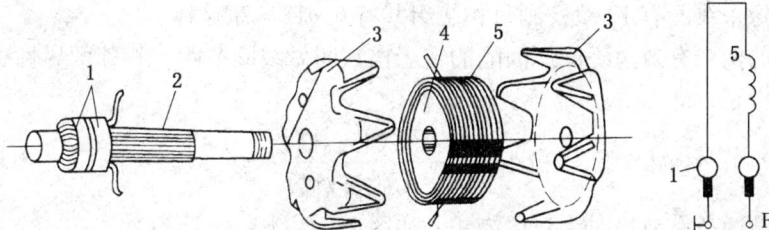

图 2 - 2　交流发电机转子

1—滑环；2—转轴；3—磁爪；4—磁轭；5—磁场绕组

转轴用优质钢车削而成，中部有压花，一端有半圆键槽和米制螺纹。

导磁用的磁轭用软磁材料的低碳钢制成，压装在转轴的中部。

激磁绕组用高强度漆包铜线绕一定匝数而成，套装在磁轭上，两个线头分别穿过一块磁极的小孔与两个滑环焊固。

磁极为爪形，又称鸟嘴形，用低碳钢板冲压或用精密铸造浇铸而成。两块磁极各具有数目相等的爪极。国产 JF 系列交流发电机都做成 6 对磁极，爪极互相交错压装在激磁绕组和磁轭的外面。

滑环由导电性能优良的铜制成，两个滑环之间及与转轴之间均用云母绝缘。滑环与装在后端盖上的炭刷相接触。

当炭刷与直流电源接通时，激磁绕组中便有激磁电流流过，产生磁场，使得一块爪极被磁化为 N 极，另一块爪极为 S 极，从而形成了 6 对相互交错的磁极。转子磁场的磁力线分布如图 2 - 3 所示。

2. 定子

定子又称电枢，是三相同步交流发电机产生三相交流电的部件。它由铁芯和三相绕组组成。定子铁芯由相互绝缘的内圆带槽的环状硅钢片叠成，硅钢片厚度为 0.5 ~ 1 mm。定子槽内置有三相绕组，绕组用的是高强度漆包线，作星形连接。为使三相绕组中产生大小相等，相位相差 120°（电角度）的对称电动势，在三相绕组的绕法上需要遵循以下原则。

（1）为使三相电动势大小相等，每相绕组的线圈个数和每个线圈的节距与匝数都必须完全相等。

以 JF11 型发电机为例。磁极对数为 6，定子总槽数为 36，每相绕组占有的槽数为 36/3 = 12。三相绕组在铁芯槽内的嵌装有两种方法，如图 2 - 4 所示。

JF11 型发电机采用的是单层集中绕法，见图 2 - 4（a）。即每个槽内放置 1 个有效边（1 个线圈有 2 个有效边，分别放在 2 个定子槽内）。因此，每相绕组都由 6 个线圈串联而成，每个线圈有 13 匝，则每相绕组共有 6 × 13 = 78（匝）。

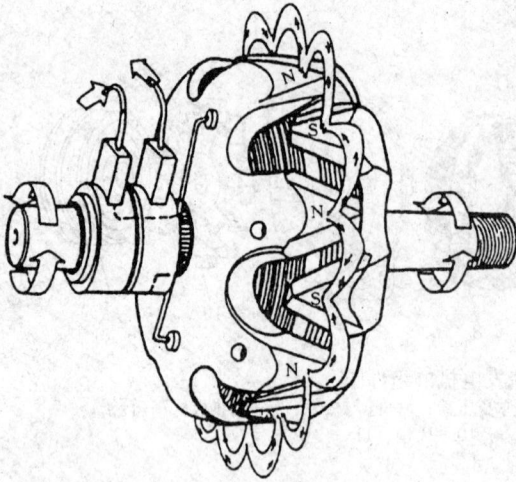

图 2 - 3 转子结构

每个线圈的两个有效边之间所间隔的定子槽数叫做线圈节距，相邻两异性磁极中心线之间的槽数称为极距。即

$$线圈节距 = 极距 = \frac{定子铁芯总槽数}{2 \times 磁极对数} = \frac{36}{12} = 3（槽）$$

一个槽内绕两条有效边时为双层绕法，如图 2 - 4（b）所示。

（2）为使三相电动势在相位上互差 120°，三相绕组的起端 A、B、C（或末端 X、Y、Z）在定子槽内的排列，必须相隔 120° 电角度（即两个槽的宽度）。

转子旋转时，磁极的磁场不断地和定子中的导体做相对运动，在定子绕组中产生交流电动势。每转过一对磁极，定子导体中的感应电动势就变化一个周期，即 360° 电角度。每个磁极在定子圆周上占有的槽数为 36/12 = 3（槽），即

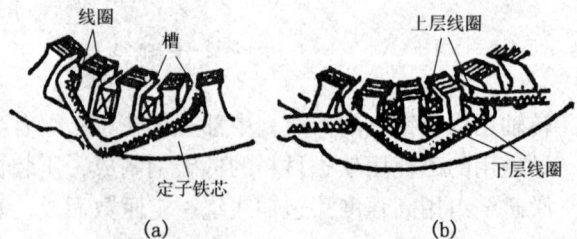

图 2 - 4 定子绕组的嵌装
（a）单层式；（b）双层式

180° 电角度，所以两个相邻的槽的中分线之间为 180°/3 = 60° 电角度。为要使三相绕组各个起端之间相隔 120° 电角度，所以各起端之间的距离应为 2 + 3n（n = 0，1，2，3，…）个槽，即 2，5，8，11…个槽均可。图 2 - 5 为三相绕组展开图。A、B、C 三个首端依次放入 1，9，17 三个槽中，而末端 X、Y、Z 则相应地放入 34，6，14 三个槽中，这时三相绕组之间的相位差仍为 120° 电角度。

3. 端盖

端盖分前端盖（驱动端盖）和后端盖（整流端盖），其作用是支承转子，安装和封闭内部构件。前后端盖均用非导磁材料铝合金制成，漏磁少，质量轻，散热性能好。端盖的中心

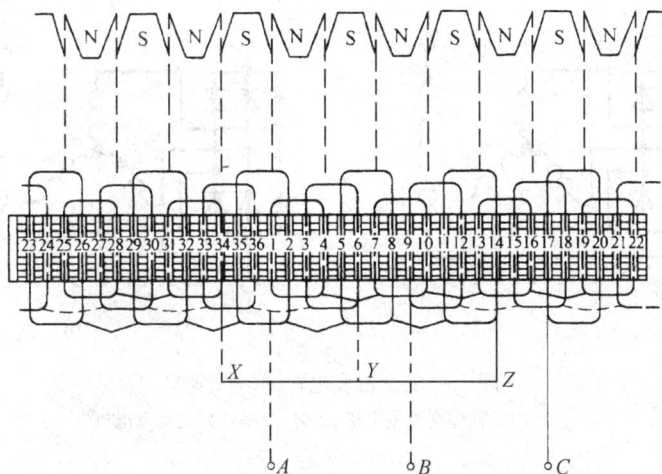

图2-5 JF11型交流发电机定子绕组的展开图

有球轴承，外围有通风孔和组装螺孔。

前端盖有突出的安全臂和调整臂，由于它的外侧为驱动发电机旋转的皮带轮，所以又称驱动端盖。

后端盖内装有电刷和刷架。国产交流发电机的电刷架有两种结构，一种电刷架可直接从发电机的外部拆装，如图2-6（a）所示；另一种则不能直接在电机外部进行拆装，如图2-6（b）所示。目前多采用外装式。

电刷有两个，用于引入激磁电流。一个电刷引出线接到发电机后端盖上的磁场接线柱（标记为"F"或"磁场"）上；另一个接

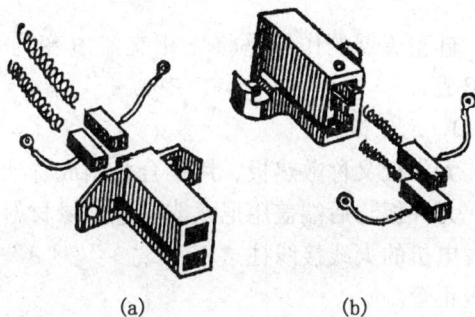

(a)　　　　　(b)

图2-6 电刷及电刷盒
(a) 外装式；(b) 内装式

铁电刷的引线，用螺钉固定在后端盖上（标记为"-"或"搭铁"）。

电刷都是利用压簧与转子上两个滑环良好接触。

交流发电机有内、外搭铁之分，见图2-7，故电刷引线的接法也有所不同。对于内搭铁的交流发电机，磁场绕组直接通过交流发电机的外壳搭铁，故其中一根引线接至后端盖上的磁场接线柱"F"（或"磁场"），另一根则直接与发电机外壳上的搭铁接线柱"-"（或"搭铁"）连接。而外搭铁交流发电机的磁场绕组必须通过电压调节器后（交流发电机的外部）再搭铁，故电刷引线必须分别与发电机后端盖"F+"（或"F_1"）和"F-"（或"F_2"）接线柱相连。

4. 风扇

风扇用1.5~2 mm厚的钢板冲制而成，并用半圆键装在前端盖外侧的转轴上。发电机的后端盖上有进风口，前端盖上有出风口，当皮带轮与风扇一起旋转时，使空气高速流经发电机内部进行强力通风冷却。

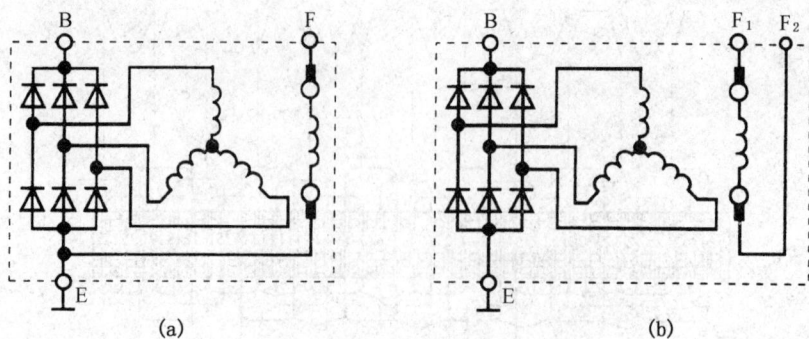

图 2-7 交流发电机的搭铁型式

（a）内搭铁型交流发电机；（b）外搭铁型交流发电机

5. 皮带轮

皮带轮是利用皮带将发动机的转矩传给转子，通常用铝合金制成。一般分为单槽和双槽两种，利用风扇的半圆键装在风扇外侧的转轴上，并用弹簧垫圈和螺母紧固。

二、整流器

硅整流器的作用是将三相交流电变为直流向外输出，它由一块元件板和六只硅二极管组成。

1. 元件板

元件板又称散热板，用铝合金制成月牙形，如图 2-8 所示。

元件板与后端盖用尼龙或其他绝缘材料制成的垫片隔开，并用螺栓通至后端盖外部，作为发电机的火线接线柱"B"（"+"、"A"或"电枢"接线柱）。元件板上压装三个硅整流二极正管。

2. 硅整流二极管

交流发电机的整流器，由六只硅二极管组成。二极管的内部结构、外形和表示符号如图 2-9 所示。其引线和外壳分别是它的两个电极。

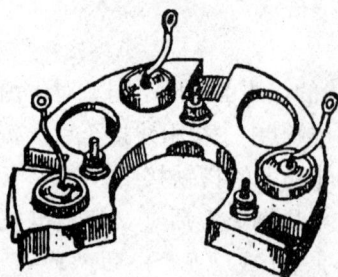

图 2-8 元件板

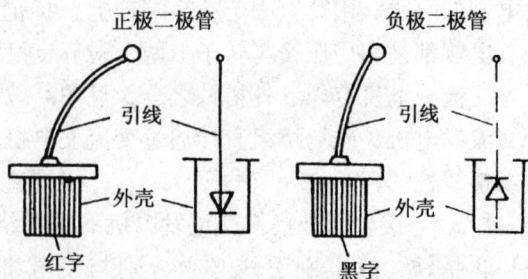

图 2-9 硅二极管的外形及符号

目前国内外采用的交流发电机多为负极搭铁。压装在后端盖上的三只硅二极管，其引线为二极管的负极，外壳为正极，俗称负极管或反烧管，管壳底上打有黑色标记；压装在元件板上的三只硅二极管，其引线为二极管的正极，外壳为负极，俗称正极管或正烧管，管壳底上打有红色标记。

六只硅二极管的安装如图 2 - 10 所示。硅二极管的型号、技术参数见表 2 - 1。硅二极整流管的外形尺寸及安装孔径见表 2 - 2。

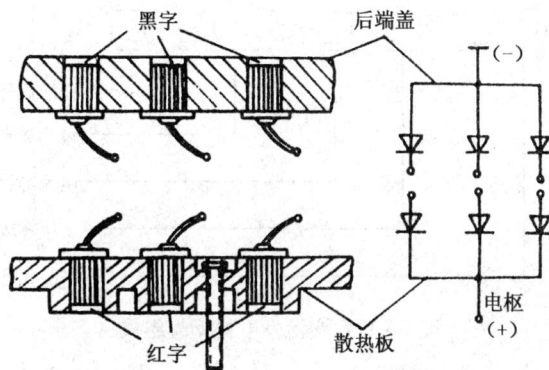

图 2 - 10　硅二极管安装示意图

表 2 - 1　国产汽车用硅二极管的主要技术参数

二极管型号	额定正向平均电流/A	五分钟过载倍数/%	反向不重复峰值电压/V	反向不重复平均电流/mA	通态平均电压降/V	额定结温/℃	额定温升/℃
QZ10	10	125	≥200	≤2	≤0.6	150	75
QZ15	15	125	≥200	≤3	≤0.6	150	75
QZ20	20	125	≥200	≤4	≤0.6	150	75
QZ30	30	125	≥200	≤5	≤0.6	150	75
QZ50	50	125	≥200	≤6	≤0.6	150	75

注：Z 表示整流用；Q 表示汽车用；数字表示在规定条件下额定正向电流的平均值（A）。

表 2 - 2　汽车用硅二极管的外形尺寸及配合安装孔径

二极管型号	外 形 尺 寸/mm				相应配合安装孔径/mm
	直　径	管　高	总　高	压线头孔径	
QZ10 QZ15 QZ20	$\phi13 + 0.08 \sim 0.15$	8	19	$\phi4.2$	$\phi13 + 0.027$
QZ30 QZ50	$\phi19 + 0.1 \sim 0.18$	14	35	$\phi5.1$	$\phi19 + 0.033$

三、交流发电机的型号

根据我国汽车行业标准 QC/T 73—1993《汽车电气设备产品型号编制方法》规定，汽车交流发电机的型号组成如图 2 – 11 所示，图中代号含义如下。

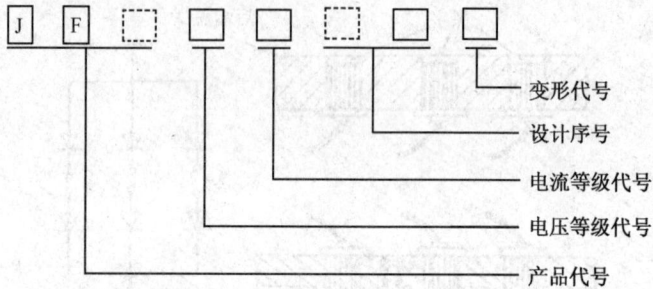

图 2 – 11　交流发电机型号组成

（1）产品代号：交流发电机的产品代号为 JF、JFZ、JFB、JFW 四种，分别表示交流发电机、整体式交流发电机、带泵交流发电机和无刷交流发电机（字母"J"、"F"、"Z"、"B"和"W"分别为"交"、"发"、"整"、"泵"和"无"字的汉语拼音第一个大写字母）。

（2）电压等级代号和电流等级代号：分别用 1 位阿拉伯数字表示，其含义分别见表2 – 3 和表 2 – 4。

表 2 – 3　电压等级代号

电压等级代号	1	2	3	4	5	6
电压等级/V	12	24	—	—	—	6

表 2 – 4　电流等级代号

电流等级/A 产品名称	1	2	3	4	5	6	7	8	9
普通交流发电机									
整体式交流发电机									
带泵交流发电机	~19	≥20~29	≥30~39	≥40~49	≥50~59	≥60~69	≥70~79	≥80~89	≥90
无刷交流发电机									
永磁式交流发电机									

（3）设计序号：按产品设计先后顺序，用 1~2 位阿拉伯数字表示。

（4）变形代号：交流发电机以调整臂位置作为变形代号。从驱动端看，在中间不加标记；在右边时用 Y 表示；在左边时用 Z 表示。

例 1　JF152：表示电压等级为 12 V、电流等级为大于 50~59 A，第二次设计的普通交流发电机。

例 2　桑塔纳、奥迪 100 型轿车用 JFZ1913Z 型交流发电机，其电压等级为 12 V、电流等级为大于 90 A、第 13 次设计，调整臂在左边的整体式交流发电机。

第二节 交流发电机的工作原理

一、交流发电机的发电原理

直流发电机的工作原理是使线圈在磁场中转动，线圈的工作边不断切割磁力线而发电；反过来，如果使磁场旋转，而将线圈固定在其周围，同样也能发电。交流发电机就是把通电线圈所产生的磁场在发电机中旋转，使其磁力线切割定子线圈，在线圈内产生交变电动势。交流发电机产生交流电的基本原理，仍然是电磁感应原理。交流发电机工作原理图如图 2 – 12 所示。

若转子不停地旋转，则感应电动势和负载中电流的方向和大小将随时间作周期性变化，于是就产生交变电动势和交变电流。由于磁感应强度的分布近似于正弦规律，使交流电也按正弦规律变化，这就是所谓正弦交流电，它是一般交流电的基本波形。

实际使用的交流发电机是三相同步交流发电机，即是指转子的转速与旋转磁场的转速相同（同步转速）的三相交流发电机。

图 2 – 13 为三相同步交流发电机的工作原理图。当转子旋转时，磁力线和定子绕组之间产生相对运动，在三相绕组中产生交变电动势，其频率为

$$f = \frac{p \cdot n}{60} \quad (\text{Hz})$$

式中　p——磁极对数；

　　　n——发电机转速（r/min）。

在汽车用交流发电机中，由于转子磁极呈鸟嘴

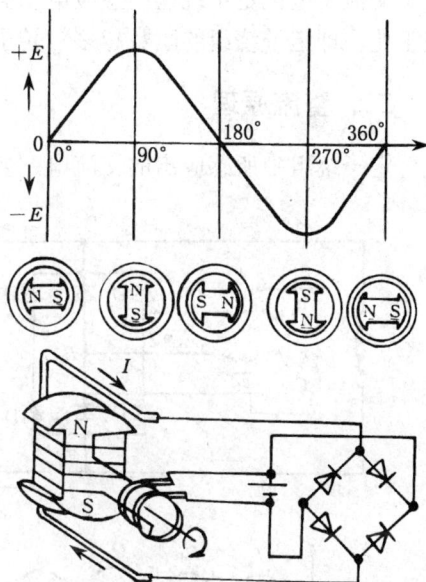

图 2 – 12　交流发电机工作原理图

形，其磁场的分布近似正弦规律，所以交流电动势也近似正弦波形。三相绕组在定子槽中是对称绕制的，产生的三相电动势也是对称的。所以在三相绕组中产生频率相同，幅值相等，相位互差 120°电角度的正弦电动势 e_A、e_B 和 e_C。其波形如图 2 – 14 所示。

三相绕组中电动势的瞬时值方程式为

$$e_A = \sqrt{2}E_\varphi \sin\omega t$$

$$e_B = \sqrt{2}E_\varphi \sin(\omega t - 120°)$$

$$e_C = \sqrt{2}E_\varphi \sin(\omega t - 240°)$$

式中　E_φ——每相绕组电动势的有效值；

　　　ω——电角速度

$$\left(\omega = 2\pi f = 2\pi \frac{p \cdot n}{60}\right);$$

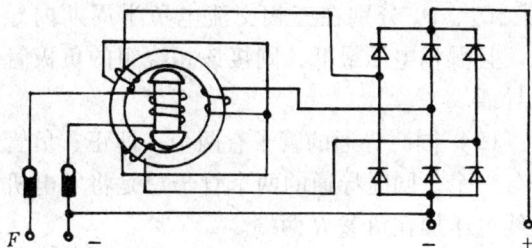

图 2 – 13　三相同步交流发电机的工作原理图

t——时间（s）。

同理可得 u_A、u_B、u_C 和 i_A、i_B、i_C。

发电机每相绕组中所产生的电动势的有效值为：

$$E_\varphi = 4.44KfN\Phi（V）$$

式中　K——绕组系数（交流发电机采用整距集中绕组，$K=1$）；

　　　f——感应电动势的频率（Hz），$f = pn/60$；

　　　N——每相绕组的匝数；

　　　Φ——每极磁通（Wb）。

对定型发电机而言，上式中的 K、P、N 均为定值，以电机常数 C 代替，这样就简化为

$$E_\varphi = Cn\Phi$$

交流发电机定子绕组内感应电动势的大小与每相绕组串联的匝数以及感应电动势的频率成正比。即定子绕组的匝数越多，转子转速越高，则绕组内感应电动势也越高。

二、整流原理

定子绕组中所感应出的交流电，要靠硅二极管组成的整流器改变为直流电。硅二极管具有单向导电性。当给二极管加上正向电压（正电位高于负电位）时导通，即呈现低电阻状态；当给二极管加一反向电压（正极电位低于负极电位）时截止，即呈现高电阻状态。利用硅二极管的这种单向导电的特性就可把交流电变为直流电。

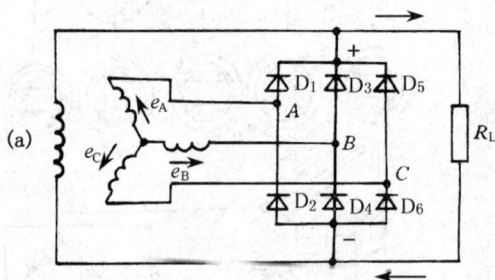

图 2-14　三相桥式整流电路中的
电压、电流波形
(a) 电路；(b)、(c) 波形

三相桥式全波整流电路的整流原理如图 2-14所示。

（1）元件板上三个正极管子 D_1、D_3、D_5 的正极分别接在发电机三相绕组的首端 A、B、C。D_1、D_3、D_5 分别在三相交流电正半周期内导通，且哪相电压最高，则接该相绕组的正极管子导通。

（2）后端盖上三个负二极管子 D_2、D_4、D_6 的负极分别接发电机三相绕组 A、B、C。D_2、D_4、D_6 分别在三相交流电负半周期内导通。且哪相电压最低，则接该相绕组的负极管子导通。

（3）同时导通的管子有两个，即正、负管子各一个。同时导通的两个管子总是将发电机的线电压加在负载 R 两端。

根据以上原则，其整流过程如下：

在 $t=0$ 时，u_C 最高，u_B 最低，则 D_5、D_4

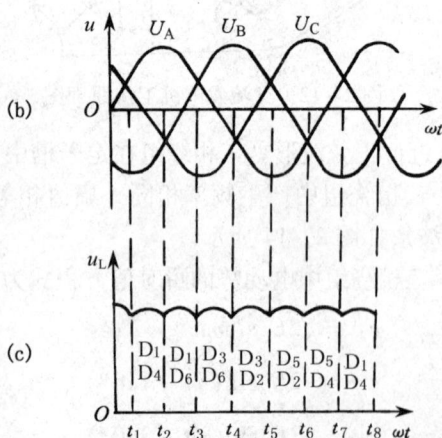

导通，R 两端电压为 u_{CB}。

在 $t_1 \sim t_2$ 时间内，u_A 最高，u_B 最低，则 D_1、D_4 导通，R 两端电压为 u_{AB}。

在 $t_2 \sim t_3$ 时间内，u_A 最高，u_C 最低，则 D_1、D_6 导通，R 两端电压为 u_{AC}。

在 $t_3 \sim t_4$ 时间内，u_B 最高，u_C 最低，则 D_3、D_6 导通，R 两端电压为 u_{BC}。

依次下去，周而复始，就在负载两端得到一个比较平稳的脉动直流电压 u，一个周期内有 6 个纹波。

综上所述，可以得出以下结论。

① 三相桥式全波整流电路能将三相交流电变成较平稳的直流电，整流效率高，质量好。

② 经整流后的直流电压即是硅整流发电机的直流输出电压，数值为三相交流电线电压的 1.35 倍，即

$$u = 1.35u_L = 2.34u_\varphi$$

式中　u_L——线电压的有效值；

　　　u_φ——相电压的有效值，且

$$u_L = \sqrt{3}u_\varphi$$

③ 每个二极管在一个周期内只导通 1/3 的时间，所以流过每只二极管的平均电流 I_D 只为负载电流 I 的 1/3，即

$$I_D = \frac{1}{3}I$$

④ 每只二极管所承受的最高反向电压 u_{DRM} 为线电压的最大值，即

$$u_{DRM} = \sqrt{2}u_L = \sqrt{2} \cdot \sqrt{3} \cdot u_\varphi$$
$$= 2.54u_\varphi = 1.05u$$

⑤ 对中性点接柱"N"而言，其中性点直流电压 u_N 为三相半波整流电压值，也就是直流输出电压值一半，即

$$u_N = \frac{1}{2}u$$

带有中心抽头的交流发电机如图 2-15 所示。中点电压一般用来控制各种用途的继电器，如磁场继电器、充电指示灯继电器等。

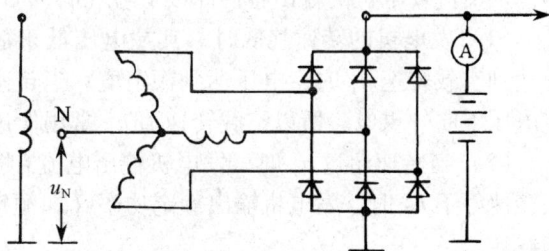

图 2-15　带有中心抽头的交流发电机

第三节　交流发电机的特性

汽车用硅整流交流发电机的工作特点是传动比大，转速变化范围大。对于一般汽油发动机来说，其转速变化为 1:8，对柴油机来说为 1:5。因此汽车用硅整流交流发电机的特性必须以转速的变化为基础进而分析各有关量的变化。

交流发电机的特性有输出特性、空载特性和外特性，其中以输出特性最为重要。

一、输出特性

交流发电机的输出特性又称负载或输出电流特性。它是指发电机向负载供电时，保持发电机输出电压恒定（对 12 V 的发电机规定为 14 V，对 24 V 的发电机规定为 28 V），即 $u =$ 常数的情况下，发电机的输出电流与转速之间的关系，即 $I = f(n)$ 的函数关系。

交流发电机的输出特性，可用图 2-16 所示的试验电路求得。首先闭合开关 S_1 和 S_2，再启动动力装置。在发电机电压达到充电电压时断开 S_2，发电机开始自激。调节转速使发电机电压达到额定值，记录下此时的转速值（图 2-17 中的 n_1）。通常 n_1 为空载转速。接着调节负载 R 为最大，合上开关 S_3，使发电机向负载供电。逐渐减小负载电阻 R，增大电流，同时不断提高转速使发电机电压保持在额定值。就这样，将各测试点的电流 I 与所对应的转速 n 记录下来，在坐标纸上画出曲线。图 2-17 所示为交流发电机的输出特性曲线。

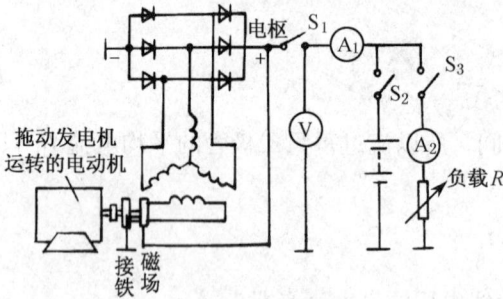

图 2-16 交流发电机试验接线图　　　　图 2-17 输出特性

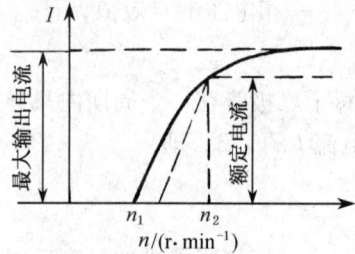

从交流发电机的输出特性曲线 $I = f(n)$ 可以看出：

（1）发电机的转速甚低时，其端电压低于额定电压，此时发电机不能向外供电；当转速达到空载转速 n_1 时，电压达到额定值；当转速高于空载转速 n_1 时，发电机才有能力在额定电压下向外供电。所以空载转速值 n_1 常用作选择发电机与发动机速比的主要依据。

（2）当转速超过 n_1 时，发电机输出电流 I 将随着转速 n 的升高和电阻 R 的减小而增大；当转速等于 n_2 时，发电机输出额定功率（即额定电流与额定电压之积），故将转速 n_2 称为满载转速。

空载转速和满载转速是交流发电机的主要性能指标，在产品说明书中均有规定。在使用中，应定期测得这两个数据，与规定值相比较，就可判断发电机性能是否良好。

（3）当发电机转速达到一定值时，发电机的输出电流就不再随转速的升高和负载电阻 R 的减小而增大。这时的电流值称为发电机的最大输出电流或限流值。这个性能表明，交流发电机具有自动限制电流的自我保护能力。交流发电机的最大输出电流约为额定电流的1.5倍。

交流发电机之所以能自我限制电流，可作如下的定性分析。

① 定子绕组具有一定的阻抗 Z，它对通过定子绕组的交流电流起着阻碍作用。

阻抗 Z 是由绕组的电阻 r 和感抗 x_L 合成的，即

$$Z = \sqrt{r^2 + x_L^2}$$

其中

$$x_L = \omega L$$

式中　ω——角速度，$\omega = 2\pi f$（f 为频率：$f = pn/60$）；

　　　L——一相定子绕组的电感。

所以
$$x_L = 2\pi fL = 2\pi \frac{pn}{60}L = \frac{\pi}{30}pnL$$

式中　p——磁极对数；

　　　n——转子的转速。

由上式可知，感抗 x_L 与转速 n 成正比，高速时，由于绕组电阻 r 与感抗 x_L 相比可以忽略不计，因此可以认为定子绕组的阻抗 Z 与转速成正比。

于是，转速越高，感抗 x_L 越大，即阻抗 Z 越大，阻碍交流电流的能力越强，可产生较大的内部电压降。

② 定子电流增加时，电枢反应增强，感应电动势也会下降。

所谓电枢反应是指在发电机内部除磁极磁场外，还有电枢电流产生的磁场，即存在磁极磁场和电枢磁场。电枢磁场对磁极磁场的影响称作电枢反应。在交流发电机中，爪极转子是旋转的磁场，定子是电枢可产生电枢磁场。

综上所述，当发电机转速升高到使负载电流增加到一定数值后，如再提高转速，尽管定子绕组中的感应电动势增加，但因定子绕组的阻抗增大，内部电压降增大，再加上电枢反应引起的感应电动势下降，两者共同作用的结果，就使发电机的输出电流不再增加。因而交流发电机具有自身限制输出电流的作用。其限制电流值的大小与定子绕组的电感 L 有关，也就是与定子绕组的匝数等有关。

因此采用交流发电机，可以不需另加电流限制器，而具有自身限制电流的保护能力。

二、空载特性

空载特性是指发电机空载时，发电机的端电压与转速之间的关系，即 $I = 0$ 时，$u = f(n)$ 的函数关系。如图 2-18 所示。

从曲线可以看出，随着转速的升高，端电压上升较快，由他激转入自激发电时，即能向铅蓄电池进行补充充电，进一步证实了低速充电性能好的优点。因此，空载特性是判定硅整流发电机充电性能是否良好的重要依据。

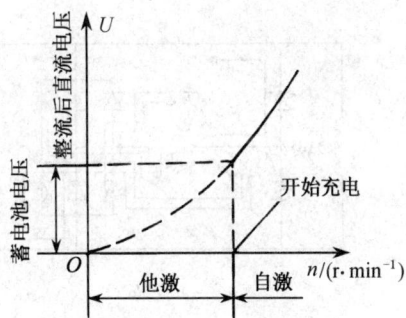

图 2-18　空载特性

三、外特性

外特性是指转速一定时，发电机的端电压与输出电流的关系。即 $n = $ 常数时，$u = f(I)$ 的函数关系。经不同恒定转速的试验后，可输出一组相似外特性曲线，如图 2-19 所示。

发电机的转速越高，端电压也越高，输出电流也越大。转速对电压的影响较大，当保持在任一转速时，端电压均随输出电流的增大而相应下降。由于端电压受转速和负载变化的影响交流发电机，必

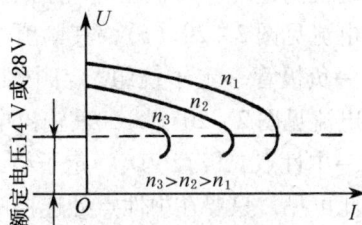

图 2-19　外特性

须配用电压调节器才能保持电压的恒定。否则，当发电机在高速运转时，若突然失去负载，其电压会突然升高，这时发电机中的二极管以及调节器内的电子元件将有被击穿的危险。

第四节　新型交流发电机

随着汽车交流发电机技术的发展与进步，各汽车生产大国相继开发出了结构先进、性能优良的新型交流发电机。目前汽车装备的主要有八管交流发电机（如夏利轿车发电机）、九管交流发电机（如斯太尔汽车发电机）、十一管交流发电机（如奥迪、桑塔纳轿车发电机）和无刷交流发电机（如东风 EQ2102、EQ1108、EQ1141 型汽车发电机），这些发电机一般都制作成整体式结构。下面介绍其结构特点和工作原理。

一、八管交流发电机

有的交流发电机除具有组成三相桥式整流电路的 6 个二极管外，还具有 2 个中性点二极管，其接线柱的记号为"N"。中性点对发电机外壳（即搭铁）之间的电压 U_N 是通过 3 个负极管三相半波整流得到的直流电压，所以 $U_N =$（1/2）U。中性点电压一般用来控制各种继电器如磁场继电器、充电指示灯继电器等。

有的交流发电机还利用中性点的输出提高发电机的输出功率。例如天津夏利 TJ7100、TJ7130 型轿车用 JFZ1542 型 14 V 45 A 交流发电机。连接在发电机中性点"N"与输出端"B"以及与搭铁端"E"之间的两只整流二极管，称为中性点二极管，如图 2 - 20 中 VD_7、VD_8 所示。提高输出功率的原理如下。

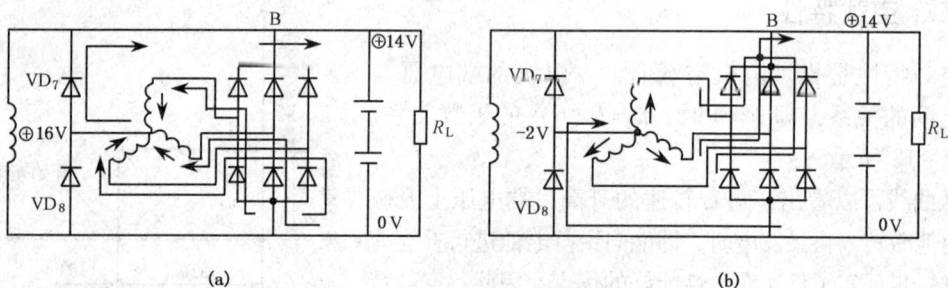

图 2 - 20　中性点二极管的电流流径
（a）当中性点电压的瞬时值高于输出电压时；（b）当中性点电压瞬时值低于搭铁电位时

发电机高速时，当中性点电压的瞬时值高于输出电压（平均电压 14 V）时，从中性点输出的电流见图 2 - 20（a），其输出电路为：定子绕组→中性点二极管 VD_7→负载（包括蓄电池）→负极管→定子绕组。当中性点电压瞬时值低于搭铁电位时，流过中性点二极管 VD_8 的电流见图 2 - 20（b），其输出电路为：定子绕组→正极管→B 接线柱→负载（包括蓄电池）→中性点二极管 VD_8→定子绕组。

由此可见，只要在中性点处连接两只整流二极管，就可利用中性点输出的交流电压来增加交流发电机的输出电流，如图 2 - 21 所示。试验表明，在不改动交流发电机结构的情况下，加装两只整流二极管后，当发电机中高速（发电机转速超过 2 000 r/min，发动机转速超过 800 r/min）时，其输出功率与额定功率相比就可增大 11% ~ 15%。

当交流发电机输出电流时，中性点不仅具有直流电压，而且还含有交流成分，即中性点三次谐波电压，且幅值随发电机的转速而变化。

当交流发电机空载时，由于鸟嘴形磁极使磁场分布近似为正弦曲线，从而使三相感应电动势的波形接近于正弦波。当发电机正常工作有电流输出时，由于电枢反应（定子绕组输出电流产生的磁场对磁场电流产生的磁场的影响称为电枢反应）的强弱、漏磁、铁磁物质的磁饱和以及整流二极管的非线性特性等因素，将会导致交流发电机内的磁通分布变为非正弦分布，从而造成交流发电机感应电动势和输出电压的波形产生畸变，相电压的实际波形如图 2 - 22（a）所示。利用数学方法分析证明，输出电压畸变的波形可以认为是由图 2 - 22（b）所示的正弦基波和图 2 - 22（c）所示三次谐波（波形频率为基本频率 3 倍的波）叠加而成。

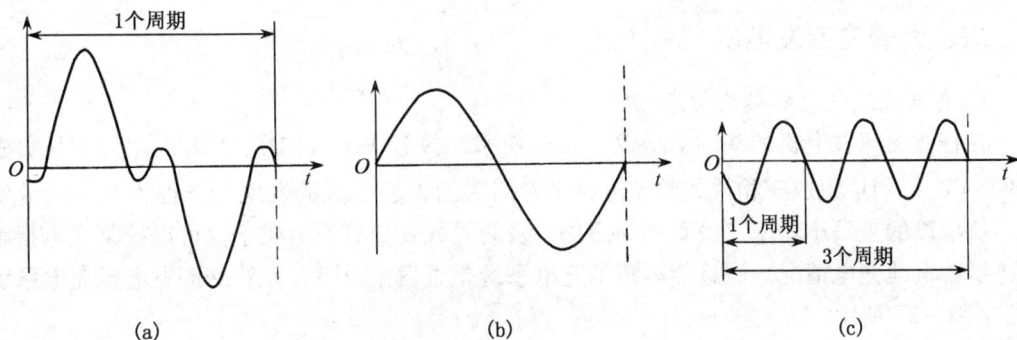

图 2 - 21 交流发电机输出电流比较

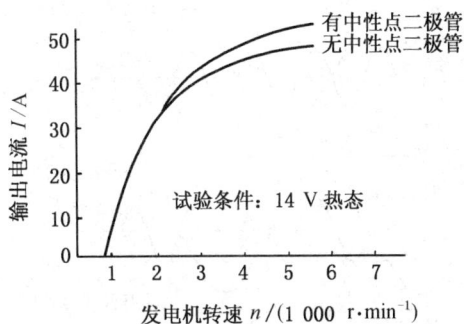

图 2 - 22 发电机输出电流时的畸变波形
（a）相电压畸变波形；（b）相电压基波；（c）三次谐波波形

如果将交流发电机三相绕组输出电压波形进行分解，就可得到如图 2 - 23 所示的三相电压的基波电压和三次谐波电压波形。由图可见，尽管三相电压的基波相位差为 120°电角度，然而各相的三次谐波之间的相位却是相同点（即相位差为 0）。

当三相绕组采用Y形连接时，因为线电压（输出电压）是两相电压之差，而三次谐波电压大小相等，相位相同，可以互相抵消，所以发电机对外输出的电压反映不出三次谐波电压。但相电压可以反映出三次谐波电压，且该三次谐波电压的幅度随发电机转速升高而升高，如图 2 - 24 所示。可见，交流发电机中性点电压是由三相正弦基波电压整流得到的直流电压 U_N 和三次谐波电压（交流电压）u_N 叠加而成。

当发电机转速升高到一定程度（超过 2 000 r/min）时，交流电压的最高瞬时值有可能超过发电机的直流输出电压 U，最低瞬时值则可能低于搭铁端电压（0 V），如图 2 - 24 所示。如果在中性点与发电机输出端"B"以及与搭铁端"E"之间分别连接一只整流二极管，那么，当交流电压高于发电机输出电压 U 或低于 0 V 时就可向外输出。

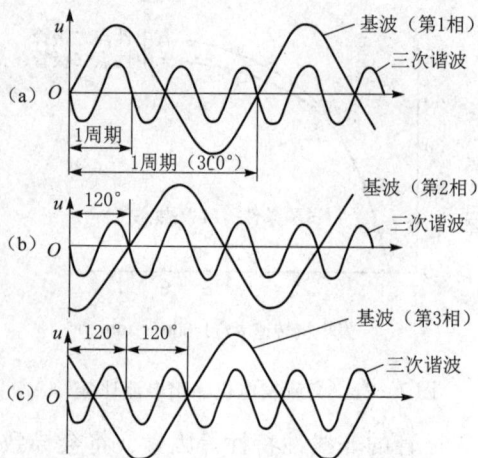

图 2-23　各相绕组基波与三次谐波

（a）第 1 相波形；（b）第 2 相波形；（c）第 3 相波形

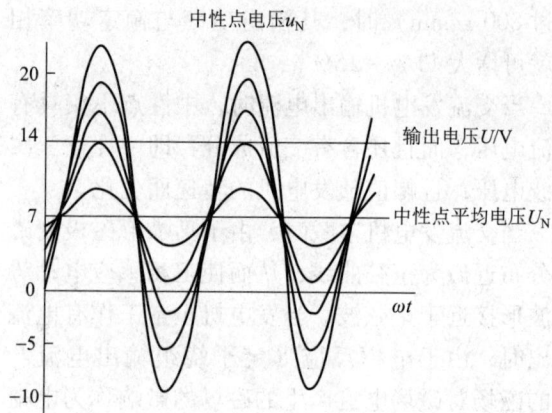

图 2-24　不同转速时中性点电压波形

二、九管交流发电机

1. 九管交流发电机结构特点

在普通交流发电机的基础上增设三只小功率二极管 VD_7、VD_8、VD_9，并与三只负极管 VD_2、VD_4、VD_6 组成三相桥式整流电路来专门供给磁场电流的发电机，称为九管交流发电机，所增设的三只小功率二极管称为磁场二极管。九管交流发电机不仅可以控制充电指示灯来指示蓄电池充电情况，而且能够指示充电系统是否发生故障。九管交流发电机充电系统电路如图 2-25 所示。

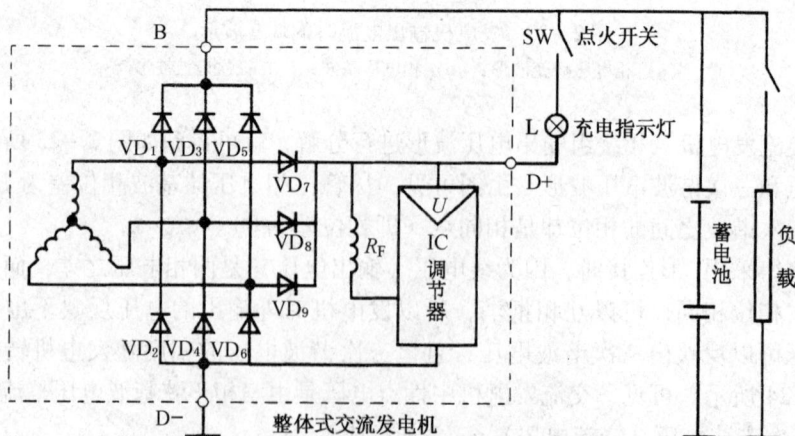

图 2-25　九管交流发电机充电系统电路

当发电机工作时，定子绕组产生的三相交流电动势经 6 只整流二极管 $VD_1 \sim VD_6$ 组成的三相桥式全波整流电路整流后，输出直流电压 U_B 向负载供电并向蓄电池充电。发电机的磁场电流则由三只磁场二极管 VD$_7$、VD$_8$、VD$_9$ 与三只负极管 VD$_2$、VD$_4$、VD$_6$ 组成的三相桥式全波整流电路整流后输出的直流电压 U_{D+} 供给。

2. 充电指示灯工作情况

九管交流发电机不仅可以控制充电指示灯来指示蓄电池充电情况，而且能够指示充电系统是否发生故障。

接通点火开关 SW，蓄电池电流便经点火开关 SW→充电指示灯→发电机"D+"端子→磁场绕组 R_F→调节器内部大功率三极管→搭铁→蓄电池负极构成回路。此时充电指示灯发亮，指示磁场电流接通并由蓄电池供电。

当发动机启动后，随着发电机转速升高，发电机"D+"端电压随之升高，充电指示灯两端的电位差降低，指示灯亮度变暗。当发电机电压升高到蓄电池端电压时，发电机"B"端与"D"端电位相等，充电指示灯两端电位差降低到零而熄灭，指示发电机已正常发电，磁场电流由发电机自己供给。

当发电机高速运转、充电系统发生故障而导致发电机不发电时，因为"D+"端无电压输出，所以充电指示灯两端电位差增大而发亮，警告驾驶员及时排除故障。

三、十一管交流发电机

整流器总成是具有三只正极管 VD$_1$、VD$_3$、VD$_5$，三只负极管 VD$_2$、VD$_4$、VD$_6$，三只磁场二极管 VD$_7$、VD$_8$、VD$_9$ 和两只中性点二极管 VD$_{10}$、VD$_{11}$ 的交流发电机，称为十一管交流发电机。桑塔纳、捷达轿车用 JFZ1913Z 型 14 V 90 A 发电机和东风 EQ2102 型越野汽车用 JFW2621 型 28 V 45 A 整体式无刷发电机均为十一管交流发电机。

十一管交流发电机充电系统电路如图 2-26 所示，这种发电机不仅具有八管交流发电机提高输出功率的功用，而且具有九管交流发电机反映充电系统工作情况的功用，作用原理前文已述，故不赘述。

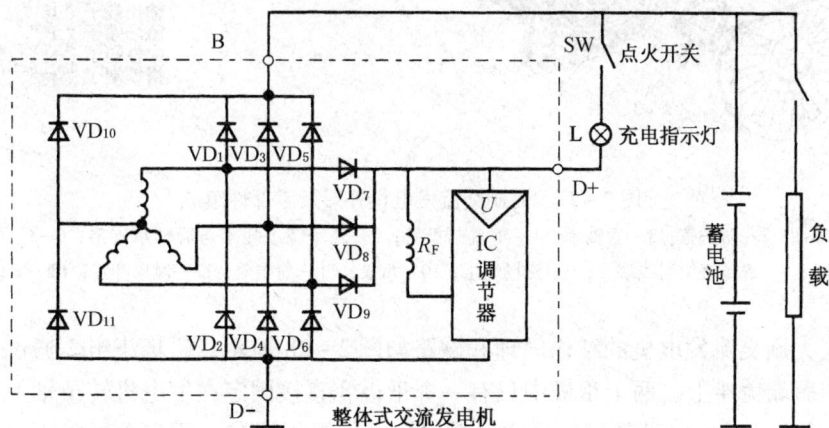

图 2-26 十一管交流发电机充电系统电路

四、爪极式无刷交流发电机

上述几种交流发电机的磁场绕组都随转子轴旋转，因此必须采用电刷和集电环（滑环）才能将磁场电流引入磁场绕组。长期使用时，由于集电环与电刷会发生磨损或接触不良，从而造成磁场电流不稳或发电机不发电等故障。对于使用环境条件恶劣的汽车，特别是载货汽车和越野汽车，为了保证发电机可靠运行和减少维修工作，20世纪80年代以来，国内外都在致力于开发研制结构新颖、性能优良、维修方便的无刷交流发电机，其显著特点是发电机内部没有电刷和集电环。

汽车用无刷交流发电机分为爪极式无刷交流发电机和感应子式无刷交流发电机两类。目前大多数采用爪极式无刷交流发电机。如东风EQ2102型越野汽车、部分东风EQ1090型和跃进NJ1041、NJ1061型载货汽车都已配装爪极式无刷交流发电机。

1. 爪极式无刷交流发电机结构特点

爪极式无刷交流发电机的结构与前述有刷交流发电机基本相同，图2-27所示为国产JFW14系列无刷交流发电机的外形及零部件组成图，其显著特点是磁场绕组不随转子轴转动，因此磁场绕组两端引线可直接从发电机内部引出，从而省去集电环和电刷并形成无刷结构，而爪极在磁场绕组的外围旋转。

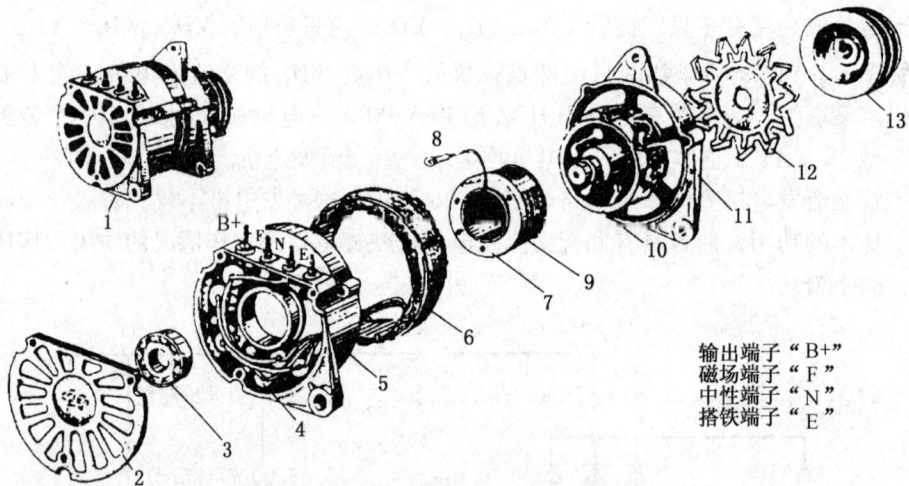

输出端子"B+"
磁场端子"F"
中性端子"N"
搭铁端子"E"

图2-27 无刷交流发电机外形及零部件组成

1—外形图；2—防护盖；3—后轴承；4—整流二极管；5—磁场绕组托架与后轴承支架；6—定子总成；
7—磁轭；8—磁场绕组引线端子；9—磁场绕组；10—爪极；11—前端盖；12—风扇叶片；13—驱动带轮

爪极式无刷交流发电机的结构原理和磁路如图2-28所示，磁场绕组2通过一个磁轭托架1固定在后端盖4上。两个爪极中只有一个爪极8直接固定在发电机转子轴上，另一爪极3的固定方法有两种，一种是用非导磁材料焊接（如铜焊焊接）固定在爪极8上；另一种是用非导磁连接环固定在爪极8上。当驱动带轮带动转子轴旋转时，一个爪极就带动另一爪极在定子内一起转动。在爪极3的轴向制有一个大圆孔，磁轭托架由此圆孔伸入爪极的空腔内。在磁轭托架与爪极以及与转子磁轭之间均需留出附加间隙g_1、g_2，以便转子转动。

2. 爪极式无刷交流发电机工作原理

当磁场绕组接通直流电流时，其主磁通路径由转子磁轭出发，经附加间隙 g_2 →磁轭托架→附加间隙 g_1 →左边爪极的磁极 N →主气隙 g →定子铁芯→主气隙 g →右边爪极的磁极 S →转子磁轭而形成闭合回路。由此可见：爪形磁极的磁通是单向通道，即左边爪极的磁极全是 N 极，右边爪极的磁极全是 S 极，或者相反。

因为无刷交流发电机的磁场绕组静止不动，转子上的爪极在磁场绕组与定子铁芯之间旋转，所以在转子旋转时，磁力线便交替穿过定子铁芯，定子槽中的三相绕组就会感应产生交变电动势形成三相交流电，经整流器整流后，即可变为直流电供给用电系统使用。

3. 爪极式无刷交流发电机的优缺点

爪极式无刷交流发电机的优点是：结构简单、维护工作量少，工作可靠性

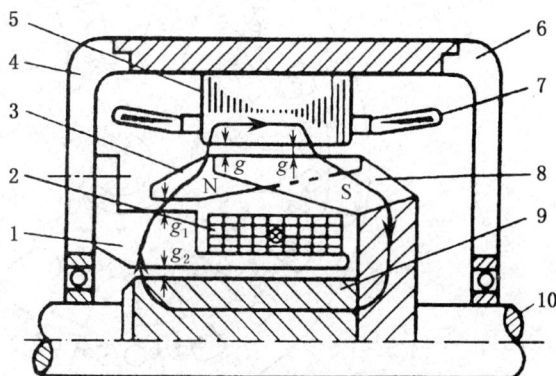

图 2－28　爪极式无刷交流发电机结构原理
1—磁轭托架；2—磁场绕组；3, 8—爪形磁极；4—后端盖；
5—定子铁芯；6—前端盖；7—定子绕组；9—磁轭；10—转子轴

高，可在潮湿和多尘环境中工作；工作时无火花，减小了无线电干扰，这是因为无刷交流发电机没有集电环和电刷，不存在电刷与集电环接触不良而导致发电不稳或不发电等故障。

爪极式无刷交流发电机的缺点是：由于汽车发电机转速最高可达 18 000 r/min，因此连接两块爪极的制造工艺要求高、焊接困难；此外，由于主磁通路径中增加了两个附加间隙，因此在输出功率与有刷交流发电机相同的情况下，必须增大磁场绕组电流，这对控制磁场电流的调节器就提出了更高的要求。

五、感应子式无刷交流发电机

（1）结构。感应子式交流发电机将磁场绕组和定子绕组都装在定子上。它由转子、定子、整流器等组成，如图 2－29 所示。

① 转子。由凸齿状冲片铆成，通过前后端盖支承在定子中间。

② 定子。由内圆带槽的硅钢片叠成的铁芯、定子绕组和磁场绕组组成。定子铁芯开有 12 个小槽和 4 个大槽，4 个大槽将 12 个小槽等分成 4 个部分。4 个大槽中装 4 组磁场绕组，采用串联连接。12 个小槽和 4 个大槽中装有定子绕组，它们由两根高强度漆包线并绕，16 个定子绕组（12 小 4 大）串联连接。

③ 整流器。由两个硅二极管组成单相全波整流电路，发电机工作时将定子绕组中产生的单相交流电整流为直流电。

（2）原理。当磁场绕组中有电流通过时，其周围产生磁场，使转子凸齿磁化，磁力线的方向与凸齿的极性如图 2－29 中箭头方向所示。转子的凸齿没有固定的极性，只与所处的位置有关。当凸齿处于图中右上角和左下角时为 N 极，而处于左上角和右下角时为 S 极。发电机工作时，转子不断旋转，凸齿的极性以及定子绕组周围的磁场不断变化，则会使定子绕组中感应出大小和方向不断变化的感应电动势。电动势的方向总是与磁场变化的方向相

反，按电动势相加的原则将定子绕组串联起来，经单相全波整流，即转变为直流电。

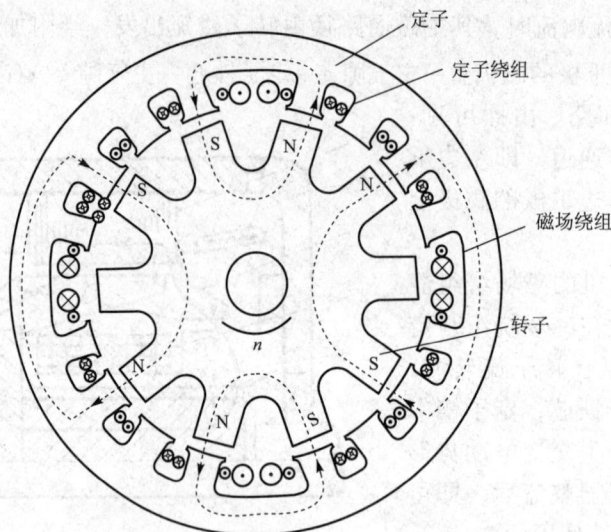

图 2－29　感应子式交流发电机结构示意图

第五节　电压调节器

交流发电机的硅二极管具有单向导电特性，有阻止反向电流的作用，所以不需另设逆电流截流继电器。另外，交流发电机具有自动限制最大电流的能力，不需要电流限制继电器。但交流发电机的转子转速及负载在很大范围内变化，均可引起发电机的输出电压发生较大变化，因而不能满足用电设备的工作需要。基于上述原因，为了保证用电设备正常工作，防止蓄电池过充电，交流发电机必须配用电压调节器，使其输出电压保持稳定。

一、触点式电压调节器

触点式电压调节器又称振动式电压调节器，有双级式和单级式之分，其基本原理都是通过改变触点闭合或断开的时间长短来改变励磁电流的大小。下面以双级触点式电压调节器为例来介绍触点式电压调节器的构造与工作原理。

1. 双级触点式电压调节器的构造

双级触点式调节器与单级式的区别在于多装了一对高速触点，而且高速触点是搭铁的。不同厂家生产的双级触点式调节器的具体结构虽然不同，但都具有两对触点，一对动断触点为低速触点，一对动合触点为高速触点。活动触点在两个静触点的中间，可以进行两级电压调节。调节器对外部只有火线和磁场两个接线柱。

2. 双级触点式电压调节器的工作原理

交流发电机每相电压 $U_\Phi = 4.44KfN\Phi$，而发电机经整流后输出的直流电压 $U = 2.34U_\Phi$，所以得

$$U = 2.34 \times 4.44KfN\Phi$$

因此，交流发电机端电压的高低，取决于转子的转速和磁极磁通。要保持电压 U 恒定，在转速 n 升高时，相应减弱磁通 Φ，这可以通过减少励磁电流来实现；在转速 n 降低时，相应增强磁通 Φ，这可以通过增大励磁电流来实现。现以 FT61 型双级触点式调节器为例，说明其工作原理，如图 2-30 所示。

（1）发动机启动并闭合点火开关时，发电机转速很低，其端电压低于蓄电池端电压，调节器低速触点闭合，由蓄电池向发电机提供他励励磁电流。此时的励磁电路为：蓄电池正极→电流表→点火开关→调节器火线接线柱 S→低速触点 K_1→衔铁→调节器磁场接线柱 F→发电机励磁绕组→搭铁→蓄电池负极。这种情况下，用电设备均由蓄电池供电，电流表指向" -"的一侧，调节器不工作。

（2）当发电机转速升高，其端电压略高于蓄电池的端电压但低于 14 V 时，调节器低速触点仍闭合，发电机由他励转入自励而正常发电。励磁电路基本不变，只是蓄电池被发电机取代。从此开始，所有用电设备均由发电机供电，同时，发电机向蓄电池作被充充电。电流表指向" +"的一侧，调节器处于准备工作状态，工作电路为：发电机正极→点火开关→调节器火线接线柱 S→R_1→R_3→搭铁→发电机负极。

（3）当发动机升至较高转速，发电机的电压达到第一级调压值时，调节器线圈中的铁芯电磁力克服弹簧力，使低速触点 K_1 打开，但尚不能使高速触点 K_2 闭合。因为励磁电路中串入 R_1 和 R_2，而 R_2 阻值比 R_1 大得多，使励磁电流减小，端电压下降，低速触点又闭合；低速触点 K_1 重新闭合后，切去电阻 R_1+R_2，使励磁电流再次增大，端电压再次升高，低速触点再次打开。如此循环下去，在低速触点不断开合振动下实现第一级电压的调节工作。一级调压的励磁电路为：发电机正极→点火开关→调节器火线接线柱 S→R_1→R_2→调节器磁场接线柱 F→发电机励磁绕组→搭铁→发电机负极。

（4）发动机高速运转时，发电机的电压将超过第一级调压值，达到第二级调压值，调节器线圈中的铁芯电磁力远大于弹簧力，使高速触点 K_2 闭合，立即将励磁电路短接搭铁。于是励磁电流急速减小，电压下降，高速触点打开；高速触点打开之后，励磁电路又被接通，励磁电流又增大，电压又上升，高速触点又闭合。如此循环下去，在高速触点不断开合振动下实现第二级电压的调节工作。二级调压高速触点闭合时的励磁电路短接回路为：搭铁→高速触点 K_2→衔铁→磁轭→调节器磁场接线柱 F→发电机励磁绕组→搭铁。

（5）发动机停转时，断开点火开关，发电机不发电，调节器恢复到不工作状态，即低速触点 K_1 常闭，高速触点 K_2 常开，电流表指针回到零位。

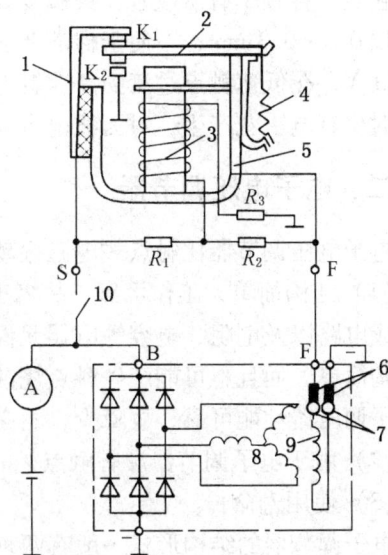

图 2-30　FT61 型双级触点式调节器原理电路
1—静触点支架；2—衔铁；3—磁化线圈；4—弹簧；
5—磁轭；6—电刷；7—滑环；8—三相定子绕组；
9—磁场绕组；10—点火开关；R_1—加速电阻
（1 Ω）；R_2—调节电阻（8.5 Ω）；R_3—补偿
电阻（13 Ω）；K_1—低速触点；K_2—高速触点

3. 调节器的性能

双级触点式调节器能调控两级电压，适合与高速旋转的交流发电机匹配使用。在汽车正常行驶中，调节器一般多工作在第二级电压调节状态。

双级触点式调节器的优点是：在设计制造时对所配电阻值作了合理的选择，触点火花小，触点开合频率有所改善，灵敏度较高，调压质量符合使用要求。其缺点是：触点间隙太小，仅0.2～0.3 mm，不便于保养和检查调整；第一级调节电压与第二级调节电压相差仅0.5～1 V，在低速触点过渡到高速触点工作时，出现失调区，对充电性能有一定影响；触点断开时仍有电火花产生，对无线电有一定干扰；在脏污情况下会导致触点烧结故障。

二、电子电压调节器

电子电压调节器比触点式电磁振动式调节器好，其优点如下。

（1）结构简单、工作可靠、故障少。电子调节器都是由晶体三极管、二极管、稳压管或集成电路以及电阻、电容等电器元件组成。它既无触点又无线圈，更无振动部件，所以不但结构简单，而且不可能产生触点烧蚀、氧化、熔焊、绕组损坏及振动机构失灵等现象，因此电子调压器性能可靠、故障少，不必经常维修和调整。

（2）由于电子调节器没有触点，故不会产生触点火花，因而对无线电设备的干扰减小。

（3）使用寿命长。

电子调节器的结构形式一般有两种：一种为可拆式，它的盖子与底座是用螺钉连接的，可拆开检修或更换元器件；另一种是密封式的，不可拆卸，电子元器件装入后用树脂封装起来，如果损坏，只能更换调节器总成。

（一）晶体管调节器

目前国内外所生产的晶体管调节器的基本结构大致相同，一般都是由两三个三极管、一个稳压管或二极管，以及一些电阻、电容等组成。

晶体管调节器大多采用铝合金材料做外壳，将大功率三极管直接安装在外壳上，其外壳装有散热片。其他元件一般都装在印刷电路板上，电路板用螺钉与调压器底座固定。

调节器的引线接头有插头式和接线板式两种。上面分别标有"＋"（电枢或火线）、"－"（搭铁）和"F"（磁场）的符号或标记。在调节器与发电机连接时，应将对应的接线柱相连。

晶体管调节器由三个基本部分构成：电子开关部分、开关控制部分和信号检出部分。

信号检出部分也叫电压敏感电路，它的作用是检出高于规定的供电电压，并将其变为另一信号电压。

开关控制部分的作用是把这一信号电压变为控制电子开关通断的控制电压。

电子开关部分则是按控制电压的变化，改变发电机激磁绕组电路通断时间比例的开关装置。

当发电机电压高于规定供电电压时，电子开关即切断激磁电流，使发电机输出电压迅速下降，当其降至规定电压之后，开关又接通激磁电流，如此反复，实现如同振动式调压器触点振动的效果，控制发电机输出电压，使之稳定不变。下面举几个实例。

1. JFT126、JFT246 型调节器

这种调节器的原理电路如图2-31所示。

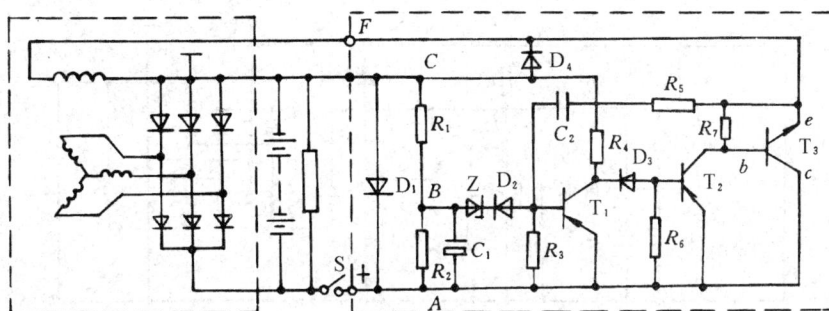

图 2 - 31 JFT126、JFT246 型晶体管调节器

　　图中右虚线框为调节器。调节器左至右依次为信号检出、开关控制部分和电子开关部分。大功率三极管 T_3 串在发电机的磁场电路中，T_3 导通则磁场绕组中有电流流过，使发电机电压升高。当发电机电压高于规定值时，T_3 截止，磁场电路断开使发电机电压急剧下降。当下降到规定值后，T_3 重新导通，接通磁场电路，使发电机电压重新升高。依此往复，发电机电压便被稳定于规定值。

　　具体工作过程如下。

　　① 合上点火开关 S。蓄电池电压加在 R_1 和 R_2 组成的分压器的 A、C 两端。R_2 分得的电压 U_{AB} 为

$$U_{AB} = U_{AC} \frac{R_2}{R_1 + R_2}$$

U_{AB} 通过 T_1 管的发射极 e 和二极管 D_2 加到稳压管 Z 上，稳压管 Z 承受反向电压。由于此反向电压小于稳压管的击穿电压，所以稳压管 Z 截止。所以 T_1 由于无基极电流而处于截止状态。

　　T_2 在 R_6 的偏置作用下，有基极电流流过，所以 T_2 导通，由于 T_2 和 T_3 是复合管，因此 T_3 也导通，于是蓄电池通过 T_3 供给激磁绕组电流，其电路为：蓄电池 " + " →S→调节器 " + " →$T_{3(c,e)}$→调节器磁场接线柱 F→激磁绕组→搭铁。于是，发电机产生电压。

　　② 当发电机电压随转速升高，而超过规定值（如 14 V）时，分压器加在稳压管 Z 上的反向电压达到其击穿电压，则稳压管 Z 导通。于是，T_1 有基极电流流过而导通，T_2 被短路而截止，同时 T_3 也截止。切断了激磁电路，使发电机电压降下来。

　　③ 当发电机电压下降到低于规定值（如 14 V）时，由于加在稳压管 Z 上的反向电压低于其击穿电压，于是稳压管 Z 又重新截止，T_1 也截止，T_2 又导通，激磁电路又被接通，发电机电压又上升。如此反复，把发电机的电压稳定在规定值。

　　2. JFT106 型调节器

　　JFT106 型电压调节器电路如图 2 - 32 所示。

　　JFT106 型调节器为 14 V 负极搭铁，可以配 14 V、750 W 的 9 管交流发电机，也可用于 14 V 功率小于 1 000 W 的六管交流发电机，调节电压为 13.8 ~ 14.6 V。其工作过程如下。

　　① 接通点火开关，蓄电池经充电指示灯，R_5、D_2 和 R_7 向 T_2 管提供偏流使其导通，T_3

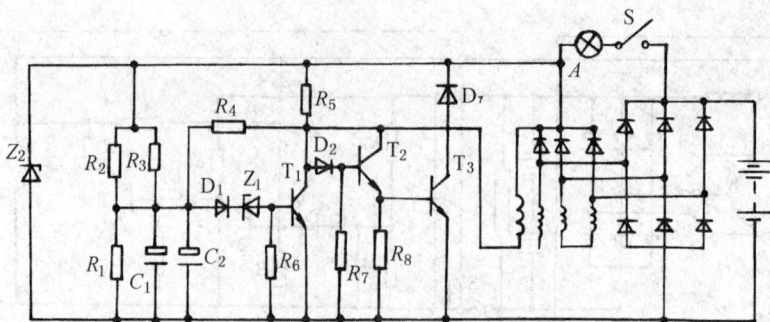

图 2 – 32　JFT106 调节器

$R_1 = 1$ kΩ；$R_2 = 510$ Ω；R_3—微调电阻；$R_4 = 240$ kΩ；$R_5 = 1$ kΩ；$R_6 = 510$ Ω；

$R_7 = 510$ Ω；Z_1—2CW；Z_2—10 W40；T_1—3DG12A；T_2—3DG27B；T_3—3DD15D；

D_1，D_2—2CP12；D_3—2CZ85D；C_1，$C_2 = 4.7$ μF

也接着导通。蓄电池正极经点火开关→充电指示灯→激磁绕组→$T_{3(c,e)}$→蓄电池负极（搭铁），对交流发电机进行他激。此时充电指示灯亮。

②随着发电机转速升高，电压逐渐升高，通过激磁二极管加于充电指示灯两端电位相近，充电指示灯熄灭。当 A 点电压达到调压值时，R_1、R_2 组成的分压器上 R_1 两端电压将使稳压管 Z_1 反向击穿，使 T_1 导通，T_2 与 T_3 则截止。激磁电流迅速下降，发电机端电压及 A 点电位也随之下降。

③A 点电位下降，使稳压管 Z_1 截止，T_1 随之截止而 T_2、T_3 导通，电压又迅速上升。如此反复交替工作，控制发电机电压保持在规定值上。

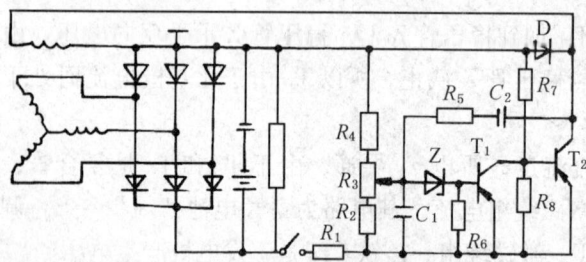

图 2 – 33　JFT201 型晶体管调节器

D—2DZ$_1$A150V；T_1—3AX81A；T_2—3AD30C；$R_1 = 0.25$ Ω；

$R_2 = 56$ Ω；$R_3 = 68$ Ω；$R_4 = 56$ Ω；$R_5 = 56$ Ω；

$R_6 = 56$ Ω；$R_7 = 180$ Ω；$R_8 = 56$ Ω；$C_1 = 20$ μF；

$C_2 = 0.22$ μF；Z—2CW15

电路中，R_3 起稳定作用；C_1、C_2 起降低 Z_1、T_1 开关频率作用；D_3 起保护 T_3 不被激磁绕组自感电动势击穿；D_1、D_2 为温度补偿二极管，以减少温度对晶体管工作特性的影响；R_4 为正反馈电阻，以提高晶体管转换速度，减少损耗，改善波形。

3. JFT201 型调节器

JFT201 型晶体管调节器电路如图 2 – 33 所示。

JFT201 型调节器工作过程如下：

①合上点火开关，蓄电池电压同时加到由电阻 R_2、R_3、R_4 组成的分压器及晶体管 T_2 的偏置电路 R_7、R_8 上。此时分压器至稳压管 Z 的反向电压，低于稳压管的击穿电压，反向电流为零，即 T_1 的基极电流为零，所以 T_1 截止。T_2 处于正向偏置而导通。蓄电池通过 T_2 给激磁绕组供电。电路为：蓄电池正极→点火开关→R_1→$T_{2(e,c)}$→激磁绕组→蓄电池负极（搭铁）。

②当发电机转速升高至电压高于蓄电池电压时，便自己供给激磁电流。发电机的电压升至调压值（13.5～14.5 V）时，分压器 R_2、R_3、R_4 加至稳压管 Z 两端的反向电压达到击

穿电压，稳压管 Z 被击穿。T_1 产生基极电流而导通。此时 T_2 的发射极与基极被管 T_1 短路而截止，截断发电机激磁电路，使发电机电压下降。

③ 当发电机电压低于调节电压时，加在稳压管 Z 两端的反向电压低于击穿电压，稳压管截止，T_1 也截止，而 T_2 又导通，发电机的激磁电流上升，输出电压升高。

如此反复，使发电机电压稳定在规定值上。

（二）集成电路（IC）调节器

集成电路，是指在一块微小基片上，组装着许多半导体元件和其他电路元件所构成的电子电路。

1967 年美国通用汽车公司的台尔柯无线电分部（The Delco Radio Division of General Motors），成功地发展了集成电路调节器。它是自分立元件型晶体管调节器取代触点式调节器以来，对晶体管调节器的改进或更新换代产品。

目前，国产新型汽车，如北京切诺基 BJ2021EY、天津华利（大发）TJ1010 和夏利 TJ7100、上海桑塔纳、广州标致 505 等都采用了内装式晶体管或集成电路电压调节器。

集成电路调节器有如下优点：

① 体积很小，可以把它组装到发电机内部，简化了接线，减少了线路损失，从而使发电机的实际输出功率提高 5% ~ 10%。

② 电压调节精度高。电磁振动式调节器的电压调节精度为 ±1.0 V，晶体管调节器为 ±0.5 V，而集成电路调节器则为 ±0.3 V。当发电机在不同转速范围内变化时，其电压的变化可限定在 0.1 V 以内。采用集成电路调节器可使汽车电系的工作电压保持稳定，并且基本上不需要对调节器进行检修和调整。

③ 可增大发电机激磁电流。使电流可达 6 A 以上，确保发电机自激和建压。

④ 集成电路调节器用塑料或树脂封装，故能承受潮湿、泥土、油污、低温等恶劣环境的影响，它还能耐 130 ℃高温。

⑤ 由于内部无可移动零件，能承受较大机械振动和冲击。

⑥ 使用寿命长，可达 16 万 km 以上。

⑦ 具有自检、保护等功能。

现在汽车上所装用的集成电路调节器通常是以混合集成电路技术为基础的。混合集成电路采用了两种技术，即半导体技术和厚膜或薄膜技术。它把无源元件电阻、电容及导线和有源元件晶体三极管、二极管及稳压管等分立元件同时制在一块基片上，从而构成集成电子电路。

集成电路可分为两大类：绝缘基片和半导体基片。绝缘基片式集成电路是由镀在绝缘板上的无源元件（电阻、电容）和焊在该板上的半导体元件所组成。这种集成电路按无源元件的涂镀方法，通常分为厚膜电路和薄膜电路两种。厚膜电路和薄膜电路的制造工艺是从印刷电路的制造工艺发展而来。采用连续印制刻蚀的方法，用涂料在其基板上制作出各种无源元件；而半导体基片式集成电路则是以晶体管制造工艺为基础来制作的。

厚膜集成电路制造工艺过程是：先将必需的材料涂敷在基片上，形成一些单个的导体和导阻，然后进行焙烧。焙烧后，将基片固定到支撑板上，再用模板盖好。而后，把成型的焊料、分立元件和引线的抽头均装入模板，再把制作好的电路安装在加热板上，进行自动焊接。基片由超声波清洗，待检查其焊接质量后，再确定调节电压值。图 2-34 所示即是厚膜电路板上的导体和绝缘体的分布及分立元件的连接方法。

若需调整集成电路调节器的调压值，可通过改变图 2-34 中电阻 R_2 的厚度加以调节，同时采用电桥电路来自动控制其电阻值的变化。电路制成后，应该把它置于铝质的壳体中，用塑料或树脂灌封起来即可。

集成电路调节器通常由电压控制、激磁电流控制（输出控制）和温度补偿三大部分组成，如图 2-35 所示。图中的电压控制部分包括由电阻组成的分压器和由稳压管及晶体三极管所组成的电压放大极；输出部分通常由大功率复合管构成；温度补偿部分，一般将热敏电阻与分压电阻并联，或用无源元件与半导体元件一起组成温度补偿网络。

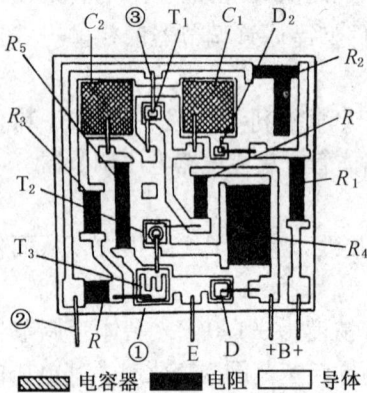

图 2-34　厚膜集成电路元件在基片上的布置
① 基板；② 引出导线；③ 连接器
T_1—输入晶体管；T_2—中间晶体管；T_3—输出晶体管；D_Z—调节电压用稳压管；D_1—火弧二极管

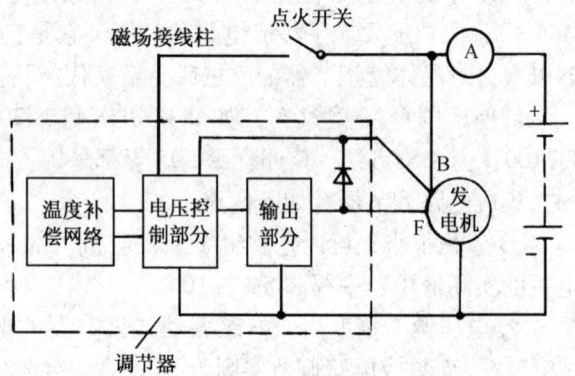

图 2-35　集成电路调压器的组成框图

1. 典型的集成电路调节器

图 2-36 所示即为典型的集成电路调节器电路，图中稳压管 Z_2 是起限压保护作用，限制由点火系统传感到集成电路调节器上来的过电压，保护调节器不被损坏。

集成电路调节器的类型虽有很多，但其基本原理大致相同，现就图 2-36 所示的典型电路简述其调压原理。

① 当发电机输出电压低于调节电压值时，蓄电池或发电机向其激磁绕组提供激磁电流（他激或自激）。此时，蓄电池或发电机通过电阻 R_3 给复合晶体管 T_2 的发射极 $(b-e)$ 加正向偏压，使 T_2 管饱和

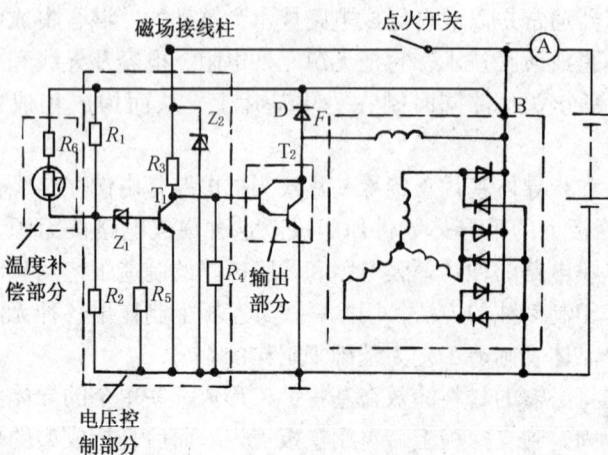

图 2-36　典型的集成电路调压器

导通。激磁电流的路径为：蓄电池或发电机的"＋"→激磁绕组→$T_{2(c,e)}$→蓄电池或发电机的"－"（搭铁）。

② 当发电机输出电压随着激磁电流的增长而上升到调节电压值时，由于发电机输出电压的上升，从而使电阻 R_2 两端的分压达到稳压管 Z_1 的击穿值，使 Z_1 与 T_1 同时导通，T_2 被短路而截止，发电机激磁回路被切断，激磁电流减小，磁场削弱，发电机输出电压降低。

③ 当发电机输出电压下降到低于调压值时，T_2 又导通，发电机电压又上升。这是因为电阻 R_2 两端的分压不能维持稳压管 Z_1 反向击穿，使 Z_1 截止，T_1 也截止。复合管 T_2 在 R_3 的正向偏置作用下重又导通，发电机电压又升高。

如此反复，不断对发电机输出电压进行自动调节，并控制在规定的调节范围之内。

2. JFT151 型集成电路调节器

JFT151 型集成电路调节器为薄膜混合集成电路调节器。其内部电路如图 2 – 37 所示。其工作原理与上述相同。即当发电机电压低于规定值时，稳压管 Z_1 截止，T_1 也截止，T_2 在 R_4 的偏置作用下导通，激磁电路接通，发电机电压上升；当发电机电压高于规定值时，稳压管 Z_1 被击穿导通，T_1 也导通，则 T_2 被短路而截止，激磁电路被切断，发电机电压下降。如此反复使发电机电压保持恒定。

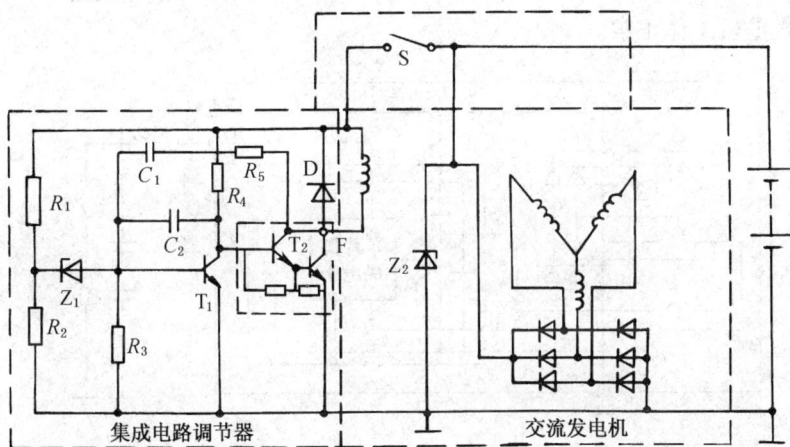

图 2 – 37　JFT151 型集成电路调节器

3. 英国鲁卡斯（Lucas）集成电路调节器（8TR 型）

英国 8TR 型调节器是厚膜工艺中最早的调节器。其电路如图 2 – 38 所示。

8TR 型调节器的电阻用钌制造，连接导线用钯银材料，两个电容器和 5 个半导体器件是另外加上的，整个部件装在一个导热良好的铝壳内，并用硅橡胶封装。

当接通点火开关时，蓄电池电流经充电指示灯流入激磁绕组，由于正的预电压经 R_4 加给 T_2 基极，使 T_2 导通，T_3 也随之导通。产生激磁电流，使发电机电压升高。

当发电机电压随转速升高达到规定值时，经分压器 R_1、R_2 加给稳压管 Z 的电压使之击穿而导通，T_1 也导通，T_2、T_3 截止，激磁电流减小，端电压下降；T_1 截止，T_2 和 T_3 导通，激磁电流增大，电压升高。如此反复，使电压恒定。

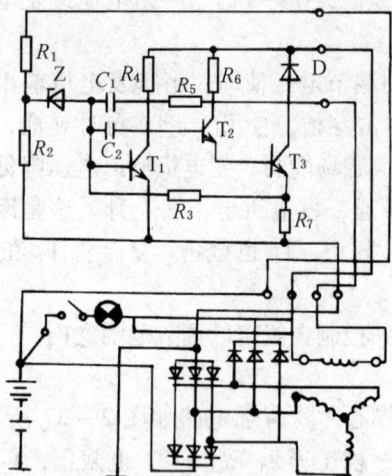

图 2 - 38 8TR 型（鲁卡斯）集成
电路调节器电路图

4. 具有保护功能的集成电路电压调节器

夏利汽车发电机内装集成电路调节器及充电系统电路见图 2 - 39。该发电机调节器是由一块单片集成电路和晶体管等元件组成的混合集成电路调节器，装于发电机内部，构成整体式交流发电机。

调节器工作过程如下：

点火开关接通且发电机未转动时，蓄电池端电压经接线柱 IG 输入单片集成电路，使三极管 T_1、T_2 均有基极电流流过，于是 T_1、T_2 同时导通。T_1 导通，发电机由蓄电池进行他励，磁场绕组中有电流流过，电流流向为：蓄电池正极→接线柱 B→磁场绕组→T_1→搭铁→蓄电池负极；导通时，充电指示灯亮，表示发电机不发电。

发电机运转后，其端电压高于蓄电池电动势而小于调节电压时，T_1 仍导通，但发电机由他励转为自励，并向蓄电池充电。同时，由于 P 点电压输入单片集成电路使 T_2 截止，故充电指示灯会熄灭，表示发电机工作正常。

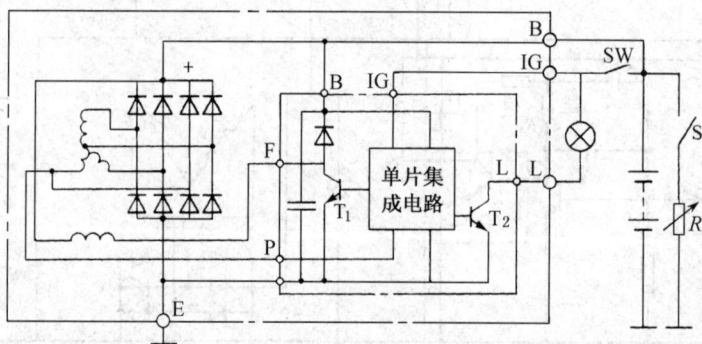

图 2 - 39 夏利轿车用整体式交流发电机电路原理图

当发电机电压随转速升高到调节电压时，单片集成电路检测出该电压，于是 T_1 由导通变为截止，磁场绕组中电流中断，发电机电压下降。当电压下降到略低于调节电压时，单片集成电路使 T_1 又导通，如此反复，发电机输出电压将被控制在调节电压范围内。

磁场电路断路时，P 点电压信号异常，单片集成电路检测到后，控制 T_2 导通，点亮充电指示灯，以示异常。

当发电机的输出端 B 断线时，发电机无输出，导致 IG 点电位降低。当单片集成电路检测到 IG 点电位低于 13 V 时，令 T_2 导通，点亮充电指示灯，同时可根据 P 点电位将发电机端电压控制在 13.3 ~ 16.3 V。

第六节 交流发电机与电压调节器的使用维护与故障排除

一、交流发电机与电压调节器的正确使用

为了保证电源系统的使用性能，交流发电机与调节器在使用中应注意以下几点：

（1）汽车交流发电机均为负极搭铁，蓄电池搭铁极性必须与发电机一致。否则蓄电池将正向加在整流二极管上使二极管烧坏。

（2）发电机运转时，不能短接交流发电机的"B"、"E"端子（即用试火花的方法）来检查发电机是否发电，否则容易烧坏整流二极管。

（3）一旦发现发电机不发电或充电电流很小时，就应及时找出原因并排除故障。如果继续运转，那么故障就会扩大。如当一只二极管短路后，就会导致其他二极管和定子绕组被烧坏。

（4）当整流器的六只整流二极管与定子绕组连接时，绝对禁止使用220 V以上交流电压或兆欧表检查发电机的绝缘情况，否则将会损坏二极管及调节器中的电子元件。

（5）调节器与交流发电机的搭铁型式、电压等级必须一致。否则充电系统不能正常工作。对于外搭铁型发电机和外搭铁型调节器，磁场电流是由电源正极，经点火开关SW、磁场绕组、调节器"磁场"端子"F"流入调节器，再经调节器内部大功率三极管（NPN型三极管）后，从调节器"搭铁"端子流回电源负极。对于内搭铁型发电机与内搭铁型调节器，磁场电流则是由电源正极，经点火开关SW，从调节器"＋"端子流入，先经内部大功率三极管（PNP型），从调节器"磁场"端子"F"流出，再经发电机磁场绕组、搭铁回到电源负极。由此可见，内搭铁型调节器只能与内搭铁型发电机配用；外搭铁型调节器只能与外搭铁型发电机配用，否则发电机就没有磁场电流而不能输出电压，蓄电池使用寿命将大大缩短。当调节器与发电机的搭铁型式不匹配而又急需使用时，只能通过改变发电机磁场绕组的搭铁型式，使发电机与调节器的搭铁型式一致。

（6）交流发电机的功率不得超过调节器所能匹配的功率。调节器所能匹配的功率，取决于大功率三极管的功率。发电机功率愈大，磁场电流亦愈大（如14 V/750 W交流发电机的磁场电流为3~4 A，14 V/1 000 W交流发电机，其磁场电流为4~5 A）。磁场电流越大，对大功率三极管的技术要求就越高，成本也就越高。大功率发电机的调节器配小功率发电机使用时，虽然不会影响充电系统工作，但成本较高，不经济。然而小功率发电机的调节器则不能与大功率发电机配用，因为一方面是调节器会因超负荷工作而使用寿命大大缩短，另一方面是控制磁场电流的三极管的管压降增大，磁场电流最大值减小，发电机空载转速和额定转速都将增高，交流发电机的输出性能将降低。

（7）汽车停驶时应断开点火开关，以免蓄电池长时间向磁场绕组放电。在汽车上，一旦接通电源，调节器的大功率管就始终处于导通状态，汽车停驶时大功率管始终导通（夜间停驶也是如此），而且此时磁场电流接近最大值，不仅会使电子调节器使用寿命大为缩短，而且还会导致蓄电池亏电。试验证明：当调节器不受开关控制而直接与充足电的蓄电池连通时，使用5~7天，蓄电池便不能启动发动机，调节器的使用寿命也只有100天左右。

（8）发电机正常运行时，切不可任意拆卸各电器的连接线，以防引起电路中的瞬时过电压损坏二极管及调节器中的电子元件或其他电子设备。

（9）蓄电池可起到电容器的作用，即可在一定程度上吸收电路中的瞬时过电压。在发动机运行过程中不要拆下蓄电池连接导线，否则容易造成发电机二极管及调节器中的电子元件的损坏。

（10）调节器的调节电压不能过高或过低，避免损坏用电设备或引起蓄电池充电不足。

二、交流发电机的维护

汽车每行驶 15 000 km，应检查调整驱动带的挠度；每行驶 30 000 km，应将交流发电机从车上拆下检修一次，主要检查电刷和轴承磨损情况。新电刷高度为 14 mm，磨损至 7 ~ 8 mm 时，应当更换新电刷；轴承如有显著松动，应予更换新品。

1. 检查驱动带外观

驱动带外观检查如图 2 - 40 所示，用肉眼观察驱动带有无裂纹和破损现象，如有则应更换驱动带。驱动带安装情况应当符合图 2 - 40（b）的要求，如果安装情况如图 2 - 40（c）所示，则应更换驱动带。

2. 检查驱动带挠度

检查驱动带挠度的方法如图 2 - 41 所示。检查时，在两个驱动带轮之间驱动带的中央部位施加 100 N 压力，此时驱动带的挠度应符合规定指标。新驱动带（即从未用过的驱动带）一般为 5 ~ 7 mm，旧驱动带（即装车随发动机转动过 5 min 或 5 min 以上的驱动带）一般为 10 ~ 14 mm。具体指标以车型手册规定为准，挠度不符规定应予调整。

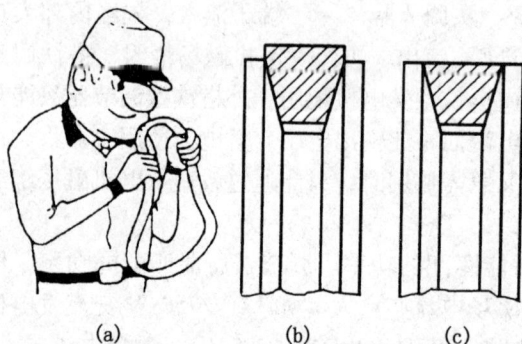

图 2 - 40　驱动带的外观检查
（a）检查外观；（b）安装正确；（c）安装错误

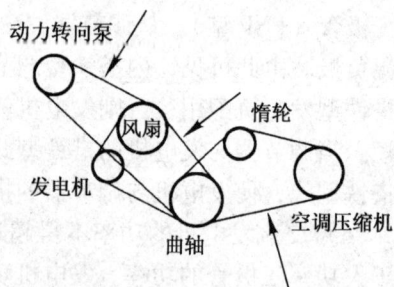

图 2 - 41　检查驱动带的挠度

3. 检查导线连接

（1）检查各导线的连接部位是否正确。

（2）发电机"B"端子必须加垫弹簧垫圈。

（3）采用线束连接器连接的发电机，其插头与插座必须用锁紧卡簧锁紧，不得有松动现象。

4. 检查有无噪声

在交流发电机出现故障特别是机械故障（如轴承破碎、转子轴弯曲等）后，当发电机运转时，都会发出异常响声。检查时，逐渐加大发动机油门，同时监听发电机有无异常响声。如有异常响声，则需拆下发电机分解检修。

5. 检查能否发电

交流发电机能否发电，直接影响蓄电池的启动性能和使用寿命。检查方法如下：

（1）将万用表置于直流电压"DCV"挡，表的正极接发电机"B"端子；表的负极接发电机"E"端子或外壳，记下此时测得的电压（即蓄电池电压）。

（2）启动发动机并将转速升高到比怠速转速稍高，此时万用表指示的电压若高于蓄电池电压，说明发电机能够发电；若电压低于发动机未启动时的蓄电池电压，说明发电机不发电。此时需对充电系统进行全面检查。

三、交流发电机的检修

（1）解体与清洗。首先将发电机表面清理干净，旋下两端盖之间的拉紧螺栓，取出外装式电刷盒。然后，拆下后端盖轴承小护盖，用挤压或轻击的方法，分离转子、定子、后端盖，取出后轴承。用同样方法将前端盖从转子轴上取下，拿出前轴承。最后依次解体各总成。除绝缘部件外，所有零件均用汽油或煤油清洗干净，擦干待修。

（2）转子检查。

① 检查激磁绕组的短路或断路。用万用表测量线圈的电阻，两表针分别触在两滑环上，如图 2－42 所示。

正常阻值为 2.6~6 Ω（不同型号发电机略有差别）。如果阻值小于正常值即为短路，若阻值为无限大，则为线头脱焊或断路。

② 激磁绕组和滑环搭铁检验。万用表电阻挡置于 $R×10$ k 挡，两表针分别触轴和滑环，如图 2－43 所示。表针指在无限大为良好。若有阻值说明有搭铁故障，应检修。

③ 转子摆差检验。用百分表检验转子摆差，其值小于 0.10 mm 为合格，如图 2－44 所示，否则应校正。

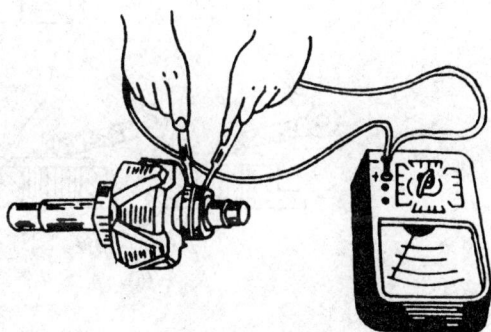

图 2－42　励磁绕组短路断路检测

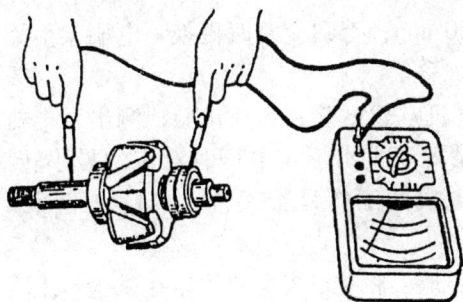

图 2－43　励磁绕组搭铁检测

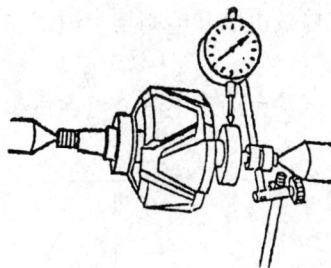

图 2－44　转子摆差度的检验

④ 滑环的厚度不小于 1.5 mm，圆度误差不超过 0.025 mm，表面粗糙度不得高于 2.5 μm，否则应更换。

（3）定子检查。用万用表按图 2－45 所示方法，检查定子绕组是否断路。按图 2－46 的方法，检查定子绕组是否搭铁。

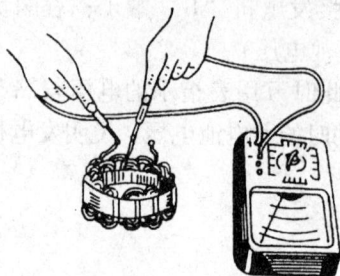
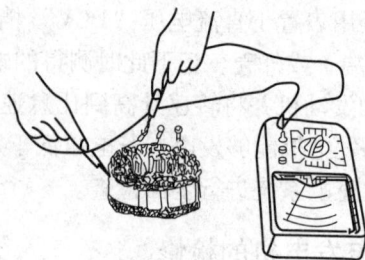

图 2－45　定子绕组短路断路检测　　　　　图 2－46　定子绕组搭铁检测

（4）检查整流二极管。在检查硅二极管时，应首先将定子线圈的引线与二极管连线拆开，然后用万用表 $R \times 1$ 挡测量每个二极管的正反向电阻，其正向电阻为 8～10 Ω，反向电阻无穷大为好，如图 2－47 所示。否则，说明二极管有故障。

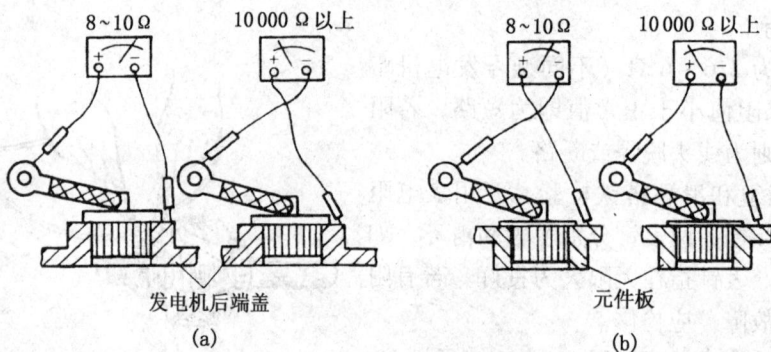

图 2－47　用万用表检查硅整流二极管
(a) 正向；(b) 反向

（5）检查电刷和电刷架。电刷长度不得小于 10 mm，否则应及时更换。电刷架应无裂纹等故障。

（6）试验台动态检测。可在试验台上进行发电机空载试验和负荷试验，测出发电机在空载和满载情况下发出额定电压时对应的最小转速，从而判断发电机的工作是否正常。试验线路图如图 2－48 所示。

① 空载试验。将待试发电机固定在试验台上，由另外的调整电动机拖动。合上开关 S_1，由蓄电池供给发电机励磁电流进行他励，当发电机转速为 1 000 r/min（用转速表测量）时，对 12 V 电系发电

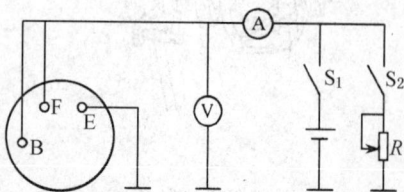

图 2－48　交流发电机试验线路图

机电压应为 14 V，对 24 V 电系发电机电压应为 28 V。

②负荷试验。断开开关 S_1，发电机转为自励，合上开关 S_2，调节可调电阻 R，在发电机转速为 1 000 r/min 时，发电机电压应大于 12 V 或 24 V；在发电机转速为 2 500 r/min 时，电压应达到 14 V 或 28 V，电流应达到或接近该发电机的额定电流。

（7）交流发电机的就车检验。发电机还可以在汽车上进行试验。将蓄电池搭铁线暂时拆下，把一块 0～40 A 的电流表串接到发电机火线 B 接线柱与火线原接线之间，再把一块 0～50 V 的电压表接到 B 与 E 之间，再恢复蓄电池的搭铁线，以保证操作安全。起动机启动发动机，并提高转速，当发电机转速为 2 500 r/min 时，电压应在 14 V 或 28 V 以上，电流应为 10 A 左右。此时打开前照灯、雨刮器等负荷，电流若为 20 A 左右，则表明发电机工作正常。

（8）整流波形的试验。用示波器（通用型）测试交流发电机的整流波形，也可判断定子绕组和整流电路的故障。各种故障波形如图 2-49 所示。

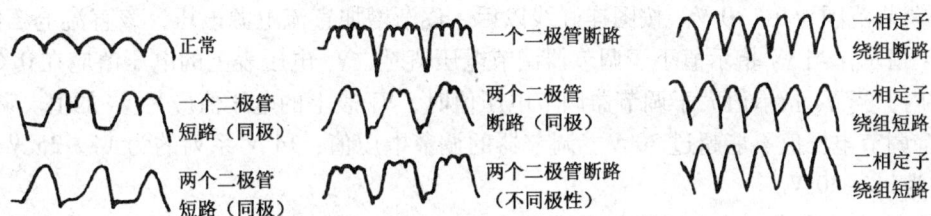

图 2-49　交流发电机的各种故障波形图

四、电压调节器的维护

1. 双极触点式调节器的检查与调整

（1）检查触点是否氧化、烧蚀，电阻是否烧断以及线圈有无断路、短路故障，线圈及电阻阻值参数应符合出厂规定值。

（2）衔铁与铁芯的间隙为 1.1～1.3 mm，高速触点间隙为 0.25～0.4 mm。

如不符合规定可移动支架进行调整。

2. 晶体管电压调节器的检查

对晶体管电压调节器进行检查前，应先了解调节器的电路特点及搭铁极性，再确定相应的测试方法。

（1）内搭铁式晶体管电压调节器的测试。将可调直流电源与调节器按图 2-50 所示的线路接好，再逐渐提高电源电压。当电压达到 6 V 左右时，指示灯点亮。继续提高电源电压，当电压达到 13.5～14.5 V 时，指示灯应熄灭，此时电压即为调节器的调节电压。若灯不亮或发电机电压超过规定值后，灯仍不熄灭，则调节器有故障。

（2）外搭铁式。晶体管电压调节器的测试。外搭铁交流发电机工作时，磁场绕组通过调节器搭铁，具体测试线路连接如图 2-51 所示。由于其测试方法与内搭铁式晶体管电压调节器的测试方法完全相同，具体请参见内搭铁式晶体管电压调节器的测试。

3. 集成电路电压调节器的检查

在检查集成电路电压调节器之前，必须弄清楚集成电路电压调节器引出线的根数以及接

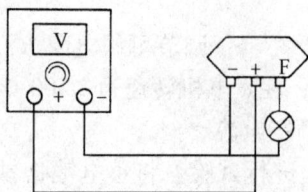

图 2 - 50　内搭铁式晶体管电压调节器的测试

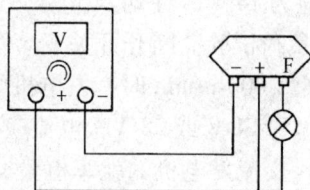

图 2 - 51　外搭铁式晶体管电压调节器的测试

线方法，以防将电源极性接错。否则加上测试电压以后，调节器会瞬时短路而损坏。有条件的应使用集成电路检查仪测试集成电路调节器。一般情况下可以按下述方法测试集成电路电压调节器。

（1）3 引线集成电路电压调节器的测试。3 引线集成电路电压调节器采用发电机电压检测法。测试电路见图 2 - 52。3 根引线要连接正确。图中 R 为一个 3 ~ 5 Ω 的电阻，可变直流电源的调节范围为 0 ~ 30 V。按图连好线以后，逐渐增加直流电源电压，该直流电压值由电压表 V_2 指示。当 V_2 指示值小于调节器调节电压值时，V_1 电压表上的电压值应在 0.6 ~ 1 V 的范围内；当 V_2 指示值大于调节器调节电压值时，V_1 表上的电压值应为 V_2 的值。调节时，注意 V_1 调节电压值不能超过 30 V。调节器的调节电压值：14 V 系列的为 14 ~ 25 V，28 V 系列的为 28 ~ 30 V。

（2）4 引线集成电路电压调节器的测试。4 引线集成电路电压调节器采用蓄电池电压检测法。测试电路见图 2 - 53。图中元件参数与 3 引线集成电路电压调节器的测试电路中的元件参数相同，测试方法也相同。V_2 读数小于调节电压值时，V_1 读数为 0.6 ~ 1 V；V_2 读数大于调节电压值时，V_1 读数与 V_2 一致。

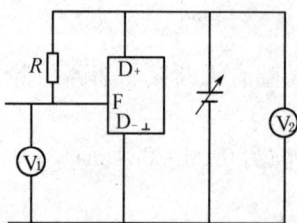

图 2 - 52　3 引线集成电路调节器的测试

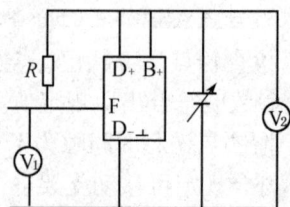

图 2 - 53　4 引线集成电路调节器的测试

要指出的是，图中调节器的引出线字母符号多为国外生产厂家采用，对应到实际接线，B_+ 与发电机输出端引线相连，D_+ 与点火开关引出线相连接，D_- 相当于搭铁线，F 与发电机磁场绕组相连。

在上述两种测试中，如果电压表的读数不符合上述规定范围，说明集成电路调节器内部存在故障，这时只有更换调节器。

五、交流发电机常见故障排除

1. 不充电

（1）故障现象。发电机在任何转速下运转时，充电指示灯均亮，蓄电池很快出现乏电现象。

（2）故障原因。

① 发电机传动带过松或严重打滑。

② 发电机"电枢"或"磁场"接线柱松脱、过脏、绝缘损坏或导线连接不良。

③ 发电机内部故障。滑环绝缘击穿，定子或转子线圈短路、断路，电刷在电刷架内卡滞，整流器损坏等。

④ 充电指示灯接线搭铁。

（3）故障的诊断与排除。

① 检查发电机传动带是否过松或存在严重打滑现象。若过松应按规定重新调整；如果沾有油污造成打滑，应清洗带轮并更换传动带。

② 检查各连接线连接是否正确、牢固，有无断路或短路现象，不符合要求时应重新连接好。

③ 上述检查符合要求时，表明故障在发电机内部，应检查电刷是否在电刷架内卡滞或与集电环接触不良；拆下调节器测量发电机及调节器各接线柱间的电阻值，检查发电机定子及转子绕组、整流元件等是否断路、短路或搭铁等，并视情况予以修复。

2. 充电电流过小

（1）故障现象。发动机中速及中速以上运转时，充电指示灯方能熄灭，打开前照灯，灯光暗淡，按喇叭声音很小。

（2）故障原因。

① 发电机传动带过松或打滑。

② 充电线路接触不良。

③ 发电机内部故障。电刷磨损过甚，电刷与集电环接触不良；个别二极管断路；定子绕组某相连接不良、短路或断路；转子绕组短路等。

④ 电压调节器工作不良。

（3）故障的诊断与排除。

① 检查并调整发电机传动带松紧度，带磨损严重时应予以更换。

② 检修充电线路，保证其连接可靠。

③ 检查电刷磨损是否过甚，弹簧弹力是否过小，并视情更换新件；集电环脏污应清理干净。

④ 用万用表检查定子、转子绕组及整流元件，损坏时应予更换。

⑤ 检查并视情况更换电压调节器。

3. 充电电流过大

（1）故障现象。车辆使用过程中，车灯特别亮，易烧坏灯泡，蓄电池电解液消耗过快，发电机及点火线圈容易过热。

（2）故障原因。

① 电压调节器损坏。

② 发电机转子线圈搭铁。

（3）故障的诊断与排除。用万用表检查发电机的输出电压，电压过高时，应检查磁场（转子）线圈是否搭铁。线圈良好时，应更换电压调节器。

4. 充电不稳

（1）故障现象。发动机在怠速以上转速运转时，充电指示灯时亮时灭。

（2）故障原因。

① 发电机传动带打滑。

② 充电线路或磁场接线柱松动。

③ 发电机内部故障。集电环脏污；电刷磨损过甚与集电环接触不良；电刷弹簧弹力过弱；发电机内部接线接触不良等。

④ 电压调节器内部元件即将断路或短路。

（3）故障的诊断与排除。

① 检查并调整发电机传动带的松紧度，传动带磨损严重时应予更换，传动带轮沾有油污应清洗干净。

② 检查充电线路连接是否松动，并重新进行紧固。

③ 检修电刷总成及发电机内部接线连接质量。

④ 以上检查均正常时，应更换电压调节器。

5. 充电指示灯不亮

（1）故障现象。接通点火开关后，充电指示灯不亮或暗红。

（2）故障原因。

① 充电指示灯灯泡烧坏。

② 充电指示线路断路或短路。

③ 点火开关损坏。

④ 转子绕组断路。

⑤ 电压调节器损坏。

（3）故障的诊断与排除。

① 检查充电指示线路连线有无松脱，并重新连接好松脱部位。

② 接通点火开关，用试灯逐段进行检查；试灯一端接地（搭铁），另一端接点火开关输入端，试灯不亮表明点火开关输入端之前断路或短路；试灯亮表示该段正常。再将试灯接点火开关输出端，灯不亮表明点火开关损坏；灯亮表明点火开关正常。再将试灯接"D＋"接线柱检查，试灯不亮表明充电指示线路断路或短路，或充电指示灯灯泡烧坏；试灯亮表明发电机内部损坏，即转子绕阻断路或电压调节器损坏。据以上检查结果，应予排除或更换新件。

▌ 测 试 题

一、判断题

1. 交流发电机由转子、定子、整流器、端盖与电刷总成等部分组成。（　　）

2. 交流发电机的输出电流是随汽车发动机转速变化而变化的。（　　）

3. 内搭铁式晶体管电压调节器的电压调整范围为 13.5～14.5 V。（　　）

4. 触点式电压调节器工作时，同时产生电磁波干扰。（　　）

5. 双级式电压调节器在发电机电压达到一级调压值时，低速触点工作，高速触点处于

闭合状态。 （ ）

6. 晶体管电压调节器是利用晶体管的放大作用来控制发电机的励磁电流，从而使发电机电压保持恒定。 （ ）

7. 发电机的输出电压高于规定值时，集成电路电压调节器中齐纳二极管反向导通。

（ ）

8. 发电机的转速低于发动机的转速。 （ ）

9. 充电指示灯灭就是发电机有故障而不发电。 （ ）

10. 硅整流交流发电机严禁采用短接接线柱试火的方法检查故障。 （ ）

二、单项选择题

1. 交流发电机输出电流是随着汽车_____的变化而变化的。
   A. 车速 　　B. 发动机转速 　　C. 蓄电池电压 　　D. 用电设备

2. 硅整流发电机中性点的电压为直流输出电压的_____。
   A. $\frac{1}{2}$ 　　B. $\frac{1}{3}$ 　　C. $\frac{1}{5}$ 　　D. $\frac{1}{6}$

3. 硅整流发电机的电刷高度不得小于_____。
   A. 8 mm 　　B. 10 mm 　　C. 11 mm 　　D. 12 mm

4. 双级式电压调节器有两对触点，其中一对常闭触点称为_____触点。
   A. 低压 　　B. 高压 　　C. 低速 　　D. 高速

5. 用万用表 $R \times 1$ 挡检测单个二极管时，其正向电阻值应在_____ Ω 之间，反向应在 10 kΩ 以上。
   A. 2 ~ 3 　　B. 8 ~ 10 　　C. 20 ~ 30 　　D. 200 ~ 300

6. 交流发电机中防止蓄电池的反向电流的零部件为_____。
   A. 电刷 　　B. 电压调节器 　　C. 逆流截断器 　　D. 整流器

7. 如果蓄电池的正负极电缆接反，发电系统的_____将会损坏。
   A. 电压调节器 　　B. 电刷 　　C. 整流器 　　D. 定子绕组

8. 某发电机不发电，以下选项中_____不正确。
   A. 整流器中的一个二极管损坏 　　　　B. 定子绕组有接地处
   C. 集成电路电压调节器损坏 　　　　　D. 电刷连接导线在焊接处断裂

第三章

起 动 机

◎ **学习目标**

通过本章的学习，重点掌握起动机的结构原理、工作特性以及启动电路的分析方法，同时要掌握起动机的正确使用维护及检测诊断与维修技能。了解起动机的型号及各种新型起动机的结构特点。

发动机是靠外力启动的，通常把汽车发动机曲轴在外力作用下，从开始转动到怠速运转的全过程，称为发动机的启动。

发动机常用的启动方式有人力启动、辅助汽油机启动和电力启动。电力启动方式具有操纵轻便，启动迅速、安全、可靠，可重复启动等优点，所以为现代汽车广泛采用。一般将这种电力起动机简称为起动机。

现代汽车启动系一般由起动机、启动继电器、点火开关（启动挡）、电源（蓄电池）等组成。

起动机的作用就是将电能转变为机械能，带动发动机曲轴旋转，使发动机启动。发动机启动之后，起动机便立即停止工作。

起动机安装在汽车发动机飞轮壳前端的座孔上，如图3-1所示。

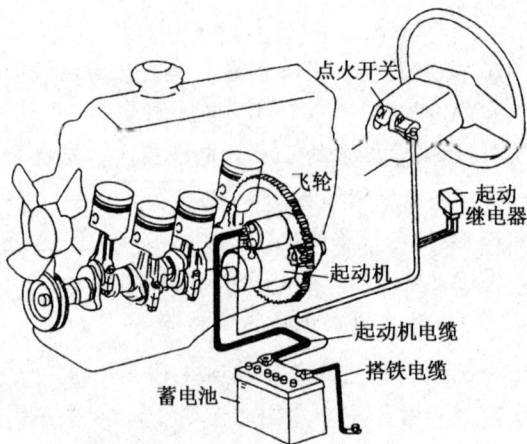

图3-1　起动机在发动机上的安装

第一节　起动机的构造与型号

一、起动机的构造

起动机由直流串励式电动机、传动机构和控制装置三个部分组成，如图3-2所示。

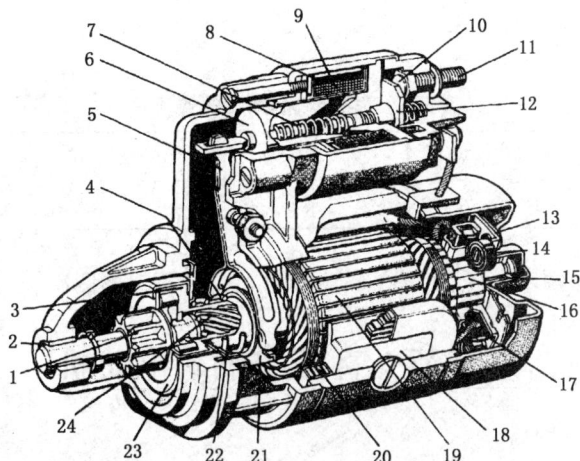

图 3 - 2　起动机构造图

1—驱动齿轮；2—轴承衬套；3—离合器环状腔；4—缓冲弹簧；5—拨叉；6—活动铁芯；
7—复位弹簧；8—保持线圈；9—吸引线圈；10—触点；11—接线柱；12—接触盘；
13—电刷架；14—电刷压紧弹簧；15—轴承衬套；16—换向器；17—电刷；
18—磁极；19—电枢；20—磁场绕组；21—导向衬套；22—传动套筒；
23—单向离合器；24—电枢轴螺旋花键

1. 直流串励式电动机

电动机的作用是将蓄电池输入的电能转换为机械能，产生电磁转矩。

2. 传动机构

传动机构又称起动机离合器、啮合器，其作用是在发动机启动时使起动机轴上的小齿轮啮入飞轮齿环，将起动机的转矩传递给发动机曲轴；在发动机启动后又能使起动机小齿轮与飞轮齿环自动脱开。

传动机构有滚柱式、弹簧式、摩擦片式等。

3. 控制装置

控制装置即电磁开关，其作用是接通和切断电动机与蓄电池之间的电路，同时还能接入和切断点火线圈的附加电阻。

二、起动机型号

根据中华人民共和国行业标准 QC/T 73—1993《汽车电气设备产品型号编制方法》规定，汽车起动机的型号编制方法如下。

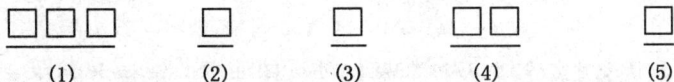

$$\underbrace{\square\square\square}_{(1)}\quad\underbrace{\square}_{(2)}\quad\underbrace{\square}_{(3)}\quad\underbrace{\square\square}_{(4)}\quad\underbrace{\square}_{(5)}$$

（1）产品代号。按产品名称的顺序，适当选择其中 2~3 个单字，并以该单字汉语拼音的第一个大写字母组成。起动机产品代号：QD—表示起动机；QDJ—表示减速起动机；QDY—表示永磁起动机，包括永磁减速起动机。

（2）电压等级。1 表示 12 V；2 表示 24 V。

（3）功率等级。含义见表 3 - 1。

（4）设计序号。

（5）变型代号。

表 3 - 1　起动机的功率等级代号

功率等级代号	1	2	3	4	5	6	7	8	9
功率/kW	~1	>1~2	>2~3	>3~4	>4~5	>5~6	>6~7	>7~8	>8~9

例如，QD124 表示额定电压为 12 V、功率为 1~2 kW、第四次设计的起动机。

第二节　直流串励式电动机

一、构造

直流串励式电动机主要由电枢、磁极、端盖、机壳、电刷及刷架等部件组成。

1. 电枢

电枢由电枢绕组、换向器、电枢轴等部件组成，如图 3 - 3 所示。

（1）电枢绕组。为了得到较大的转矩，其电枢电流很大（一般汽油机 200~600 A，柴油机可达 1 000 A），因此电枢绕组都是用较粗的矩形截面的裸铜线绕制而成。电枢绕组多采用波绕法。为了防止裸铜线绕组之间短路，在铜线与铁芯之间、铜线与铜线之间用绝缘纸隔开。裸体铜线较粗，在高速下可能会因离心力的作用而甩出，故在槽口的两侧将铁芯轧纹挤紧。

（2）换向器。换向片比较厚，而且换向片的云母隔层不必割低，以免电刷磨损的粉末落入换向片间造成短路。换向片与电枢绕组线头的连接采用夹固加焊方式。换向器结构如图 3 - 4 所示。

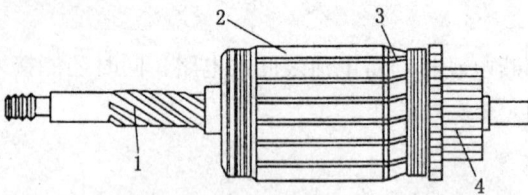

图 3 - 3　电枢
1—电枢轴；2—电枢铁芯；3—电枢绕组；4—换向器

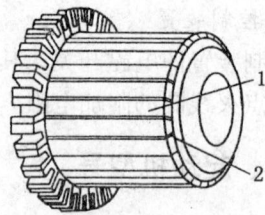

图 3 - 4　换向器
1—铜片；2—云母片

（3）电枢轴。除固装电枢铁芯及换向器以外，还伸出一定长度的花键部分，以便套装离合器总成。

2. 磁极

为了增大启动转矩，磁极的数量较多，一般为四个磁极。每个磁极上套装的激磁绕组亦为矩形截面的铜条，外包绝缘层，按一定绕向连接后使 S 级与 N 极相间排列，如图3-5 所示。

图 3 -6 所示为四个磁极的磁路。四个磁场绕组所产生的磁场是相互交错的。

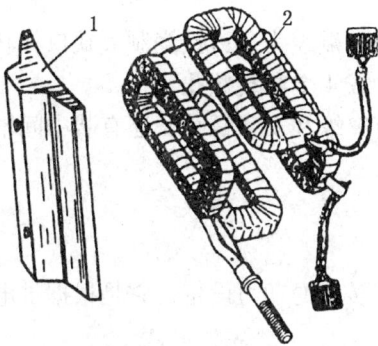

图 3-5 普通起动机的磁极及其绕组
1—定子铁芯；2—激磁绕组

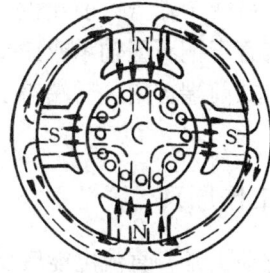

图 3-6 四个磁极的磁路

四个磁极绕组的连接方式有图 3-7 所示两种接法。一种是四个绕组相互串联，如图 3-7（a）所示。如解放 CA10B 用的 ST8B 起动机。另一种是先两个串联后再并联，如图 3-7（b）所示。如黄河 JN150 型汽车用的 ST614 型起动机就是这种接法。这种接法可以在导线截面积相同的情况下增大启动电流，提高启动转矩。

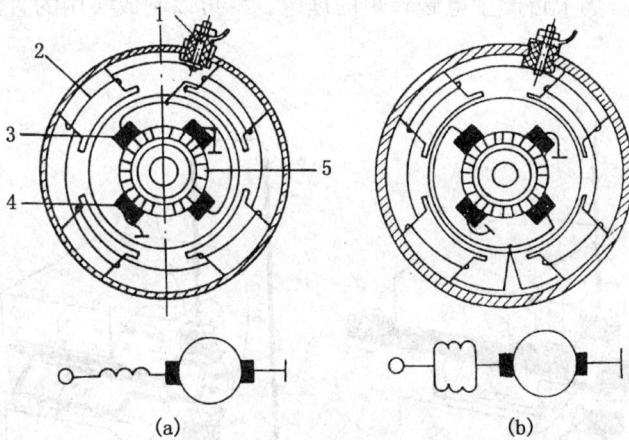

图 3-7 磁场绕组的接法
（a）四个绕组相互串联；（b）两个绕组串联后再并联
1—绝缘接线柱；2—磁场绕组；3—正电刷；4—负电刷；5—换向器

3. 电刷及刷架

电刷由铜与石墨粉压制而成，呈红棕色，加入铜可减小电阻并增加其耐磨性。电刷一般含铜 80% ~90%，石墨 10% ~20%。

刷架多制成框式，正极刷架与端盖绝缘地固装，负极刷架直接搭铁。刷架上装有弹力较大的盘形弹簧。

4. 机壳

机壳的一端有四个检查窗口，中部只有一个电流输入接线柱，并在内部与激磁绕组的一端相连接。

5. 端盖

有前、后两个端盖，前端盖一般用铜板压制而成，后端盖为灰铸铁浇制成缺口杯状。它的中心压装着青铜石墨轴承或铁基含油轴承，外围有 2 或 4 个组装螺孔。

电刷装在前端盖内。后端盖上面有拨叉座，盖口有突缘和安装螺孔，还有装中间轴承板的螺钉孔。

二、工作原理

直流电动机是将直流电能转变为机械能并产生机械转矩的动力设备。它是根据带电导体在磁场中受到电磁力作用这一理论为基础而制成的。

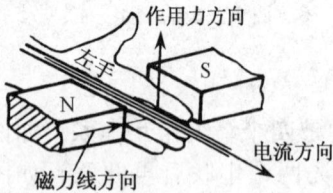

图 3 - 8　左手定则

由电磁理论知，将直导体置于磁场中，使其通过一定方向的电流时，直导体就会受到定向电磁力作用而运动，且运动方向与导体中电流方向和磁场方向有一定关系，可用左手定则判断，如图 3 - 8 所示。

如果将直导线做成一个线匝，并通上直流电时，则线匝两边在磁场中受到大小相等、方向相反的电磁力偶作用而转动，形成电磁转矩，其方向仍按左手定则判断。

根据通电线匝在磁场中将产生电磁转矩的理论，就可以制成实用的直流电动机。其工作原理如图 3 - 9 所示。

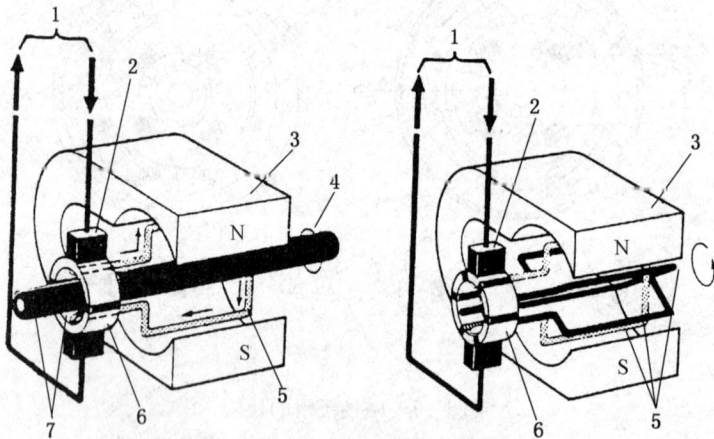

图 3 - 9　直流电动机工作原理图

1—电流；2—电刷；3—磁极；4—电枢轴；5—导线；6—换向器；7—绝缘

将电动机的电刷与直流电源相接后，电流由正电刷流入，由负电刷流出。此时绕组中的电流方向如图 3 - 9 所示，根据左手定则，此时转矩方向为逆时针。当电枢转过半周时，正电刷接触换向片时，负电刷接触的是另一换向片，绕组中的电流方向虽改变，但因在 N 极和 S 极下导线中的电流方向仍保持不变，故电磁转矩方向也不改变，使电枢仍按原来的逆时针方向继续转动。

由于一个线圈所产生的转矩太小，且转速不稳定，因此实际上，电动机的电枢上绕有很多线圈，换向片数也随线圈的增多而相应增加。

三、直流电动机的转矩

当直流电动机接上直流电源时，由于载流导体在磁场中受到电磁力的作用，产生电磁转矩使电枢旋转。

由安培定律可知，作用在电枢上每根导线上的平均电磁力 $\bar{F}$ 为

$$\bar{F} = \bar{B}IL \tag{3-1}$$

式中　$\bar{B}$——每一磁极下的平均磁感应强度；

　　　I——导体内的电流；

　　　L——导体的有效长度。

设电动机中有 $2P$ 个磁极（P 为磁极对数），每个磁极的磁通为 Φ，电枢的直径为 D，则每一磁极下的电枢表面积为 $\pi DL/2P$。每一磁极下的平均磁感应强度则为

$$\bar{B} = \frac{\Phi}{\dfrac{\pi DL}{2P}} \tag{3-2}$$

导体内的电流 I 为

$$I = \frac{I_a}{2a} \tag{3-3}$$

式中　I_a——电枢电流；

　　　a——电枢绕组的支路对数，当采用波绕法时，$a=1$。

将公式（3-2）、式（3-3）代入公式（3-1），则得作用在电枢上每根导线的平均电磁力 $\bar{F}$

$$\bar{F} = \frac{\Phi}{\dfrac{\pi DL}{2P}} \cdot \frac{I_a}{2a} \cdot L \tag{3-4}$$

作用在电枢上的电磁转矩为

$$M = \bar{F} \cdot \frac{D}{2} \cdot Z \tag{3-5}$$

式中　Z——电枢导体总数。

将公式（3-4）代入公式（3-5），则得

$$M = \frac{\Phi}{\dfrac{\pi DL}{2P}} \cdot \frac{I_a}{2a} \cdot L \cdot \frac{D}{2} \cdot Z = \frac{pZ}{2\pi a} I_a \Phi = C_m I_a \Phi \tag{3-6}$$

式中　$C_m = \dfrac{pZ}{2\pi a}$，取决于电动机的构造，为一常数，故称为电机常数。

由以上推导可知，电磁转矩的大小与电枢电流 I_a 及磁极的磁通 Φ 成正比。

四、直流电动机转矩自动调节原理

直流电动机接入直流电源后，产生电磁转矩，使电枢旋转，但是，当电枢旋转时，由于电枢绕组又切割磁力线，则其中又产生了感应电动势，其方向按右手定则判断，恰与电枢电流方向相反，故称为反电动势。其大小为

$$E = C_1 n \Phi \tag{3-7}$$

式中　　C_1——电动常数；

　　　　n——电枢转速。

这样外加于电枢上的电压，一部分消耗在电枢电阻上，另一部分则用来平衡电动机的反电动势。即

$$U = E + I_a R_a \qquad (3-8)$$

公式（3-8）是电动机运转时，必须满足的一个基本条件，称为电压平衡方程式。

由公式（3-8）可知电枢电流 I_a 为

$$I_a = \frac{U - E}{R_a} = \frac{U - C_1 n \Phi}{R_a} \qquad (3-9)$$

当负荷增大时，转轴上阻力矩也增大，电枢转速降低，而使反电动势 E 随之减小，电枢电流 I_a 增大，所以电磁转矩 M（$M = C_m I_a \Phi$）也增大。直至电动机的电磁转矩增加到与阻力矩相等为止。这时电动机将在新的负载下以新的较低的转速平稳运转。

反之，当负荷减小时，电枢转速升高，反电动势增大，电枢电流减小，电磁转矩也减小，直至与阻力矩相等为止。电动机将在较高的转速下平稳运转。

可见，当负载变化时，电动机的转速、电流和转矩将会自动作相应变化，以满足负载的需要，这就是直流电动机转矩自动调节的原理。

第三节　起动机的特性

一、转矩特性

电动机电磁转矩随电枢电流变化的关系，称为转矩特性。即

$$M = f(I_a) \qquad (3\quad10)$$

串励直流电动机电路图如图3-10所示。

由于磁场绕组与电枢绕组串联，电枢电流 I_a 与磁场电流 I_f 相同。即 $I_a = I_f$。

在磁路未饱和时，由于磁通 Φ 与电枢电流 I_a 成正比，即 $\Phi = C_1 I_a$，故电动机的电磁转矩为

$$M = C_m \cdot I_a \cdot \Phi = C_m I_a \cdot C_1 I_a = C I_a^2 \qquad (3-11)$$

式中　　$C = C_m \cdot C_1$。

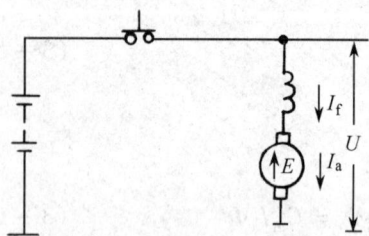

图3-10　串励式直流
电动机的电路图

由公式（3-11）可知，串励式直流电动机的电磁转矩在磁路未饱和时与电枢电流的平方成正比，只有在磁路饱和后，Φ 几乎不变，电磁转矩方与电枢电流成直线关系，如图3-11中的 M 曲线所示。

在电枢电流相同的情况下，串励式电动机的转矩比并励式电动机的转矩大得多。这是由于，采用并励式时，当电源电压 U 和磁场绕组 R_f 不变时，因 I_a 不变，所以它产生的磁通 Φ 也不变，为一常数，即 $M = C_m I_a \Phi = C' I_a$。可见电磁转矩只与电枢电流的一次方成正比。

特别在启动的瞬间，由于发动机的阻力矩很大，起动机处于完全制动的情况下，$n = 0$，故反电动势 $E = 0$。此时电枢电流将达到最大值，称为制动电流，产生最大转矩，称为制动转矩，从而使发动机易于启动。这是起动机采用串励电动机的主要原因。

由以上分析知，直流串励式电动机的特点是启动转矩大，适宜作起动机。

二、转速特性

串励直流电动机具有软的机械特性，即轻载转速高，重载转速低。

在图 3 – 10 所示的线路中，根据克希荷夫第二定律可知蓄电池的电动势 U 和启动机的反电动势 E 的代数和等于电枢及磁场绕组的电压降、连接导线的电压降、蓄电池内组的电压降及电刷接触电压降的代数和。即

$$U - E = I_a(R_a + R_f + R_d + R_0) + \Delta U_{ds}$$

$$= I_a \sum R + \Delta U_{ds} \qquad (3 - 12)$$

式中　R_a——电枢绕组电阻；

　　　R_f——磁场绕组电阻；

　　　R_d——连接导线电阻；

　　　R_0——蓄电池内阻；

　　　ΔU_{ds}——电刷接触电压降。

由公式（3 – 7）知，$E = C_1 n\Phi$。

所以代入公式（3 – 12）得：

$$C_1 n\Phi = U - I_a \sum R - \Delta U_{ds}$$

故　　　$n = \dfrac{U - I_a \sum R - \Delta U_{ds}}{C_1 \Phi}$ $\qquad (3 - 13)$

由公式（3 – 13）可知，当 I_a 增加时，则 $I_a \sum R$ 也增加，在磁路未饱和时，磁通 Φ 也增加。于是电动机转速 n 将随 I_a 和 Φ 的增加，而显著下降。如图 3 – 11 中 n 曲线所示。

串励式直流电动机具有轻载转速高，重载转速低的软机械特性，能保证发动机既安全又可靠地启动，这是汽车起动机采用直流串励式电动机作为动力的又一重要原因。

三、功率特性

串励直流电动机的电磁功率和电枢电流的关系是一对称的抛物线，如图 3 – 11 中 P 线所示。在 $I_a = \dfrac{1}{2} I_{a\,max}$ 时，起动机功率达到最大值 P_{max}。

综上所述：

（1）当完全制动时，相当于刚接入起动机的情况，这时 $n = 0$，电枢电流 I_a 达到最大值（称为制动电流），转矩 M 也达到最大，称为制动转矩。此时功率 $P = 0$。

（2）在起动机空转时，电流 I_0 最小（称为空载电流），转速 n_0 达到最大值，称为空载转速。此时，功率 $P = 0$。

（3）在电枢电流接近制动电流的一半（$I_{a\,max}/2$）时，起动机的功率达到最大值。

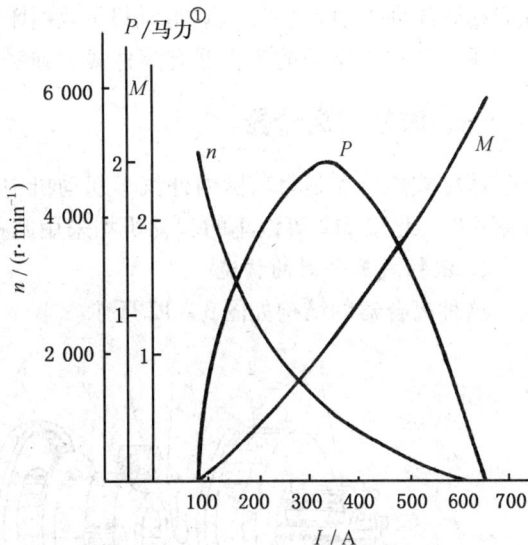

图 3 – 11　起动机的特性曲线

---

① 1 马力 = 735.499 W。

第四节　起动机的传动机构

起动机的传动机构包括离合器和拨叉两部分。离合器起着传递扭矩将发动机启动，同时又能在启动后自动打滑脱离啮合保护起动机不致损坏的作用。拨叉的作用是使离合器做轴向移动。

现代汽车上常用的离合器有滚柱式、弹簧式和摩擦片式三种。

一、滚柱式离合器

滚柱式离合器是目前国内外汽车起动机中使用最多的一种，解放牌汽车、东风牌汽车、北京130、北京212等汽车的起动机均采用此种离合器。

1. 滚柱式离合器的构造

这种离合器的结构如图3-12所示。

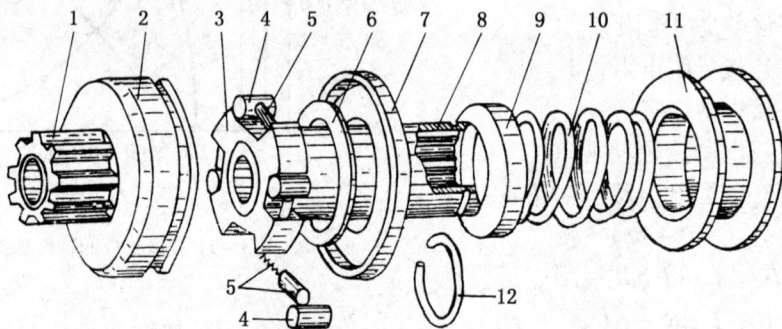

图3-12　滚柱式离合器
1—起动机驱动齿轮；2—外壳；3—十字块；4—滚柱；
5—压帽与弹簧；6—垫圈；7—护盖；8—花键套筒；
9—弹簧座；10—缓冲弹簧；11—移动衬套；12—卡簧

离合器的驱动齿轮采用40号中碳钢加工淬火而成，与外壳连成一体。外壳内装有十字块和四套滚柱及弹簧，十字块与花键套筒固联，壳底与外壳相互扣合密封。

花键套筒的外面装在缓冲弹簧及衬圈，末端固装着拨环与卡圈。整个离合器总成利用花键套筒套装在起动机轴的花键部位上，可以做轴向移动和随轴转动。

2. 滚柱式离合器的工作原理

离合器的外壳与十字块之间的间隙为宽窄不同的楔形槽。这种离合器就是通过改变滚柱在楔形槽中的位置来实现离合的。

发动机启动时，拨叉动作，经拨环将离合器沿花键推出，驱动齿轮啮入发动机飞轮齿环。此时电枢转动，十字块随电枢一起旋转，滚柱滚入楔形槽窄的一侧而卡住，从而传递转矩，驱动曲轴旋转，如图3-13（a）所示。

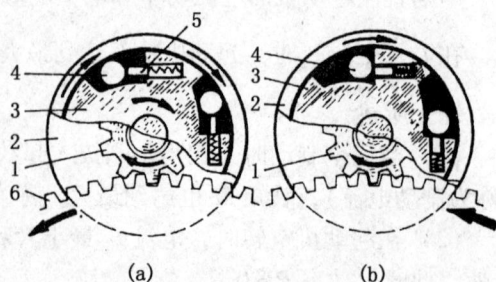

图3-13　滚柱式离合器的工作原理
（a）发动机启动时；（b）发动机启动后
1—驱动齿轮；2—外壳；3—十字块；4—滚柱；
5—压帽与弹簧；6—飞轮齿环

发动机启动后，飞轮齿环的转速高于驱动齿轮，滚柱滚入楔形槽宽的一侧而打滑。如图3－13（b）所示。这样转矩就不能从驱动齿轮传给电枢，从而防止了电枢超速飞散的危险。

启动完毕，则由拨叉回位弹簧作用，经拨环使离合器退回，驱动齿轮完全脱离飞轮齿环。

3. 调整

这种起动机需作如下调整：

（1）驱动齿轮与止推垫圈之间间隙的调整如图3－14所示，将拨叉压到极限位置时，驱动齿轮与止推垫圈间的间隙应在2±0.5 mm的范围内。若间隙不当，可调整行程限位螺钉。

（2）开关接通时刻的调整。如图3－15所示，起动机必须使驱动齿轮与飞轮齿环啮合后才能接通起动机的工作电流，否则，会发生打齿现象，为此需进行开关接通时刻的调整。按图3－15接线，压下拨叉，当试灯2发亮时，驱动齿轮与止推垫圈的间隙，应在4～5 mm的范围内。若间隙不当，可转动顶压螺钉进行调整，顺时针转动时间隙增大，反之减小。

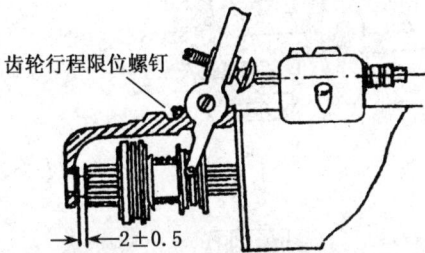

图3－14　驱动齿轮与止推垫圈之间的间隙调整　　　图3－15　开关接通时刻的调整

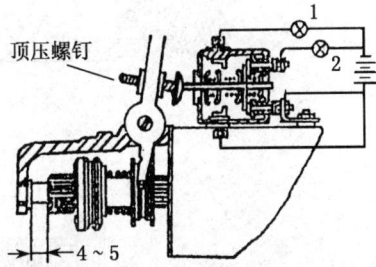

试灯1应与试灯2同时发亮或先发亮，否则需检查开关接触盘的弹簧弹力是否过弱，如弹力尚好，可在接触盘上加垫片予以调整。

二、弹簧式离合器

国产黄河JN150型汽车上的起动机用弹簧式离合器，此外，日本五十铃TXD50型汽车的起动机也用此种离合器。

1. 弹簧式离合器的构造

弹簧式离合器的结构如图3－16所示。

主动套筒套在电枢轴的花键上，小齿轮套筒则套在电枢轴前端的光滑部分。在对接处有两个月牙形圈，使二者只能做相对转动而不能做轴向移动。在小齿轮套筒与主动套筒的外圆上抱有扭力弹簧，扭力弹簧的内径略小于两套筒的外径，有一定的过盈量（0.25～0.5 mm）。在主动套筒

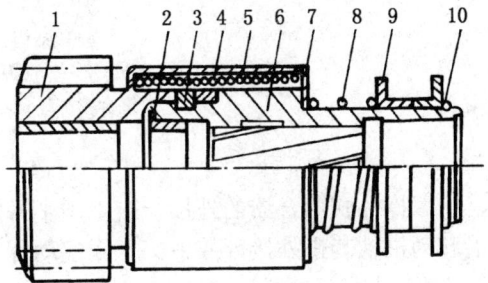

图3－16　弹簧式单向离合器

1—驱动齿轮；2—挡圈；3—月形圈；4—扭力弹簧；
5—护圈；6—连接套筒；7—垫圈；8—缓冲弹簧；
9—移动衬套；10—卡簧

上用垫圈封闭传动弹簧,外侧再套装缓冲弹簧和固连拨环。

2. 弹簧式离合器的工作原理

启动发动机时,由于拨叉推动拨环使驱动小齿轮啮入飞轮齿环,起动机转轴只带动花键套筒即主动套筒旋转,使扭力弹簧顺向扭紧并箍死两个套筒,于是就能传递扭矩。

发动机启动后,由于飞轮带着驱动齿轮的转速高于起动机轴,将扭力弹簧作反向放松,使驱动齿轮套筒与主动套筒松脱而打滑,从而防止了超速运转"飞散"的危险。

这种离合器具有结构简单,工艺简化,寿命长,成本低等优点,但因扭力弹簧所需圈数多,轴向尺寸较长,故适用于启动柴油机所需的大功率起动机,而不适宜在小型起动机上采用。

三、摩擦片式离合器

这种离合器多用于大功率起动机上,早期国产 JN150 型汽车曾用过此种结构,前苏联别拉斯(БЕЛАЗ)汽车装用此种离合器。

1. 摩擦片式离合器的构造

摩擦片式离合器结构如图 3-17 所示。

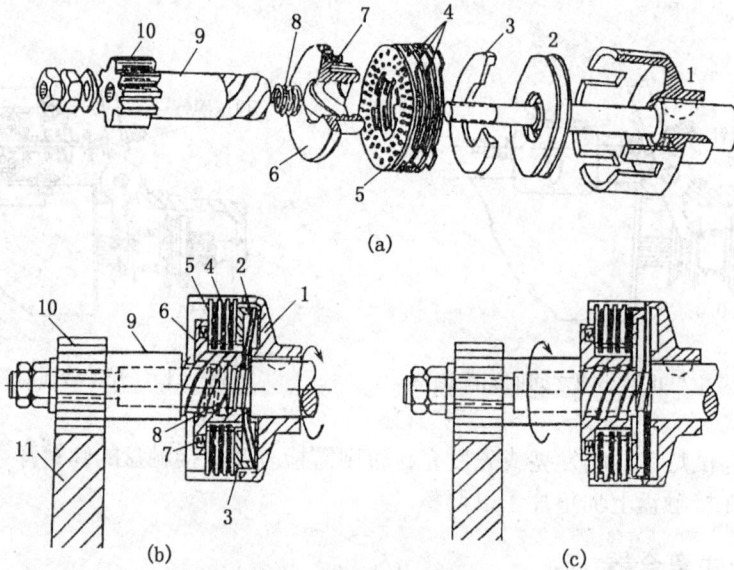

图 3-17 摩擦片式单向离合器

(a) 结构;(b) 压紧;(c) 松开

1—外接合鼓;2—弹性圈;3—压环;4—主动片;5—被动片;

6—内接合鼓;7—小弹簧;8—减震弹簧;9—齿轮柄;

10—驱动齿轮;11—飞轮

摩擦片式离合器的外接合鼓 1 用半月键固定在起动机轴上,两个弹性圈 2 和压环 3 依次沿起动机轴装进外接合鼓中,青铜主动片 4 的外凸齿装入外接合鼓的切槽中,钢制的被动片 5 以其内齿插入内接合鼓 6 的切槽中。内接合鼓具有螺线孔并旋在起动机驱动齿轮柄 9 的三线螺纹上,齿轮柄则自由地套在起动机轴上,内垫有减震弹簧 8,并用螺母锁着,以免从轴上脱落,内接合鼓 6 上具有两个小弹簧 7,轻压诸片,以保证它们彼此接触。

2. 摩擦片式离合器的工作原理

起动机工作时，内接合鼓沿螺旋槽向右移动，将摩擦片压紧，如图 3 - 17（b）所示，利用摩擦力，将电枢的转矩传给飞轮。

发动机启动后，起动机驱动齿轮被飞轮带动，当其转速超过电枢轴转速时，内接合鼓则沿螺旋槽向左退出，摩擦片松开，如图 3 - 17（c）所示，这时驱动齿轮虽高速旋转，但不驱动电枢，从而避免了电枢超速飞散的危险。

如果起动机超载时，弹性圈在压环的突缘压力下而弯曲，直至内接合鼓的端部顶住弹性圈，此时离合器即打滑，能避免起动机在过载情况下的损坏。

摩擦片式离合器虽有传递大转矩，防止超载损坏起动机的优点，但由于摩擦片容易磨损而影响起动机性能，需经常检查、调整或更换。同时结构也比较复杂，耗用材料较多，加工费时，修理麻烦。

▌ 第五节　起动机的控制装置

起动机的控制装置分为机械式和电磁式两种。通常称为启动开关。对起动机控制装置的要求是操纵要方便，同时要便于重复启动；要能够确保起动机驱动小齿轮与发动机飞轮齿环先啮合，后接通起动机主电路以免打齿；当切断控制电路后，驱动小齿轮与飞轮齿环能顺利地脱离啮合。

一、机械式控制装置

1. 构造

机械式启动开关的结构如图 3 - 18 所示。

机械式启动开关装在起动机的外壳上。开关上有四个接线柱。1、2 是起动机主电路接线柱；4、10 是两个辅助接线柱，分别与点火线圈上的"开关"和"开关电源"两接线柱连接，作用是在启动时将点火线圈的附加电阻短路。接通两对触头的是接触盘 3 和 5。

2. 工作过程

机械式启动开关的工作过程如图 3 - 19 所示。

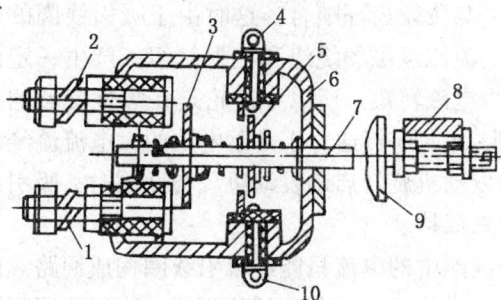

图 3 - 18　起动机开关
1，2—起动机开关主接柱；3，5—接触盘；
4，10—辅助接柱；6—外壳；7—推杆；
8—起动机传动叉；9—顶压螺钉

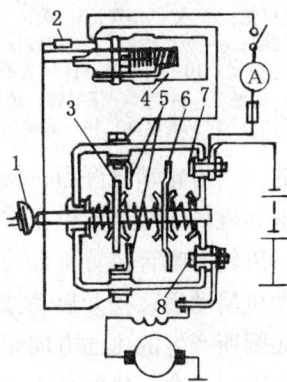

图 3 - 19　强制式起动机用
1—推片；2—附加电阻；3—副接触盘；
4—点火线圈；5—副触点；
6—主接触盘；7，8—主触点

启动发动机时，驾驶员踩下启动踏板，在拨叉将起动机齿轮推入与飞轮齿环啮合的同时，拨叉上的推片1将开关内的两个接触盘推至与其触点接通的位置。主接触盘6将两个主触点7、8接通，使起动机与蓄电池接通，副接触盘3将两个副触点5接通，使点火线圈的附加电阻2两端短接。这会补偿因起动机耗电使蓄电池电压降低造成点火线圈性能下降。由于主接触盘通过电流很大，所以做得厚实，主触点也较粗大。

启动完毕，由于启动踏板和拨叉迅速回位，推片也离开滑杆，两个接触盘自动断开主、辅触点。主接线柱断电起动机停止运转。辅接线柱分开将点火线圈附加电阻串入点火系电路，提高点火性能。

二、电磁式控制装置

电磁式控制装置一般称为起动机的电磁开关，与电磁式拨叉合装在一起，利用挡铁控制。可分为直接控制和启动继电器控制两种。

1. 直接控制式电磁开关

黄河 JN150 汽车起动机的电磁开关，就是采用这种直接控制方式，它所用的 ST614 型起动机电磁开关的结构原理如图 3 - 20 所示。

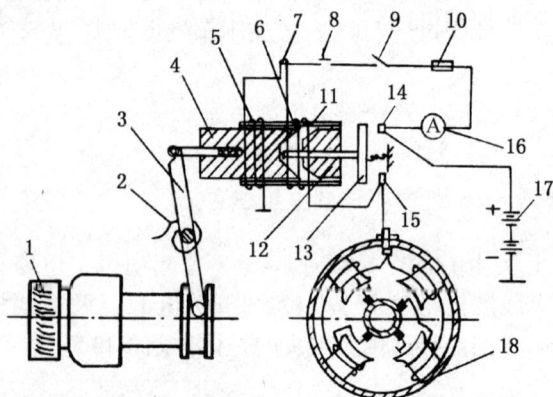

图 3-20　ST614 型起动机的电路图
1—驱动齿轮；2—复位弹簧；3—拨叉；4—活动铁芯；
5—保持线圈；6—吸引线圈；7—接线柱；8—启动按钮；
9—启动总开关；10—熔断丝；11—黄铜套；12—挡铁；
13—接触盘；14、15—接线柱；16—电流表；
17—蓄电池；18—起动机

当合上起动机总开关 9，按下启动按钮 8 时，吸引线圈 6 和保持线圈 5 的电路接通。其电路如下：

蓄电池正极→接线柱 14→电流表 16→熔断丝 10→启动总开关 9→启动按钮 8→接线柱 7。然后，分两路，一路为保持线圈 5→搭铁→蓄电池负极；另一路为吸引线圈 6→接线柱 15→起动机磁场绕组→电枢绕组→搭铁→蓄电池负极。

这时活动铁芯 4 在两个线圈电磁吸力的共同作用下，克服回位弹簧 2 的弹力而向右移动，带动拨叉 3 便将小齿轮 1 推出与飞轮齿环啮合。这时由于吸引线圈的电流流经磁场绕组和电枢绕组，产生一定的电磁转矩。所以小齿轮是在缓慢旋转的过程中啮合的。当齿轮啮合好后，接触盘 13 将触头 14、15 接通，于是蓄电池的大电流流经起动机的电枢和磁场绕组，产生正常的转矩，带动发动机旋转启动发动机。与此同时，吸引线圈被短路，齿轮的啮合位置由保持线圈 5 的吸力来保持。

当发动机启动后，松开启动按钮瞬间，保持线圈中的电流只能经吸引线圈构成回路。由于此时两线圈所产生的磁通方向相反而相互抵消，于是活动铁芯在复位弹簧的作用下回至原位，小齿轮退出啮合，接触盘 13 脱离接触，切断启动电路，起动机停止运转。

这种电磁开关是利用挡铁与电磁铁芯之间的一定气隙，保证驱动齿轮先部分啮入飞轮齿环后，才接通启动主电路。它具有操作轻便，工作可靠的优点。

2. 带启动继电器控制的电磁开关

用于东风 EQ140 汽车的 QD124 型起动机就是带启动继电器控制的电磁开关的。其原理电路如图 3-21 所示。

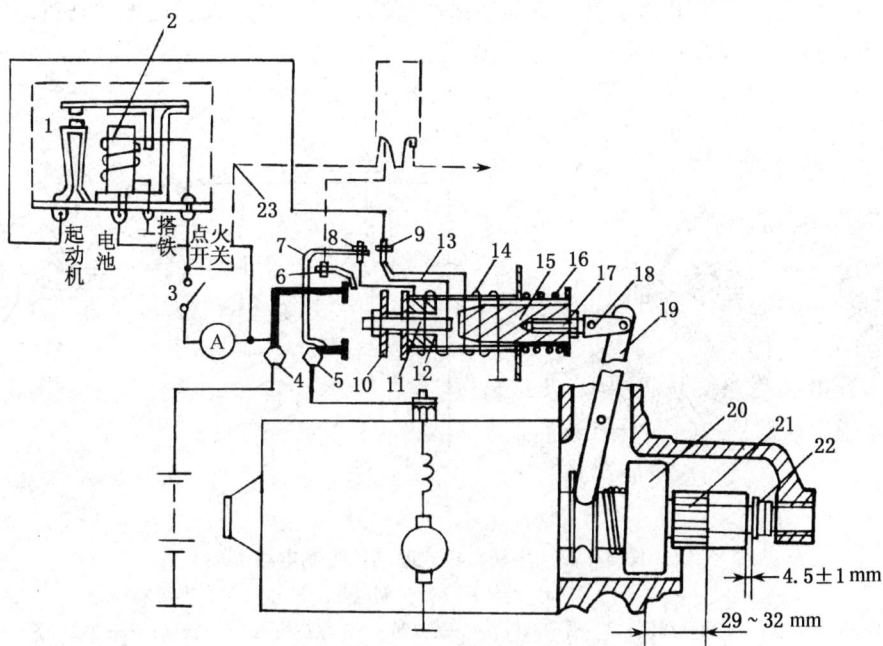

图 3-21　QD124 型起动机的电路

1—启动继电器触点；2—启动继电器线圈；3—点火开关；4，5—起动机开关
接线柱；6—点火线圈附加电阻短路接线柱；7—导电片；8—接线柱；9—起
动机接线柱；10—接触盘；11—推杆；12—固定铁芯；13—吸引线圈；
14—保持线圈；15—活动铁芯；16—复位弹簧；17—调节螺钉；
18—连接片；19—拨叉；20—滚柱式单向离合器；21—驱动齿轮；
22—限位螺母；23—附加电阻线（白线 1.7 Ω）

启动发动机时，将点火开关钥匙旋至启动位置，启动继电器线圈有电，吸下可动臂使触点闭合，此触点闭合就接通了电磁开关线圈的电路，于是起动机投入工作。

发动机启动后，只需松开点火开关钥匙，点火开关就自动转回到点火工作位置。启动继电器线圈断电触点打开，电磁开关也随即断开，使起动机停止工作。

利用启动继电器控制电磁开关，借以保护点火开关。因为如直接用点火开关控制电磁开关线圈，则启动时，通过点火开关的电流很大（35~40 A），使点火开关很快损坏。这种电磁开关在现代汽车上使用最为普遍。

第六节　新型起动机

近年来，在汽车上广泛采用体积小、转速高、转矩大的新型起动机。这类新型起动机主要有活动磁极式起动机、减速起动机和永磁起动机等。

一、活动磁极式起动机

活动磁极式起动机与普通起动机的主要区别是它的 4 个磁极中有 1 个是活动的。这个活动磁极兼作电磁铁，其绕组兼作吸引线圈与保持线圈构成电磁开关。这种起动机的结构及控制电路如图 3－22 所示。

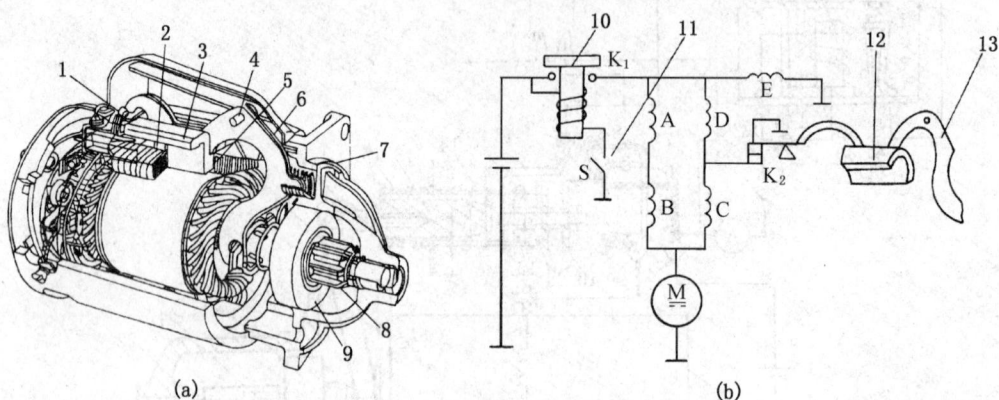

图 3－22　活动磁极式起动机控制电路

（a）结构；（b）控制电路

1—接铁触点；2—驱动线圈；3—活动磁极；4—拨叉轴；5—保持线圈；6—拨叉；7—复位弹簧；
8—主动小齿轮；9—单向离合器；10—启动继电器；11—点火开关；12—活动磁极；13—拨叉；
A，B，C—固定磁极励磁绕组；D—活动磁极励磁绕组（兼作电磁开关吸引线圈）；
E—保持线圈；K_1—启动继电器常开触点；K_2—搭铁触点

活动磁极式起动机工作过程如下：

（1）打开点火开关 S，启动继电器线圈通电，触点 K_1 闭合，接通了启动电路，一方面电流经励磁绕组（吸引线圈）D、搭铁触点 K_2 和保持线圈并联接地，产生电磁力，吸引活动磁极向下运动，拨叉逆时针摆动，推动右端离合器向右运动，使驱动小齿轮与发动机飞轮齿环啮合。另一方面，励磁绕组 A、B 及电枢绕组（励磁绕组 C 与电枢绕组并联）通电，使起动机驱动小齿轮在电枢缓慢转动下柔和地啮入飞轮齿环。

（2）驱动小齿轮与飞轮齿环啮合后，拨叉左端将电磁开关触点 K_2 打开。于是励磁绕组 A、B、C、D 和电枢绕组形成 4 级串励式直流电动机标准电路，产生强大的电磁转矩，启动发动机。

（3）发动机启动后，断开点火开关，启动继电器线圈断电，触点 K_1 打开，起动机断电，拨叉复位，起动机停止工作。

二、减速起动机

1. 减速起动机的结构特点

所谓减速起动机，就是在起动机电枢和驱动齿轮之间增加了一套减速齿轮，一般减速比为 3～5，因此可将起动机的工作转速设计得较高，然后通过减速机构使驱动齿轮的转速降低并使转矩增加。

根据电机原理可知，若电磁功率不变，当转速增加时，则电动机的电枢直径、电枢铁芯长度可以减小。因此装用减速齿轮后，可采用小型、高速、低转矩的电动机，从而使起动机的质量与体积可减少30%~35%。这不仅提高了启动性能，而且使蓄电池的负担也可以减轻。其缺点是机械零件增加，结构及生产工艺均比传统起动机复杂。

减速起动机的减速装置有三种类型，即外啮合式、内啮合式和行星齿轮传动式（同轴式），如图3-23所示，其传动方式如图3-24所示，技术性能见表3-2。

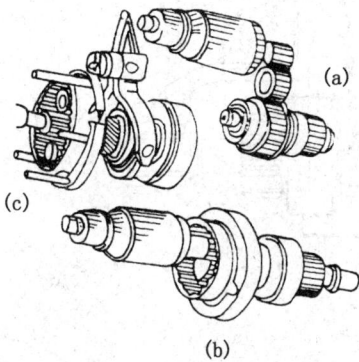

图3-23 减速机构
（a）外啮合式；（b）内啮合式；（c）行星齿轮式

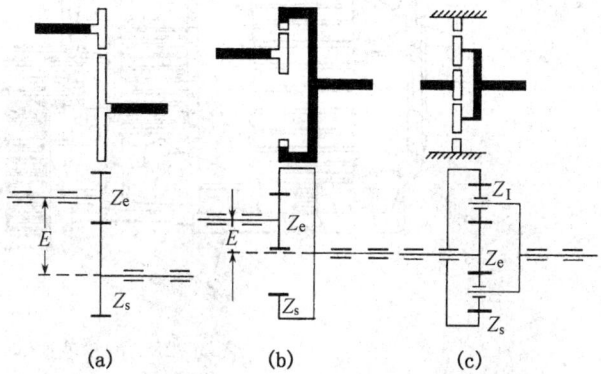

图3-24 减速装置传动方式
（a）外啮合式；（b）内啮合式；（c）行星齿轮传动式
E—中心距；Z_e—主动齿轮；Z_s—从动齿轮；Z_I—行星齿轮

表3-2 起动机减速装置的性能比较

传动方式	外啮合式	内啮合式	行星齿轮传动式
齿轮数量	2	2	5
中心距	$E = \frac{m}{2}(Z_s + Z_e)$（大）	$E = \frac{m}{2}(Z_s - Z_e)$（小）	$E = 0$
传动比 i	$i = \frac{Z_s}{Z_e}$（较小）	$i = \frac{Z_s}{Z_e}$（较大）	$i = 1 + \frac{Z_s}{Z_e}$（较大）
减速比 j	$1 < j < 5$（j大时E大）	$2.5 < j < 5$（j大时E大）	$j > 3.8$（j大时体积大）
噪声	低	高	低
可靠性	高	高	低 （原因：高速旋转零件多；磨损导致不平衡）
备注	\multicolumn{3}{c}{m：齿轮模数}		

图3-25所示的减速起动机，减速齿轮组的主动小齿轮与电枢轴直接连接，减速齿轮与单向离合器直接连接。这种结构其减速比通常为3.5:1，由于有了减速齿轮可以使起动机在

较小的启动工作电流下，使起动机有较大的扭矩，从而可以做到用较小容量的蓄电池顺利启动起动机。

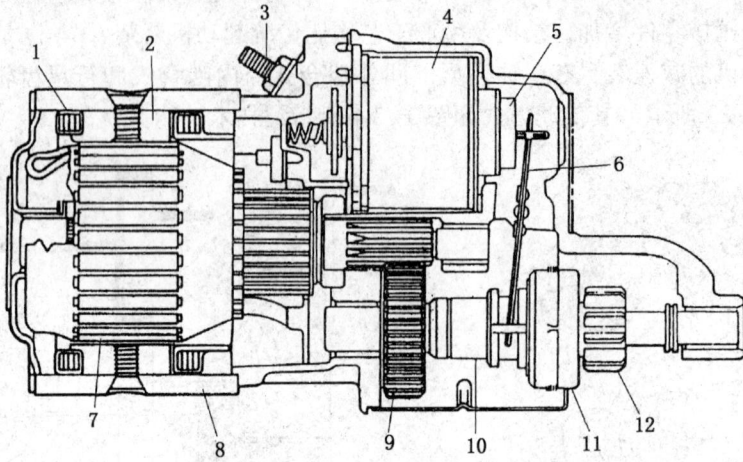

图 3 - 25　齿轮减速起动机的结构

1—磁场绕组；2—磁极；3—蓄电池接线柱；4—电磁线圈；5—柱塞；6—拨叉；7—电枢；
8—外壳；9—减速齿轮；10—齿轮轴；11—单向离合器；12—主动小齿轮

2. 减速增扭原理

减速起动机采用的是高速、小型、低转矩直流电动机，其转速可达 $1\,500 \sim 2\,000$ r/min，通过减速装置降低电动机转速使输出转矩增大。减速增扭原理简要分析如下。

电动机输出功率 P_i 等于电枢轴输入减速装置的转矩 M_i 与电输轴的角速度 ω_i 之积，即

$$P_i = M_i \omega_i \qquad (3-14)$$

减速装置输出轴上的功率 P_o 等于减速装置输出轴上的转矩 M_o 与其角速度 ω_o 之积，即

$$P_o = M_o \omega_o \qquad (3-15)$$

如果忽略减速装置的机械损失，则减速装置输出轴上的功率应当等于电动机输入减速装置的功率，即

$$P_o = P_i \quad 或 \quad M_o \omega_o = M_i \omega_i \qquad (3-16)$$

$$M_o = \frac{\omega_i}{\omega_o} M_i \qquad (3-17)$$

由齿轮传动可知，处于啮合中的两个齿轮的角速度与两齿轮的齿数成反比，即

$$\frac{\omega_i}{\omega_o} = \frac{2\pi n_i}{2\pi n_o} = \frac{Z_o}{Z_i}$$

$$\frac{\omega_i}{\omega_o} = \frac{n_i}{n_o} = \frac{Z_o}{Z_i} \qquad (3-18)$$

式中　Z_i、n_i——减速装置主动齿轮的齿数与转速（即电枢轴转速）；

Z_o、n_o——减速装置从动齿轮的齿数与转速。

将公式（3-18）代入公式（3-17），得

$$M_o = \frac{n_i}{n_o} M_i = \frac{Z_o}{Z_i} M_i \qquad (3-19)$$

因为减速装置的传动比 j（$j=3\sim5$）为

$$j = \frac{n_i}{n_o} = \frac{Z_o}{Z_i} \qquad\qquad (3-20)$$

将公式（3-20）代入公式（3-19），得

$$M_o = jM_i = (3\sim5)M_i \qquad\qquad (3-21)$$

由此可见，减速装置输出轴上的转矩 M_o 为电枢轴输入减速装置转矩 M_i 的 $3\sim5$ 倍，即电动机的输出功率经过减速装置减速增扭之后，转速降低了 $3\sim5$ 倍，转矩增大了 $3\sim5$ 倍，从而使减速起动机起到减速增扭的作用。

三、永磁起动机

随着稀土永磁材料的出现，近年来出现了一种以永磁材料作为磁极的起动机，称为永磁起动机，它省去了传统起动机中的励磁绕组。起动机的结构简化，体积、质量也相应减小。

适合于起动机的永磁材料有永磁铁氧体、钛铁硼永磁、稀土钕铁硼永磁等。钕铁硼永磁矫顽力较高，磁能积最大达 $302\ kJ/m^3$，它是永磁铁氧体的 12 倍。

将普通型起动机的电磁场用永久磁铁作为磁极就可制成永磁起动机。条形永久磁铁可用冷黏结法黏在起动机外壳内壁上，黏结剂可用厌氧胶或环氧型胶，也有的用片弹簧均匀地固装在起动机外壳内表面上。这种起动机的结构如图 3-26 所示。

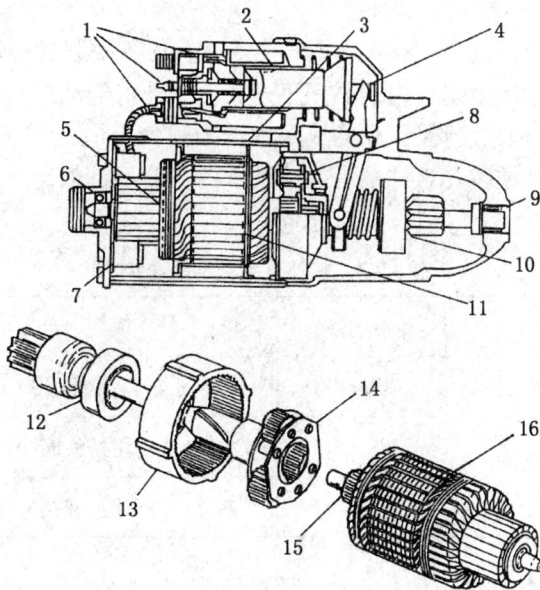

图 3-26　永磁减速式起动机

1—惰性气体保护焊接头；2—镀铬拉杆；3—永磁磁极；4—拨叉；5—整流器；6—滚珠轴承；
7—电刷；8—行星齿轮减速装置；9—滚柱轴承；10—单向离合器；11—平衡式电枢；
12—驱动圈；13—固定内齿圈；14—行星齿轮架；15—小齿轮；16—电枢

永磁起动机相对于普通起动机体积明显减小，它适合于安装在空间较小的车辆上。永磁起动机另一个特点是在电枢的前端装有行星齿轮减速器，使电枢能以较高的转速转动，并提

高起动机的转矩。

奥迪、捷达、高尔夫轿车均采用永磁起动机。为进一步减小起动机的体积和质量，上海别克轿车、北京切诺基吉普车装用了永磁行星齿轮减速起动机。

1. 上海别克轿车起动机

上海别克轿车使用的是 PG260 起动机，如图 3 – 27 所示。

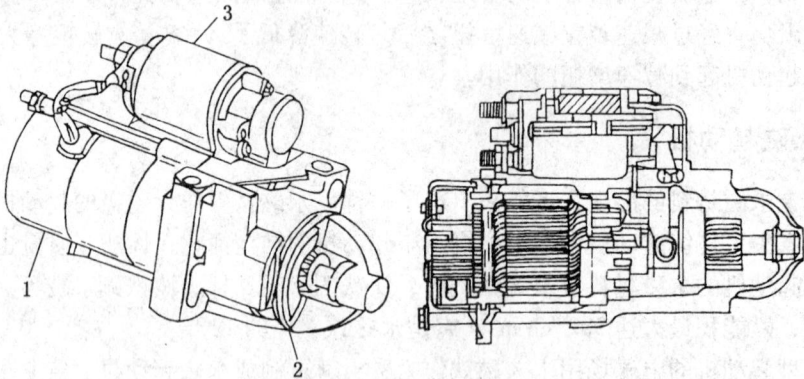

图 3 – 27　PG260 起动机
1—永磁场支架；2—驱动端壳体；3—电磁阀

PG260 起动机的结构特点是：有 4 个或 6 个小永久磁铁安装在磁场支架内。这些磁铁取代了安装于铁极件上的励磁绕组。由于采用了永久磁铁使得起动机的尺寸及重量只有同样功率的普通起动机的一半。通过行星齿轮完成的内部减速使得电枢转子获得 7 000 r/min 左右的转速。电枢转子及驱动轴装在滚柱轴承或球轴承内，而不是轴套内。起动机的技术参数见表3 – 3。

表 3 – 3　起动机主要性能参数

项　　目	参　数	项　　目	参　数
起动机型号	PG260FI	小齿轮端至小齿轮出口间隙/mm	0. 25 ~ 4. 06
12 V 电压下的空载试验/A	40 ~ 90	在 10 V 下保持线圈/A	6 ~ 12
小齿轮转速/（r · min^{-1}）	3 200 ~ 4 800	在 10 V 下保持和接通线圈/A	30 ~ 45

2. 北京切诺基吉普车的起动机

北京 BJ2021（切诺基）吉普车上装用的是德国博世公司生产的 12VDW1. 4 型永磁减速式起动机，其原理简图如图 3 – 28 所示。

（1）电动机采用永磁磁场，6 块永久磁极用弹性保持片固定于外壳内表面，且通过弹性片上的孔和外壳内壁的凸起定位。由于取掉了磁场绕组，减小了电感，与同功率的普通起动机相比，具有更高的启动性能。电枢轴的支撑采用滑动轴承。

（2）传动机构采用滚柱式单向离合器，其结构与工作过程与普通起动机相同。

（3）齿轮减速装置采用行星齿轮减速装置，该装置中设有 3 个行星齿轮、一个太阳轮

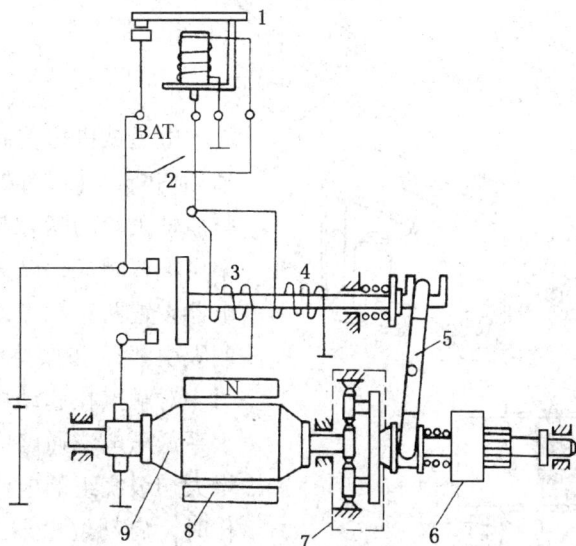

图 3-28　12VDW1.4 型永磁减速式起动机原理简图
1—启动继电器；2—点火开关；3—吸引线圈；4—保持线圈；5—拨叉；
6—滚柱式单向离合器；7—行星齿轮减速装置；8—永久磁极；9—电枢

（电枢轴齿轮）及一个固定的内齿圈，其结构如图 3-29 所示，啮合关系如图 3-30 所示。

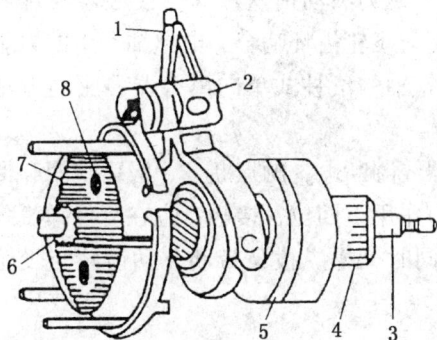

图 3-29　行星齿轮减速装置的结构
1—移动叉；2—支架；3—驱动齿轮轴；4—驱动齿轮；
5—滚柱式单向离合器；6—太阳轮；
7—内齿圈；8—行星齿轮

图 3-30　行星齿轮减速装置的啮合关系
1—太阳轮；2,3,4—行星轮；
5—行星架；6—内齿圈

　　行星齿轮支架是一个具有一定厚度的圆盘，圆盘和驱动齿轮轴制成一体。3 个行星齿轮连同齿轮轴一起压装在圆盘上，行星齿轮在轴上可以灵活转动。驱动齿轮轴一端制有螺旋键齿，与离合器传动导管内的螺旋键槽配合。

　　太阳轮制有 11 个齿，压装在电枢轴上，并保持与 3 个行星齿轮同时啮合。

　　内齿圈用塑料铸塑而成制有 37 个齿，3 个行星齿轮在其上滚动。

　　太阳轮为主动齿轮，其齿数 $Z_e = 11$ 个，内齿圈齿数 $Z_s = 37$ 个，减速比 j 为

$$j = 1 + \frac{Z_s}{Z_e} = 1 + \frac{37}{11} = 4.36 \qquad (3-22)$$

（4）控制装置如图3-31所示。

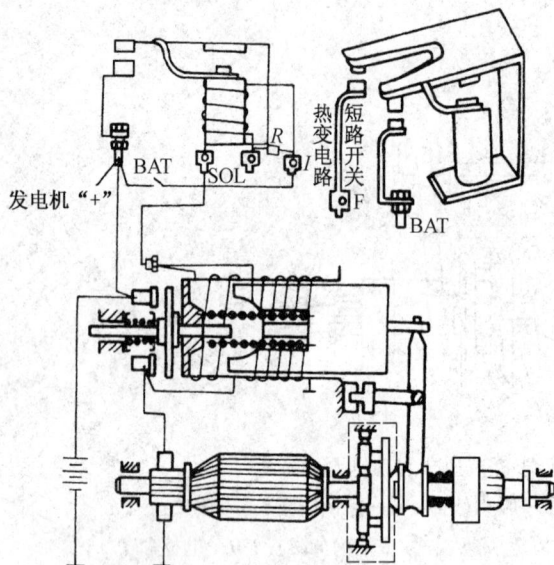

图3-31　12VDW1.4型减速起动机控制装置示意图

电磁铁机构控制电动机电路的接通和切断，并通过拨叉操纵驱动齿轮与曲轴飞轮的啮合与分离。拨叉及支架由塑料制成，以减轻质量。启动继电器设置两对触点，其中一对触点控制吸引线圈和保持线圈的电流通路；另一对触点在起动机工作中，短路点火系低压电流通路中的附加电阻，以增大初级绕组的电流值。起动机不工作时，启动继电器两对触点均张开，接触盘和触点断开，驱动齿轮与飞轮齿环分离。

启动发动机时，接通启动开关，启动继电器线圈通电，触点闭合，吸引线圈和保持线圈中有电流流过，电磁力吸动衔铁左移，接触盘与触点接通，起动机电路接通，与此同时，拨叉操纵驱动齿轮与飞轮齿环啮合。电枢轴产生的力矩经电枢轴齿轮（太阳轮）→行星齿轮及支架→驱动齿轮轴→滚柱式单向离合器→驱动齿轮→飞轮，从而带动曲轴旋转，使发动机启动。

发动机启动后，及时放松启动开关，启动继电器线圈断电，触点断开，吸引线圈和保持线圈中无电流流过，吸力消失，衔铁在复位弹簧张力作用下回位，接触盘也在复位弹簧张力作用下与触点分离，电动机停止工作。衔铁回位的同时又操纵拨叉带动驱动齿轮与飞轮分离，起动机停止工作。

第七节　启动系的正确使用及检测诊断与维修

一、启动系的正确使用

启动发动机时，蓄电池要给起动机提供很大的电流，汽油机需200～600 A，柴油机需1 000 A以上，起动机又是按短时间内输出大功率而设计制造的，为确保它能迅速、可靠、安全地启动发动机，并尽量延长使用寿命，在使用中必须注意以下事项。

（1）经常保持蓄电池处于充足电的状态，保持蓄电池、起动机、启动开关等连接牢固，接触良好。

（2）发动机启动时，每次接通起动机的时间不得超过5 s，连续再次启动时应停歇10～15 s，连续3次以上启动应在检查启动系统是否有故障的情况下，停歇5 min以上再启动。

否则起动机易烧毁。

（3）启动时，应挂入空挡或踩下离合器，严禁挂挡启动。

（4）发动机启动后，应立即松开点火开关，使驱动齿轮及时退出，以减少单向离合器的磨损。严禁在发动机旋转时使用起动机。

（5）冬季和低温地区在进行冷机启动时，应先将发动机进行预热后，再用起动机启动。

（6）发动机启动后，如果起动机不能停转，应立即关闭电源总开关或拆开蓄电池搭铁线。

二、启动系维护要点

按汽车维护制度的规定，应定期对起动机进行维护，维护作业要点如下。

（1）日常维护中应保持起动机各部的清洁、干燥、连接牢固、接线柱及导线绝缘良好。

（2）二级维护。

① 汽车每行驶 3 000 km 时，应检查与清洁换向器，擦去换向器表面的碳粉和脏污。

② 汽车每行驶 5 000 ~ 6 000 km 时，应检查测试电刷的磨损程度以及电刷弹簧的压力，均应在规定范围之内。

电刷的接触面积应大于60%，否则应研磨或更换。电刷高度不得小于7 ~ 10 mm，否则应换新，如图 3 - 32 所示。

用弹簧秤测量电刷架弹簧张力，如图 3 - 33 所示，应符合标准值，张力过弱应更换。

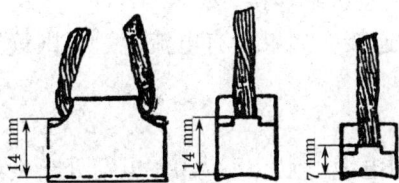

图 3 - 32　电刷高度的测量

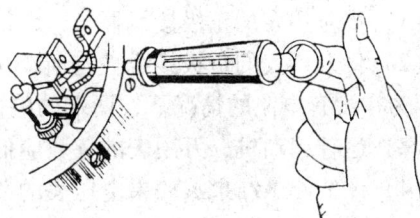

图 3 - 33　电刷弹簧张力的测量

③ 润滑起动机的轴承。

④ 每年对起动机进行一次解体性保养。

三、启动电路电压降的测试

起动机运转时，电流高达 200 ~ 600 A，而启动电路中各接点的接触电阻导致总的电压降一般不允许超过 0.1 ~ 0.2 V。电路中电压降的测试方法是将万用表接入有高电阻的电缆线端头，然后运转起动机进行测量。图 3 - 34 所示为一般启动电路可能接触不良点电压降发生处。

将起动机安装在汽车上，在接通启动电路（约 300 A）时，测试线路压降，应符合电压值要求，如图 3 - 35 所示。

图 3 - 36 所示为福特汽车启动电路电压降测试接线图。

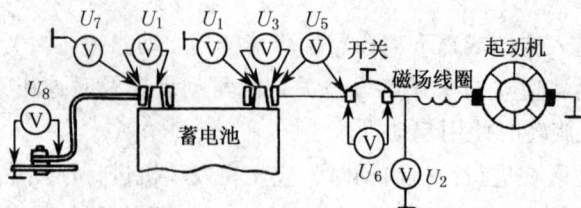

图 3 - 34　启动电路接触不良电压降发生处

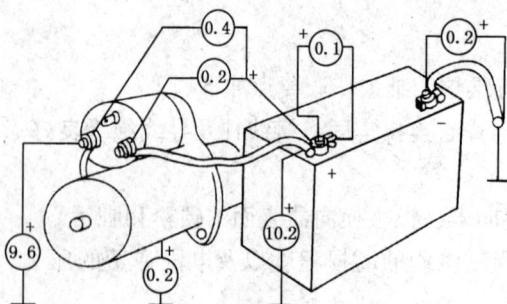

图 3 - 35　启动系线路压降测试　　　　图 3 - 36　福特汽车启动电路电压降测试接线图

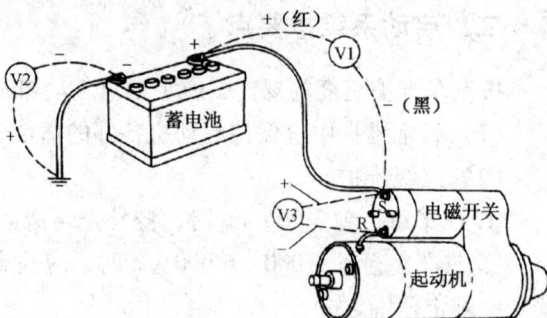

启动电路电压降测试步骤如下。

（1）将万用表的正极接线柱与电缆最接近蓄电池的正极端连接。

（2）将万用表的负极接线柱与所测电缆的另一端连接。如果没有电流流过，则读数为0，因为在没有电流的情况下，两端的电位相同。

（3）运转起动机，万用表的读数应低丁 0.2 V。

（4）评估测试结果。如果电压表的读数为 0，表明电缆电阻几乎为 0，电缆处于良好状态。如果读数超过 0.2 V，就意味着电缆途中电阻过大，应逐段检查是否有接触不良，或者更换电缆。

四、起动机的检修与调整

1. 起动机的检修

（1）电磁开关的检修。

① 触点、接触盘的检查。触点、接触盘平面应清洁，无烧蚀。轻微烧蚀可用细砂纸打磨，严重时可换用新件。

② 吸引线圈检查。对电磁开关进行吸引动作试验：首先将起动机固定在虎钳上；拆下起动机"C"端子上的磁场绕组电缆引线端子，用带夹电缆将起动机"C"端子和电磁开关壳体与蓄电池负极连接，如图 3 - 37 所示；用带夹电缆将起动机"50"端子与蓄电池正极连接时，驱动齿轮应向外移出。如果驱动齿轮不动，说明电磁开关有故障，应予以修理或更换。

③ 保持线圈的检查。在吸引动作试验的基础上，当驱动齿轮在伸出位置时，拆下电磁开关"C"端子上的电缆夹，如图 3 - 38 所示，此时驱动齿轮应保持在伸出位置不动。

如果驱动齿轮复位，说明保持线圈断路，应予检修或更换电磁开关。

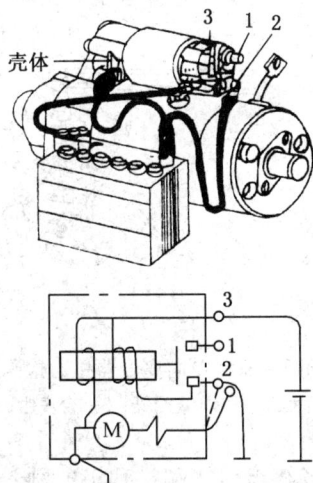

图 3 - 37　吸引线圈的检查
1—电磁开关接蓄电池接线柱（电源端子"30"）；
2—接起动机接线柱（磁场线圈端子"C"）；
3—接启动开关接线柱（接线端子"50"）

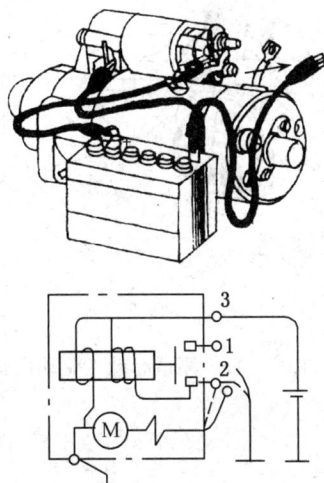

图 3 - 38　保持线圈的检查
1—电磁开关接蓄电池接线柱（电源端子"30"）；
2—接起动机接线柱（磁场线圈端子"C"）；
3—接启动开关接线柱（接线端子"50"）

④ 电磁开关回位弹簧的检查。如图 3 - 39 所示，断开接线柱 3（"50"端子）上的导线，驱动齿轮迅速退回，表明电磁开关回位弹簧良好，否则为弹簧损坏，应予更换。

（2）传动机构的检修。

① 驱动齿轮的检查。如图 3 - 40 所示，用游标卡尺测量驱动齿轮，两相邻的齿总厚度不小于 11.5 mm，齿长应不小于 16 mm，如有缺损、裂痕应更换。

② 检查单向离合器能承受的转矩。如图 3 - 41 所示，将单向离合器夹在虎钳上，用扭力扳手测单向离合器所能承受的转矩，滚柱式单向离合器能承受 25.5 N·m、摩擦片式单向离合器能承受 117～176 N·m 的扭力而不打滑，否则应更换单向离合器。

③ 单向传递力矩作用的检查。如图 3 - 42 所示，一手捏住离合器壳体，另一手转动驱动齿轮，当沿顺时针方向转动驱动齿轮能被锁止时，沿逆时针方向转动齿轮应能灵活自如地转动，否则应予更换新品。

（3）直流电动机的检修。

① 磁场绕组检修。

a. 磁场绕组断路故障可用万用表或 220 V 交流试灯进行检查。其方法如图 3 - 43 所示，

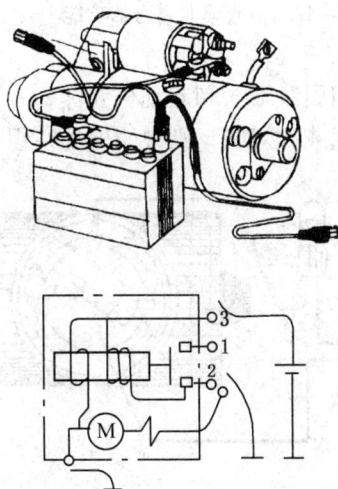

图 3 - 39　电磁开关回位弹簧的检查
1—电磁开关接蓄电池接线柱（电源端子"30"）；
2—接起动机接线柱（磁场线圈端子"C"）；
3—接启动开关接线柱（接线端子"50"）

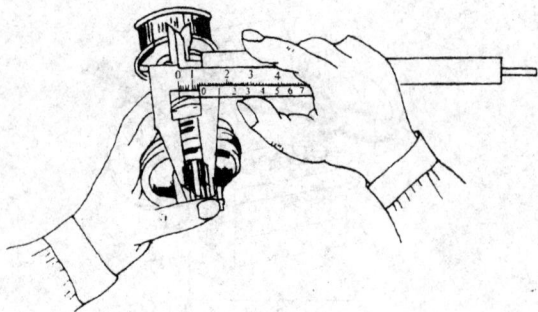

图 3 – 40　测量起动机驱动齿轮

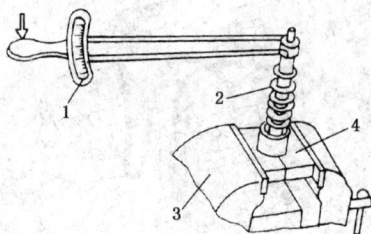

图 3 – 41　单向离合器扭力检测
1—扭力扳手；2—单向离合器；3—台虎钳；4—夹板

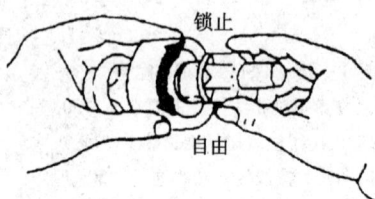

图 3 – 42　检查单向离合器功能

两支表笔分别连接磁场绕组引线端头和正电刷，试灯应该亮或万用表指示阻值应当接近于零。如果试灯不亮或阻值为无穷大，说明磁场绕组断路。

　　断路故障一般都是磁场线圈与电刷引线连接部位焊点松脱或虚焊所致，修理时先用钢丝钳夹紧连接部位，然后用 200 W/220 V 电烙铁将连接点焊牢即可。

　　b. 磁场绕组搭铁故障可用万用表或 220 V 交流试灯进行检查。方法如图 3 – 44 所示，两支表笔分别连接磁场绕组引线端头和起动机壳体，万用表应不导通，即阻值应为无穷大或试灯不亮。如果万用表导通或试灯亮，则说明磁场绕组绝缘损坏而搭铁，需更换新件。

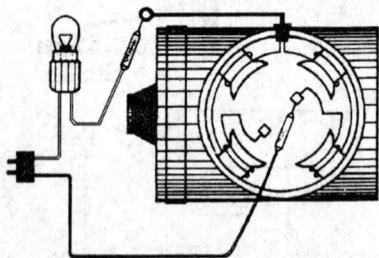

图 3 – 43　检查磁场绕组断路

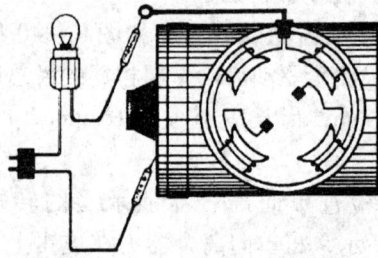

图 3 – 44　检查磁场绕组搭铁

　　c. 检查磁场绕组短路可用图 3 – 45 所示方法进行。当开关接通时（通电时间不超过5 s），用螺丝刀检查每个磁极的电磁吸引力是否相同。如某一磁极吸力过小，说明该磁极上的磁场线圈匝间短路，应更换起动机。

　　② 电枢绕组检修。

　　a. 断路故障。起动机电枢绕组采用截面积较大的矩形导线绕制，因此一般不会发生断路故障。如有断路故障发生，通过外观检查即可判断。可用 200 W/220 V 电烙铁焊接修复。

　　b. 搭铁故障。可用万用表或 220 V 交流试灯进行检查。方法如图 3 – 46 所示，两支表笔分别连接电枢铁芯与换向器，万用表应不通（试灯应不亮）。反之，说明电枢绕组搭铁，应更换电枢总成。

c. 匝间短路故障。电枢绕组流过电流较大，当绝缘层烧坏时就会导致匝间短路。除此之外，当电刷磨损的铜粉将换向片间的凹槽连通时，也会导致绕组短路。电枢绕组短路故障只能利用电枢检验仪进行检查，方法如图3-47所示。

当测试仪通电后将钢片置于电枢铁芯上，并一边转动电枢一边移动钢片。当钢片在某一部位产生振动时，说明该处电枢绕组短路，应更换电枢。

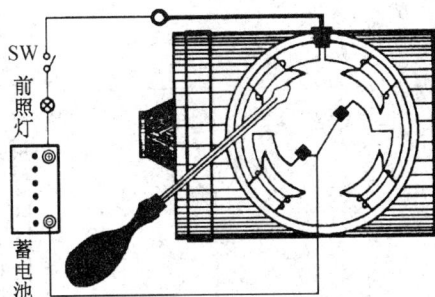

图3-45 检查磁场绕组短路

d. 电枢轴变曲度的检查。起动机的电枢轴较长，如果发生弯曲，电枢旋转时就会出现"扫堂"现象。检测方法如图3-48所示，其摆差应不大于0.15 mm，否则应予校直或更换电枢总成。

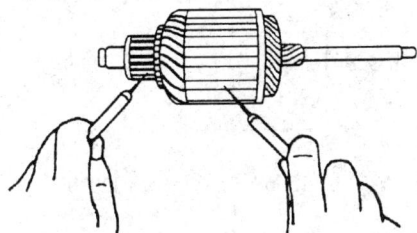

图3-46 电枢绕组搭铁的检查

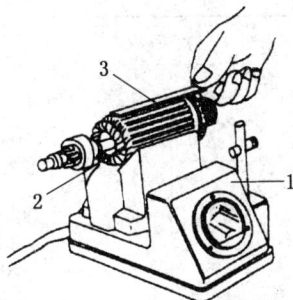

图3-47 电枢绕组短路检查
1—电枢感应仪；2—电枢；3—钢片

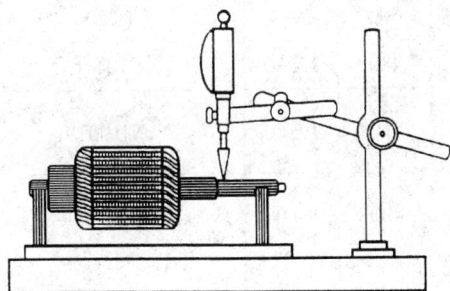

图3-48 检查电枢轴的弯曲度

2. 起动机的性能检测

（1）空载性能试验。空载试验又称为空转试验，根据中华人民共和国汽车行业标准QC/T 29064—1992《汽车用起动机技术条件》规定，起动机的空载性能试验应在专用试验台上进行，试验电路如图3-49所示。试验之前，先将蓄电池充足电。

试验时接通开关S，待电动机运转稳定后，测量起动机消耗的电流、电压和转速等指标应当符合标准规定，常用起动机的空载性能参数见表3-4。

汽车起动机一般都设装在发动机侧面，将其安装到汽车上操作十分不便。为了检查起动机维修质量和减少维修工作量，修复后的起动机可固定在虎钳上，按图3-50所示连接线路进行简易的空载性能试验，主要目的是检查起动机有无机械故障。试验之前先将蓄电池充足电，试验方法如下。

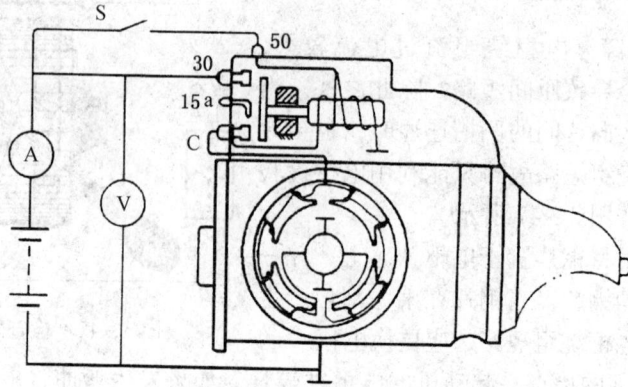

图 3-49 起动机试验电路

表 3-4 常用起动机性能参数

起动机型号	额定参数		空转试验		制动试验			适用车型
	电压 /V	功率 /kW	电流≤ /A	转速 > /min	电压 /V	电流≤ /A	转矩 >/ (N·m)	
QD121 QD1255 QD1277	12	1.1	100	5 000	8	525	15.68	BJ2020
QD124 QD1211 QD1212	12	2.0	95	5 000	8	650	29.4	EQ1090
QD1215 QD124A	12	2.0	90	5 500	8	600	25.49	CA1091
QD122C	12	1.47	75	4 700	8	600	29.4	EQ2100
QD1238A	12	1.1	75	7 500	8	480	12.70	NJ1041C
QD251A QD251B	24	3.7	70	5 200	10	560	19.60	NJ1061
QD1225 QD1229	12	0.95	110	5 000	8	480	13.00	桑塔纳
DW1.4 QD1237 QDY124	12	1.4	75	2 900	9.6	160	—	切诺基
QD251	24	3.5	90	6 000	9	900	34.30	NJ1061D
KB24	24	4.78	95	3 900	8	1 430	110	奔驰 2026
QD2745	24	5.4	80	5 500	12	1 450	78.4	斯泰尔系列
QDY1206	12	1.1	永磁式减速型起动机					上海桑塔纳（2VQS）
QDY1211	12	1.1	永磁式减速型起动机					帕萨特
QDY1216	12	1.4	永磁式减速型起动机					一汽大众 AudiA6

续表

起动机型号	额定参数		空转试验		制动试验			适用车型
	电压/V	功率/kW	电流≤/A	转速>/min	电压≤/V	电流≤/A	转矩>/(N·m)	
QDY1218 DQY1218A	12	1.1	永磁式减速型起动机					一汽大众 BoraA4
QDY1237D	12	1.4	永磁式减速型起动机					一汽大众捷达
QDY1208	12	1.1	永磁式减速型起动机					二汽富康轿车
QDY1245	12	1.3	永磁式起动机					猎豹
QDJ1302	12	2.4	减速型起动机					南京依维柯 2.8 L

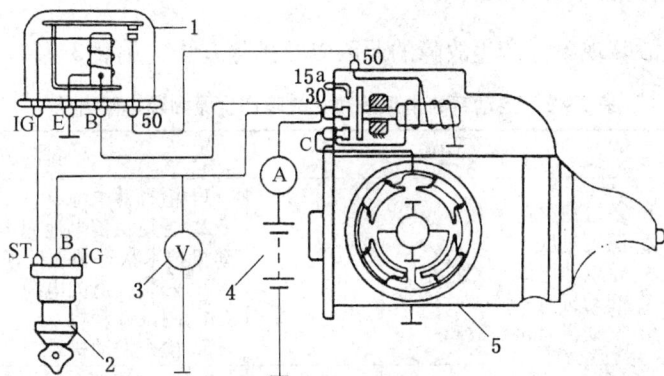

图 3 - 50 起动机简易试验线路
1—启动继电器；2—点火开关；3—电压表；4—蓄电池；5—起动机

① 将磁场线圈引线电缆连接到电磁开关"C"端子上；

② 用带夹电缆将蓄电池负极与电磁开关壳体连接，将量程为 0～100 A 以上的直流电流表连接在蓄电池正极与电磁开关的"30"端子之间；

③ 将点火开关拨到启动挡位置，待电机运转平稳后，测量电流、电压和转速等各项指标应当符合标准规定，常用起动机的空载性能参数见表 3 - 4。将测得参数与标准值进行比较，判断起动机有无故障。

若电流大、转速低，说明起动机装配过紧使摩擦阻力矩过大或有电气故障。机械故障原因有：轴承（或铜套）磨损过多使电枢轴与轴承不同心、电枢轴弯曲使电枢与磁极发生摩擦等。导致电流大、转速低的电气故障原因有：磁场绕组、电枢绕组匝间短路或搭铁。

若电流和转速均低于标准值，则说明电动机电路接触不良或电源电力不足。如果蓄电池存电充足，则故障原因是：电刷与换向器接触不良或电刷弹簧压力不足等。

（2）制动性能试验。制动试验又称为扭矩试验，是一种锁止起动机驱动齿轮，接通电枢电流使其输出转矩的试验。根据中华人民共和国汽车行业标准 QC/T 29064—1992《汽车用起动机技术条件》规定，起动机的制动性能试验应在专用试验台上进行，试验电路如前述图3－49所示。

试验之前，先将蓄电池充足电。试验时，将起动机固定在专用试验台上，给驱动齿轮加上负载，接通开关S，测量电源电压、起动机电流和输出转矩等指标应当符合标准规定，常用起动机制动性能参数见表3－4。由于起动机工作电流较大，因此制动试验应在2～5 s内完成，以防烧坏线圈。

起动机在使用过程中，进行制动性能试验的主要目的是检查起动机有无电气故障。如果制动转矩小、电流大，说明磁场绕组或电枢绕组有匝间短路或搭铁故障，导致产生转矩的有效线圈减少。

如果转矩和电流都小于标准值，说明主电路接触不良，如电刷与换向器接触不良或电刷弹簧压力不足等。

如果在驱动齿轮锁止的情况下电枢轴仍能缓慢转动，则说明单向离合器打滑。

五、启动系的常见故障及排除

启动系的常见故障现象、产生故障的原因以及排除方法，见表3－5。

表3－5　启动系的常见故障、故障产生原因及排除方法

现　象	原　因	排除方法
起动机运转缓慢，发动机不能启动	1. 蓄电池存电不足 2. 温度过底 3. 蓄电池电缆尺寸过小 4. 起动机有故障 5. 发动机有机械故障	1. 检查蓄电池 2. 必须将蓄电池充电，发动机线路和起动机技术状态必须良好 3. 安装合适的电缆 4. 测试起动机 5. 检查发动机
电磁线圈拉杆振动	1. 蓄电池存电不足，极柱锈蚀或松动 2. 电磁线圈控制绕组断路	1. 蓄电池充电，清洁和紧固极柱 2. 更换电磁线圈
启动后，主动齿轮分离过慢	1. 电磁线圈拉杆卡住 2. 超速离合器卡在电枢轴上 3. 超速离合器有故障 4. 拨叉回位弹簧弱 5. 飞轮和主动齿轮之间的间隙过小	1. 清洁和分离拉杆 2. 清洁电枢轴和离合器轴套 3. 更换离合器 4. 安装新弹簧 5. 调整起动机和飞轮间隙
起动机转动，但发动机仍不能启动	1. 主动齿轮没有啮合 2. 主动齿轮滑脱	1. 调整起动机和飞轮间隙 2. 更换传动机构
起动机不转，灯光保持明亮	1. 开关电路断路 2. 起动机有故障 3. 控制电路断路 4. 蓄电池接头电阻过大	1. 检查开关触点和接头 2. 检查换向器、电刷和接头 3. 检查电磁线圈、开关和接头 4. 清洁和紧定极柱接头
起动机不转，灯光明显变暗	1. 蓄电池有故障 2. 温度过低 3. 主动齿轮发卡 4. 电枢发卡 5. 起动机短路 6. 发动机有故障	1. 检修或更换蓄电池 2. 检查线路和蓄电池 3. 起动机和飞轮间隙不当；分离主动齿轮，检查牙齿 4. 轴弯曲，电极松动 5. 修理和更换 6. 检查发动机是否缺少润滑油和有无机械故障

续表

现　　象	原　　因	排除方法
起动机不转，灯光稍暗	1. 蓄电池极柱松动或锈蚀 2. 主动齿轮不能啮合 3. 电磁线圈能使齿轮啮合，但不能启动起动机电阻过大或断路	1. 拆下清洁，重新安装 2. 清洁传动机构和电枢轴，更换损坏的部件 3. 清洁换向器，更换电刷，修理损坏的接头
起动机不转，灯光熄灭	蓄电池或其他部位连接不良	清洁线夹和极柱，紧定线夹
起动机不转，灯光不亮	1. 电路断路 2. 蓄电池有故障	1. 清洁和紧定接头，更换导线 2. 补充充电和修理蓄电池

测 试 题

一、判断题

1. 直流串励式起动机的转矩特性是转矩与电枢电流的平方成正比。　　　（　　）

2. 起动机在主电路接通后，保持线圈被短路。　　　（　　）

3. 启动中，起动机电磁开关中的吸引线圈不工作。　　　（　　）

4. 进行空载试验能观察单向离合器是否打滑。　　　（　　）

5. 由于采用减速装置，所以起动机可以采用高转速电动机。　　　（　　）

6. 由于采用启动保护继电器，所以不需要单向离合器。　　　（　　）

7. 启动保护继电器的触点为常闭触点。　　　（　　）

8. 汽油发动机在启动时的转速通常为 50~70 r/min，柴油发动机为 100~200 r/min。　　　（　　）

9. 每次接通起动机的时间不得超过 5 s。　　　（　　）

10. 某起动机的转速为 750 r/min 时，发动机的转速为 50 r/min，其传动比为 14。　　　（　　）

二、单项选择题

1. 直流串励式起动机在空载时，电流最小，转速达到最大值，功率为_____。
   A. 最大值　　　B. 额定功率　　　C. 最大功率　　　D. 零

2. 启动发动机时，应挂入_____或踩下离合器。
   A. 空挡　　　B. 1 挡　　　C. 2 挡　　　D. 倒挡

3. 由于采用减速装置，所以可以增大驱动齿轮的_____。
   A. 转速　　　B. 转矩　　　C. 功率　　　D. 效率

4. 永磁式起动机是将_____用永久磁铁取代。
   A. 电枢绕组　　　B. 励磁绕组　　　C. 吸引线圈　　　D. 保持线圈

5. 滚柱式单向离合器的制动扭矩应为_____。
   A. 15 N·m　　　B. 20 N·m　　　C. 25.5 N·m　　　D. 30 N·m

6. 做起动机全制动试验的时间不允许超过_____。
   A. 0.05 s　　　B. 0.5 s　　　C. 1.5 s　　　D. 2~5 s

7. 起动机运转无力，蓄电池方面可能是_____故障。

    A. 通气孔堵塞   B. 极桩接头接触不良   C. 联条烧断   D. 电解液液面过低

8. 起动机不转的原因可能是_____。

    A. 单向离合器打滑   B. 启动继电器触点烧蚀

    C. 启动电路有断路处   D. 启动主电路开关闭合过早

9. 发动机启动时启动电流经过_____进入起动机。

    A. 点火开关   B. 启动继电器

    C. 吸引线圈   D. 电磁操纵开关内的接触盘

10. 起动机电刷的高度一般不得小于_____。

    A. 4~6 mm   B. 7~10 mm   C. 11~12 mm   D. 13 mm

第四章

汽车点火系统

⦿ **学习目标**

通过本章的学习，重点掌握无触点电子点火系统的组成及工作原理；掌握点火系统的结构、正确使用方法、元器件的检测以及点火系统故障检测诊断与排除；理解掌握传统点火系统的组成及工作原理；了解微机控制的点火系统的组成及控制方法。

汽车发动机的工作循环是由吸气、压缩、做功与排气四个行程组成。柴油机用压缩着火，汽油机均采用电火花点火。柴油机压缩行程末期，汽缸内压缩空气的温度已经超过柴油的燃点，从喷油嘴喷出的雾状柴油遇到热空气即可立即燃烧，因此，无需设置点火装置。汽油的燃点较高，必须用明火点燃，汽缸内的汽油混合气是用高压电火花点燃的。

电火花点火是通过一整套电器设备和机件，在相互配合下，将汽车的低压电变为高压电，利用装在汽缸燃烧室内的火花塞间隙放电，产生电火花，将可燃混合气点燃做功，并能按发动机工作的要求而自动调节点火时间，使点火可靠、准确。

点火系统按结构型式分为触点式点火系统、电子点火系统和微机控制的点火系统三种类型。

触点式点火系统是在 1908 年由美国人凯特林（Cartline）研制开发，首先于 1910 年用在凯迪拉克（Cadillac）汽车上。长期以来，汽车上一直采用触点式点火系统，因此又称为传统点火系统或蓄电池点火系统。1990 年以前，我国生产的汽车上广泛应用的还是传统点火系统，目前传统点火系统已趋淘汰，现代汽车普遍采用电子点火系统和微机控制点火系统。

第一节　对点火系统的要求

点火系统应在发动机各种不同工况和使用条件下，均能保证可靠而准确地点燃混合气。为此，点火装置必须满足以下三个要求。

一、能产生足以击穿火花塞电极间隙的高电压

实践证明，汽车发动机在满负荷低速时需 8～10 kV 的高电压，启动时则常需 9～17 kV

的高电压，正常点火一般均在 15 kV 以上。为了保证点火可靠，考虑各种不利因素的影响，点火高电压必须有一定的储备量，所以传统点火装置产生的电压均在 15 ~ 20 kV，电子点火系统可达 20 ~ 30 kV，而且高电压的升值要快。火花塞电极之间产生火花的电压通常称为击穿电压。

二、电火花应具有足够的能量

电火花应有足够的点火能量，能在各种不同的使用条件下点燃混合气。发动机正常工作时，由于混合气压缩终了的温度已接近其自燃温度，因此所需的火花能量仅 1 ~ 5 mJ 即可。传统点火系统能发出 15 ~ 50 mJ 的火花能量，足以点燃混合气。在发动机启动、怠速以及节气门突然急剧打开时需较高的火花能量。为了保证可靠点火，一般应保证有 50 ~ 80 mJ 的点火能量，启动时应大于 100 mJ 的火花能量，而且电火花还应有一定的火花持续时间，通常不少于 500 μs。

三、点火时间应与发动机的工作情况相适应

点火时刻对发动机工作性能的影响较大。首先，点火系统应按发动机的工作顺序进行点火。一般四缸发动机的点火次序为 1—3—2—4，六缸发动机为 1—5—3—6—2—4，一般应以制造厂家提供的技术数据为准。其次，必须在最有利的时间进行点火。

因为混合气在发动机的汽缸内从开始点火到完全燃烧需要一定的时间（千分之几秒），所以要使发动机产生最大的功率，就不能在压缩行程终了活塞行至止点才点火，而是需要适当提前一些。

因为发动机汽缸的多少，负荷的大小，转速的变化，燃油品质的不同，即是同一发动机由于工况和使用条件的不同等，都直接影响汽缸内混合气的点火时间，为了使发动机能发出最大的功率，点火装置必须适应上述情况的变化实现最佳点火。

第二节　传统点火系统

传统点火系统主要由电源、点火开关、点火线圈、分电器、火花塞等组成，如图 4 - 1 所示。

（1）电源。电源为蓄电池和发电机，供给点火系统所需电能，标称电压一般是 12 V。

（2）点火开关。点火开关的作用是接通或断开点火系统初级电路。

（3）点火线圈。点火线圈即变压器，其功用是将蓄电池 12 V 的低压电变为 15 ~ 20 kV 的高压电。

（4）分电器。分电器的功用是接通和切断低压电路，使点火线圈及时产生高压电，按发动机各汽缸的点火顺序送至火花塞；同时可调整点火时间。

（5）电容器。减小断电器触点的火花，防止触点烧蚀，延长其使用寿命，同时加速点火线圈中磁通的变化速率，提高点火高电压。

（6）火花塞。其功用是将高压电引入燃烧室产生电火花，点燃混合气。

（7）高压导线。用以连接点火线圈至分电器中心电极和分电器旁电极至各缸火花塞。

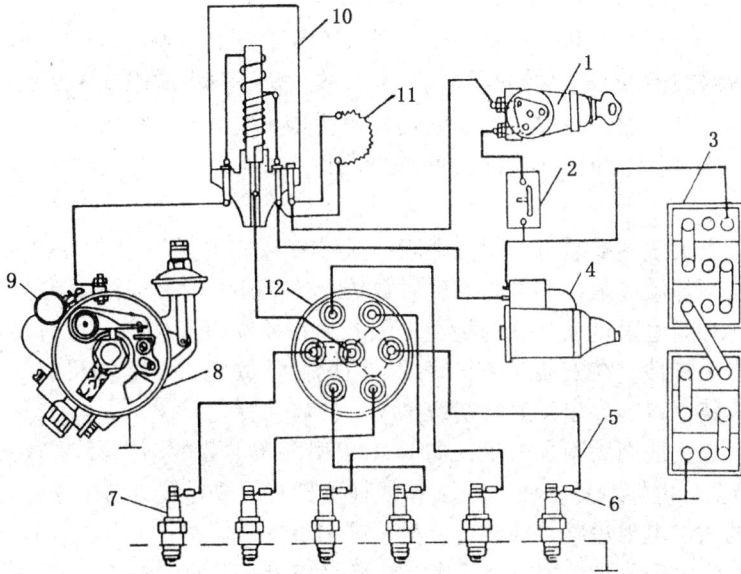

图 4-1 传统点火系统的组成

1—点火开关；2—电流表；3—蓄电池；4—起动机；5—高压导线；6—阻尼电阻；

7—火花塞；8—断电器；9—电容器；10—点火线圈；11—附加电阻；12—配电器

一、传统点火系统主要零部件的构造

（一）点火线圈

1. 传统点火线圈

点火线圈是利用电磁互感原理制成的。其结构主要由硅钢片叠成的铁芯及铁芯上的初级线圈和次级线圈、壳体及其外的附加电阻等组成。点火线圈有两接线柱式和三接线柱式之分，其内部结构分别如图 4-2 所示。

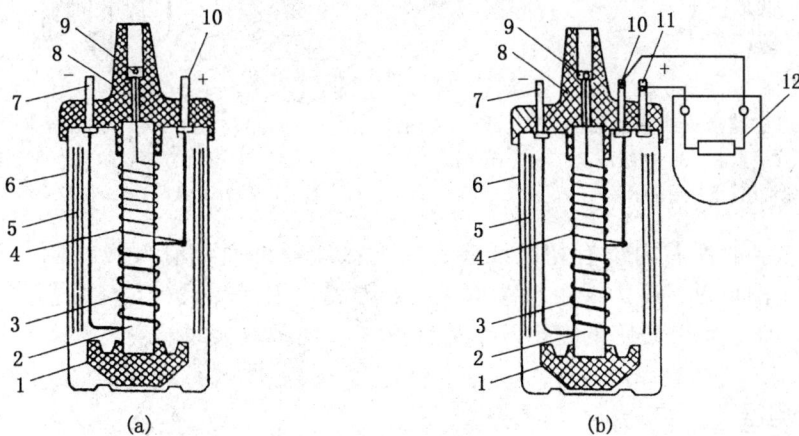

图 4-2 点火线圈

（a）二接线柱式；（b）三接线柱式

1—瓷杯；2—铁芯；3—初级绕组；4—次级绕组；5—钢片；6—外壳；7—"-"接线柱；8—胶木盖；

9—高压接线柱；10—"+"或"开关"接线柱；11—"+开关"接线柱；12—附加电阻

初级线圈的导线较粗，直径为 0.5 ~ 1.0 mm，圈数较少，为 230 ~ 370 匝漆包线。次级线圈的导线较细，直径为 0.06 ~ 0.10 mm，圈数较多，为 11 000 ~ 26 000 匝漆包线。初级线圈的一个头与次级线圈的一头共同连接。为利于散热，一般将初级线圈绕制在次级线圈的外部。初级线圈与外壳之间夹有数层导磁硅钢片和铁芯一起组成磁路。

在点火线圈内部的空腔里，充满沥青或绝缘油，以保障铁芯和线圈之间绝缘和防止潮气侵入。

三接线柱式点火线圈上装有一附加电阻，接在标有"开关"和"+开关"的两接线柱上。附加电阻又称热敏电阻，用电阻温度系数较大的低碳钢丝或镍铬丝制成，具有受热时电阻迅速增大，冷却时电阻迅速降低的特性，因此，在发动机工作时，可自动调节初级电流，改善高速时的点火特性。在安装时应将附加电阻的两接线柱接至起动机的辅助开关触点上，在启动时将其短路，以提高启动时的初级电流，使启动容易。

二接线柱式点火线圈无附加电阻，如 EQ140 型汽车上装的 DQ125 型点火线圈即是。其"-"接线柱接至分电器触点，而"+"接线柱上接有两根导线，其中一根蓝色导线接至起动机电磁开关的附加电阻短路接线柱上，另一根白色导线接至点火开关。这根白色导线就是附加电阻线，阻值为 1.7 Ω，相当于三接线柱点火线圈的附加电阻。

传统点火线圈的磁路如图 4 – 3 所示。从图中可见，磁路的上、下部分是从空气中通过的，因此漏磁较多。这种点火线圈称为开磁路点火线圈。

2. 闭磁路点火线圈

闭磁路点火线圈早在 1973 年就在国外投入试用，现正在推广之中。它与开磁路点火线圈不同，其结构如图 4 – 4 所示。

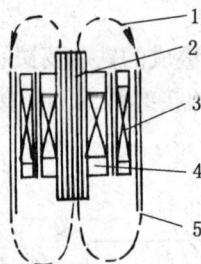

图 4 – 3　开磁路点火线圈的磁路
1—磁力线；2—铁芯；3—初级绕组；
4—次级绕组；5—导磁钢片

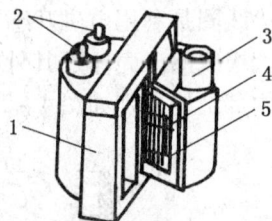

图 4 – 4　闭磁路点火线圈
1—"日"字形铁芯；2—初级绕组接线柱；
3—高压接线柱；4—初级绕组；5—次级绕组

在"日"字形铁芯内绕有初级线圈，在初级线圈外面绕有次级线圈。其磁路如图 4 – 5 所示。由图可见，磁力线由铁芯构成闭合磁路，因而漏磁少，能量损失小。能量转换效率约为 75%，而开磁路的变换效率只有 60%。两种点火线圈变换效率比较如图 4 – 6 所示。

（二）分电器

分电器由断电器、配电器、电容器和点火提前机构等组成，如图 4 – 7 所示。分电器是点火系统中结构最复杂、功能最多的一个设备。它的壳体 9 由铸铁制成，下部压有石墨青铜衬套，分电器轴装在机油泵的顶端，利用速比为 1:1 的螺旋齿轮由凸轮轴经机油泵轴驱动。轴在衬套内旋转，用油杯 7 进行润滑。

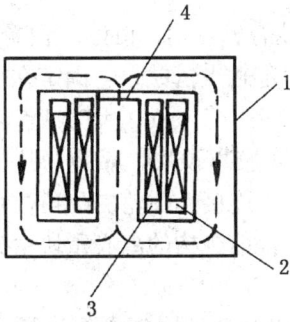

图 4 - 5　闭磁路点火线圈的磁路
1—"日"字形铁芯；2—次级绕组；
3—初级绕组；4—空气隙

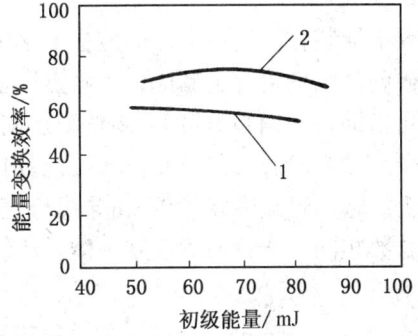

图 4 - 6　两种点火线圈变换效率的比较
1—开磁路线圈；2—闭磁路线圈

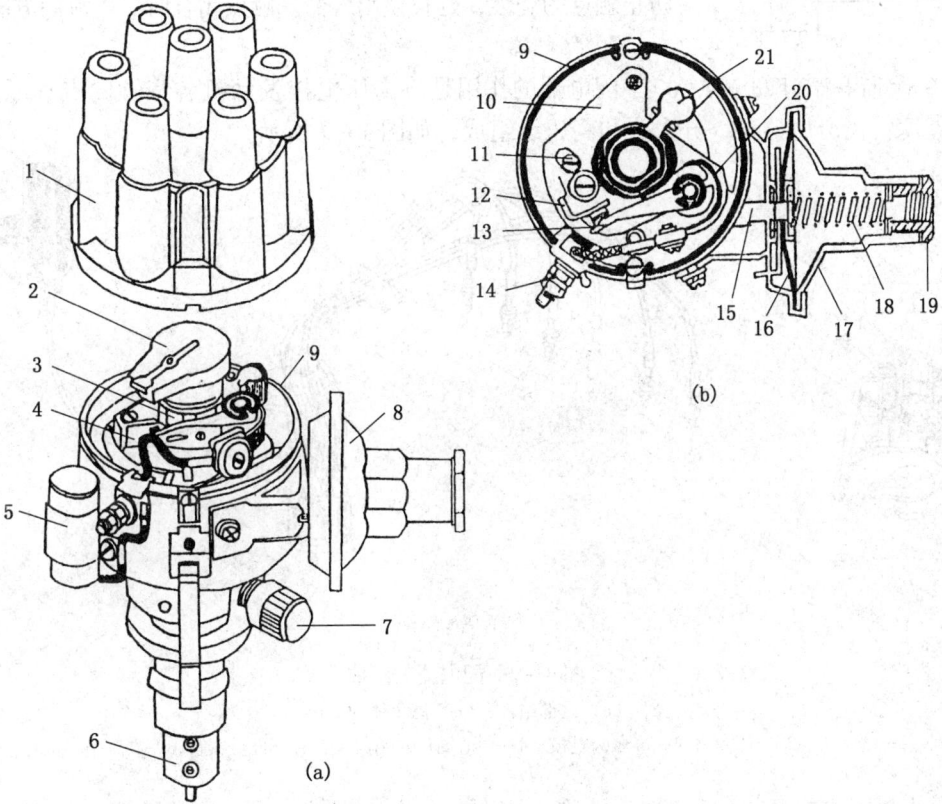

(a)

(b)

图 4 - 7　FD632 型分电器
（a）整体结构；（b）内部结构
1—分电器盖；2—分火头；3—凸轮；4—触点及断电器底板总成；5—电容器；6—联轴节；7—油杯；
8—真空提前机构；9—分电器壳体；10—活动底板；11—偏心螺钉；12—固定触点与支架；
13—活动触点臂；14—接线柱；15—拉杆；16—膜片；17—真空提前机构外壳；
18—弹簧；19—螺母；20—触点臂弹簧片；21—油毡及夹圈

1. 断电器

断电器装在固定板上，固定板上又装有活动板 10，其上装有触点副，俗称"白金"。它由坚硬耐高温的钨合金制成，一触点固定，另一触点活动。固定触点搭铁，它固定在活动板上，可借助转动偏心螺钉 11 调整触点间隙。触点间隙为 0.35 ~ 0.45 mm。活动触点固定在触点臂 13 的一端，另一端有孔，套在销钉上。臂中部连有夹布胶木顶块，靠弹簧片压紧在凸轮上。触点臂经弹簧片 20 和导线与壳体外面的绝缘接线柱 14 连接。凸轮的凸角数和发动机汽缸数相同。凸轮与拨板制一体，活装在分电器轴上，离心提前机构的离心重块由分电器轴驱动。

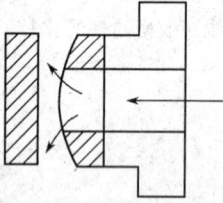

近年来对断电器触点的性能和寿命各国都在探索研究，制造出了比较先进的自洁式触点、通风式触点（俗称"空心白金）等。图 4-8 即为通风式触点。通风式触点主要是利用断开电流时产生的气流（如图中箭头所示），提高灭弧和冷却的作用，有效防止触点的烧蚀，延长使用寿命。触点闭合时，气流的方向相反。

2. 配电器

图 4-8 断电器通风式触点

配电器的作用是将高压电按发动机各汽缸的点火顺序配送至火花塞。由分电器盖、分火头和高压线组成，如图 4-9 所示。

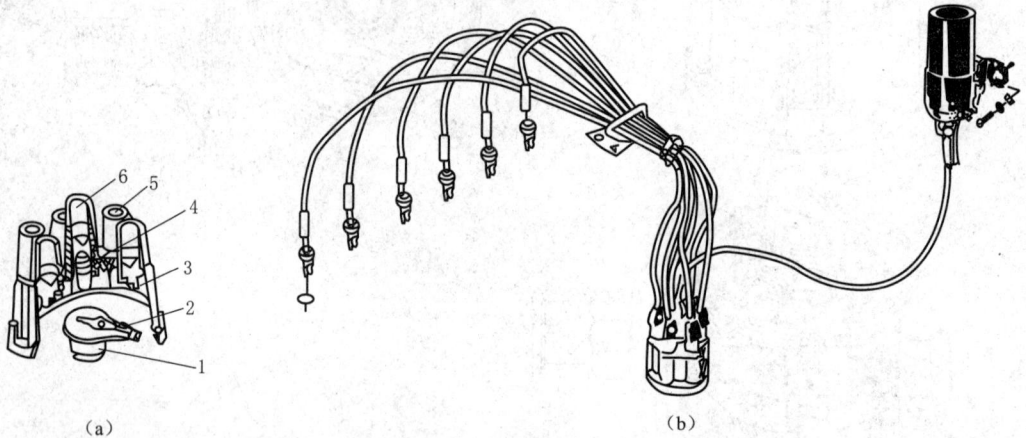

图 4-9 配电器的组成

(a) 内部组件；(b) 高压线的插接

1—分火头；2—导电片；3—高压旁电极；4—中心高压炭精触头；5—分电器盖；6—高压中心插孔

分火头插装在凸轮的顶端，和凸轮一起转动。分电器盖上有与发动机汽缸数相等的旁电极，分火头的顶端铆有铜质导电片，其导电片端部与旁电极有 0.2 ~ 0.8 mm 的间隙。高压电自导电片跳至与其相对的旁电极，再经高压分线送至火花塞。

3. 电容器

电容器用固定夹和螺钉拧装于分电器壳体的外面，与断电器触点并联。汽车点火系用电容器为纸介质固定式，其构造如图 4-10 所示。

电容器工作时要承受触点打开时初级线圈产生的 200 ~ 300 V 自感电动势，因此要求其耐压 500 V。其容量应为 0.15 ~ 0.25 μF。

4. 点火提前机构

（1）离心点火提前机构。离心提前机构的功能是在发动机转速变化时，自动调节点火提前角。它装在断电器固定板的下面，如图4-11所示。

在分电器轴上固定有托板7，托板为平行四边形钢板，两短对边有重块拉簧支架，它固装在分电器轴的中部，随轴一同旋转。两个重块5分别套在托板的柱销9上，重块另一端由弹簧6拉住。重块可绕销甩动。凸轮和拨板为一整体，套在分电器的上端，其上部凸轮为断电器部分，下部长方形铜质拨板属离心提前机构。板上两端有长形孔，分别套在两离心重块的销上，由离心重块的甩动，可带动拨板连凸轮做相对于分电器轴一定角度的转动。

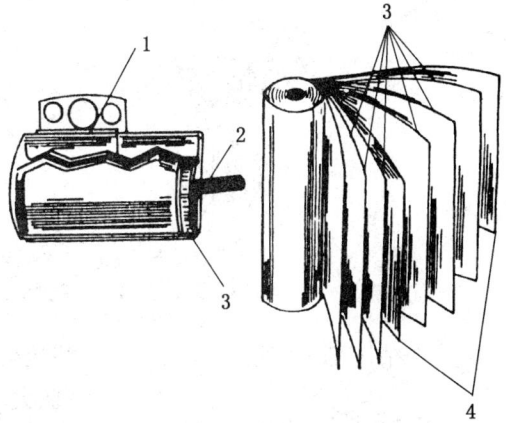

图4-10 电容器结构

1—外壳；2—导线；3—绝缘纸；4—金属箔；5—盖板

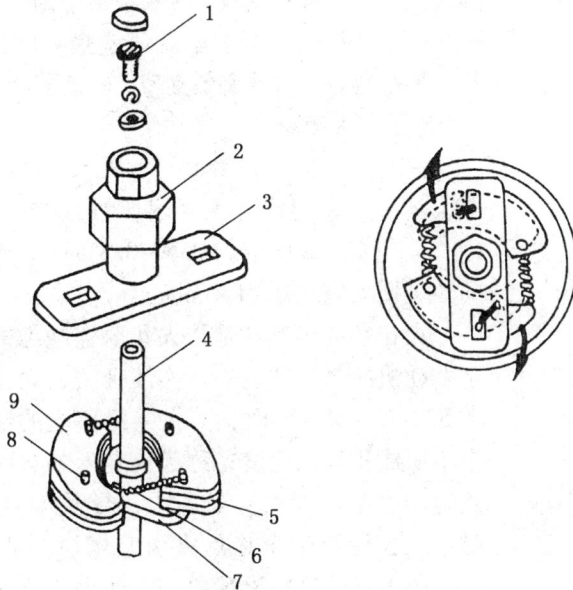

图4-11 离心提前机构

1—凸轮固定螺钉及垫圈；2—凸轮；3—拨板；4—分电器轴；5—重块；6—弹簧；7—托板；8—销钉；9—柱销

（2）真空点火提前机构。真空点火提前机构的功用是在发动机负荷变化时，自动调节点火提前角。它装在分电器壳体的外侧，其构造如图4-7（b）所示。壳内固定有膜片16，膜片中心的一侧与拉杆固连，另一侧与张力弹簧相连。拉杆15可带动断电器活动板10转动，转动的最大角度由固定板上的长方孔所限制。膜片左方通大气，右方由弹簧18顶住，并用管子与化油器空气道中靠近节气门的小孔相通。

（3）辛烷值选择器。辛烷值选择器安装在分电器外壳的下部。其功用是根据不同牌号的汽油通过人工的调整来改变点火提前角。其结构如图4-12所示。

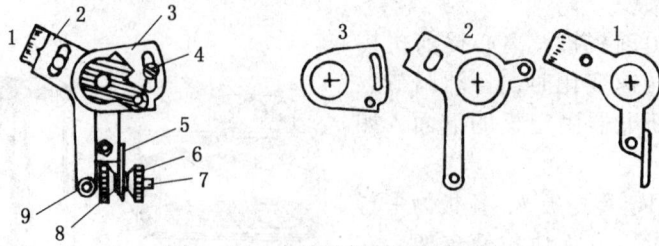

图 4 – 12　辛烷选择器（FD25 型）

1—固定板；2—调节板；3—锁止板；4—定位螺钉；5—调整支架；6, 8—调整螺母；7—螺杆；9—销钉

典型的结构是由固定板、调节板、锁止板以及调节螺杆螺母等部件组成。

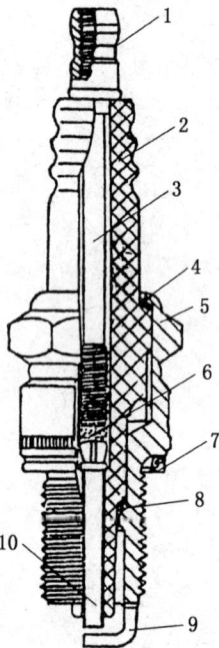

图 4 – 13　火花塞的构造

1—接触头；2—瓷绝缘管；3—金属
杆；4, 8—内密封垫圈；5—壳体；
6—导电玻璃；7—多层密封垫圈；
9—侧电极；10—中心电极

锁止板套装在分电器的下部，有一长弧形定位螺钉孔，用于调整后的定位锁止，还有一个与分电器壳体固装的螺钉孔。调节板套装在锁止板的下面，呈三叉形状，宽叉为箭头，用于指示调整刻度值，还有一个锁止螺钉孔。短叉头上只有一个定位螺丝孔，长叉头部有一销钉孔，与调整螺杆相连。固定板又称刻度板，套装在最下面，并用螺钉固定在发动机缸体上，板的一端有辛烷值调整刻度，还有一个锁止螺丝孔。另一端有角铁状调整支架，安装着调整螺杆和螺母组件。

（三）火花塞

火花塞的构造如图 4 – 13 所示。中心电极用镍铬合金制成，具有良好的耐高温、耐腐蚀性能。导体玻璃起密封作用。火花塞的间隙多为 0.6 ~ 0.8 mm，但当采用电子点火时，间隙可增大至 1.0 ~ 1.2 mm。

火花塞的热特性是指火花塞瓷绝缘管的炽热端将热传导至发动机冷却系的能力。实践证明，火花塞绝缘体裙部保持在 500 ℃ ~ 600 ℃ 时，落在绝缘体上的油滴能立即烧去。这个不形成积炭的温度，称为火花塞的自净温度。低于这个温度时，火花塞因积炭而漏电，导致不点火；高于这个温度时，又容易产生炽热点火引起爆燃，甚至在进气行程中燃烧，产生化油器回火现象。因此火花塞的热特性必须与发动机相适应。

火花塞在点火时的温度分布以及散热途径如图 4 – 14 所示。为使火花塞裙部经常保持在自净温度就要求火花塞吸收的热量与散出的热量达到一定的平衡状态，并在发动机转速和功率正常变化的范围内保持稳定。

火花塞的热特性主要取决于绝缘体裙部的长度。绝缘体裙部长的火花塞，其受热面积大，而传热距离长，散热困难，因此裙部的温度高，称为热型火花塞；反之，称为冷型火花塞，如图 4 – 15 所示。但是，习惯上都是以热值来定型，所谓热值是指瓷绝缘裙部吸热与散热的平衡性能。这样就可将火花塞分为低热值即热型，中热值即中型，高热值即冷型三种火花塞。与此对应，将火花塞下部瓷绝缘体裙部长度为 16 ~ 20 mm 的划为热型，长度在 11 ~

14 mm 者为中型，长度小于 8 mm 则为冷型。瓷绝缘裙部长度的位置如图 4 - 16 所示。

　　火花塞还可按结构特点分类，有标准型（即普通型）、短座型、半导体型、测温型、电阻型、防干扰型、多极型、空气滑动型、屏蔽型、电极缩入型、防水型、绝缘体突出型、细电极型、锥座型和沿面跳火型等。图 4 - 17 为其中的几种结构类型。

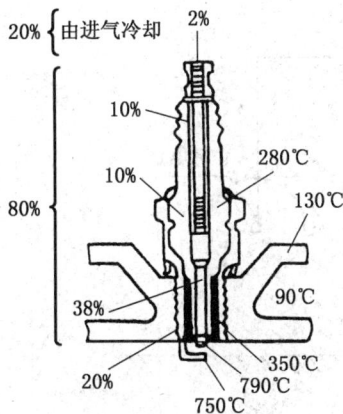

图 4 - 14　火花塞的温度分布及散热

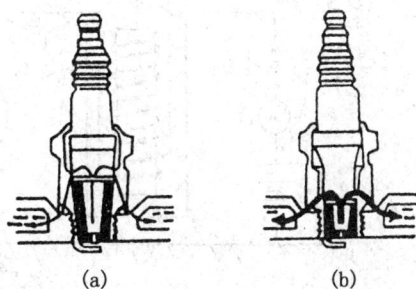

图 4 - 15　热型和冷型火花塞
（a）热型；（b）冷型

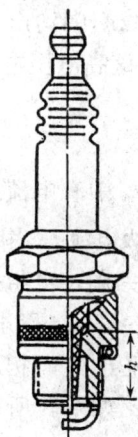

图 4 - 16　瓷绝缘裙部的位置

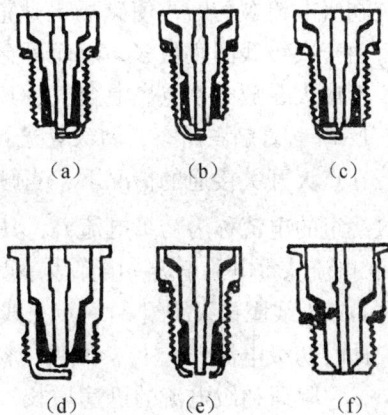

图 4 - 17　几种按结构分类的火花塞
（a）标准型；（b）绝缘体突出型；（c）细电极型；
（d）锥座型；（e）多极型；（f）沿面跳火型

　　选用火花塞的基本原则是：发动机的功率大，压缩比大，转速高，应选用冷型火花塞；反之则选用热型火花塞。通常压缩比为 3 ~ 4 的发动机，宜使用热值为 20 ~ 35 J 的热型火花塞；压缩比为 5.5 ~ 7 的用热值为 145 ~ 200 J 的中型火花塞；压缩比在 7 以上的则多用热值为 200 ~ 250 J 的冷型火花塞。

　　如果火花塞经常发生积炭，证明过于"冷"了，应更换热型火花塞；若在发动机熄火后仍能工作一段时间，并伴有敲击声时，则为过"热"，必须改用冷型火花塞。选型正确的火花塞，在使用中瓷绝缘裙部的表面比较清洁，而且呈淡黄色或浅灰色；否则为脏污的黑色。

二、传统点火系统的工作原理

传统点火系统是利用电磁感应原理，把来自蓄电池或发电机的 12 V 低压电转变为 15 ~ 20 kV 的高压电，并按一定规律送入各缸火花塞，击穿其电极间隙点燃混合气的。其工作原理如图 4 – 18 所示。

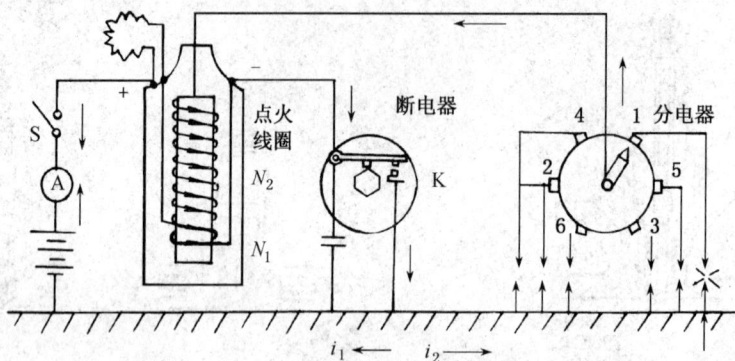

图 4 – 18　传统点火系统的工作原理

发动机工作时，断电器凸轮在配气凸轮轴的驱动下而旋转交替将触点闭合或打开。接通点火开关后，在触点闭合时初级线圈内有电流流过，并在线圈铁芯中形成磁场。触点打开时，初级电流被切断，使磁场迅速消失。此时，在初级线圈和次级线圈中均产生感应电动势。由于次级线圈匝数多，因而可感应出高达 15 ~ 20 kV 的高电压。该高电压击穿火花塞间隙，形成火花放电，点燃混合气，其工作过程可分为三个阶段。

1. 断电器触点闭合，初级电流按指数规律增长

在点火开关接通的情况下，当触点闭合时，点火线圈初级绕组 N_1 中有电流通过，流过初级绕组的电流称为初级电流 i_1，其电路是低压电路（触点闭合，初级电流 i，用图中头线表示）：电流从蓄电池正极→电流表→点火开关→点火线圈 "＋" 接线柱→附加电阻→" － " 接线柱→点火线圈初级绕组 N_1→点火线圈 " － " 接线柱→断电器触点 K→搭铁→蓄电池负极。

此时初级电流 i_1 增长，但由于初级绕组中产生了一个与初级电流 i_1 方向相反的自感电动势，它阻碍初级电流的迅速增长，使初级电流 i_1 按指数规律增长，如下式所示，初级电流 i_1 的变化波形如图 4 – 19（a）所示。

$$i_1 = \frac{U_B}{R}(1 - e^{-\frac{R}{L}t}) \tag{4 – 1}$$

式中　i_1——初级电流；

　　　U_B——蓄电池端电压；

　　　R——初级电路的电阻（包括初级绕组的电阻 R_1 和附加电阻 R_f，即 $R = R_1 + R_f$）；

　　　L——初级绕组的电感；

　　　t——触点闭合所经历的时间。

如果触点不分开，经过一段时间（约 20 ms），初级电流 i_1 将达到最大稳定值。

2. 断电器触点打开，次级绕组产生高电压

当断电器凸轮将触点顶开，初级电路被切断，初级电流 i_1 迅速下降到零，它所形成的

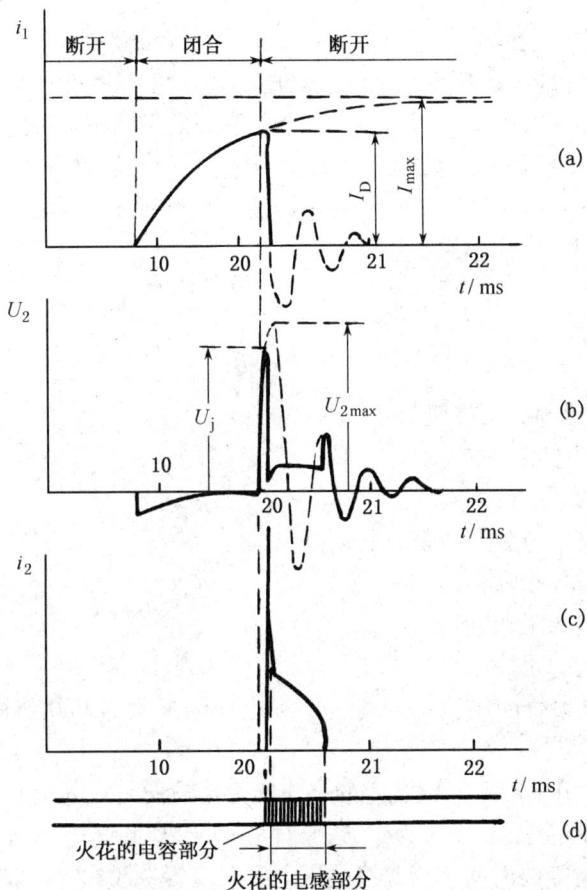

图4-19 传统点火系统工作过程波形图

（a）初级电流的变化；（b）次级电压的变化；（c）次级电流的变化；

（d）放电情况（触点打开后，时间坐标的比例放大10倍）

磁场也迅速消失，在初级绕组和次级绕组中都产生感应电动势。初级绕组匝数少，产生200～300 V的自感电动势，次级绕组由于匝数多，产生的互感电动势高达15～20 kV。断电器触点打开，次级电路接通，次级电路又称高压电路。

高压电路（触点打开，高压电流i_2用图中虚线表示）：次级绕组N_2→接线柱→附加电阻→"＋"接线柱→点火开关→电流表→蓄电池→搭线→火花塞旁电极、中心电极→配电器旁电极→分火头→次级绕组N_2。

配电器分火头每转一周，各缸按点火顺序轮流点火一次。当关闭点火开关，切断初级电流后，即可使发动机停止工作。

初级绕组中产生的自感电动势在触点分开时，将作用在触点之间，并击穿触点间隙形成火花，使初级电流i_1通过触点间的火花放电继续形成通路。初级电流i_1不能迅速断流，就会造成铁芯中磁场的下降速率减小而使次级绕组N_2的互感电动势降低。此外，触点间的火花会很快烧蚀触点，使点火系统不能正常工作。为此，在断电器触点之间并联一个电容C_1，使触点打开瞬间，初级绕组中的自感电动势迅速向电容C_1充电，减小触点火花，提高次级绕组的互感电动势。

同时，次级绕组中产生的互感电动势将向分布在次级电路中的分布电容 C_2 充电。分布电容 C_2 是分布在高压导线与高压导线之间、高压导线与机体之间、火花塞中心电极与侧电极之间的电容，相当于在次级绕组两端并联一个电容。次级电压增长过程中，如果火花塞电极间隙不被击穿，次级电压将达到最大值 U_{2max}，铁芯中积蓄的磁场能，全部转变为 C_1、C_2 的电场能。次级电压达到最大值后，产生衰减振荡，见图 4 – 19（b）中虚线部分。次级电压的最大值 U_{2max} 可用下式表示。

$$U_{2max} = \eta I_P \sqrt{\dfrac{L}{C_1\left(\dfrac{N_1}{N_2}\right)^2 + C_2}} \tag{4 – 2}$$

式中　η——热损失和磁损失，一般为 $0.75 \sim 0.85$；

　　　I_P——初级断电电流；

　　　L——初级绕组的电感；

　　　C_1——初级电路中与触点并联的电容；

　　　C_2——次级电路分布电容；

　　　N_1——初级绕组的匝数；

　　　N_2——次级绕组的匝数。

由上式可知，当点火线圈结构一定时，次级电压的最大值与初级断电电流 I_P 成正比，并随 C_1、C_2 的增大而减小。

另外，次级电压上升的时间对火花塞的工作能力影响极大，电压上升的时间越短，则损失越小，用于点火的能量就越多。为了便于对各种点火系统进行比较，把次级电压从 1.5 kV 上升到 15 kV 所需的时间称为次级电压上升时间，一般约有 120 μs。

3. 火花塞电极间隙被击穿，产生电火花，点燃混合气

通常火花塞的击穿电压 U_1 总低于 U_{2max}，在这种情况下，当次级电压 U_2 达到 U_1 时，就使火花塞电极间隙被击穿而形成电火花，在次级电路中出现 i_2，如图 4 – 19（c）所示。同时次级电压突然下降，如图 4 – 19（b）所示。

火花放电一般由电容放电和电感放电两部分组成。所谓电容放电是指火花塞间隙被击穿时，储存在 C_2 中的电场能迅速释放的过程，其特点是放电时间极短，为 1 μs 左右，但放电电流很大，可达几十安培，如图 4 – 19（d）所示。由于火花是在次级电压达到最大值 U_{2max} 以前发生的，所以电容放电仅消耗线圈磁场能 W_P 的一部分。跳火以后，火花间隙的阻力减小，线圈磁场的其余能量将沿着电离的火花间隙缓慢放电，形成电感放电，又称火花尾，如图4 – 19（d）所示。电感放电的特点是放电时间接续较长达几毫秒，但放电电流较小，约几十毫安，放电电压较低，约 600 V。电感放电持续的时间越长，点火性能越好。

另外需指出，电容放电时，伴随有迅速消失的高频振荡，频率为 $10^6 \sim 10^7$ Hz，它是产生无线电干扰的主要因素，必须加以抑制。

三、传统点火系统的工作特性与影响次级电压的因素

1. 传统点火系统的工作特性

点火系统发生的最大电压随发动机转速变化的关系称为它的工作特性。

由式（4-2）可知，次级电压的最大值 U_{2max} 与初级断电电流 I_P 成正比。当蓄电池电压和点火线圈一定时，I_P 与触点的闭合时间 t_b 有关，而 t_b 又与发动机转速 n、汽缸数 Z 等有关。即

$$t_b = \tau_b \frac{30K}{Zn} \qquad (4-3)$$

式中　n——发动机转速；

　　　　Z——发动机汽缸数；

　　　　K——发动机冲程（二冲程为2，四冲程为4）；

　　　　τ_b——触点相对闭合时间（即触点闭合时间 τ_b 与触点开、闭一次的周期 T 之比）。所以初级断电电流为

$$I_P = \frac{U}{R}(1 - e^{-\frac{R}{L}\tau_b\frac{30K}{Zn}}) \qquad (4-4)$$

故

$$U_{2max} = \frac{U}{R}(1 - e^{-\frac{R}{L}\tau_b\frac{30K}{Zn}})\sqrt{\frac{L}{C_1\left(\frac{N_1}{N_2}\right)^2 + C_2}} \qquad (4-5)$$

从公式（4-5）可知，次级电压的最大值将随发动机转速的升高而降低。这是因为初级电流是按指数规律增长的，当转速升高时，由于触点闭合时间缩短，初级电流来不及上升到较大数值，而使 I_P 减小，U_{2max} 降低。图4-20所示为传统点火系统的工作特性。

次级电压随转速上升而降低的现象，是发动机高速容易断火的原因。如果在图4-20中作一条相当于发动机最不利情况下所需击穿电压的水平虚线，其与特性曲线交

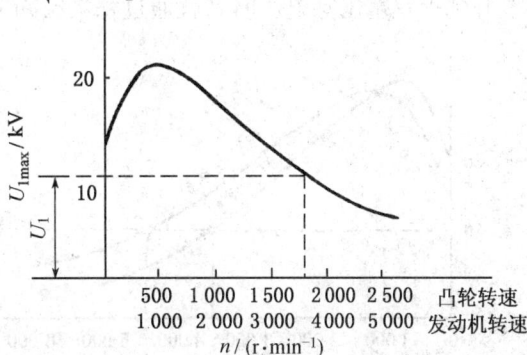

图4-20　传统点火系统的工作特性

点所对应的转速即为发动机的极限转速 n_{max}，超过此转速将不能保证可靠点火。

当转速很低时，虽然初级电流能达到较大数值，但由于触点打开缓慢，触点间会形成火花，损失了一部分电磁能，因而也会使次级电压降低。

2. 影响次级电压的因素

（1）发动机转速与汽缸数的影响。从式（4-5）可知，次级电压的最大值将随发动机转速 n 的升高、汽缸数 Z 的增多，而降低。因发动机的汽缸数增多，凸轮每转一周触点闭合与打开的次数越多，于是触点的闭合时间缩短，导致初级断电电流 I_P 明显减小。如图4-21所示。

图4-22所示为同一点火线圈用于四缸和六缸发动机时，次级电压与转速的关系。

I_P 的减小，直接使次级电压的最大值 U_{2max} 也相应降低。图4-22中虚线为火花塞间隙的最小击穿电压 U_j。直观曲线可知，四缸发动机的可靠点火转速比六缸优越得多。

（2）火花塞积炭的影响。次级电压在火花塞积炭时将显著下降。积炭层的存在，相当

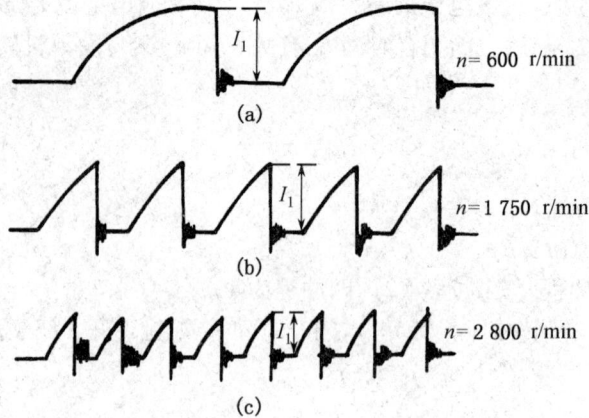

图 4 – 21　发动机转速对 I_P 的影响

(a) 600 r/min 时 I_P 值；(b) 1 750 r/min 时 I_P 值；(c) 2 800 r/min 时 I_P 值

于给火花塞电极间并联一个分路电阻 R；如图 4 – 23 所示，次级电路闭合，在次级电压还未上升到火花塞击穿电压时，就通过积炭层漏电，使次级电压下降，造成点火困难。

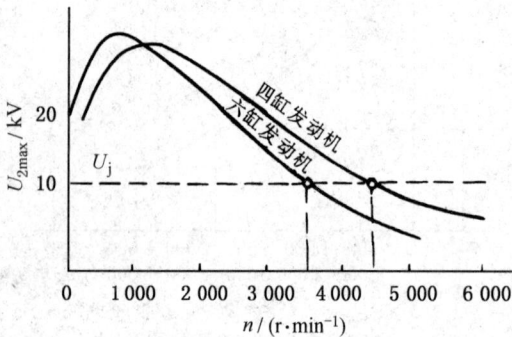

图 4 – 22　缸数不同时次级电压与转速的关系

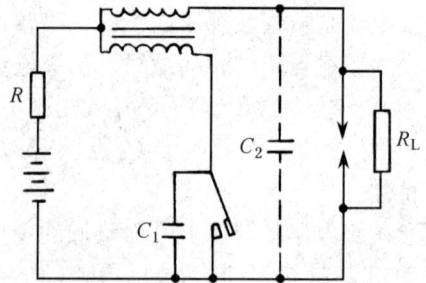

图 4 – 23　火花塞积炭的分路作用

当火花塞被积炭层污染，次级电压过低而不能跳火时，可临时在火花塞与高压线之间保留 3～4 mm 的附加火花间隙，来提高次级电压，使火花塞正常跳火。这种方法称为吊火。只能应急，不能长期使用。

（3）电容器及线路分布电容的影响。由公式（4 – 2）可知，U_{2max} 随电容器的电容量 C_1 和点火线路的分布电容量 C_2 的减小而增高。但实际上不可能减小很多。

理论上当 $C_1 = 0$ 时，U_{2max} 最大，但实际 C_1 不能过小，C_1 过小 U_{2max} 将会降低。这是因为 C_1 过小，触点的火花增强，既容易烧蚀触点又消耗一部分电磁能量，使磁通的变化速度缓慢。必然使次级电压降低。若 C_1 过大，触点的火花虽可减小，但由于充放电周期延长，导致磁场突变速度减慢和回路振荡频率过低，其结果仍然是使次级电压下降，如图 4 – 24 所示。

次级分布电容 C_2 对 U_{2max} 的影响如图 4 – 25 所示，C_2 减小，则 U_{2max} 增大，但受结构限制，C_2 不可能过小。特别是某些汽车为了减小对无线电的干扰，点火装置上装有屏蔽时，C_2 将有所增大。

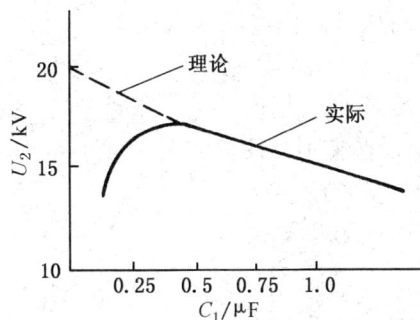

图 4-24　次级电压最大值与 C_1 的关系

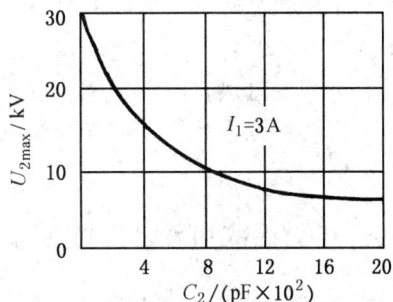

图 4-25　次级电压最大值与次级电容 C_2 的关系

综上所述，在考虑电容器的电容量对次级电压的影响，又兼顾到限制触点不被烧蚀，一般 C_1 选择 $0.15 \sim 0.25\ \mu F$ 为宜，在使用中不要随意变更。为减小 C_2，高压线尽可能设置得短些。

（4）触点间隙的影响。触点间隙的大小是否合适，将影响次级电压，如图 4-26 所示。断电器触点间隙过大，触点将被凸轮过早顶开，使闭合时间明显缩短，即闭合角变小，触点闭合时间 t_b 也减小，因此 I_P 减小，所以 U_{2max} 降低。

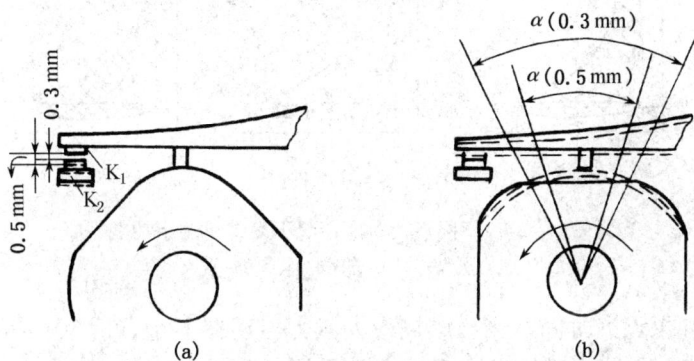

图 4-26　断电器触点闭合角与高电压的关系
(a) 触点打开；(b) 触点闭合
α—闭合角

若断电器触点间隙过小，触点则会延迟顶开，使闭合时间长，闭合角变大。虽说对增大断电电流有利，但由于触点不能明显分离，容易产生火花，而且持续时间也长。这样既损耗了大部分的电磁能，又造成磁通变化率减小，同样使次级电压降低。

触点间隙一般为 $0.35 \sim 0.45\ mm$。触点的技术状况对 U_{2max} 也有影响。如果触点接触不好，表面烧蚀，活动触点的弹簧张力过软等，都会造成 I_P、U_{2max} 下降。

（5）其他因素的影响。影响次级电压的因素还有 N_1 的电感、绕组的匝数比 N_2/N_1、次级电路搭铁极性、点火线圈工作时混合气的温度、混合气成分、汽缸进气压力以及空气温度、湿度等。

如 N_1 的电感增大，次级电压增高，然而电感过大，初级电流变化速率减小，则 U_{2max} 下降。所以电感不宜过大。

提高绕组匝数比 N_2/N_1，可提高 U_{2max}，但必须与高压电路的绝缘性相匹配。N_2/N_1 的值一般为 $55\sim95$。

若点火线圈过热，由于 N_1 的电阻值增大，初级电流减小，从而使 U_{2max} 降低。点火线圈过热的原因有：夏季天气炎热，发动机过热，或因调节器调整不当使发电机电压过高、初级电流增大所致。

四、点火提前角及其影响因素

1. 最佳点火和点火提前角

发动机汽缸内的混合气必须在最有利的时刻进行点火，才能使发动机输出最大的功率和获得最好的经济性。混合气在汽缸内燃烧需要一定的时间，大约为几毫秒，要求在活塞未到上止点以前的某一有利时刻点火，待混合气充分燃烧产生出最大爆发压力时，正好全力推动活塞下行做功，这个有利的提前点火时刻称为最佳点火。

图 4-27 所示为四冲程发动机在不同的点火时间情况下的示功图。图 4-27（a）上方的阴影面积表示气体在工作循环中所做的有效功，图下方较小的阴影面积表示进气和排气的损失。因此发动机所发出的功率与这两个面积的代数和成正比。

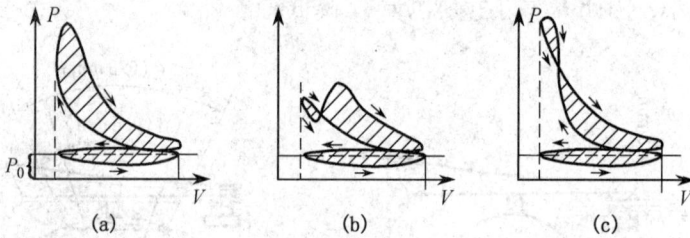

图 4-27　不同点火时间情况下发动机的示功图
（a）正常点火；（b）点火过迟；（c）点火过早

实验证明，如果点火时间适当，燃烧最大压力出现在上止点后 $10°\sim15°$，则示功图上面封闭曲线的面积最大，也就是发动机的功率最大。

如果点火过迟，在活塞到达上止点时才点火，则混合气一面燃烧，活塞一面下行，即燃烧过程在容积增大的情况下进行，同时炽热的气体与汽缸壁接触的面积增加，热传导损失增大，因而转变为有效功的热量相对减小，气体最高压力降低，从而导致发动机过热，功率下降。如图 4-27（b）所示。

如果点火过早，由于混合气的燃烧完全在压缩冲程进行，汽缸内压力急剧升高，在活塞到达上止点之前即达到最大，使活塞受到反冲，阻止活塞继续向上运动，不仅使发动机的功率降低，如图 4-27（c）所示，并有可能引起爆震运动的零件和轴承加速损坏，甚至发动机报废。

因此，发动机应在最有利的时刻点火，点火时刻是用点火提前角来表示的。从火花塞发出电火花开始到活塞到达上止点为止，在这短暂的过程中曲轴所转过的角度称为点火提前角，以 θ 表示。

图 4-28 为解放 CA10B 型汽车发动机在某工况下，发动机功率 Ne 和比油耗 ge 与点火提前角 θ 的关系。

通常把发动机发出功率最大和油耗最小时的点火提前角称为最佳点火提前角。从图可

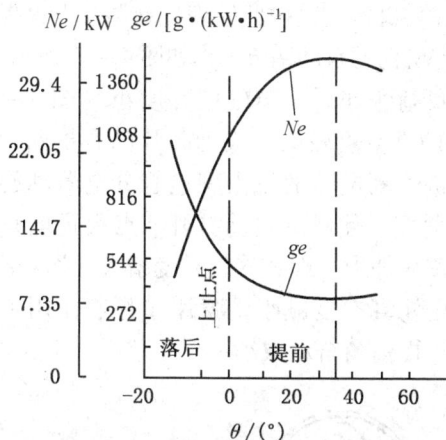

图 4-28 节气门部分打开时，发动机功率和单位燃料消耗量与点火提前角的关系

知，偏离最佳点火提前角的任何一侧，都使发动机的动力性（Ne）和经济性（ge）下降。

2. 影响最佳点火提前角的因素

由内燃机原理知，不同发动机均有不同的最佳点火提前角，而且同一发动机在不同工况和不同使用条件下的最佳点火提前角也不相同。影响最佳点火提前角的因素如下。

（1）发动机转速对点火提前角的影响。发动机的转速越高，最佳点火提前角越大。这是因为转速越高，在同一时间内活塞移动的距离越大，曲轴转角也就加大。如果混合气的燃烧速率不变，则最佳点火提前角应按线性增加。但当转速升高时，混合气的压力温度增高，扰流也增强，使燃烧速度随之加快，因此，最佳点火提前角，应随发动机转速升高而增大，但

不是线性的。

为使最佳点火提前角随发动机转速升高而增大，由分电器中的离心点火提前机构进行点火提前角的自动调节。

离心点火提前机构的自动调节工作如图4-29所示。

点火提前角无需调整时，离心提前机构处于不工作位置，如图 4-29（a）所示，两重块在拉簧的作用下倾向轴心。

当发动机转速增高，两重块在离心力作用下向外甩开，重块上的拨销拨动拨板连凸轮，顺着分电器轴的旋转方向多转动一个角度，使凸轮提前顶开触点，点火提前角增大，转速越高，重块离心力越大，点火提前角越大，如图4-29（b）所示。转速降低时，弹簧将重块拉回，使点火提前角自动减小。

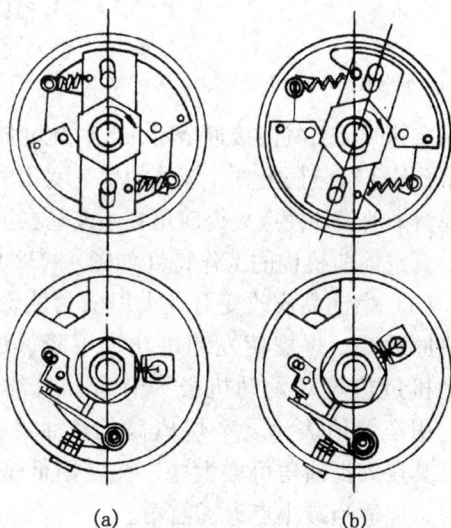

图 4-29 离心提前机构的工作
（a）不工作位置；（b）点火提前角增大

两个重块的弹簧由不同粗细的钢丝绕成，弹力不同。低速范围内只有细弹簧起作用，点火提前角增大得较快；而在高速范围内，由于两根弹簧同时工作，因而点火提前角的增大比较平稳，使之更符合发动机的要求。

离心点火提前机构的工作特性如图4-30所示。

（2）发动机负荷变化对点火提前角的影响。在同转速下，随着发动机负荷的增大，最佳点火提前角将随之减小。这是由于发动机负荷大即节气门开度大时，吸入汽缸的混合气量增多，压缩行程终了时的压力和温度增高，使燃烧速度加快，这就必须相应减小点火提前角，发动机才不致产生爆震。反之，当发动机负荷减小时，点火提前角就应适当增大。装在分

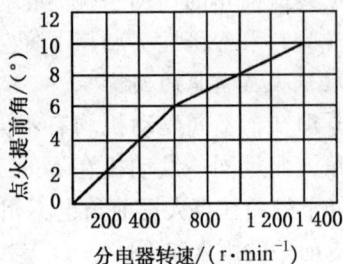

图 4 – 30   离心点火提前机构的工作特性

电器上的真空提前机构就是按此原理自动调节点火提前角的。真空提前机构的自动调节工作如图4 – 31所示。

当发动机负荷很小时，节气门开度小（图4 – 31（a）），小孔处的真空度较大，吸动膜片向右拱曲，拉杆拉动活动板带着断电器的触点副逆着分电器轴旋转方向转动一定角度，使触点提前打开，点火提前角增大；当发动机负荷加大，即节气门开度增大（图4 – 31（b））时，小孔处真空度减小，膜片在弹簧作用下向左拱曲，使点火提前角自动减小。

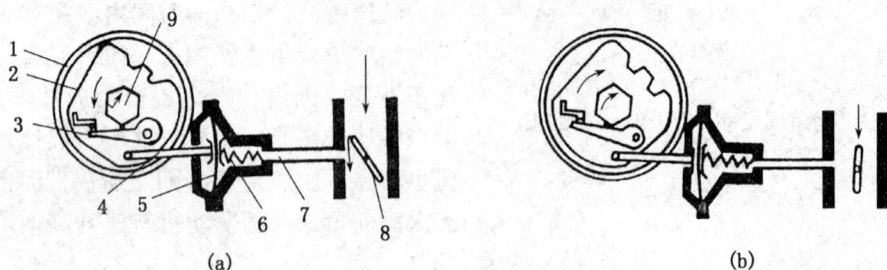

图 4 – 31   真空提前机构工作原理图
（a）开度小；（b）开度大

1—分电器在壳体；2—活动板；3—触点副；4—拉杆；5—膜片；6—弹簧；7—真空连接管；8—节气门；9—凸轮

怠速时，节气门接近全闭，此时化油器空气道中的小孔处于节气门上方，该处的真空度几乎为零，于是弹簧推动膜片使点火提前角减小或基本不提前。

真空提前机构的工作特性如图4 – 32所示。

（3）燃油品质改变对点火提前角的影响。由内燃机原理知，爆震使发动机功率下降、油耗增加、发动机过热等对发动机极为有害。汽油的抗爆能力，用辛烷值表示。辛烷值高的汽油不易产生爆燃，其点火提前角可增大些，在燃用低辛烷值的汽油时，应适当减小点火提前角。

辛烷值选择器就是在此原理基础上人工调节点

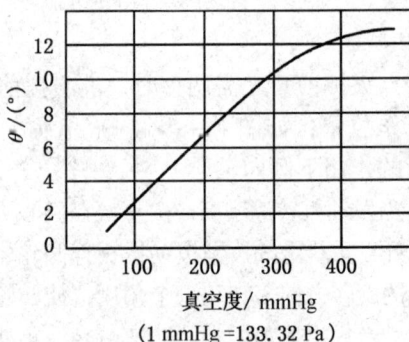

图 4 – 32   真空提前机构的工作特性

火提前角的。辛烷值选择器的人工调整如图4 – 33所示。当燃用辛烷值高的汽油时，点火提前角应适当增大，将辛烷值选择器的箭头指向"＋"侧。反之，燃用低牌号汽油时，则应减小点火提前角，向"－"侧调整。

（4）其他因素对点火提前角的影响。除上述几种因素外，混合气成分、残余废气、进气压力和压缩比等因素均对最佳点火提前角有影响。

混合气的成分对最佳点火提前角的大小也有极大影响，图4 – 34所示为最佳点火提前角随混合气成分而变的关系曲线。

由图可见，当过量空气系数 $\alpha = 0.8 \sim 0.9$ 时，燃烧速率最高，点火应迟一些，即点火提前角最小。过量空气系数大于或小于此数值，即混合气过浓或过稀都使燃烧速率变慢，点火

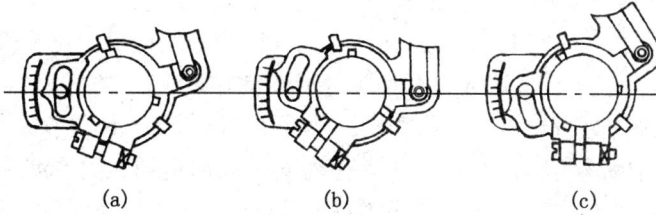

图 4-33　辛烷选择器的调整

（a）正常位置；（b）点火提前角减小；（c）点火提前角增大

应提早，即应适当加大点火提前角。

混合气中残存废气的比例增大，将使燃烧速率变慢，点火提前角应增大。

进气压力下降，使混合气雾化和扰流变坏，燃烧速度变慢，点火提前角应加大。高原地区大气压力低，空气稀薄和空气湿度增大，也应适当增大点火提前角。

压缩比增大，则最佳点火提前角应减小，如图 4-35 所示。这是因为当压缩比增大时，压缩行程终了的压力和温度增高，使混合气燃烧速度加快。因此随着压缩比的增高，点火提前角可减小。

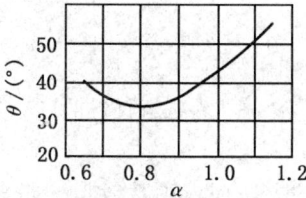

图 4-34　最佳点火提前角与混合气成分的关系

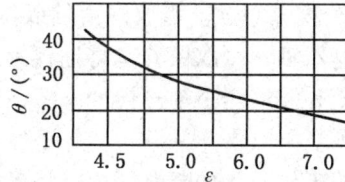

图 4-35　最佳点火提前角随压缩比而变的关系曲线

五、传统点火系统的使用与维护

1. 点火正时

传统点火系统的使用，主要是校准点火正时。俗称"对火头"，是指分电器总成与发动机汽缸活塞的相对位置达到正确配合，取得最佳点火的人为调整工作。其目的就是保证发动机各汽缸的混合气能按顺序并在合理的点火提前角下进行可靠点火，获得最好的动力性和经济性。

点火正时的调整方法，不同的发动机略有差异，一般步骤如下。

（1）检查分电器触点间隙，并将触点间隙调至规定值范围 0.35～0.45 mm。

（2）找出第一缸压缩行程上止点位置。

（3）确定断电器触点刚打开时的位置。

旋松分电器外壳上的夹紧螺钉，拔出中央高压线，使其端头离汽缸体 3～4 mm，接通点火开关，然后将分电器外壳沿凸轮轴旋转方向转动，使触点闭合。再反向转动外壳，到中央高压线端头和汽缸体之间跳火时为止，此即为触点刚打开的位置。然后旋紧分电器外壳夹板上的夹紧螺钉，扣上分电器盖，装回火花塞。

（4）按点火顺序接好高压线。第一缸的高压线应插在正对分火头的侧电极插座内，然后顺着分火头旋转方向，按点火顺序依次接好各缸火花塞的高压线。

（5）启动发动机，检查点火正时。启动发动机使水温上升到 70 ℃～80 ℃时，在发动机怠速运转时，突然加速，如转速不能随节气门的打开而立即增高，有发"闷"之感，同时在排气管中出现"突突"声且冒黑烟，则为点火过迟；若发动机内出现金属敲击声（爆震现象），则为点火过早。点火过迟或过早均应进行调整。

（6）汽车在行驶中进行检查。待发动机预热至70 ℃~80 ℃时，在平坦道路上用直接挡行驶，突然将油门踏板踩到底，如在车速迅速增高的同时能听到轻微的敲击声，且很快消失，表示点火正时；如敲击声严重，说明点火过早；如加速时感到发"闷"，说明点火过迟。点火不正时，需停车进行调整，直到合适为止。

2. 维护要点

（1）汽车行驶1 000 km后的维护作业。主要进行清洁、检查作业。

① 清除分电器壳体表面的灰尘和油污。

② 检查初级电路的连接，并加以紧固。

③ 用棉纱沾汽油擦净火花塞表面油污。

（2）汽车行驶5 000 km后的维护作业。主要进行清洁、检查、调整和润滑作用。

① 清洁分电器内外表面的油污。

② 检查触点状态并加以清洁。触点表面烧蚀不平，应予磨平。用厚薄规检查触点间隙，应为0. 35~0. 45 mm，如不符合要求，应予调整。

③ 润滑分电器总成。需要润滑的部位是：

——分电器轴。每次保养时将油杯旋进1/2~1圈，滑脂如用完应补充。

——凸轮和断电器小轴连接处。拆下配电转子，取去毡芯，滴上一二滴机油，待油渗入后装回。

——凸轮工作面。如断电器内有特备的毡块，应用涂抹的方法加入钙基滑脂；如没有毡块，应清除凸轮表面的陈油，抹上一薄层钙基滑脂。

——活动触点臂销钉。每次滴滑油一二滴，不可过多。

④ 检查高压线的绝缘以及每根线端和分电器的座孔接触是否良好。

⑤ 清除点火线圈表面的污垢，检查高压线端和座孔的接触情况。

⑥ 清洁和检查火花塞，有积炭时予以清除，并校准间隙，检验密封性与发火连续性（用清洁试验器）。

（3）汽车行驶15 000~17 000 km后的维护作业。取下分电器总成，解体并进行检查和维护。

（4）汽车行驶20 000~25 000 km后的维护作业。取下阻尼电阻，用欧姆表或电桥检测，其阻值应不超过20 000 Ω。否则，应予更换。

（5）入冬前的维护作业。汽车在进入冬季运行之前，应对点火系进行一次换季保养，除进行上述各项有关内容以外，还应将火花塞电极间隙适当调小，并将点火时间适当提早一些。

第三节　电子点火系统

一、汽车电子点火系统概述

1. 电子点火系统发展概况

传统点火系已在汽车上使用了半个多世纪。它是利用触点来切断点火线圈初级绕组的电流，产生次级电压的点火装置。而现在，已到了非改不可的时候，因为它不能适应当前和未来汽车点火性能的需要。电子点火装置必将完全取代传统点火系。电子点火装置是利用点火信号发生器来代替触点触发和控制点火系统工作的。

实际上，半导体技术应用于汽车点火系的研究工作已经很久了。自从肖克（Shock）发明了晶体管五年之后，美国 Holley 化油器公司于 1953 年便已申请在内燃机点火系中采用晶体管的专利，但该专利并未立即付诸实用。1973 年美国克莱斯勒（Chrysler）汽车公司在该年生产的所有车辆上均装用了晶体管点火装置。一两年后，美国通用（GM）和福特（Ford）两大汽车公司亦决定全面采用晶体管点火装置。于是，晶体管点火装置便在世界范围内得到推广和应用。之后，通用（GM）汽车公司又在 1977 年所生产的 Toronado 牌小客车上采用了由微型计算机控制的点火提前角电子控制装置，从而取代了机械式的离心和真空点火提前机构。

电子点火装置的应用，是为了尽快适应汽车排放法规、油耗法规、保养法规等法制化方向的要求；也是为了满足汽车点火系工作的可靠性、点火能量及复杂的点火提前特性等的严格要求。要做到这一点，就必须采用先进的电子技术来提高汽车发动机点火时刻的控制精度。另一方面，由于电子技术的迅猛发展，现在已经能够制造出可靠性高、性能好、价格低的包括晶体管在内的各种电子元器件。

目前，发达国家生产的汽车已全部使用电子点火系统。我国也正在积极推广与普及之中。随着电子工业的发展，它将取代传统的蓄电池点火系统。

2. 电子点火系统的优点

电子点火系统是在传统点火系统的基础上发展起来的，电子点火装置与传统点火装置相比，它的基本功能并没有什么变化，但从改善电火花的点火性能、提高点火时间的控制精度及可靠性等方面来看，却发生了巨大的变化，即电子点火装置具有许多明显的优点。

（1）因为无机械触点或初级电流不经过触点，所以不存在触点氧化、烧蚀、变形、磨损等问题，使用中几乎不需要维修和经常换件。

（2）用晶体管取代断电器触点或使初级电流不经过触点。这样可以增大初级断电电流值，减少点火线圈初级绕组匝数，减小初级电路的电阻，从而提高次级电压，有效地改善和保证点火性能。一般传统点火系初级电流不超过 5 A，而晶体管点火装置可提高到 7 ~ 8 A，次级电压可达 30 kV。

（3）电磁能量得到充分利用，高电压形成迅速，火花能量大。由于无断电器触点或触点电流很小，根本不会因产生火花而消耗部分电磁能量，所以高压形成很快，使火花能量增大，提高了点火可靠性。传统点火系高电压的形成时间需 120 ~ 200 μs，而电子点火系则只需 80 ~ 100 μs。

（4）减小了火花塞积炭的影响。电子点火装置在火花塞积炭阻值达 100 kΩ 的严重情况下，仍能维持可靠的点火特性。

（5）点火时间精确，混合气能得到完全燃烧，可以在稀混合气工况下照常点火，从而保证了发动机在降低油耗的基础上，减少废气污染，获得最好的动力性。

（6）能适应现代高速、高压缩比发动机的发展需求，有利于汽车的高速化。

（7）对无线电干扰小，结构简单，重量轻，体积小，保养维修简便。

3. 电子点火系统的分类

电子点火系统是指利用晶体三极管或晶闸管作为开关，控制点火线圈一次电流通或断的点火系统。自 20 世纪 80 年代以来，汽车上广泛应用无触点电子点火系统。目前所说的电子点火系统均指无触点电子点火系统。其分类方法如下。

（1）按点火信号发生器的类型分类。按点火信号发生器类型不同，常见的电子点火系统可分为磁感应式、霍尔式和光电式电子点火系统三种类型。

① 磁感应式电子点火系统。磁感应式信号发生器又称为磁感应式传感器，其突出优点是结构简单，工作可靠。但其输出信号在发动机低速时不如霍尔传感器准确可靠。北京切诺基 BJ2021、北京 BJ2020、解放 CA1092、东风 EQ1092、丰田等汽车采用了磁感应式电子点火系统。

② 霍尔式电子点火系统。霍尔式信号发生器用霍尔元件制成，又称为霍尔效应式信号发生器或霍尔式传感器，其突出优点是输出信号准确可靠，不受发动机转速影响。桑塔纳、捷达、奥迪 100、红旗 CA7220、解放 CA1040、CA6440 等型汽车都采用了霍尔点火系统。

③ 光电式电子点火系统。光电式信号发生器又称光电式传感器，是利用发光元件（发光二极管）和光电转换元件（光电晶体管）制成的传感器。由于发光元件和光电转换元件的工作性能受环境条件（如灰尘、油污和光照）影响较大，而汽车工作环境又十分恶劣，这就要求光电传感器必须安装在密封良好的环境内，因此，采用光电式电子点火系统的汽车较少，国产猎豹、日本三菱吉普车采用了光电式电子点火系统。

（2）按储能方式分类。按储能方式不同，电子点火系统可分为电感储能式和电容储能式两种类型。

① 电感储能式电子点火系统。储能元件为点火线圈，发动机工作时，点火系统先将点火能量以磁场能的形式储存在点火线圈中，在需要点火时再将部分点火能量转换为电场能量并分配到火花塞电极间隙上跳火点燃混合气。电感式电子点火系统结构简单、成本较低，因此汽车上普遍采用。目前广为应用的磁感式、霍尔式、光电式无触点电子点火系统均为电感储能式电子点火系统。

② 电容储能式电子点火系统。储能元件为电容器，发动机工作时，点火系统先将点火能量以电场能的形式储存在专用电容器中，在需要点火时储能电容再向点火线圈初级绕组放电，同时在次级绕组中感应产生高压电并加到火花塞电极间隙上跳火点燃混合气。电容储能式电子点火系统结构复杂、成本较高，放电持续时间较短（5 ~ 50 μs，电感储能式为 1 000 ~ 2 000 μs），对发动机启动、低速点火和燃烧稀混合气极为不利，因此，主要用于转速较高的赛车发动机。

二、磁感应式电子点火系统

磁感应式无触点电子点火系统因其结构简单、工作可靠已在国内外普遍使用。图 4 - 36 是丰田汽车常用的磁感应式无触点电子点火装置。它由点火信号发生器 1、电子点火器 2、分电器 3、火花塞 4、专用点火线圈 5 组成。

1. 点火信号发生器的工作原理

点火信号发生器的功用是产生信号电压，控制点火装置的工作，其结构原理如图 4 - 37 所示。

点火信号发生器装在分电器内部。它主要由信号转子 1、传感线圈 2、铁芯 3 和永久磁铁 4 组成。其信号转子由分电器轴驱动，转子上的凸齿数与其发动机的汽缸数相等。其工作

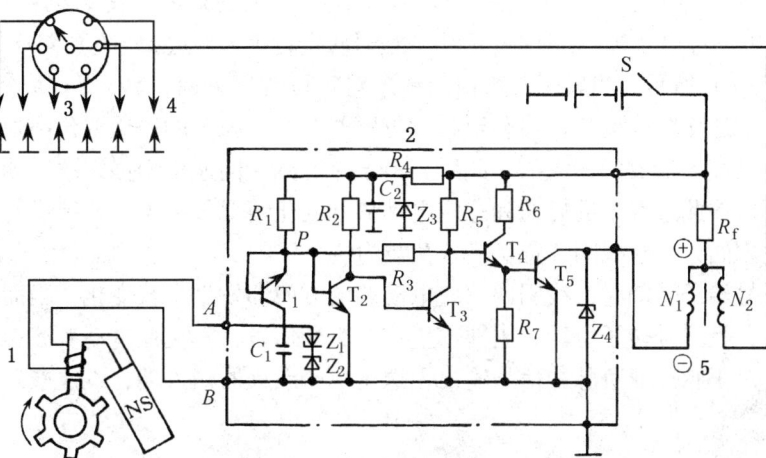

图 4-36　磁感应式无触点电子点火系统电路图

1—点火信号发生器；2—点火器；3—分电器；4—火花塞；5—点火线圈

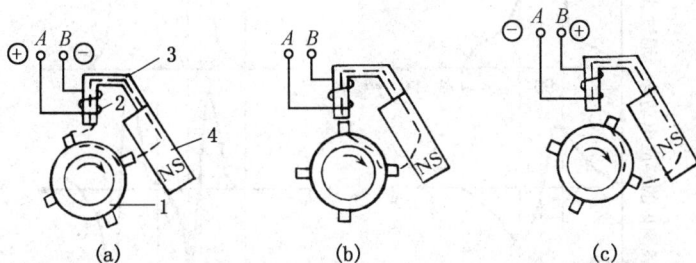

图 4-37　丰田牌汽车磁电式点火传感器

（a）靠近时；（b）对正时；（c）离开时

1—信号转子；2—传感线圈；3—铁芯；4—永久磁铁

原理如下。

① 磁路。该种磁电式传感器的磁路如图 4-37 中的虚线所示，即由永久磁铁 4 的 N 极→空气隙→信号转子 1→空气隙→铁芯 3→永久磁铁 4 的 S 极。

② 工作情况。当发动机运转时，信号转子便由分电器轴带动旋转，这时信号转子的凸齿与铁芯间的空气隙将发生变化，使通过传感线圈的磁通量发生变化，因而在传感线圈内便产生交变电动势。转子每转一转，磁路的磁通 Φ 出现四次最大值和四次最小值，同时在线圈中感应出相应的电动势 e_L。

图 4-37（a）所示，转子凸齿逐渐向铁芯靠近，转子凸齿与铁芯间的空气隙越来越小（即磁阻逐渐变小），则穿过传感线圈的磁通逐渐增多，于是在传感线圈中便产生感应电动势 e_L。根据楞次定律，其感应电动势的方向总是阻碍磁通的增长，其大小与磁通的变化率 $d\Phi/dt$ 成正比。此时的磁通和感应电动势的变化情况如图 4-38 所示的 0°~45°之间的波形。显然，在信号转子转到铁芯位于信号转子两个凸齿之间的某一位置 I 时，磁通的变化率 $d\Phi/dt$ 最大，则所对应的感应电动势最大，即有正的最大值。在信号转子转角为 0°~45° 期间，传感线圈中的感应电动势表现在其 A 端为 ⊕、B 端为 ⊖。

图 4-37（b）所示，当信号转子的凸齿正好与铁芯对正时，转子凸齿与铁芯间空气隙

最小，则穿过传感线圈的磁通量最大（即磁阻最小），此时磁通的变化率 $d\Phi/dt$ 为 0，故传感线圈中的感应电动势亦为 0。如图 4 – 38 中，信号转子转角为接近 45° 时所对应的电动势情况。

图 4 – 37（c）所示，当转子凸齿由与铁芯对正位置离开时，转子凸齿与铁芯间的空气隙越来越大，磁通作减少变化。当转至某一位置 Ⅱ 时，其减少的磁通变化率最大，故线圈中的感应电动势最高，呈负的最大值。此后，由于磁通减少的速率变慢，故线圈中的感应电动势呈负值减小。在此过程中的磁通和感应电动势的变化情况如图 4 – 38 所示的 45°~90° 之间的波形。在此期间，传感线圈 A 端为⊖、B 端为⊕。

可见在信号转子转动时，线圈内感应电动势的方向即发生交替变化，因而线圈两端输出的是交变信号，且信号转子每转一周即产生 4 个交变信号，其交变电动势波形如图 4 – 38 所示。可将这 4 个正脉冲或负脉冲信号输出，送至电子点火器输入端，以便准确控制 4 缸发动机的点火。

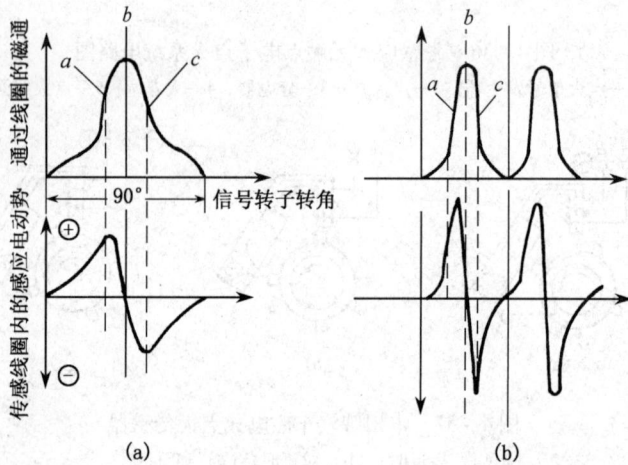

图 4 – 38 不同转速时传感线圈内磁通及感应电动势的变化情况
(a) 低速；(b) 高速

2. 电子点火器的工作原理

（1）电子点火器构成。

点火器组装在一个小盒内，其基本电路如图 4 – 36 所示。它由点火信号检出电路（晶体管 T_2）、开关放大电路（晶体管 T_3、T_4）和大功率三极管 T_5 等三部分组成。主要有 5 只晶体三极管。其中 T_1 主要起温度补偿作用，接成二极管的形式。基极与发射极相接，并与 T_2 的基极相接，这就是说只利用了 T_1 的集电极（见图 4 – 39）。只要在 T_1 的集电极上加一正向电压，即基极电位高于集电极电位时，T_1 管就导通。

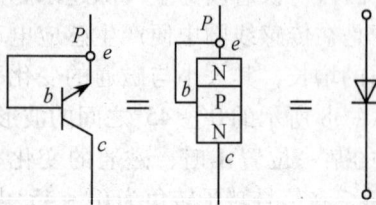

图 4 – 39 T_1 的二极管作用

T_2 为触发管；T_3 和 T_4 管起放大作用；T_5 为大功率管，与点火线圈初级绕组串联，以提供较大的初级电流，使其截止时能在次级绕组产生所需要的高电压。

（2）基本工作原理。接通点火开关的情况如下。

① 当发动机未工作，传感器的信号转子不动时，

传感器无输出信号，点火线圈初级绕组有电流流过。此时，电流从蓄电池的"＋"极→点火开关→R_4→R_1→P 点→$T_{1(b,c)}$→A 点→传感线圈→B 点→回到蓄电池的"－"极（搭铁）。于是电路中的 P 点电位较高，使 T_2 管的发射极加正向电压而导通，故其集电极电位降低到约等于 0，使 T_3 截止。T_3 截止时，蓄电池通过 R_5 向 T_4 提供偏流使 T_4 导通，此时，R_7 上的电压加到 $T_{5(b,e)}$，使 T_5 导通。这样初级电路接通：电流从蓄电池"＋"极→点火开关→附加电阻 R_f→点火线圈初级绕组 N_1→$T_{5(c,e)}$→搭铁（回到蓄电池"－"极）。

② 当传感线圈输出"＋"信号时（即 A 端为"＋"、B 端为"－"时），由于 T_1 的集电极加反向偏压而截止（注意：此时的 T_1 与二极管的反向截止相同），故 P 点仍保持较高的电位，使 T_2 导通。于是，T_3 截止，T_4 和 T_5 导通，点火线圈初级绕组仍有电流流过。

③ 当传感线圈输出"－"信号时（即 A 端为"－"、B 端为"＋"时），T_1 管则加正向电压而导通。此时 P 点电位降低，于是 T_2 截止。当 T_2 截止时，蓄电池通过 R_2 向 T_3 提供偏流，使 T_3 导通，T_4 和 T_5 立即截止，点火线圈初级电流被切断，次级绕组 N_2 产生高电压。此电压再由分电器分配至各缸火花塞使之跳火，点燃可燃混合气。

每当传感器的信号转子转动一周，各个汽缸便轮流点火一次。

（3）点火信号发生器输出电压与 T_2、T_5 输出信号的关系如下。

T_2 的导通与截止由点火信号发生器所输出的交变信号电压来控制。点火信号发生器输出电压与 T_2、T_5 的输出信号之间的关系如图 4-40 所示。

当点火信号发生器的输出电压与 U_P 叠加后高于 T_2 的开启电压 U_{BE} 时，则 T_2 导通，T_5 也随之导通，点火线圈初级绕组中有电流流过；反之，当点火信号发生器的输出电压与 U_P 叠加后低于 T_2 的开启电压 U_{BE} 时，则 T_2 截止，T_5 也截止，初级电流被切断。

（4）晶体管 T_1 的作用如下。

T_1 的发射极与基极短路作为二极管使用，起输入控制管 T_2 的保温补偿作用。其温度补偿原理如图 4-41 所示。

高温时，由于 T_2 的开启电压 U_{BE} 降低，使 T_2 提前导通而截止滞后，从而导致点火滞后 Δt。且温度越高，Δt 越长。如将温度特性与 T_2 相同的晶体管 T_1 与之并联，温度升高时，由于 T_1 管压降降低，使 U_P 也下降，则正好补偿了温度升高对 T_2 工作电位的影响，而使 T_2 的导通和截止时间与常温时相同。

（5）其他元件的作用如下。

稳压管 Z_1 和 Z_2 反向串联，并与点火信号发生器的传感线圈并联，其作用是"削平"高速时，传感线圈产生的大信号波峰，保护 T_1、T_2 不受损害。

稳压管 Z_3 的作用是稳定 T_1 和 T_2 的电源电压，稳压管 Z_4 的作用是保护 T_5。

电容器 C_1 的作用是消除点火信号发生器传感线圈输出电压波形上的毛刺，防止误点火。C_2 的作用是使电源电压更平滑，同样是为了防止误点火。

电阻 R_3 是正反馈电阻，可加速 T_2（也即 T_5）翻转。

3. 电子点火器的检查

图 4-42 所示为用干电池检查日本丰田牌轿车电子点火器的方法。

检测时，先把电压为 1.5 V 的干电池与电子点火器的输入端接好，电池的"＋"极接粉红线，"－"极接白线（图 4-42（a）），然后用万用表电压挡测量点火线圈初级绕组下端的⊖接线柱与搭铁之间的电压，此值应为 1～2 V；再按图 4-42（b）所示方式图连接电池，即把其

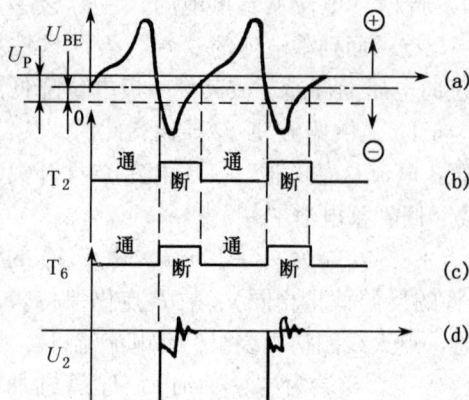

图 4 - 40 点火信号发生器输出电压与 T_2、T_5
输出信号的关系

（a）点火信号发生器输出电压；（b）T_2 输出信号；

（c）T_5 输出信号；（d）次级电压

U_P—P 点直流电位；U_{BE}—T_2 的开启电压；

0—接地电位

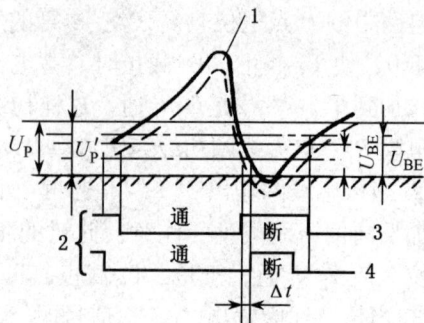

图 4 - 41 晶体管 T_1 的温度补偿作用

1—点火信号发生器输出电压；2—T_2 输出信号；

3—由 T_1 进行温度补偿；4—无温度补偿；U_P—常温
时 P 点的直流电位；U'_P—高温时 P 点的直流电位；

U_{BE}—常温时 T_2 的开启电压；U_{BE}—高温时 T_2 的
开启电压；Δt—点火滞后

电源极性颠倒（"+"极接白线，"-"极接粉红
线），此次再测量点火线圈初级绕组⊖端与搭铁之
间的电压，其值应为 12 V。若检查的结果不是这
种情况，则说明该电子点火器有故障。

三、霍尔式电子点火系统

霍尔式无触点电子点火系统是应用霍尔效应，
藉霍尔发生器进行触发和控制电子点火装置工作
的，是目前国内外使用较多的一种点火装置。

1. 霍尔（Hall）式传感器

（1）霍尔效应。1879 年美国物理学家霍尔
发现在矩形金属薄板两端通以电流，并在垂直金
属平面方向上加以磁场，则在金属的另外两侧之
间会产生一个电位差，即霍尔电压。

图 4 - 42 用干电池检查丰田汽车电子点火器

（a）干电池正极接粉红线；（b）干电池负极接粉红线

为了增强这一效应，霍尔元件由半导体材料
薄片制成，常用的材料有硅、锗、锑化铟和砷化铟等。

霍尔效应的原理如图 4 - 43 所示。当电流 I_V 通过放在磁场中的半导体基片（即霍尔元
件），且电流方向与磁场方向垂直时，在垂直于电流与磁场的半导体基片的横向侧面上，即
产生一个与电流和磁场强度成正比的霍尔电压 U_H。

霍尔电压 U_H 可用下式表示

$$U_H = \frac{R_H}{d} I_V B \qquad (4 - 6)$$

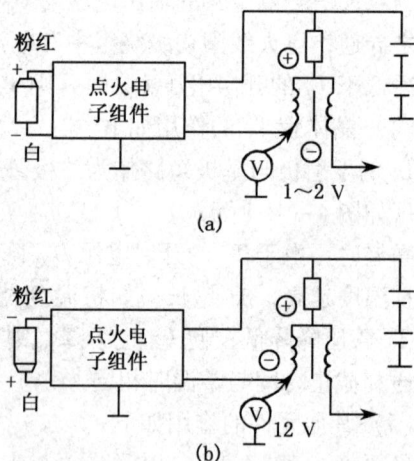

式中　R_H——霍尔系数；

　　　d——基片厚度；

　　　I_V——电流；

　　　B——磁感应强度。

呈现这一现象就叫做霍尔效应。由上式可知，当电流 I_V 为定值时，霍尔电压则与磁感应强度 B 成正比。利用这一效应即可制成霍尔发生器，准确地控制发动机汽缸的点火时间。

（2）霍尔集成电路。霍尔集成电路由霍尔电势发生器、差分放大器、施密特整形放大器、输出放大器、恒流源等组合而成，霍尔集成电路的开关方框图如图 4-44 所示。

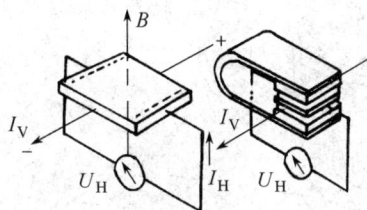

图 4-43　霍尔效应原理图

B—磁场；I_V—电流；U_H—霍尔电压

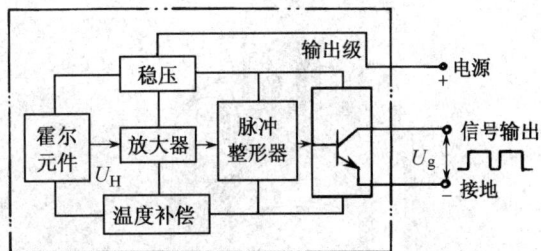

图 4-44　霍尔集成块电路框图

U_H—霍尔电压；U_g—霍尔信号发生器输出信号电压

霍尔发生器是在一块 N 形硅外延层上制作的，控制电流一般为几毫安，磁通密度选定为 0.1 T，产生的信号电压一般为 20 mV 左右。显然信号太弱，还必须经过放大、整形后再输出。差分放大器的作用，主要是把霍尔发生器信号电压差分放大，输出可达几百毫伏。施密特（Smit）整形器的作用，主要是把差分电路放大了的信号整形为开关脉冲信号。施密特电路抗干扰能力比较强，输出放大器则是把施密特整形器输出的开关信号再次放大，直接驱动 TTL、M05、DTL、HTL 等集成电路。恒流源的作用是给霍尔发生器、差分放大器、施密特、整形器提供恒定的控制电流。

（3）霍尔分电器。图 4-45 所示为德国波许（BOSCH）公司生产的带有霍尔发生器的分电器。

霍尔发生器的结构如图 4-46 所示。它由触发叶轮 1 和信号触发开关 4 组成。触发叶轮与分火头制成一体由分电器轴带动，其叶片数与汽缸数相等。触发开关由霍尔集成电路 2 和带导板的永久磁铁 3 组成。霍尔集成电路 2 的外层为霍尔元件，同一基板的其他部分制成放大回路。触发叶轮 1 的叶片则在霍尔集成电路 2 和永久磁铁 3 之间转动。

霍尔传感器的结构原理如图 4-47 所示。图中的 1 为霍尔元件，它有 4 个接线端，A、B 分别为信号电流的输出输入端；C、D 则为霍尔电压 U_H 的两输出端；3 是永久磁铁，磁力线可穿过空气隙垂直进入霍尔元件的正面，也可由叶片 2 遮住不进入霍尔元件。

霍尔发生器的工作原理如图 4-48 所示。当触发叶轮转动时，每当叶片进入永久磁铁与霍尔元件之间的空气隙时，原来垂直进入霍尔元件的磁力线立即被叶片遮住，霍尔集成电路中的磁场即被触发叶轮的叶片所旁路（或称隔磁），如图 4-48（a）所示。这时在霍尔元件的 C、D 输出端不能得到霍尔电压信号，$U_H = 0$ 即不产生霍尔电压，发生器无信号输出。此时，集成电路放大器输出级导通，点火线圈初级绕组中便有电流通过。

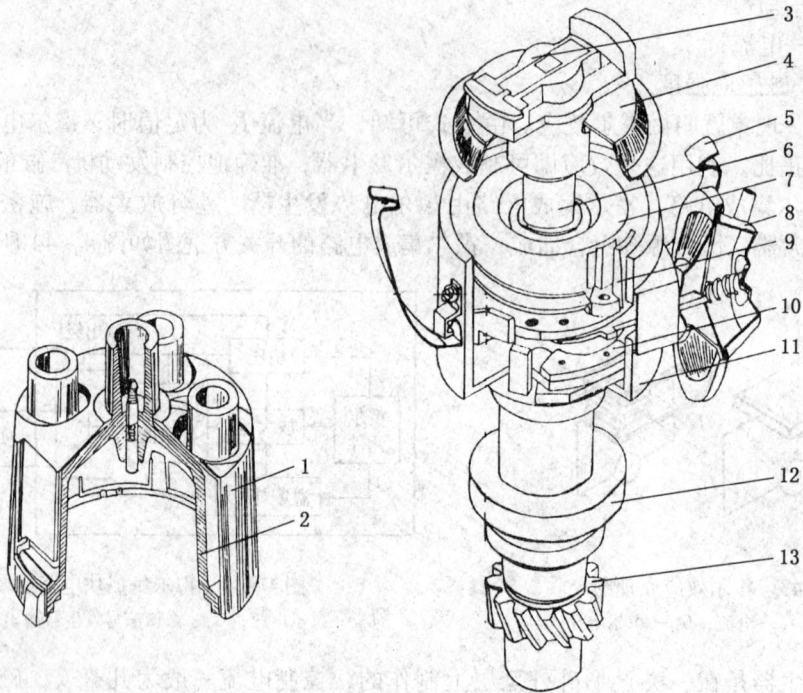

图 4-45　上海桑塔纳带霍尔元件的无触点分电器
1—抗干扰屏蔽罩；2—分电器盖；3—分火头；4—防尘罩；5—分电器盖弹簧夹；
6—分电器轴；7—带缺口转子；8—真空点火提前调节装置；9—霍尔传感器与
托架总成；10—离心点火提前调节装置；11—分电器外壳；
12—密封圈；13—斜齿轮

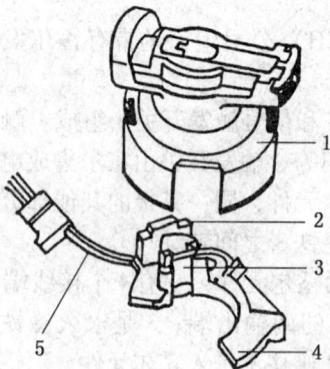

图 4-46　霍尔发生器
1—与分火头制成一体的触发叶轮；2—霍尔集成电路；
3—带导板的永久磁铁；4—触发开关；5—专用插座

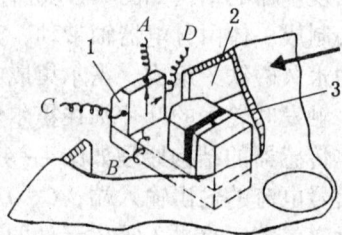

图 4-47　霍尔传感器的结构原理
1—霍尔元件；2—叶片（信号转子上）；3—永久磁铁

当触发叶轮的叶片离开空气隙时，如图 4-48（b）所示，永久磁铁中的磁力线则可垂直进入霍尔元件，于是在其输出端 C、D 便有霍尔电压 U_H 信号输出。这时产生霍尔电压，发生器有信号输出，集成电路放大器输出级截止，初级电流被切断，次级绕组便感应出高电压，实现电火花点火的目的。

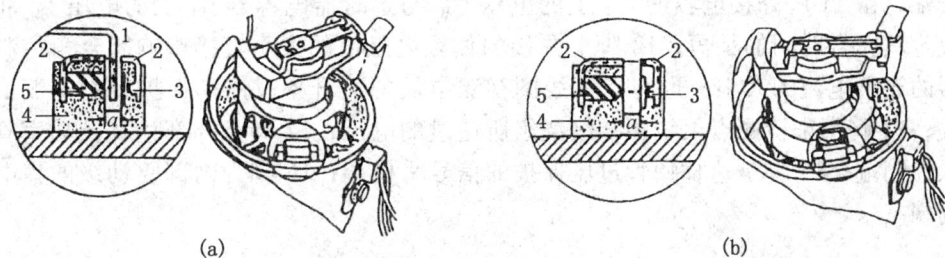

图 4-48 触发叶轮工作原理图
（a）触发叶轮片在霍尔发生器空气隙中；（b）触发叶轮片离开霍尔发生器空气隙
1—触发叶轮片；2—导板；3—半导体基片；4—触发开关；5—磁铁

霍尔式电子点火装置无功率消耗，性能稳定，耐久性好，寿命长，可靠性高，点火正时精度高，同时不受温度、湿度、灰尘、油污的影响。霍尔电压不受汽车发动机转速的影响，并且有着能在静止状态下感受磁场的独特能力。还具有动态范围大（输入霍尔电压的变化可达 1 000:1）等优点。是一种新型的电子点火装置。

2. 上海桑塔纳等轿车霍尔式集成电路点火装置

我国上海的桑塔纳、长春一汽的奥迪、捷达等轿车，均是与德国大众汽车公司合资生产或引进德国技术由国内生产的（如奥迪轿车）。这些车的点火装置均采用了霍尔式传感器和集成电路点火器。其专用点火集成块的型号为 L497，由意大利 SGS—THOMSON 公司生产。L497 集成块功能较全、性能优越、价格低廉。所以，除德国大众汽车公司的奥迪、捷达和高尔夫轿车装用外，法国的雪铁龙、美国福特公司的 FIESTA 等轿车也都广泛采用。

图 4-49 所示为上海桑塔纳轿车霍尔式分电器的结构。

图 4-50 为电子点火器的结构外形图。

图 4-51 所示为上海桑塔纳轿车霍尔式集成电路点火器及其点火系统电路图。

（1）L497 集成块。L497 集成块功能全、性能好，而且还具备发动机转速信号输出功能和自动检测点火线圈中峰值电流以及调整闭合角导通时间的功能。

图 4-52 是点火集成块 L497 的内部结构框图。

图 4-53 为 L497 集成块各引脚的功用。

由于集成块 L497 内部接有稳压值为 7.5 V 的稳压管，故在其引脚 3 加有电压 7.5 V；4 脚最好搭铁，以避免其他干扰；5 脚的信号来自霍尔传感器，它的信号由霍尔传感器在集电极开路时输给的；6 脚输出信号为低电平，当初级绕组有电流通过时输出；7 脚内部由于并接了一只稳压值为 21 V 的稳压管，故其输出端有过电压保护作用，且 7 脚外接电阻起着一个稳压管的限流作用；8 脚外接的搭铁电容器 C_{SRC} 决定着点火线圈初级电流由 0 上升至额定值时的上升斜率，当输入霍尔信号脉冲由高电平向低电平转换前，若测出初级绕组的电流小于额定值的 94% 时，便加大其电流上升的斜率；9 脚外接电容器 C_9 用来检测导通保护时间，如果传感器所输出的霍尔信号导致点火器大功率晶体管的导通时间超过其给定值时，点火线圈的初级电流将逐渐减小为 0；10 脚起着闭合角控制定时器的作用，其外接电容器 C_r 的目的是利用它的充放电来控制大功率管的导通时间（即闭合时间）；11 脚为闭合角控制信号端，由 11 脚外接电容器 C_W 上的电压 U_W 与定时器电容器 C_T 上的电压 U_T 相比较后，决定其闭合时间的长短；12 脚上并接的偏置电阻值的大小直接影响闭合角控制器上电容器的充电电流的大小，也与点火线圈初级电流的上升率及停车保护控制电流值的大小有关；13 脚用来检测点火线圈初级绕组所通过的电流；14 脚为外部达林顿功率管的驱动输入控制端；15 脚是达林顿管过压保护的信号采样端；16 脚为内部驱动级的集电极电流控制端。

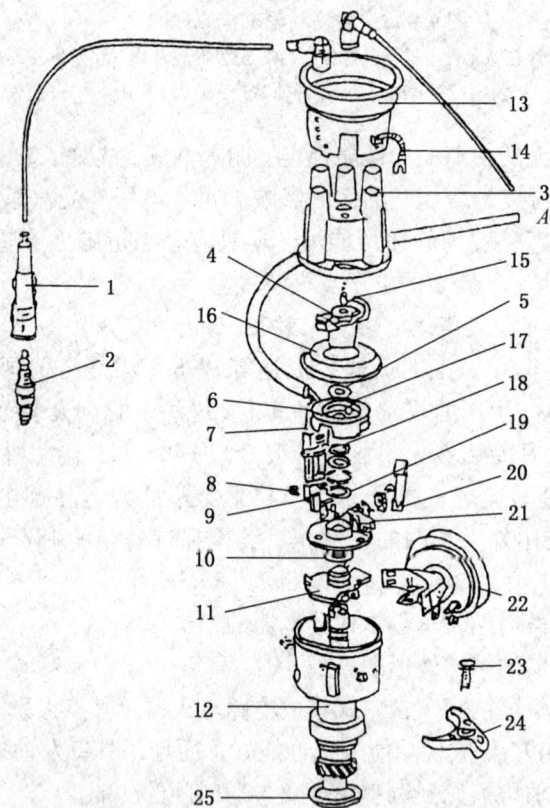

图 4-49 无触点点火系统分电器结构

1—火花塞插头；2—火花塞；3—分电器盖；4—分火头；5—挡圈；6—触发叶轮；

7—连接插头；8—定位销；9—插座；10—垫圈；11—底板；12—分电器本体；

13—屏蔽罩；14—接地线；15—带弹簧的接触碳棒；16—防尘罩；17—销子；

18—弹簧垫圈；19—垫圈；20—钩簧；21—霍尔元件；22—真空提前装置；

23—固定螺栓；24—夹紧支架；25—密封垫圈

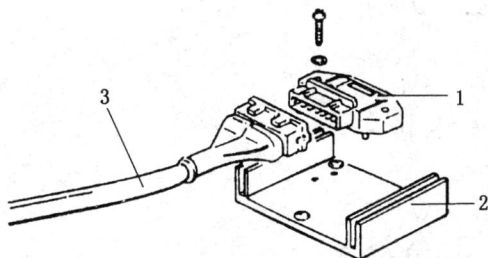

图 4-50 上海桑塔纳轿车电子点火器的外形

1—电子点火器；2—散热片（器）；3—接至点火线圈

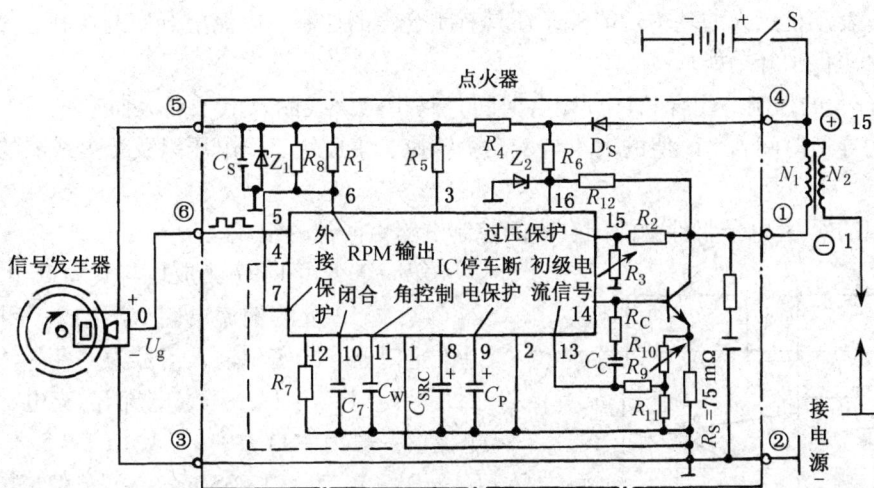

图 4-51 霍尔电子点火系统（点火器内装专用点火集成块）原理电路

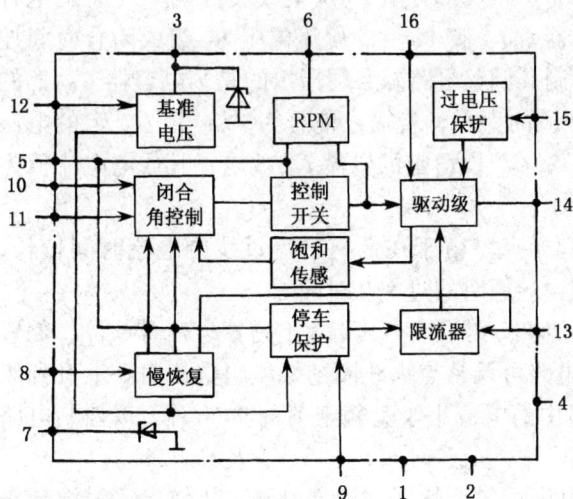

图 4-52 点火集成块 L497 内部结构框图

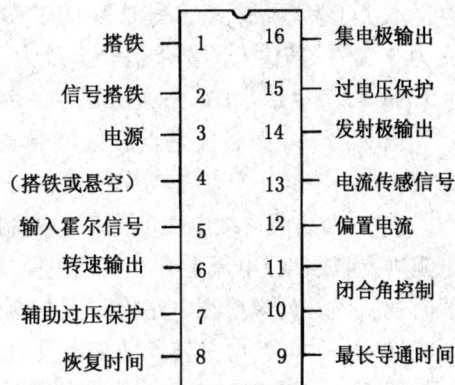

图 4-53 L497 集成块引出脚

L497 集成块的主要性能参数如下。

工作电压：3.5～20 V

最大工作电流：200～800 mA

承受反向蓄电池过电压：-16 V

90 ℃ 耗散功率：

SO—16 型（平板式）1.2 W

DIP—16 型（双列直插式）0.65 W

储存及工作温度：-55 ℃～150 ℃

（2）电子点火器的基本工作情况。霍尔式电子点火器的电路如图4-51所示。

此点火器除有大功率三极管能适时接通和切断点火线圈初级电路，实现产生高压电火花，给汽车发动机点火的基本功能外，还具有闭合角的控制、电流上升率的控制、停车断电保护和过电压保护等功能。

① 闭合角的控制。闭合角（即闭合时间）是指点火线圈及电子点火器末级的大功率晶体三极管的导通时间 t_0。t_0 值的大小与发动机转速、集成块工作电压以及点火线圈的工作特性有关。

L497 霍尔点火电子组件中的闭合时间控制电路由两部分组成。

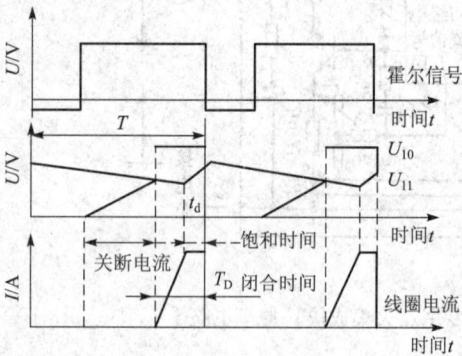

图 4 - 54　闭合角控制波形

第一部分由 L497 集成块与其脚10上的电容器 C_T、脚12上的偏流电阻 R_7 组成一闭合时间基准定时器；当霍尔输入信号为"＋"（脉冲的上升沿）时，C_T 以一恒定电流 I_{10c} 充电，其充电电流值一般为 $-11～9.8$ μA（$U_T = 5.3～16$ V，$U_{10} = 0.5$ V，$t = 10～33$ ms），调节偏流电阻 R_7，可调整 I_{10c} 的数值。C_T 充电波形如图4-54所示。

第二部分由 L497 集成块与其脚11上的电容器 C_W、脚12上的偏流电阻 R_7 组成闭合时间控制及调整电路。必须指出的是，电容器 C_W 上的电压取决于发动机转速和集成块的工作电压值的大小，若输入信号为"＋"，C_W 上的电压亦为"＋"；若输入的霍尔信号下跳为"－"，C_W 以恒定的电流 I_{11o} 放电，其放电电流值为 0.5 μA $\leqslant I_{11o} \leqslant 1.0$ μA。波形如图4-54所示。

当 $U_{10} = U_{11}$ 时，便是点火线圈导通的起始点。由于在低速时流过线圈电流时间较长，为减少大功率管上产生的功率损耗，必须减少导通时的过饱和时间 t_d。

② 点火线圈初级电流上升率的控制。由 L497 集成块与其脚8上搭铁电容器 C_{SRC}、偏置电阻 R_7 组成初级电流上升率控制电路。该电路可调整点火线圈初级绕组电流由0上升到峰值时的斜率。如果检测电路检测到初级绕组中的电流小于其额定值的94%时，该控制电路便在输入信号向低电平转换前加大其电流上升率。上升时间 $t_s = 12.9 \times R_7 C_{SRC}$ ms。

③ 停车断电保护电路。汽车暂停时，由于霍尔传感器输入高电平，故使点火线圈初级绕组处于长时间通电状态。为了避免此种情况的产生，在停车时，电子点火器内的断电保护控制电路便控制其输出信号为低电平，并切断点火线圈初级电流。该保护电路由 L497 集成

块与其 9 脚外接的电容器 C_P 和电阻 R_7 组成。其基准导通时间为 $t_p = 6C_PR_7$ ms。

当电路工作时，此电路不停地检测输入的霍尔信号电平的高低。当输入的霍尔信号为高电平时，电路即以恒定的充电电流向电容器 C_P 充电；当输入的霍尔信号为低电平时，则 C_P 向外放电。

如果汽车暂停，即可随机地使霍尔输入信号为高电平的时间比设定的导通时间 t_p 长，此时，C_P 上的电压值即达到了限流回路模块的阈值工作电压，因而控制电路工作，使初级绕组内的电流逐渐下降为 0。当霍尔输入信号再次降为低电平时，C_P 又迅速放电，电流控制回路便恢复到其正常的工作电流值。其工作波形如图 4－55 所示。

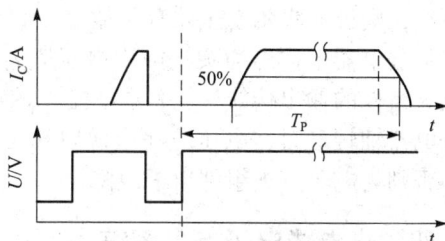

图 4－55　停车断电保护波形

④ 过电压保护电路。

a. 抛负载保护功能：抛负载保护的任务由 L497 集成块外接 24 V 0.5 W 的稳压管承担。接在集成块 16 脚的稳压管 Z_2 便是对末级大功率晶体管驱动输入端进行保护的。7 脚内部的稳压管用来保护 6 脚和 7 脚的三极管；3 脚内部的稳压管是保护霍尔传感器电源和 L497 集成块工作电压的；电阻 R_7 还可用来限制稳压管 Z_1 的过电流。

b. 过电压保护电路：过电压保护电路由 L497 集成块的 15 脚及其外围的电阻 R_2 和 R_3 组成。过电压 $U_P = (22.5/R_3 + 5 \times 10^{-3}) R_2 + 22.5$，调节 R_2 或 R_3 即可调整大功率晶体管的集电极所能承受的反向电压。

c. 反向负脉冲保护电路：由外围电路元件 D_S 和 C_S 组成反向负脉冲保护电路。

d. 初级电流限制电路：外围电路中的电阻 R_S 与点火线圈初级绕组相串联，流过 R_S 的电流 $I_S = I_初 + I_{14}$（$L_初$—初级绕组电流，I_{14}—脚 14 上的电流）。如果 R_S 上的电压达到 L497 内部限流电路的比较电压时，控制电路使大功率管处于正常工作状态；如果限流电阻 R_S 上的电压过高，则其内部限制电路便自动切断点火线圈初级电流。因此调整 R_{10}、R_{11} 就可以调节初级绕组的峰值电流，$I_{峰值} = 0.32 (R_{10}/R_{11} + 1)/R_S$。

（3）桑塔纳轿车电子点火系统的检测。在使用中点火系统出现故障一般为线路连接故障，这时应按图 4－56 查线，而不要轻易更换元器件。

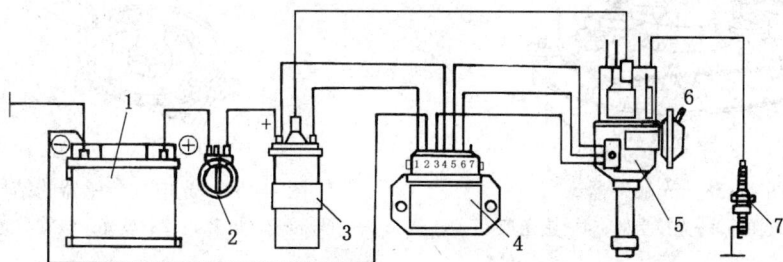

图 4－56　桑塔纳轿车电子点火系统接线圈

1—蓄电池；2—点火开关；3—点火线圈；4—点火电子组件；5—霍尔发生器；6—分电器；7—火花塞

霍尔发生器的检测可用电压表进行。拆下电子点火组件接线盒上的橡皮套，电子点火组件接线盒上标有 1、2、3、4、5、6、7 的号码。

测量 6 号接柱对地的电压。接通点火开关，若此时转子叶片正在霍尔发生器和磁铁之间的气隙内，则电压表上应显示 9 V 左右。而转子叶片脱离霍尔发生器与磁铁之间的气隙时，应为 0.4 V 左右。在电源电压正常（5 号接柱对地电压为 10 V 左右）的情况下，若电压表读数与上述不符，则说明霍尔发生器有了故障。

从分电器上拔出插头，可用电压表直接测量电子点火组件的输出接线柱（1 号接柱）的对地电压。当分电器轴转动时，电压应在电源电压与零之间摆动，否则为电子点火组件出了故障。

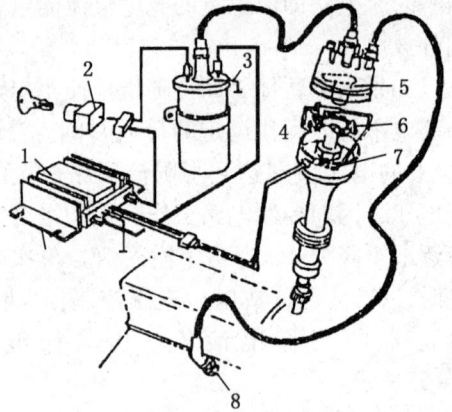

图 4-57　光电式点火装置结构示意图

1—放大器；2—点火开关；3—点火线圈；
4—光触发器；5—分火头；6—遮光盘；
7—分电器；8—火花塞

四、光电式电子点火系统

光电式无触点电子点火系统是应用光电效应，借红外线光束进行触发的。这种系统是由英国伦敦鲁明兴（Lumention）公司设计制造并获得了专利。该公司于 1960 年开始研究，现在，很多国家已在多种车辆上应用光电效应原理的无触点电子点火系统。

该光电式点火装置的组成如图 4-57 所示。

在分电器内装有遮光盘 6 和光触发器 4，还有放大器。去掉传统分电器的电容器，用光电式传感器代替原来的断电器及凸轮等部件。其他点火提前机械与传统的分电器相同，点火线圈也可沿用传统的结构。

1. 光电式传感器

光电式传感器主要由光源、光接收器和遮光盘三部分组成。图 4-58 所示为 4 缸发动机的光触发器的结构简图。图 4-59 所示为 8 缸发动机光电式传感器的结构示意图。

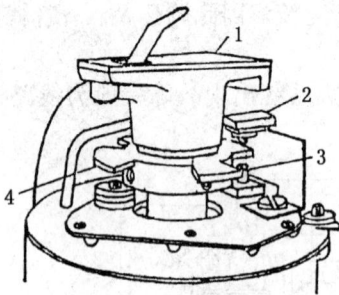

图 4-58　光触发器

1—分火头；2—光源；3—光接受器；4—遮光盘

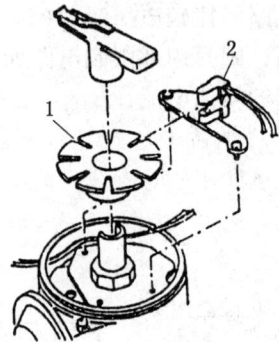

图 4-59　光电式传感器的结构示意

1—信号转子（叶片）；2—发光二极管与光电三极管装置

（1）光源。光源一般用砷化镓发光二极管，它发出红外线光束，用一只近似半球形的透镜聚焦。焦点宽度为 1~1.5 mm。这种发光二极管比白炽灯灯泡耐震，并能耐较高的温度，在 150 ℃ 的环境温度下能连续工作，其工作电流为 26 mA，而在一般情况下工作电流为 110 mA，它的使用寿命特别长。

（2）光接收器。光接收器可以是光电二极管（即光敏二极管），也可以是光电三极管（即光敏三极管），如硅光敏三极管。它与光源相对应，并相隔一定距离，以使红外线光束聚焦后照射到光敏三极管上。光敏三极管的工作类似于普通三极管，不同之处是它的基极电流由光产生，因此，不必在基极上输入电信号，也无需基极引线。当光敏三极管接收到的正常光有 90% 被遮住时，光敏三极管仍能处于饱和导通状态，所以，即使发光二极管的表面受到灰尘等污染时，仍不影响正常工作。

（3）遮光盘。遮光盘一般用金属材料或塑料制成。它被安装在分电器轴上，位于分火头下面。盘的外缘上开有与发动机汽缸数相等的缺口。盘的外缘伸入光源与光接收器之间，缺口处允许红外线光束通过，其余实体部分则能挡住光束。当遮光盘随分电器轴转动时，即按一定位置产生光电点火信号。发动机各缸点火时间的精确度取决于传感器遮光盘的缺口在其盘上分布位置的精度。由于遮光盘的尺寸较大，缺口的形状简单，故其精度可以做到很高，确保各缸发火时刻所需要的点火精度。

（4）光电传感器的工作原理。图 4-60 所示为光电传感器工作原理示意图。图中的光源是一只砷化镓发光二极管，它以接近红外线的频率发出不可见光束，经过半球形透镜的聚焦，使其在遮光点的宽度约为 1.25 mm。光接收器是一只硅光敏三极管。遮光盘（信号转子叶片）开有 4 个缺口，显然它是与四缸发动机相匹配的光电传感器。

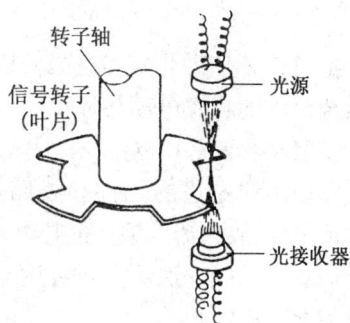

图 4-60　光电传感器工作原理示意图

其工作原理比较简单，当遮光盘随分电器轴旋转时，遮光片和缺口不断地经过光源与光接收器之间，每当遮光片转至光源与光接收器之间时，便把光源所发出的光束阻断，使其不能射入光电三极管。此时该三极管无电流通过而处于截止状态。光接收器的输出端输出高电位；而当遮光盘上的缺口通过光源与光接收器之间时，光源发光二极管所发出的光束直接照射到光接收器光电三极管上，使其有基极电流通过而处于导通状态，光接收器的输出端输出低电位。

由于光接收器的输出作为电子点火控制器的输入，所以其输出端输出电位的高低直接控制着电子点火器的工作，因而也就控制着点火系高压电火花产生的时刻。

光电式传感器不仅能准确传感发动机曲轴所处的位置，实现其基本功能，而且其工作十分可靠。它的输出信号呈方波，具有清晰、明快的特点。光电式传感器与磁电式相比，它具有明显的优点，即没有时间上的滞后现象，因为光电管的时间常数 $\tau \approx 5 \sim 7~\mu s$，也不会引起点火提前离心调节特性曲线的畸变。其输出信号不受发动机转速的影响，能使点火正时长久不变。

2. 光电式无触点电子点火电路

开关放大器的作用是把光接收器的信号电流放大，从而通过功率三极管接通和切断点火线圈的初级电流。其工作原理如图 4-61 所示。

砷化镓发光二极管 GA 为红外线光源，硅光敏三极管 C 为光接收器。发动机工作时，遮光盘随分电器轴转动，当遮光盘上的缺口通过光源时，则红外线通过缺口照射到硅光敏三极管 C 上，使其导通，T_1 也随之导通。T_1 导通后，给 T_2 提供基极电流，使 T_2 导通。T_2 导通时，T_3 由于发射极被短路而截止。T_3 截止时，T_4 由于 R_3、R_5 的分压获得偏流而导通，于是接通了点火线圈的初级电路。当遮光盘的实体部分遮住红外线时，C 截止，于是 T_1、T_2 也截止，T_3 经 R_5 获得偏流而导通。则 T_4 截止，使初级电流中断，在点火线圈的次级绕组中产生高电压。

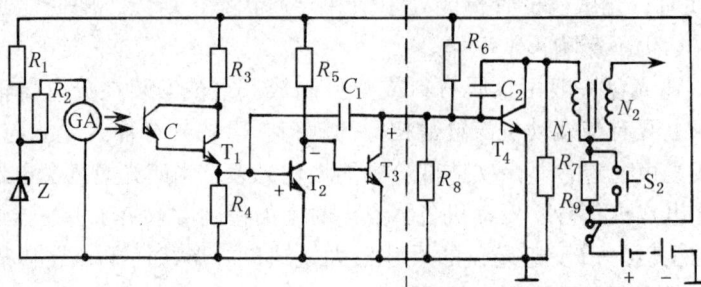

图 4 – 61　光电式点火装置的电路

稳压管 Z 使砷化镓发光二极管工作电压维持在 3 V 左右。R_7 的作用是当 T_4 截止时，给初级绕组中的自感电动势提供回路起保护 T_4 的作用。启动时，通过 S_2 可将附加电阻 R_9 短路，使启动容易。C_1 对 T_2 构成正反馈，使 T_2、T_3 加速翻转。

图中虚线左边的元件和线路做成一块混合厚膜集成电路，装在分电器内；T_4 和 C_2、R_6、R_7 装在放大器的铝质散热器外壳中。

该点火系统，次级电压可达 28 ~ 30 kV，次级电压上升时间只有 25 μs，每个火花输入能量为 50 mJ。

五、电容储能式电子点火系统

1. 电容储能式电子点火系统的组成

电容放电式电子点火系统一般由直流升压器、储能电容、开关元件（可控硅）、触发器以及点火线圈、分电器等组成。其结构原理如图 4 – 62 所示。

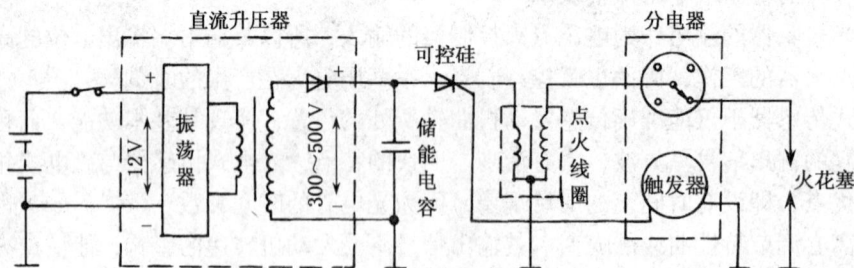

图 4 – 62　电容放电式点火系统的原理图

直流升压器：一般由振荡器、变压器和整流器三部分组成。其作用是将蓄电池 12 V 低压电变为交流电并升压，再经整流器整流为 300 ~ 500 V 的直流，向储能电容充电。

储能电容器：其容量为 0.5 ~ 2 μF，用来储存产生火花的能量。即通过充电，把点火能量以电场能的形成储存起来。

可控硅：起开关作用，在触发器的输出信号的作用下，导通储能电容器和初级绕组的放电回路。电容储能电子点火系统又称为可控硅点火系统。

触发器：其作用是规律性地产生触发信号，导通可控硅。触发器按获得触发信号的不同，可分为触点式和无触点式两类。

2. 工作原理

① 接通点火开关，直流升压器投入工作，将12 V的直流电压提高到300～500 V的直流高压，并不断向储能电容器充电。

② 发动机曲轴旋转，带动分电器轴转动，使触点反复开闭，触发器输出电压信号，导通可控硅。

③ 可控硅导通后，储能电容器经可控硅向初级线圈放电，与此同时在次级线圈中感应出20～30 kV的高压电势，使火花塞跳火，点燃混合气。

3. 电容储能式电子点火系统的特点

相比于电感储能式点火系统，它具有以下优点。

① 储能过程不受点火线圈电感的影响，储能电容充电的时间极短，可控硅的导通速率极高，因此，次级电压几乎不受发动机转速的影响。

② 次级电压上升速率高（次级电压上升时间短），因此对火花塞积炭不敏感。

③ 由于储能过程点火线圈不通过电流，点火线圈的平均电流小，故其工作温度低，寿命长。

④ 电能的消耗随发动机转速的增加而增加，怠速时电能消耗最低，这对蓄电池极为有利。

⑤ 储能过程能量损失少，故点火能量转换效率高。

相比于电感储能式点火系统，它的不足之处如下。

① 结构复杂，成本高。

② 工作时火花持续时间太短，太短的火花持续时间会造成启动及发动机低速时点火不良。可采用多个火花塞来延长火花持续时间，但相应的结构更复杂，成本更高。

电容储能式电子点火系统的这些不足，限制了它在一般的汽油机上的应用，仅适用于高速发动机，使用并不广泛。

第四节　微机控制的点火系统（ESA）

微机控制的点火系统是使用无触点电子点火系统之后，点火系的又一大进步，其特点是将点火提前角的机械调节方式改变为电子控制方式，增加了爆震控制内容，能使发动机获得最佳的燃烧，提高了发动机的动力性、经济性，减少了排放污染。在发动机控制系统中，点火控制包括点火提前角控制、通电时间（闭合角）控制和防爆震控制三个方面。

普通电子点火系统对点火时刻的控制与传统点火系一样，是靠装在分电器上的离心式和真空式点火提前装置来控制的。这两种装置由于受其机械结构及性能的限制，调节能力是有限的，很难实现点火提前角随发动机的转速、负荷、启动及怠速、水温、汽油的辛烷值、压缩比等的不同而精确调节，有时为了避免大负荷时的爆燃，不得不减小点火提前角。因而它只能使发动机在某些工况下接近于最佳点火提前角，而在其他许多工况下的点火提前角，实际上是处于过小的状态，使发动机不在最佳的燃烧状态下工作，从而影响了发动机功率的充分发挥。

由于点火时刻对发动机的动力、油耗、排放污染、压缩比、大气压力、冷却水温度、空燃比、爆燃、行驶的稳定性等都会产生直接影响。因而为了满足各种工况的要求，使发动机工作时其动力性和经济性达到最佳、排放污染最小，则必须测试大量的工况信息，并及时处理后输出相应的控制信号，以控制最佳点火时刻，显然普通电子点火系统是无法胜任的，只有采用微机及自动控制技术才能使点火时刻控制在最佳状态。

微机控制点火系统或叫电子点火提前（Electronic Spark Advance）控制系统，即 ESA，引入微机控制技术，并由单独控制系统发展成为现代的集中控制系统。使得点火时刻的控制、通电时间的控制及防爆燃的控制等，能达到比较理想的控制精度。现今，国产奥迪、桑塔纳轿车和北京切诺基吉普车等车型的发动机均采用了这种微机控制点火系统。

一、微机控制点火系统的组成和工作原理

1. 微机控制点火系统的组成

微机控制点火系统主要由各类传感器、电子控制单元（ECU）和点火执行器三部分组成。图 4-63 是有分电器的微机控制点火系统的组成示意图，图 4-64 是无分电器的直接点火系统的组成示意图。

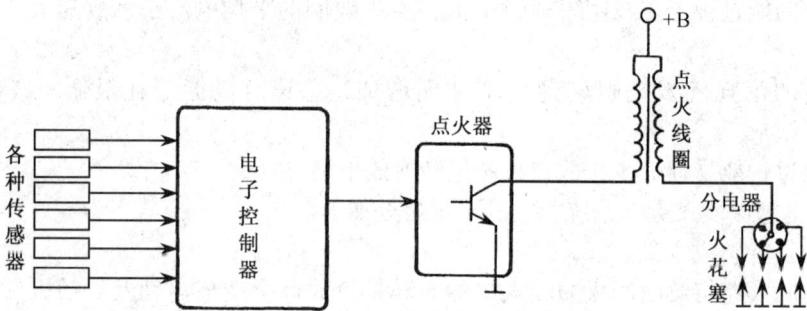

图 4-63　分电器点火系统的组成示意图

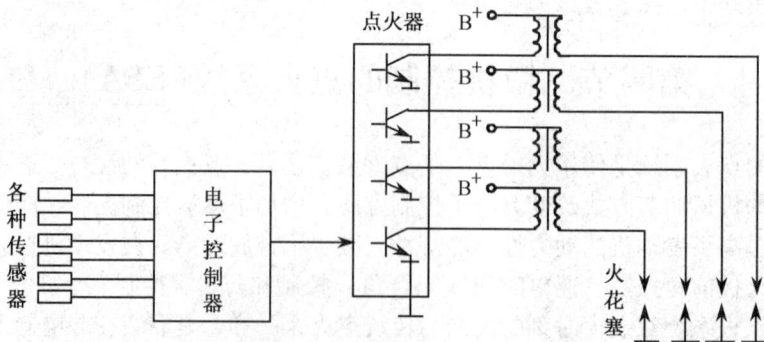

图 4-64　直接点火系统的组成示意图

图 4-65 为微机控制点火系统的组成框图。传感器是用来检测与发动机点火有关的各种工况信息的装置。点火执行器是由电子点火器、点火线圈、分电器及火花塞组成。有些发动

机无点火器，点火控制电路就在发动机 ECU 内。随着汽车生产厂家、生产年代的不同，其结构虽有所不同，但都大同小异。各部分的功能见表 4-1。

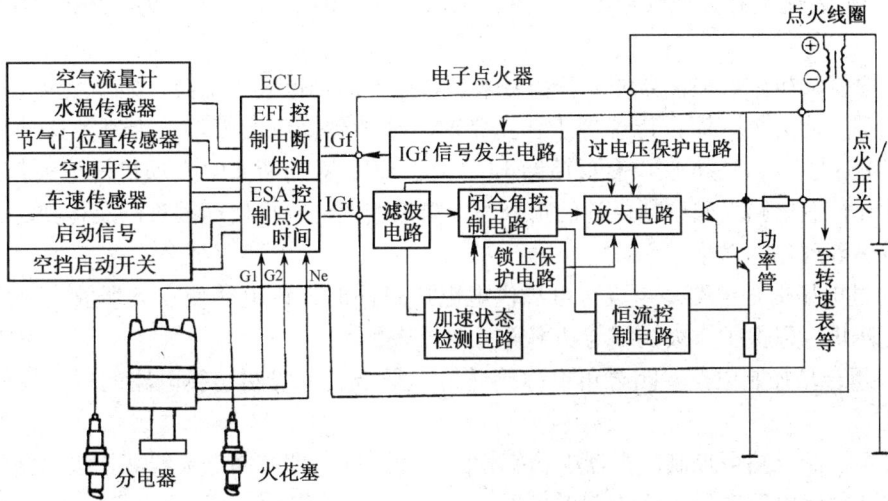

图 4-65 ESA 系统的组成框图

表 4-1 ESA 系统各组成部分的功能

组成部分			功　能
传感器		空气流量计	检测进气量
		进气（歧）管绝对压力传感器	
	分电器	Ne 信号检测线圈	检测曲轴角度（发动机转速）
		G1，G2 信号检测线圈	检测曲轴角度基准位置
		节气门位置传感器	向主 ECU 输入点火提前角修正信号
		水温传感器	检测发动机的冷却水温
		启动开关	检测发动机是否正处于启动状态
		空挡启动开关	检测自动变速器的选挡杆是否置于 N 位或 P 位
		车速传感器	检测车速，向主 ECU 输入车速信号
		空调开关 A/C	检测空调的工作状态（ON 或 OFF）
		爆燃传感器	检测发动机爆燃信号
		电源电压传感器	向主 ECU 输入电源电压信号
执行机构		电子点火器与点火线圈	根据主 ECU 输出的点火控制信号，控制点火线圈一次侧电路的通断，产生二次侧高压使火花塞点火，同时，把点火确认信号 IGf 反馈给 ECU
		发动机控制器（主 ECU）	根据各传感器输入的信号，计算出最佳的点火提前角，并向电子点火器输送点火控制信号

微机控制点火系统（ESA）主要电路：

（1）点火确认信号（IGf信号）发生电路。当点火线圈初级电流切断时，产生反电动势触发IGf信号发生电路，使其输出一个点火确认信号（IGf）给ECU。IGf信号也称为点火安全信号。

在电喷发动机中，喷油器的驱动信号来自转速与曲轴位置传感器，如果点火系统出现故障使火花塞不能点火，而该传感器工作正常时，喷油器会继续喷油。为避免这种现象的发生，当IGf信号连续3~6次没有反馈给ECU时，ECU就判断此时发动机已熄火，并向EFI系统的喷油控制电路发出中断供油的指令，以防浪费燃油，再启动困难以及行驶时三元催化转换器过热等现象的发生。

（2）过电压保护电路。当汽车电源供电电压过高时，该电路使点火器放大电路中的功率晶体管截止，以保护点火线圈与功率管。

（3）闭合角控制电路。闭合角也称接通角，是指点火线圈初级电路的通电期间曲轴转过的角度。

闭合角控制电路可控制点火器中功率管的导通时间，即控制点火线圈初级电路的通电时间，以保证次级电路产生合适的点火高压。

（4）锁止保护电路，也称发动机停转断电保护电路。如发动机熄火而点火开关仍接通，一般在点火线圈和功率管的导通时间超过预定值时，该电路控制功率管截止，切断初级电路的电流，以保护点火线圈和功率管不被烧坏，并避免不必要的电能消耗。

（5）恒流控制电路。保证在任何转速下，在极短的时间内，使点火线圈初级电流都能达到规定值（一般为6~7 A），以减少转速对次级电压的影响，改善点火性能。同时，还可防止因初级电流过大而烧坏点火线圈，这是因为ESA系统采用了高能点火线圈，其初级电路取消了附加电阻，且初级线圈电阻很小，初级电流从通电开始到断路时可达到很大值。

（6）加速状态检测电路。当发动机转速急剧上升，该电路对这种加速状态进行检测，将检测到的状态信号输送给闭合角控制电路，使其中的功率管提前导通，以增大闭合角。

2. 微机控制点火系统的工作原理

发动机运行时，ECU不断地采集发动机的转速、负荷、冷却水温度、进气温度等信号，并与微机内存储器中预先储存的最佳控制参数进行比较，确定出该工况下最佳点火提前角和初级电路的最佳导通时间，并以此向点火控制模块发出指令。

点火控制模块根据ECU的点火指令，控制点火线圈初级回路的导通和截止。当电路导通时，有电流从点火线中的初级线圈流过，点火线圈此时将点火能量以磁场的形式储存起来。当初级线圈中的电流被切断时，在其次级线圈中将产生很高的感应电动势（15~30 kV），经分电器送到工作汽缸的火花塞，点火能量被瞬间释放，并迅速点燃汽缸内的混合气，发动机完成做功过程。

此外，在带有爆震传感器的点火提前角闭环控制系统中，ECU还可根据爆震传感器的输入信号来判断发动机的爆震程度，并将点火提前角控制在爆震界限的范围内，使发动机能获得最佳燃烧。

二、点火提前角控制

在微机控制点火系统中，点火提前角按发动机启动期间与正常运行期间两种基本工况实现控制。

1. 发动机启动期间点火提前角的控制

发动机刚启动时，其转速较低（一般认为在 500 r/min 以下），且进气歧管压力信号或进气量信号不稳定。此时可由 ECU 根据所控制的发动机工作特性预置一个固定的点火提前角，称为初始点火提前角。即是说，ECU 检测到发动机处于启动期间，就按预置的初始点火提前角控制各缸点火，此时，ECU 检测的控制信号主要是发动机转速信号（Ne）和启动开关信号（STA）。初始点火提前角的设定因发动机而异，但一般为压缩行程中活塞到达上止点前 10°左右。

2. 发动机正常运行期间点火提前角的控制

发动机正常运行期间，ECU 要根据实测的有关发动机各种工况信息确定最佳点火提前角。

（1）基本点火提前角。基本点火提前角又分为怠速和正常运行两种情况。

① 怠速时的基本点火提前角。指节气门位置传感器的怠速触点闭合时所对应的基本点火提前角。其值还根据空调是否工作及发动机的怠速转速略有不同，如图 4－66 所示。

如空调工作时，随着发动机怠速转速的提高，应适当地增大点火提前角，以利于发动机运转速度的稳定，此时怠速基本点火提前角约为 8°；空调不工作时，怠速基本点火提前角约为 4°。由此可见，两种情况所对应的实际点火提前角应分别为 18°和 14°。

② 正常运行时的基本点火提前角。指节气门位置传感器怠速触点打开时所对应的基本点火提前角。该值主要是依据发动机的转速和负荷（用进气量表示）而定。发动机正常运行时，ECU 根据实测的发动机转速信号和进气流量信号（或进气歧管压力信号），在内存数据表中查找出相应的角度，该角度称为这一工况下的基本点火提前角，如图 4－67 所示。基本点火提前角随发动机转速升高而增大，随进气流量（或进气歧管压力）增加而减少。

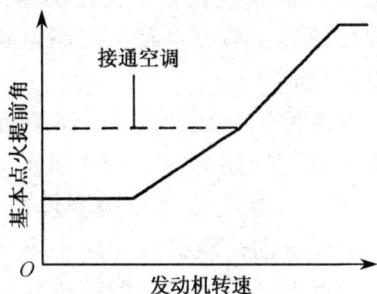

图 4－66　怠速时的基本点火提前角

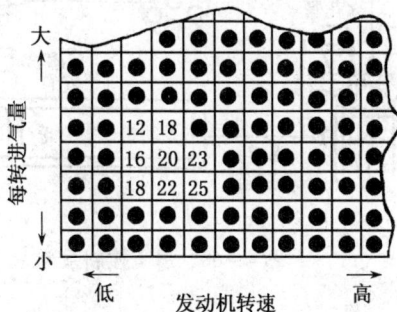

图 4－67　平常运行时的点火提前角

（2）修正点火提前角。发动机正常运行时，最佳点火提前角还与发动机冷却水温度、进气温度、混合气空燃比、爆震等诸多因素有关，因而 ECU 还要根据实测的这些信号对点火提前角进行修正。

综上所述，得到初始点火提前角与基本点火提前角后，再通过修正方可得到最终的用来进行实际控制的最佳点火提前角。即发动机正常运行期间的实际点火提前角 = 初始点火提前角 + 基本点火提前角 + 修正点火提前角。当初始点火提前角设定之后，受 ECU 控制的点火提前角只有基本点火提前角和修正点火提前角，此两项之和最大为 35° ~ 45°，最小为 -10° ~ 0°。ECU 设置有点火提前角限值调整功能。若点火提前角超过限值范围时，ECU 将把实际点火提前角调整到最大或最小允许提前角。

三、通电时间控制

对通电时间进行控制，就是对点火闭合角进行控制，闭合角的大小取决于发动机转速和电源供电电压的大小，在不同的转速、不同的供电电压下，都应保证有一定的初级断电电流。随着发动机转速的升高，应适当增大闭合角，以防止初级断电电流减小、点火线圈储能下降，造成次级电压下降而点火困难。当电源电压变化时，会影响初级断电电流的大小，当电压下降时，在相同的通电时间内初级电流所能达到的值会减小，此时应较早地将初级电路接通，即增大通电时间（闭合角）。

ESA 系统对闭合角进行控制时，主 ECU 的内存中储存了根据电源电压和发动机转速确定的点火闭合角三维数据表格。在发动机的实际工况中，ECU 通过查找这个表格内的数据，就可计算确定最佳的点火闭合角。

四、爆震控制

爆震是汽油发动机运行中最有害的一种故障现象，轻则使发动机运行不稳定，重则将导致发动机损坏。爆震与所使用的汽油辛烷值密切相关，辛烷值越低越容易引起爆震燃烧，为了避免爆震发生，应适当减小点火提前角。但是，这种点火提前角的调整难以控制。若调整值偏大，则不利于获得理想的点火时刻；若调整值偏大，则不利于获得理想的点火时刻；若调整值偏小，如遇劣质燃油或其他偶然因素，又难免发动机进入爆震区。为此，在 ESA 控制系统设置爆震控制器，它由爆震传感器、检测电路、控制电路及校正电路组成。

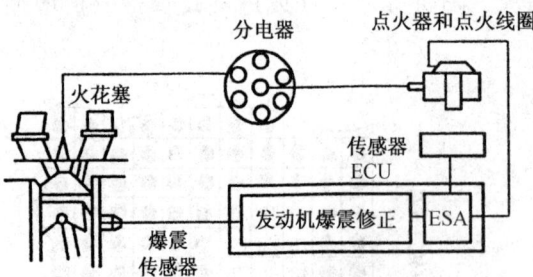

图 4 - 68 爆震控制系统

爆震控制系统如图 4 - 68 所示，它的输入处理回路如图 4 - 69 所示。爆震控制系统由爆震传感器检测爆震强度，在产生爆震前，微机自动减小点火提前角，使点火时刻保持在爆震边界曲线的附近，提高发动机的功率，降低燃油消耗，如图 4 - 70 所示。

爆震传感器的功用是把爆震时传到缸体上的机械振动转换成电压信号，输入给 ECU 作为爆震控制信号。爆震传感器大多安装在汽缸体上。常用的爆震传感器有两种：一种是磁致伸缩式爆震传感器，如图 4 - 71 所示，另一种是压电式爆震传感器，如图 4 - 72 所示。压电式爆震传感器又分共振型、非共振型和火花塞座金属垫型三种结构。

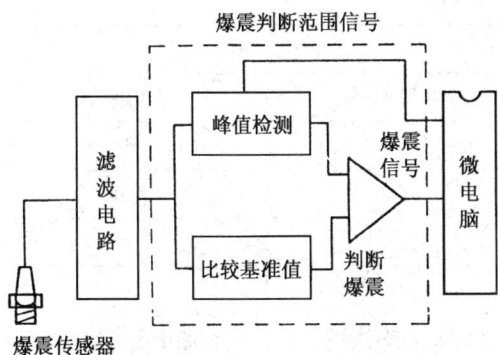

图 4-69 爆震信号的输入回路

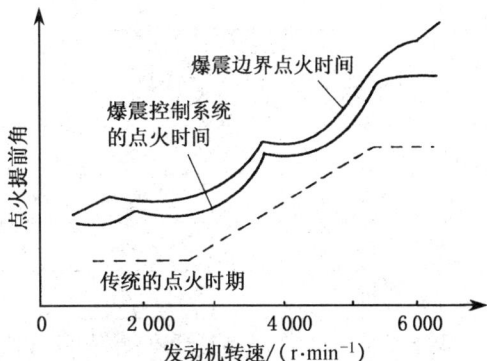

图 4-70 爆震控制的点火提前角

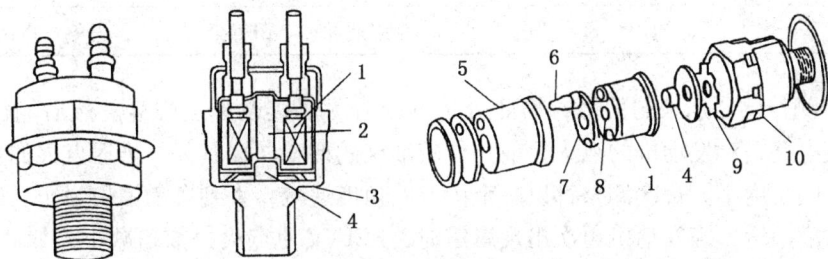

图 4-71 磁致伸缩式爆震传感器

1—线圈；2—磁芯；3—壳体；4—永久磁铁；5—软磁体壳体；6—接线端子；

7—绝缘体；8—磁致伸缩导杆；9—弹簧；10—支架

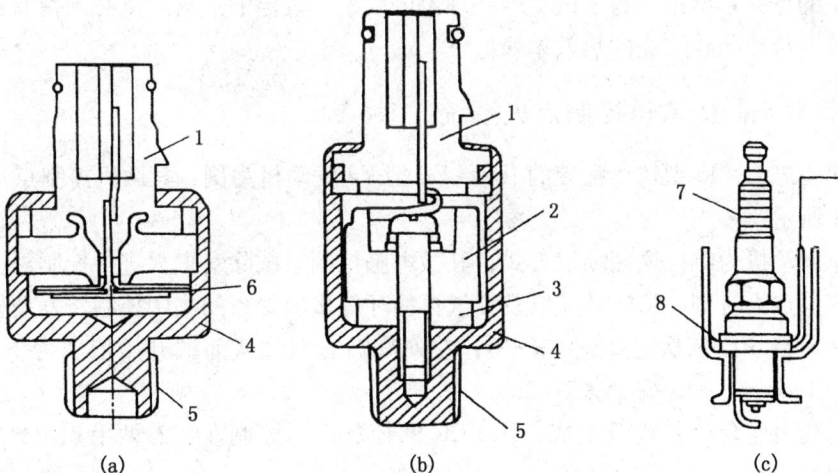

图 4-72 压电式爆燃传感器

（a）共振型；（b）非共振型；（c）火花塞座金属垫型

1—电器连接装置；2—平衡块；3—压电元件；4—外壳；5—安装螺纹部分；

6—压电元件圆盘；7—火花塞；8—爆燃传感器（每缸一个）

磁致伸缩式爆震传感器和压电式爆震传感器的优缺点比较见表 4-2。

表 4 – 2 爆燃传感器比较

项　　目	磁致伸缩式	压电式	
		共振型	非共振型
外形	稍大	小	小
结构	复杂	较复杂	简单
机电变换效率	小	大	大
阻抗	小	大	大
爆燃信号判别	传感器输入信号可识别	传感器输入信号可识别	回路中需要滤波器
调整	需调整共振点	需调整共振点	不需要调整共振点
适应性	随发动机而变	随发动机而变	可适用于各种发动机
采用的汽车厂家	通用、日产等公司	克莱斯勒、丰田等公司	三菱、雷诺等公司

ECU 检测传感器送来的信号，据此分析判断有无爆震及爆震强度。然后输出相应的指令控制校正电路，对发动机的点火提前角作较准确的调整。爆震强，推迟点火的角度大；爆震弱，推迟的角度小。每次调整都以一个固定的角度递减，直到爆震消失为止。而后又以一个固定的角度递增，当发动机再次出现爆震时，ECU 又使点火提前角减小，如此不断调整。这是一种"临界控制"方式，它可使发动机接近爆震区而又不进入爆震区，如图 4 – 70 所示，此时缸内燃烧的热效率最高。

点火系统采用爆震控制后，可使得不同转速下点火时刻的控制达到较理想的程度。在没有爆震控制的点火系统中，为了避免爆震现象的发生，设定的点火时刻必须留有离开爆震区的足够余量，从而导致燃烧的热效率降低。

五、有分电器的微机控制点火系统

以丰田凌志 LS400 型轿车配装的 IUZ – FE 型 V8 发动机为例，其微机控制点火系统电路如图 4 – 73 所示。

该轿车发动机为电控燃油喷射方式，其微电脑控制系统除对点火进行控制外，还同时实现对汽油喷射点火时刻、怠速转速以及废气再循环等多项参数的集中控制。发动机的右列汽缸的编号从前端开始依次为 2—4—6—8；左列汽缸的编号从前端开始依次为 1—3—5—7，点火顺序为 1—8—4—3—6—5—7—2。

点火系统由两套点火装置组成，在 ECU 的控制下，控制左、右两上点火线圈的工作，控制原理左右相同。

两个点火基准传感器分别安装在左、右凸轮轴上，称为凸轮轴位置传感器。左（1 号）凸轮轴传感器的信号 G_1、右（2 号）凸轮轴传感器的信号 G_2，输入微电脑 ECU 内作为点火的基准信号。

曲轴位置传感器用来检测发动机转速信号，安装在曲轴端，转速信号（NE）也送入ECU。为便于分析，现将图 4 – 73 电路化简，并给出部分器件的内电路控制关系，其简图如图 4 –74 所示。

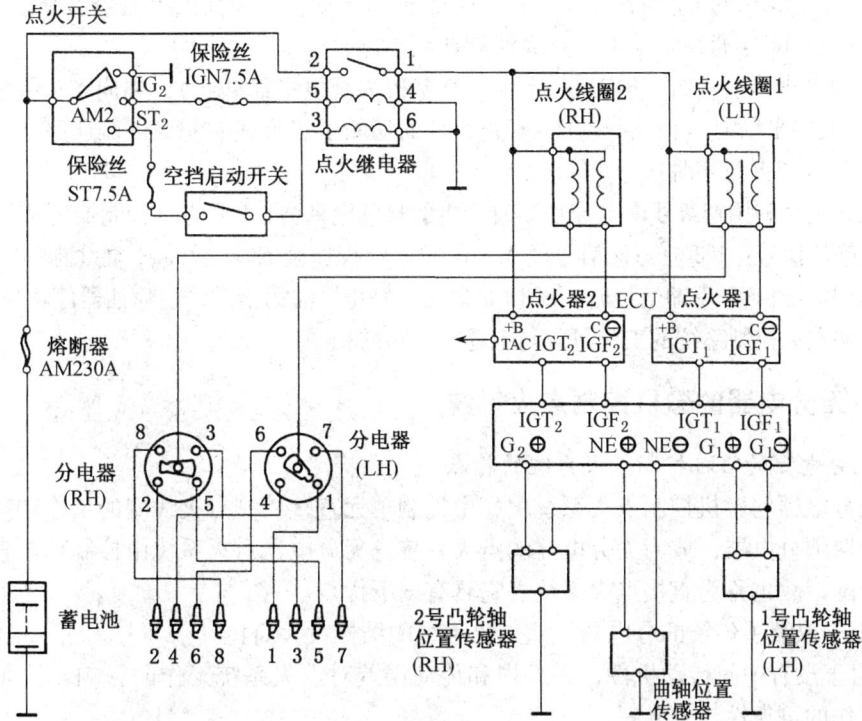

图 4-73　丰田凌志 LS400 型轿车微电脑点火系统图

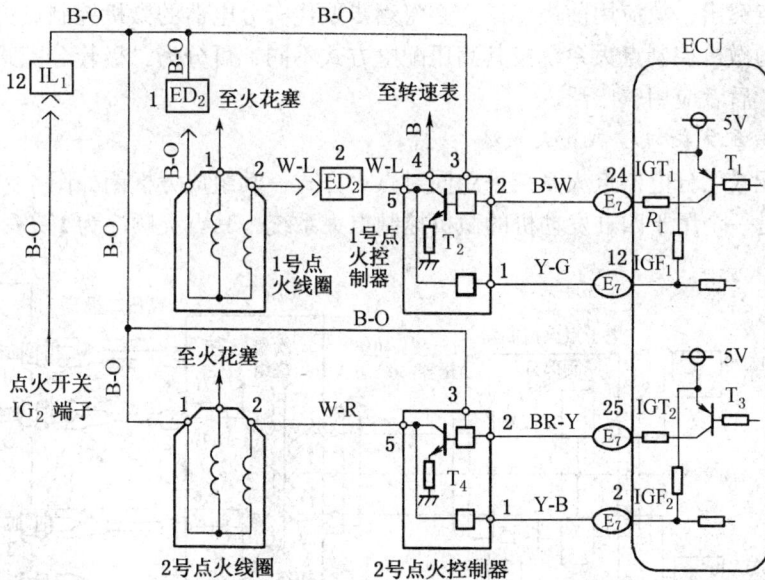

图 4-74　点火控制器简化电路图

以 1 号点火控制系统为例，正常工作时，ECU 根据 NE、G_1、G_2 信号，空气流量计信号，进气温度和水温信号，启动信号等确定点火提前角。在理想点火提前角前某一预定角接通三极管 T_1（其基极得到一低电平而导通）。这样，+5 V 电源就将通过 T_1 导通的 $e-c$ 结，

限流电阻 R_1、ECU 的 E_7 插件㉔脚、B–W 颜色的导线、1 号点火控制器②脚加至 T_2 的基极，使三极管 T_2 导通，于是 1 号点火线圈初级电路接通。

当达到点火提前角时，ECU 关断 T_1（其基极为高电平而截止），并向点火控制器 1 输出一个 IGT_1 低电平信号。该信号使 T_2 截止，从而切断了点火线圈初级电流通路，并在次级线圈中产生高压使火花塞跳次。

与此同时，利用初级线圈电流切断时产生的自感电动势，1 号点火控制器还从其①脚输出一个点火确认信号（IGF_1），该信号经 Y–G 颜色导线加至 ECU 插件 E_7 的⑫脚进入 ECU 内。当 ECU 接收不到 IGF 反馈信号时，ECU 立即发出停止喷油的指令，使喷油器停止喷油。

第 2 路点火控制系统的工作过程与上述第 1 路的相同。

六、无分电器的微机控制点火系统

1. 无分电器的微机控制点火系统的特点

在无分电器的微机控制点火系统中，由控制单元直接控制点火线圈的工作和高压电的分配，可以取消分电器，成为无分电器的点火系统。无分电器点火系统由控制单元直接控制高压电的分配，故也称为直接点火系统。它具有以下优点。

① 由于取消了传统的分电器，使点火系统的结构大大简化。

② 由于没有中间传动机件，无磨损和传动误差对点火系统工作的影响，从而提高了点火系统工作的可靠性。

③ 消除了由分电器盖和分火头之间的火花造成的无线电干扰和能量损失。

④ 避免了 O_3、N_x 酸等类物质以及潮湿对点火系统工作的影响。

由于其优点突出，故应用前途广泛，必将逐步取代有分电器的微机控制点火系统。

无分电器的微机控制点火系统按其高压配电方式不同，可分为二极管分配式和点火线圈分配式两大类，后者应用较广泛。

2. 二极管分配式微机控制点火系统

二极管分配式无分电器点火系统采用同时点火方式，其组成方框图如图 4–75 所示。

图 4–75 是一个用于四缸发动机的微机控制点火系统，其点火顺序为 1—3—4—2。

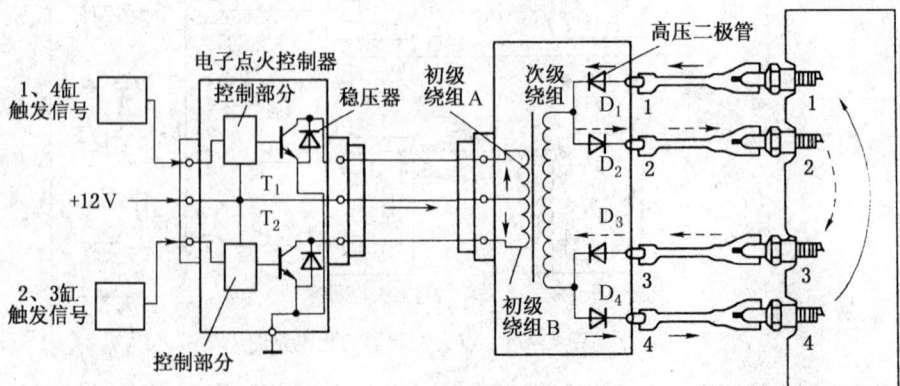

图 4–75 二极管分配式微机控制点火系统组成方框图

当微机控制点火系统接收到曲轴位置传感器送来的相应信号，经处理后向点火控制器发出触发点火信号，控制器的控制回路输出一低电平加至三极管 T_1 基极使其截止，致使点火线圈初级绕组 A 中的电流被切断，在次级绕组中感应出下正、上负的高压电，其电流回路为：点火线圈次级绕组下正端→二极管 D_4→第 4 缸火花塞→搭铁→第 1 缸火花塞→二极管 D_1→点火线圈次级绕组上负端，如图 4 - 75 中实线箭头所示。

上述这一电流回路，使第 1、第 4 缸火花塞均跳火。此时 1 缸接近压缩终了，混合气被点燃，而 4 缸正在排气，火花塞点空火。

当曲轴转过 180°后，ECU 接到传感器信号后再次向点火控制器发出触发信号，控制器的控制回路输出一低电平加至三极管 T_2 基极使其截止，致使点火线圈初级绕组 B 中的电流被切断，在次级绕组中感应出上正、下负的高压电，其回路为：点火线圈次级绕组上端正电压端→二极管 D_2→第 2 缸火花塞→搭铁→第 3 缸火花塞→二极管 D_3→点火线圈次线绕组下端负电压端，如图 4 - 75 中虚线箭头所示。

上述这一电流回路，使第 2、第 3 缸火花塞均跳火，此时第 3 缸点火做功，第 2 缸火花塞点空火。依此类推，当发动机曲轴转两圈时，发动机各缸做功一次。

3. 点火线圈分配式微机控制点火系统

该系统是将来自点火线圈的高压电直接分配给火花塞。这种点火系统具有同时点火和单独点火两种形式。

（1）同时点火式。同时点火无分电器式微机控制点火系统又称 DLI 系统，其典型的组成方框图如图 4 - 76 所示。

所谓同时点火，也就是用一个点火线圈对到达压缩和排气上止点的两个汽缸同时进行点火，处于压缩的汽缸，混合气被点燃而做功，正在排气的汽缸火花塞则点空火。

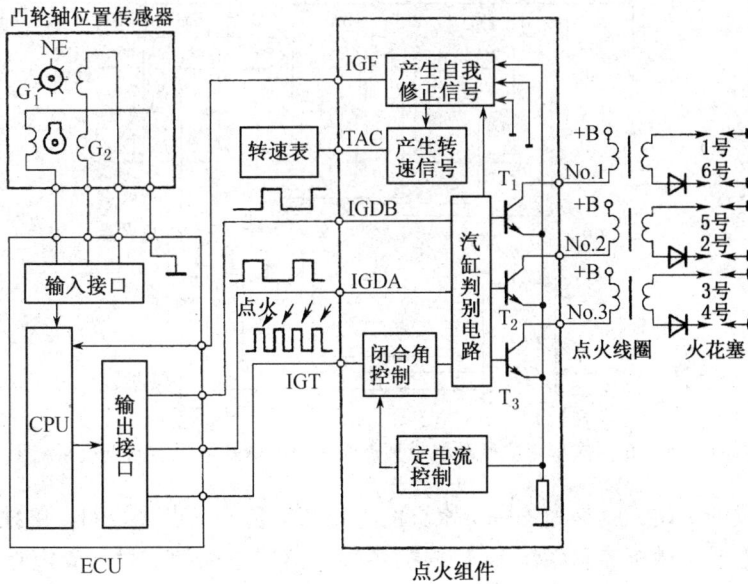

图 4 - 76　DLI 系统组成方框图

ECU 根据凸轮轴位置传感器信号，选择应点火的汽缸，并将点火信号送给点火组件，使相应的开关三极管 $T_1 \sim T_3$ 中的某一只截止或导通，于是相应的点火线圈直接向火花塞输出高压电。

（2）单独点火式。单独点火无分电器式微机控制点火系统的方框图如图 4 - 77 所示。图 4 - 78 是日产汽车六缸发动机上使用的单独点火无分电器式微机控制点火系统。图 4 - 79 是奥迪汽车 5 缸发动机上使用的单独点火无分电器式微机控制点火系统。

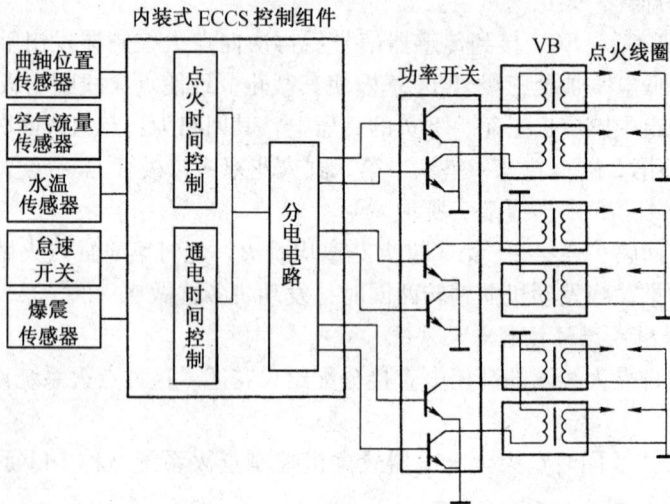

图 4 - 77　单独点火无分电器式微机控制点火系统方框图

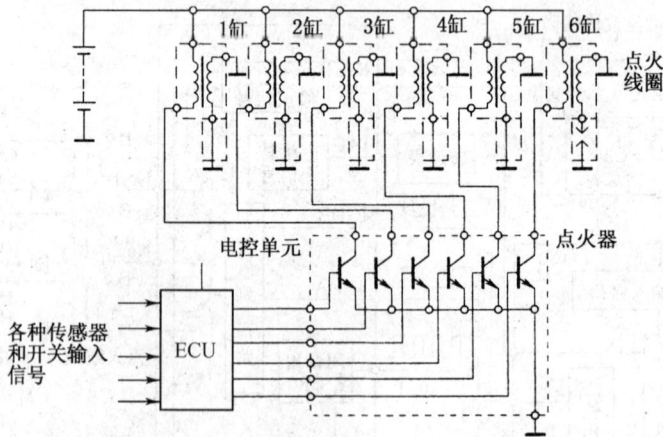

图 4 - 78　日产汽车六缸发动机单独点火无分电器式微机控制点火系统图

单独点火式的实质，就是为每一个汽缸的火花塞配备一个点火线圈，单独直接地对每个汽缸点火。工作时，微机控制系统 ECU 根据各种传感器送来的信号，确定点火时间，并将点火正时信号送至分电电路。由分电电路按预先设定的顺序输出控制信号加至点火线圈初级电流驱动电路，由该电路切断相应点火线圈的初级电流。次级线圈中感应出的高压电加至相应汽缸火花塞使其放电产生电火花点燃混合气。

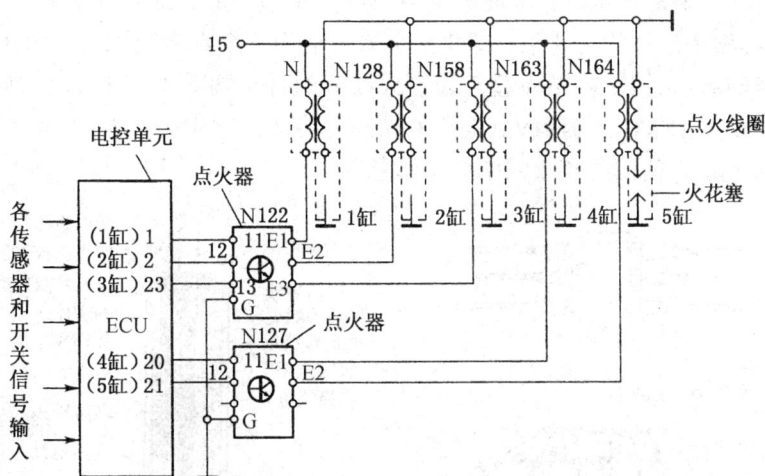

图 4-79　奥迪汽车五缸发动机单独点火无分电器式微机控制点火系统图

单独点火式无分电器微机控制点火系统由于取消了高压线，故其能量损失小、效率高和电磁干扰少，在各种进口汽车上应用较多。虽然不同车型所使用的元器件有所不同，但工作原理基本相同。

4. 奥迪 V6 发动机无分电器式微机控制点火系统

（1）组成。图 4-80 是奥迪 V6 发动机无分电器式微机控制点火系统组成示意图。它主要由微机控制的各种传感器（如转速传感器、曲轴位置传感器、负荷传感器以及爆震传感器等）、控制单元、专用点火线圈、点火控制模块以及火花塞等组成。

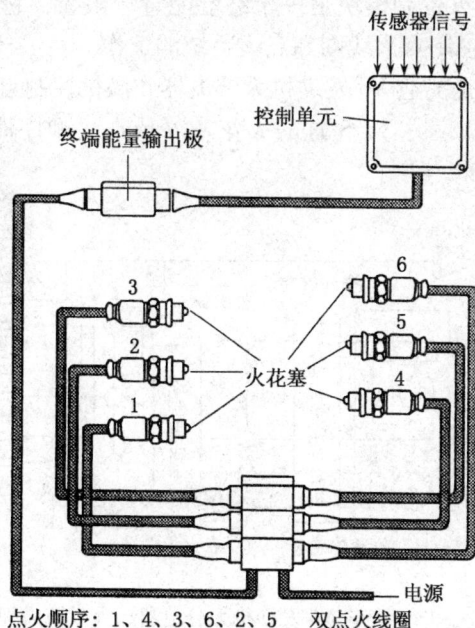

图 4-80　奥迪 V6 发动机点火系统组成示意图

① 点火线圈。在无分电器的点火系统中,点火线圈一般为双点火线圈。点火线圈次级绕组两端分别接两个汽缸的火花塞,即每两个汽缸使用一个点火线圈。奥迪 V6 发动机使用了 3 个双点火线圈,它们安装在一起成为点火线圈组件,如图 4 - 81(a)所示。图 4 - 81(b)是日本丰田皇冠轿车上使用的点火线圈结构示意图。图 4 - 81(c)是美国福特汽车公司 3.8LSC 型发动机上使用的点火线圈结构示意图。

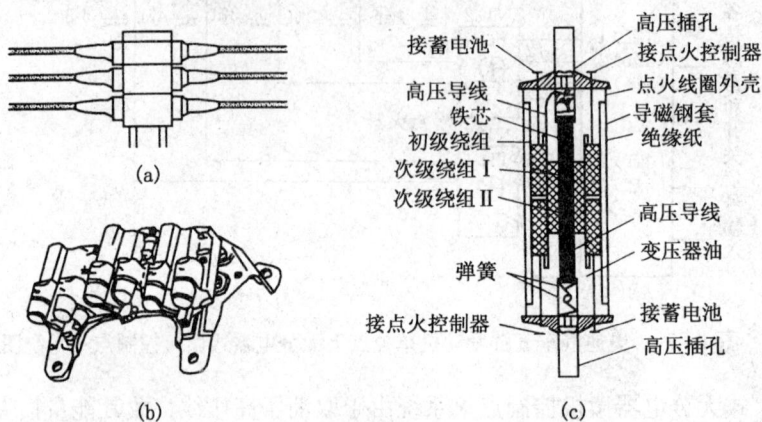

图 4 - 81 几种点火线圈结构示意图
(a)奥迪 V6 发动机点火线圈;(b)丰田皇冠轿车点火线圈;(c)福特 3.8LSC 发动机点火线圈

还有一种分体式点火线圈,即单独点火式无分电器式微机控制点火系统中使用的点火线圈,它是给每缸火花塞均配一个小型点火线圈,它不使用高压导线,直接将点火线圈安装在火花塞上,故进一步简化了点火系统的结构,提高了点火系统的工作可靠性。

② 点火控制模块。点火控制模块是一个终端能量输出级,它将控制单元发出的点火控制信号进行功率放大,并控制点火线圈和点火系统的工作。

(2)原理。图 4 - 82 是奥迪 V6 发动机无分电器式微机控制点火系统原理示意图。三个双点火线圈分别接 1、6、2、4、3、5 缸的火花塞(依点火顺序而定)。与同一个点火线圈相连的两个火花塞串联工作。

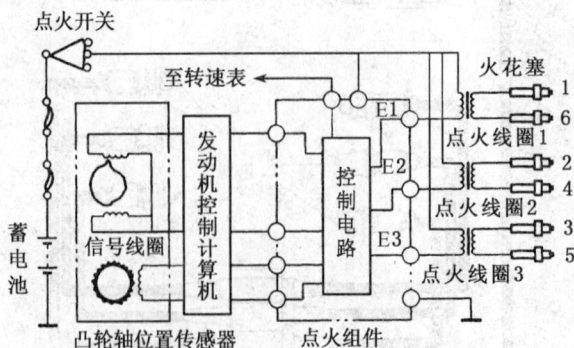

图 4 - 82 奥迪 V6 发动机无分电器点火系统原理图

发动机工作时,当 1 缸处于压缩行程上止点时,6 缸处于排气行程上止点,在 1 缸火花塞跳火瞬间，6缸火花塞也跳火，即两缸火花塞同时跳火。但是，6缸活塞处于排气行程接近终了位置，汽缸内压力接近大气压力，在高压电的作用下火花塞电极间隙容易被击穿产生电火花，但不点燃混合气，因此在处于排气行程的汽缸中，其火花塞间隙中的电火花此时不起作用，称为废火或空火。

处于排气行程的火花塞跳火时，只需要1 kV左右的高电压，且在火花塞间隙击穿后阻力大大减小，绝大部分高压电作用在处于压缩行程汽缸的火花塞上。因此，废火的存在对点火和发动机的工作并无影响。

发动机工作时，控制单元按存储在存储器中的点火控制程序，根据发动机转速、负荷、温度以及曲轴位置传感器的信号，计算出该工况下的最佳点火提前角和初级电路导通时间，并将计算结果转变为控制信号，通过点火控制模块控制点火线圈的通、断，则处于压缩行程汽缸的火花塞点火做功，处于排气行程汽缸的火花塞虽有火花，但不点燃混合气，而且两缸火花电流的方向相反。

为了防止在初级电路接通瞬间的感应电动势产生误点火，有些车型在火花塞电路中还串接有高反压二极管，如图4-83所示，利用二极管的单向导电性来防止误点火。

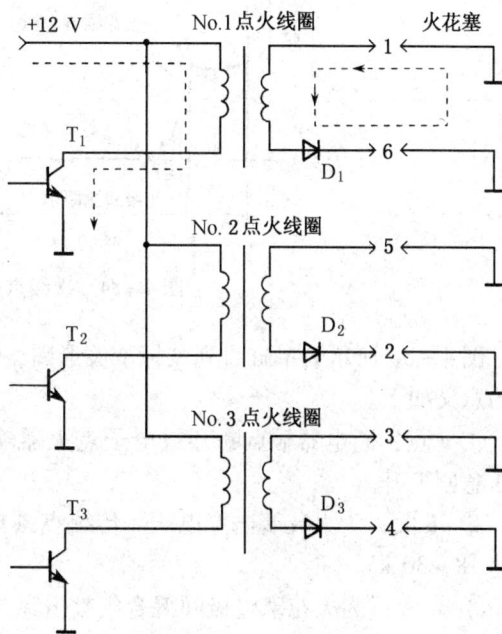

图4-83 串接高反压二极管的点火电路示意图

第五节 点火系统检测与故障诊断

无论是传统触点式点火系统还是无触点电子点火或计算机控制的点火系统，都是由点火线圈通过互感作用把低压电转变为高压电，通过火花塞跳火点燃混合气做功的。点火系统低压部分、高压部分的变化过程是有规律的。因此，把实际测得的点火系统点火电压波形与正常情况下的点火电压波形进行分析比较，仍可判断点火系统技术状况好坏及故障所在。

目前，对点火系统进行检测主要是利用仪器分析点火线圈初次级电压波形（主要是次级电压波形），进而判断点火系统的工作情况，以及测试点火提前角等。所用仪器一般是汽车专用示波器或发动机综合性能分析仪。

一、次级电压标准波形分析

点火线圈相当于一个变压器。在初级线圈周期性通电和断电的过程中，初、次级线圈都因电流变化而感应电动势，而初、次级电压随时间变化的规律也是相似的。因为次级电压对发动机正常工作至关重要，所以重点分析次级电压的波形。

次级电压的标准波形如图4-84所示。

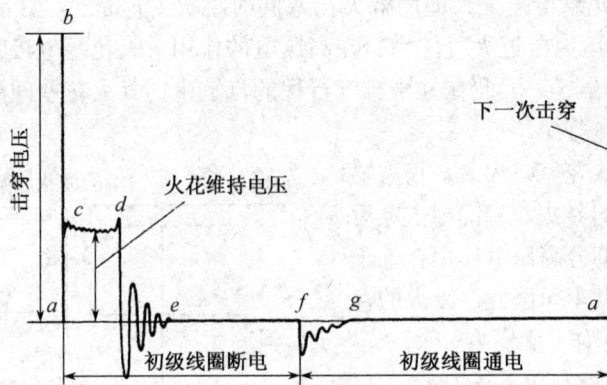

图 4 - 84　次级点火电压的标准波形

图 4 - 84 所示为单缸直列波标准波形图，它反映了一个汽缸点火工作的情况，波形上各点的意义如下。

① a 点：断电器触点断开或电子点火器输出断开，点火线圈初级突然断电，导致次级电压急剧上升。

② ab 段：为火花塞击穿电压。传统点系击穿电压为 15 ~ 20 kV，电子点火系击穿电压可达 18 ~ 30 kV。

③ cd 段：为火花塞电极间混合气被击穿之后，维持火花放电所需电压，一般为几千伏。这段波形称为"火花线"。火花线应具有一定的高度和宽度，它反映了点火能量的大小，也是保证可靠点火的重要条件。

④ de 段：火花消失，点火线圈中剩余磁场能量在线路中维持一段衰减振荡。此段称为第一次振荡波。振荡结束后，电压降到零。

⑤ f 点：断电器触点闭合，或电子点火器输出导通，使点火线圈初级电路有电流通过，初级电流开始增加，引起次级电压突然增大。需要注意的是：在 a 点初级电流是急剧减小的，而在 f 点初级电流是逐渐增加的，所以这两点次级电压的方向相反，且大小也不相同。此时产生一个反向电压。

⑥ fg 段：因初级电流接通而引回路电压出现衰减振荡。这段称为第二次振荡。振荡消失后，电压恢复到零。

⑦ 在整个波形中，从 a 到 f 段对应于初级电流不导通、次级线圈放电阶段，即断电器触点打开的全部时间；从 f 到 a 段对应于初级电流导通，线圈储能阶段，即断电器触点闭合的全部时间。

二、次级电压的故障波形分析

1. 单缸次级电压的故障波形分析

如果所测波形曲线与标准波形有差导，说明点火系出现故障，所以我们可以通过分析次级电压的波形来判断点火系统可能的故障。

图 4 - 85 给出了较常见的一些故障波形，下面对这些故障波形进行分析（请注意图中箭头所指处）。

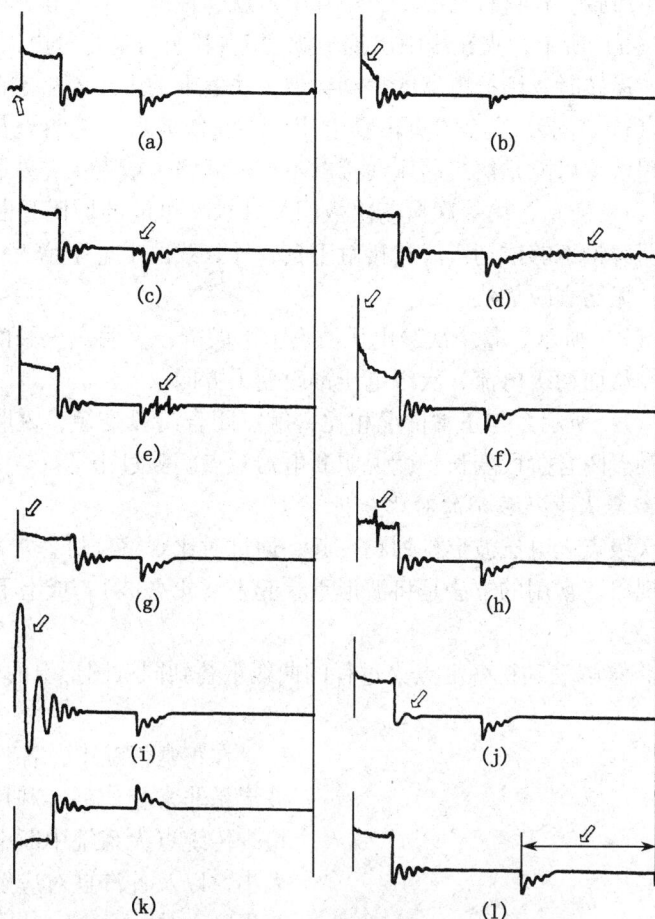

图 4 - 85　几种次级电压故障波形

① 如图 4 - 85（a）所示，断电高压产生之前出现小的多余波形，说明断电器触点接触面不平，在完全断开之前有瞬间分离现象，引起电压抖动。

② 如图 4 - 85（b）所示，火花线变短，很快熄灭，说明点火系统储能不足。可能是供电电压偏低，或初级电路导线接触不良造成的。

③ 如图 4 - 85（c）所示，第二次振荡波形之前出现小的杂波，可能是由断电器触点接触面不平，在完全闭合之前有不良接触所致。

④ 如图 4 - 85（d）所示，在触点闭合阶段，存在多余的小的杂波，可能是初级电路断电器触点搭铁不良，或各连接点接触不良，引起小的电压波动。

⑤ 如图 4 - 85（e）所示，第二次振荡波形存在严重的杂波，这一般是由于断电器触点臂弹簧弹力太弱，使触点闭合瞬间引起弹跳所致。

⑥ 如图 4 - 85（f）所示，击穿电压过高，且火花线较为陡峭，这可能是火花塞间隙太大，或次级电路开路等所引起。火花塞间隙越大，所需击穿电压越高，而且往往没有良好的放电过程。

⑦ 如图 4 - 85（g）所示，击穿电压和火花线都太低，且火花线变长，这可能是火花塞

间隙太小或积炭严重所致。在这种情况下，击穿电压就会很低，而火花放电时间则较长。

⑧ 如图4-85（h）所示，火花线中出现干扰"毛刺"，可能是分电器盖或分火头松动。这样，在发动机高速运转时，因分电器的振动会使火花塞上的电压不稳定而出现抖动。

⑨ 如图4-85（i）所示，完全没有击穿电压和火花线波形，说明火花塞未被击穿，也就没有火花放电过程。这可能是次级高压线接触不良或断路，或者火花塞间隙过大。

⑩ 如图4-85（j）所示，第一次振荡次数明显减少，可能的原因是断电器触点并联的电容器漏电、电容器容量不够或初级线路接触不良，导致线路上电阻增大，耗能增加，火花熄灭后剩余能量小，振荡衰减加快。

⑪ 如图4-85（k）所示，整个次级电压波形上下颠倒，说明点火线圈初级两端接反或将电源极性接反了。从而初级电流、次级电压都改变了方向。

⑫ 如图4-85（l）所示，与正常情况相比，触点闭合阶段变短，说明断电器触点间隙过大了。反之，若触点闭合阶段变长，就说明断电器触点间隙过小了。

2. 不同汽缸次级点火电压波形的对比分析

若将不同汽缸次级点火电压波形排列在一起，通过对比观察分析，常常可以发现某些汽缸点火方面的故障现象。常用的方法是将波形重叠起来（重叠波），或上下排列（并列波），或左右排列（平列波）。

（1）重叠波。将多缸发动机各缸点火过程的曲线重叠到同一图形上的波形。如图4-86所示。

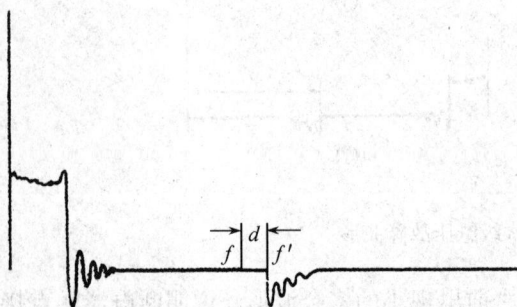

图4-86 次级电压的重叠波形示意图

在正常情况下，各汽缸次级点火电压波形是非常相似的。利用重叠波，主要是检查传统点火系统中断电器触点闭合角的大小，以及各汽缸对应触点闭合时刻的分离程度，从而间接判断分电器凸轮磨损情况。

图4-86中用两种不同的线条表示了触点闭合时刻最早和最晚的两个波形，其他各缸波形介于这二者之间。

在标准重叠波中，触点闭合段应占全部波形周期的比例如下。

四缸发动机：45% ~50%；

六缸发动机：63% ~70%；

八缸发动机：643% ~71%。

若闭合段太短，即闭合角太小，一般是触点间隙过大造成的，它将导致点火储能不足。反之，若闭合段过长，闭合角过大，则在发动机低速时，点火线圈可能会发热。

此外，要求闭合段波形的变化范围（图4-86中的 d 部分）不应超过波段长度的5%。否则说明分电器凸轮角不规则，或分电器轴松旷。

（2）并列波。将各缸的次级电压波形按点火顺序从下到上排列的波形，即为并列波，如图4-87所示。

将发动机稳定在怠速，若某一缸高压很高或轻抖一下加速踏板，高压峰值上升很高，则说明火花塞加速性能不好，应更换。此种波形所反映的故障及测量的项目与相应的初级波形一致，因此无特殊需要可不予检测。

（3）平列波。将各缸的次级电压波形按点火顺序依次排列的波形，即为平列波，如图4-88所示。

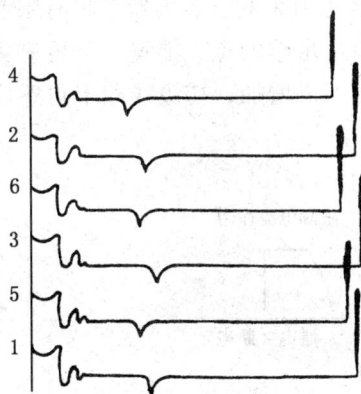

图4-87　标准点火高压并列波

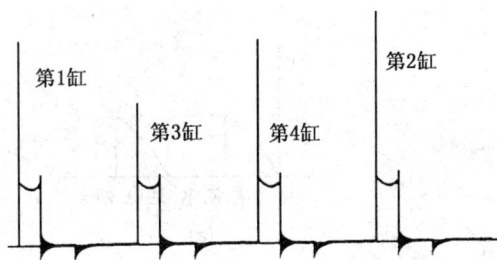

图4-88　点火次级电压的平列波

通过各缸的波形对比，很容易观察到某汽缸点火状况是否正常。例如图中第3缸击穿电压太低，说明该汽缸火花塞电极间隙太小，或绝缘体有裂纹。反之，若图中第2缸击穿电压过高，说明该缸火花塞电极间隙太大或已经烧坏。当取下某缸的高压分线后，该缸击穿电压应立即升至20 kV以上才正常。否则说明点火线圈性能不好，或分电器、高压线有漏电。

三、初级电压的标准波形及故障波形分析

通过对初级点火电压的波形分析，也可大致判断点火系的工作状况是否正常，或存在某些可能的故障。

1. 初级电压的标准波形

点火系统初级与次级电压随时间变化的规律是类似的。不过初级电压的标准波形与点火系的结构有一定的关系，这种区别如图4-89所示。

对于传统点火系统，在断电器触点刚断开后，由于触点并联电容的存在，会在初级回路中形成高频衰减振荡（图4-89（a）的$a-c$段）。而对于电子点火系统来说，由于没有触点并联的电容，所以不存在这一振荡过程，其波形与次级电压波形更相似。$a-b$段电压并不高，一般只有150～200 V。

图中$c-d$段与次级电压标准波形

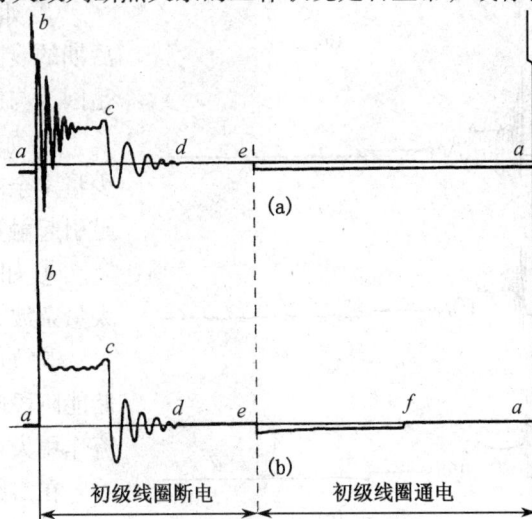

图4-89　初级电压波形
（a）传统点火系统；（b）电子点火系统

（图4-89）中 $d-e$ 段是对应的。在这段时间内，火花消失后的残余能量在点火线圈初、次级内同时产生衰减振荡。

在 e 点，由于触点闭合初级线圈导通，初级电流开始增加，所以在线圈中感应电压与断电阶段的方向相反。

对于某些电子点火系统，反向电压到 f 点就消失了，这是因为电子点火器多具有限制初级电流的作用，如图4-90（b）所示。目的是既要保证储存足够的点火能量，又可避免低速时电流过大而线圈发热。这样，当初级电流达到 I_P 时便不再增加，初级线圈不再感应电动势。

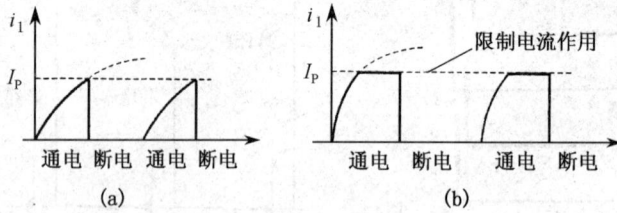

图4-90　点火系统初级电流波形

（a）传统点火系统；（b）电子点火系统

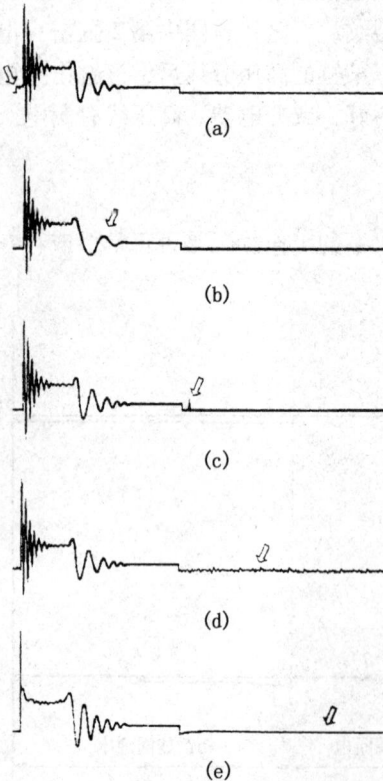

2. 初级电压故障波形

通过观察初级电压波形也可分析点火系统可能的故障，图4-91所示，为初级电压的故障波形（注意图中箭头所指处）。

① 如图4-91（a）所示，在断电器触点开启时出现大量杂波，是因为触点严重烧蚀而造成的。

② 如图4-91（b）所示，初级电压波形在火花后期的衰减振荡次数明显减少，幅值变低，这一般是因为与触点并联的电容漏电所造成的。

③ 如图4-91（c）所示，在触点闭合阶段出现少量多余的杂波，这往往是因为触点臂弹簧弹力不足引起触点闭合时产生意外跳动而造成的。

④ 如图4-91（d）所示，在触点闭合阶段出现大量杂波，一般是由于触点接地不良而引起的。

⑤ 如图4-91（e）所示，电子点火系统在通电储能阶段电压没有上升，说明电子点火器电路的限流作用失效。

在实践中可能会遇到很多不同形状的故障波形，只要掌握了点火系统的基本工作原理，就不难根据故障波形作出相应的分析判断。

图4-91　初级电压的故障波形

四、点火提前角的测试

发动机内可燃混合气的燃烧是需要一定时间的。从火花塞开始点火，到燃气烧完，需要2~3 ms。为了使活塞到达上止点时，混合气已经充分燃烧，以便发出最大功率，显然应使活塞到达上止点之前点火。

点火正时指正确的点火时间，一般用点火提前角表示。从点火开始到活塞到达上止点为止，在这段时间内，曲轴转过的角度称为点火提前角。点火提前角对发动机的动力性、经济性和排放性能有很大影响，因此应重视对发动机点火提前角的检测。

最佳点火提前角并非定值，而是应随转速负荷和汽油辛烷值的改变而变化。在传统点系中，点火提前角随转速的变化是通过分电器中的离心提前机构控制；随负荷的变化由真空提前机构调节；而随汽油辛烷值的变化则是在静态条件下，通过调整分电器壳与分电器轴的相对位置而实现的。在现代电子点火系统中，尤其是无分电器点火系统（DIS）中，转速和负荷相对应的点火提前量是由微处理器根据发动机转速传感器、节气门位置传感器，以及进气真空度、凸轮位置和水温等信号，从预先存储的数据中选定最佳点火提前角，再由微处理器向电子点火器发出指令送到各汽缸的点火线圈。

凭经验可以对发动机的点火正时进行粗略检查并校正，但点火提前角的精确检测必须借助于仪器。常用的检测方法有频闪法和缸压法。

1. 频闪法

用频闪法检测点火提前角使用的点火正时仪又称为正时灯，如图4-92所示。

点火正时仪由闪光灯、传感器、整形装置、延时触发装置和显示装置构成，其基本工作原理建立在频闪原理的基础上。即：如果在精确的确定时刻，用一束短暂（约1/5 000 s）的且频率与旋转零件转动频率相同的光脉冲，照射相对转动的零件，由于人们视力的生理惯性，似乎觉得零件是不转动的。

点火正时仪工作原理：在发动机飞轮或曲轴带轮上，一般都刻有正时标记，在与之相邻的固定机壳上也刻有标记。曲轴旋转至活动标记与固定标记对齐时，第一缸活塞刚好到达上止点。

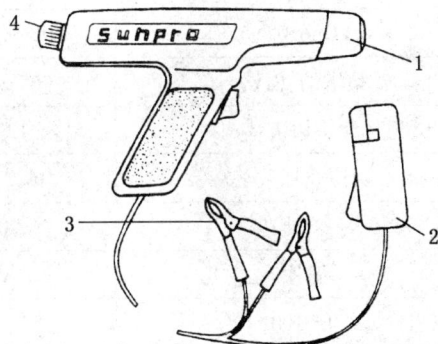

图4-92 正时灯
1—闪光灯；2—点火脉冲传感器；
3—电源夹；4—电位计旋钮

如果用第一缸的点火信号触发闪光灯，并使之发出短暂光脉冲，当用闪光灯照射刻有活动定时标记的飞轮或曲轴及带轮时，若发动机转速稳定，则活动标记与闪光灯闪光在光学上是相对静止的，活动标记似乎不动。当闪光灯在第一缸点火信号发生的同时闪光时，一缸活塞尚未到达上止点，活动标记与固定标记尚未对齐，此时两标记之间所对应的发动机曲轴转角即为点火提前角，如图4-93所示。

检测方法：检测时，先接上正时灯，再把点火脉冲传感器串接在一缸火花塞与高压线间或卡在一缸高压线上（感应式传感器），擦拭飞轮或曲轴带轮使之清晰显露出正时标记。使发动机在怠速工况下运转，打开正时灯并使之对准正时标记，调整电位计旋钮，使活动标记

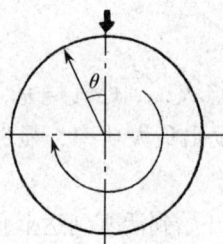

图4-93 飞轮及壳上的标记
和点火提前角

与固定标记对齐，此时所显示的读数即为怠速工况下的点火提前角。用同样的方法可测出不同工况下的点火提前角。

发动机怠速运转时，离心式和真空式点火提前装置未起作用或起作用很小，此时测得的点火提前角为初始提前角。测出的各工况下的点火提前角若符合规定，说明初始点火提前角调整正确，同时说明离心式和真空式点火提前装置工作正常。也可对各种工况下的离心提前角和真空提前角进行测试。拆下分电器真空提前装置的真空软管，用在真空提前装置不起作用时各种转速下的点火提前角减去初始点火提前角，即可得到在各种转速下的离心提前角；在连接真空提前装置真空软管的情况下，用在同样转速下测得的点火提前角减去离心提前角和初始点火提前角，则又可得到真空提前角。

对于计算机控制的电子点火系统，其点火提前角的检测应按制造厂规定的标准点火正时的步骤进行。检测时，一般应先把发动机罩下的点火正时检验接线柱搭铁，使计算机控制点火提前不起作用。首先检测基本提前角（即发动机自动控制点火提前装置不起作用时的点火提前角），检测完后再把搭铁导线拆除。具体检测方法和步骤应查阅说明书。表4-3为常见车型发动机的基本点火提前角。

表4-3 点火提前角及标记位置

车型或发动机型号	基本点火提前角	上止点标记位置
EQ6100	9°	飞轮壳右侧
CA6102	(14°±2°)／(1 200 r/min)	
桑塔纳（JV）	(6°±1°)／(850 r/min)	左侧飞轮壳窗口
北京切诺基	12°／(1 600 r/min)	曲轴带轮左侧
广州标致	10°／(900～950 r/min)	
一汽捷达	20°／(850 r/min)	
富康	8°／(750 r/min)	
TJ7100	(5°±2°)／(800 r/min)	左侧飞轮壳窗口

2. 缸压法

当某缸活塞到达压缩行程上止点时，汽缸内压缩压力最高。用缸压传感器检测出这一时刻，同时用点火传感器检测出同一缸的点火时刻，二者间所对应的曲轴转角即为点火提前角。用缸压法制成的点火正时仪，由缸压传感器、点火传感器、处理装置和指示装置等构成。如果正时仪带有油压传感器，还可以用来检测柴油机的供油提前角。许多类型的发动机综合检测仪（如国产QFC-4型和WFJ-1型等）都具有用缸压法检测发动机点火提前角的功能。图4-94为缸压法检测发动机点火或供油提前角的原理图。

用缸压法点火正时仪或发动机综合检测仪检测发动机的点火提前角时的检测步骤如下。

① 运转发动机使其达到正常工作温度后停机。

② 拆下某一缸的火花塞，把缸压传感器（如图4-95所示）装在火花塞孔内。

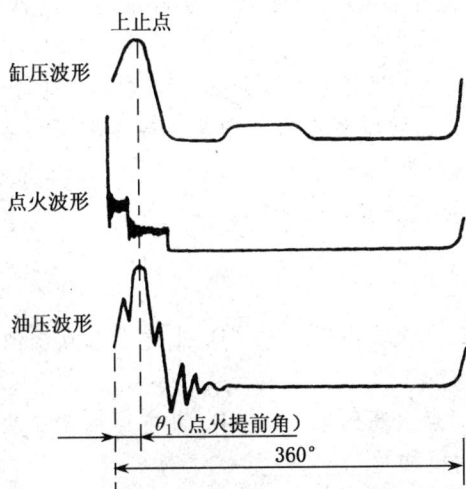

图 4－94　缸压法检测点火、供油提前角原理图

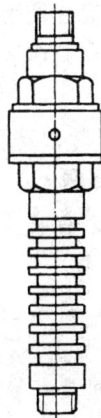

图 4－95　缸压传感器

③ 把拆下的火花塞固定在机体上使之搭铁（注意：中心电极不能与机体相碰），并把点火传感器插接在火花塞上，连接好该缸的高压线。此时，该缸火花塞可缸外点火。

④ 启动发动机运转，由于被测缸不工作，因而缸压传感器输出的缸压信号反映汽缸压缩压力大小，其最大值产生于活塞压缩终了上止点，连接在该缸火花塞上的点火传感器输出点火脉冲信号或点火电压波形信号。

⑤ 按仪器使用说明书的要求操作（如使用 WFJ－1 型发动机检测仪测点火提前角时，需键入操作码 08，按屏幕上的提示进行操作），可在指示装置上测得怠速、规定转速或任一转速下的点火提前角。对具有打印功能的检测仪，在按下打印键后，还可打印出检测结果。

缸压法闪光法一样，可测初始点火提前角和不同工况下的总提前角、离心提前角、真空提前角以及计算机控制电子点火系统的基本点火提前角。检测点火正时时，一般只测一个缸（如 1 缸），其他缸的点火提前角决定于点火间隔，而点火间隔可从示波器屏幕上显示的并列波上得到。当各缸点火波形的重叠角很小时，可认为各缸的点火间隔相等，因而其他缸的点火提前角与被测缸相同，此时被测缸的点火提前角即是整台发动机的点火提前角。

▌ 测 试 题

一、判断题

1. 传统点火系统次级电压的最大值是随着电容 C_1、C_2 的容量减小而升高的。　（　　　）

2. 火花塞积炭后，次级电压将显著增强。　（　　　）

3. 点火线圈的附加电阻断路不影响正常点火。　（　　　）

4. 电子点火系统的优点之一是点火电压高、能量大。　（　　　）

5. 电子系统是指利用晶体三极管或晶闸管作为开关，控制点火线圈次级电流通或断的点火系。　（　　　）

6. "DLI" 表示是无分电器点火系统。　（　　　）

7. 霍尔式无触点分电器除用霍尔式点火信号发生器取代有触点分电器中的断电器外，其他部分与有触点分电器的相应部分相同。 （   ）

8. 点火霍尔信号发生器输出的是脉冲波。 （   ）

9. 离心式点火提前装置根据发动机转速变化，自动调节点火提前角，转速增高，点火提前角自动增大。 （   ）

10. 正常工作时，发动机每转两周，各缸轮流点火一次。 （   ）

二、单项选择题

1. 点火过迟，会使_____。

    A. 急速不稳   B. 发动机过热   C. 点火高压低   D. 断电器触点烧蚀

2. 点火过早，会使_____。

    A. 急速不稳   B. 发动机过热   C. 点火高压低   D. 断电器触点烧蚀

3. 根据发动机负荷变化而自动调节点火时间的机构是_____。

    A. 真空提前装置   B. 辛烷值选择器   C. 离心提前装置   D. 配电器

4. 在磁电式电子点火系统中，当信号转子凸极正好与铁芯对正时，穿过传感线圈内磁场量_____，此时磁通变化率为_____，传感线圈中感应电动势为_____。

    A. 最小，零，零   B. 最小，最大，零   C. 最大，最大，零   D. 最大，零，零

5. 断电器_____地接通和切断点火线圈_____绕组的电流。

    A. 无规律，初级   B. 周期性，次级   C. 周期性，初级   D. 无规律，次级

6. 磁电式电子点火系统中，信号转子凸极与传感线圈铁芯之间的空气隙通常为_____mm。

    A. 0.1～0.2   B. 0.2～0.4   C. 0.4～0.6   D. 0.6～0.8

7. 微机控制的点火系统的点火时间由_____控制。

    A. 电子控制模块   B. 真空提前装置   C. 离心提前装置   D. 配电器

8. 上海桑塔纳 LX 型轿车电子点火系统的分电器中用_____。

    A. 光电式信号发生器   B. 磁电式信号发生器

    C. 霍尔式信号发生器   D. 断电器触点

9. 火花塞拧紧力矩通常为_____。

    A. 200 N·m   B. 200 kgf·m   C. 2 N·m   D. 20 kgf·m

10. 在电子点火系中，控制初级电流通断的元件是_____。

    A. 触点   B. 二极管   C. 电容器   D. 三极管

第五章

汽车照明与信号系统

● 学习目标

通过本章学习重点掌握汽车照明与信号系统的作用与工作原理，着重掌握汽车前照灯知识，了解照明与信号系统检修调整及故障诊断的初步知识，了解汽车照明及信号系统的发展趋势。

为了方便汽车行驶，保证行车安全，在汽车上都装有多种照明及信号设备。对汽车照明及信号系统的要求日趋完备、可靠、实用、美观，同时还要结构合理，经济耐用，保修方便。

汽车照明及信号装置构成了汽车电系中一个独立电路系统。一般轿车有 15~25 个外部照明灯和约 40 多个内部照明灯。这就说明该系统在现代汽车上的重要作用。

前部照明灯的安装位置如图 5-1 所示，后部照明灯的安装位置如图 5-2 所示。外部照明灯主要有前照灯、防雾灯、牌照灯、倒车灯等；内部照明灯主要有仪表照明灯、阅读灯、顶灯等。在所有照明装置中，前照灯是最重要的照明装置。

图 5-1 前部照明灯的安装位置

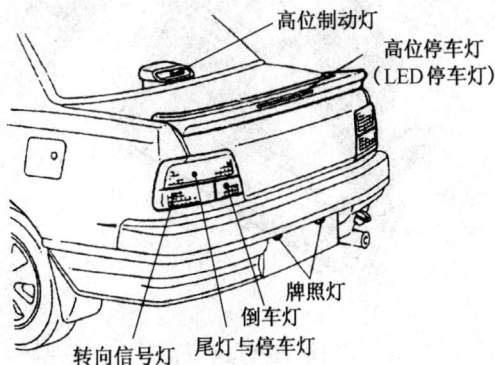

图 5-2 后部照明灯的安装位置

常见的照明灯及信号灯用途及工作特点见表 5-1、表 5-2。

表5−1　常见照明灯工作时特点及用途

种　类	外照明灯			内照明灯		
	前照灯	雾灯	牌照灯	顶灯	仪表灯	行李箱灯
工作时的特点	白色常亮远近光变化	黄色或白色单丝常高	白色常亮	白色常亮	白色常亮	白色常亮
用途	为驾驶员安全行车提供保障	雨雪雾天保证有效照明及提供信号	用于照亮汽车尾部牌照	用于夜间车内照明	用于夜间观察仪表时的照明	用于夜间拿取行李物品时的照明

表5−2　常见信号灯工作时特点及用途

种　类	外信号灯					内信号灯	
	转向灯	示宽灯	停车灯	制动灯	倒车灯	转向指示灯	其他指示灯
工作时的特点	琥珀色交替闪	白或黄色常亮	白或红色常亮	红色常亮	白色常亮	白色闪亮	白色常亮
用途	告知路人或其他车辆将转弯	标志汽车宽度轮廓	表明汽车已经停驶	表示已减速或将停车	告知路人或其他车辆将倒车	提示驾驶员车辆的行驶方向	提示驾驶员车辆的状况

　　为使汽车外形美观，目前各种汽车普遍采用组合式外部照明灯，图5−3和图5−4所示分别为桑塔纳2000GSi型轿车装备的组合式前照灯和组合后灯。

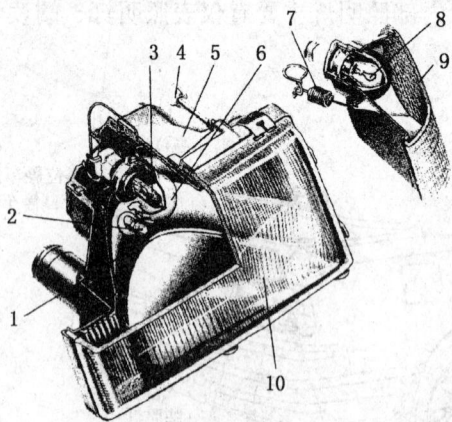

图5−3　桑塔纳2000GSi型轿车组合前照灯
1—前照灯反射镜；2—驻车灯灯泡；3—前照灯灯泡；
4—光束调整螺栓；5—灯体；6—遮光罩；7—拉簧；
8—前转向灯灯泡；9—前转向灯配光镜；
10—前照灯配光镜

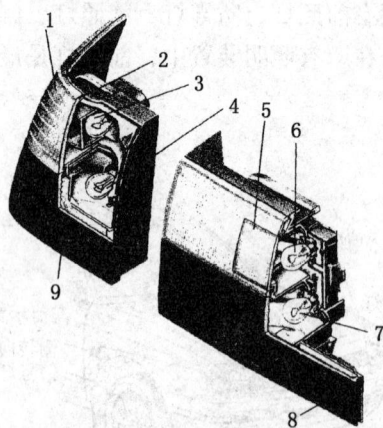

图5−4　桑塔纳2000GSi型轿车组合后灯
1—后转向灯；2—后转向灯配光镜；3—后转向灯灯泡；
4—制动灯与尾灯灯泡；5—倒车灯配光镜；6—倒车
灯灯泡；7—后防雾灯灯泡；8—后防雾灯
配光镜；9—制动灯与尾灯配光镜

对于该系统的灯光控制，随着汽车电子技术的蓬勃发展，现已越来越多地采用了电子控制装置。图 5－5 所示即为美国福特（Ford）汽车公司的雷鸟（Thunderbird）牌汽车照明及信号系统的布线图。

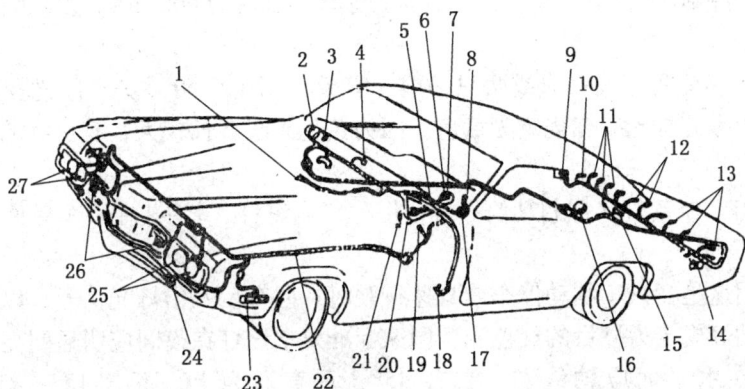

图 5－5　美国雷鸟（Thunderbird）牌汽车照明及信号系统的布线

1—发动机罩下电线束；2—保险丝盒；3—事故报警闪光器；4—转向信号闪光器；5—转向柱电线束；6—转向信号与事故警报开关；7—点火开关；8—印刷电路连接器（至转向与远光指示灯）；9—右示宽灯；10—工作灯（4处）；11—右停车灯、尾灯、转向信号灯；12—倒车灯；13—左停车灯、尾灯、转向信号灯；14—左示宽灯；15—牌照灯；16—顺序转向信号电子控制器；17—照明灯开关；18—前大灯变光开关；19—停车灯继电器；20—制动灯开关；21—倒车灯开关；22—发动机罩电线束；23—左示宽灯与转弯灯；24—左停车与转向信号灯；25—左前大灯；26—停车灯；27—右停车与转向信号灯；28—右前大灯

第一节　照明及灯光信号的种类和用途

（1）前照灯。前照灯又称大灯或头灯，是照明汽车前方道路的主要灯具。每辆车上装 2 只或 4 只。功率为 20～60 W。现代汽车均向 4 灯制发展。

（2）小灯。小灯又称示廓灯、停车灯或示位灯。它装在汽车前后两侧边缘的四角上。主要用途是汽车夜间行车或停车时，标示其轮廓和存在，同时还用于城市夜间行车以及会车时的照明。前小灯的灯光为白色或橙色，后小灯为红色，功率一般为 10 W 左右。

（3）转弯照明灯。转弯照明灯，就是在汽车转弯方向上提供附加照明，辅助前照灯的照明灯。此灯与转向系统联动，但不闪烁。汽车转弯时，相应的转弯照明灯，就可以对前照灯照射不到或亮度不足的地方补充照明，从而提高夜间行车的安全性。

（4）转向信号灯。转向信号灯又称方向指示灯，简称转向灯。安装在汽车的前后左右四角，有独立式、一灯两用式和组合式。

转向信号灯的作用是在汽车转弯时，发出明暗交替的闪光信号，使前后车辆、行人、交通警知其行驶方向，转向灯的灯光为橙色，后转向灯也可以为红色，灯泡的功率一般不小于 20 W。

对转向灯光的射角范围，国家标准有明确要求，即偏离灯具轴线左、右 5°时，可指示 35 m 以远的距离；当偏角为 30°时，则应指示 10 m 以远的距离。

（5）尾灯。尾灯又称后灯，装在汽车后面。目前各类车型均向组合式发展。后灯的作用是夜间行驶时，向车后发出灯光信号，使尾随的车辆、行人知晓。后灯的灯光多为红色，功率为 8~10 W。组合式采用双丝灯泡，一根为大电流灯丝，电流约 2.1 A，发光强度 32 cd，用于转向和制动信号；另一根为小电流灯丝，电流为 600 mA，发光强度 3 cd，用作停车灯和尾灯。

（6）雾灯。雾灯每车装一只或两只，雨、雾天气用来照明，安装位置较低，一般离地面 50 cm 左右。雾灯灯光一律规定为黄色，因为黄色光线波长较大，有良好的透雾性能。灯泡功率为 35 W。

（7）制动灯。制动灯又称制动信号灯，俗称"刹车灯"。均装在汽车后面，多采用组合式灯具。

制动灯的用途是在汽车制动停车或减速行驶时，向车后发出灯光信号，以警告尾随的车辆或行人。制动灯规定为显目的红色光，国家标准要求该灯在夜间应明显照亮 100 m 以远距离。光束射角在水平面应轴线左、右各 45°，垂直面为上、下各 15°。灯泡功率应在 20 W 以上。

（8）倒车灯。汽车倒车灯有两个作用，一是向其他车辆和行人发出倒车警告（有的还加上倒车蜂鸣器）；二是提供夜间倒车时照明，避免撞车。

（9）牌照灯。牌照灯一律装在汽车尾部的牌照上方。其用途是夜间照亮汽车牌照。牌照灯的标准要求光束不应外射，保证在 25 m 能认清牌照上的号码。牌照灯也有组合式和独立式两种，灯光为白色，功率为 5~15 W。

（10）仪表灯。仪表灯均装在汽车仪表板上，一般采用表壳式或罩壳式灯具。

仪表灯仅用于照亮仪表，灯光均为白色，一般使用 2~8 W 的小灯泡。

（11）顶灯。顶灯装在车厢或驾驶室内顶部，作为内部照明用。顶灯灯光为白色，多为白炽灯，有向黄光灯发展的趋势。功率为 5~8 W。

（12）指示灯。指示灯的用途是指示工作系统的技术状况，并对异常情况发出报警灯光信号。均装在仪表板上。指示灯的灯光为红色、绿色或黄色，灯泡一般为 2 W 的白炽灯。通常要求必须具备前照灯的远光指示灯、转向指示灯等。现代汽车还有充电指示灯、低气压报警灯、低油压报警灯、水温过高报警灯、燃油存量过少报警灯等。

（13）工作灯。工作灯的用途是对汽车排除故障检修提供照明。一般只装设工作灯插座，配备带有一定长度导线的移动式灯具。灯光为白色。

除以上所述外，现代汽车还有各种特种灯、危险警告灯、踏步灯、壁灯、门灯、阅读灯等。

国产主要车型各种照明及灯光信号的灯泡功率配用情况见表 5-3。

表 5-3　部分汽车照明灯功率的选配表

汽车型号	电压/V	功率/W								其他灯具
		前照灯		示宽	转向	牌照	制动	仪表	顶灯	
		远光	近光							
奥迪100	12	60	55	8	21	5	21	2	10	倒车灯21、前防雾灯55、前停车灯4

续表

汽车型号	电压/V	功率/W								其他灯具
		前照灯		示宽	转向	牌照	制动	仪表	顶灯	
		远光	近光							
切诺基	12	55	45	3.8	6.1	4.9	26.9	2.7	—	尾灯6.1、警告灯1.4
CA1091	12	外侧60 内侧55	55	5	21	5	21	2	5	后照灯兼倒车灯21、 临时停车示宽灯3
EQ1090	12	50	35	20	20	8	20	2	5	前侧灯、后照灯28、 工作灯20、发动机舱照 明灯8
BJ2020	12	50	40	8	20	8	20	2	8	防空与防雾灯35、工 作灯8、阅读灯2
NJ130	12	50	40	8	20	8	20	2	8	工作灯20
NJ150	24	50	40	8	20	8	20	2	8	防雾灯35、侧示宽灯8

第二节　前　照　灯

一、前照灯的照明要求

世界各国都以法律的形式明确规定了前照灯的照明标准，以确保夜间行车安全。其基本要求如下。

（1）前照灯必须保证车前有明亮而均匀的照明。使驾驶员能看清车前100 m以外的路段及其物体。现代高速汽车其照明距离应达到200～250 m范围。

（2）前照灯应具有防止炫目的装置，以免夜间会车时，使对方驾驶员炫目而造成交通事故。

二、前照灯的光学系统

前照灯的光学系统包括反射镜、配光镜和灯泡三部分。

1. 反射镜

反射镜又称反光镜，作用是最大限度地将灯泡发出的光线聚合成强光束，达到照射距离远而明亮的目的。它是由0.6～0.8 mm的冷轧钢板冲压成旋转抛物面形状，如图5-6所示。其内表面经精工研磨后镀铬或镀铝或镀银再抛光。现代汽车用前照灯的反射镜多采用真空镀铝工艺制成，镀铝反射系数可达94%以上。镀银反射系数可达95%，但成本高。

由于前照灯灯丝发出的光度有限，功率仅40～60 W。如无反射镜，只能照清汽车灯前6 m左右的路面。反射镜的作用，就是灯泡的光线聚合并导向前方，如图5-7所示。

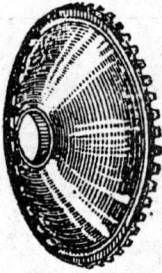

图 5 - 6　半封闭式前照灯的反射镜

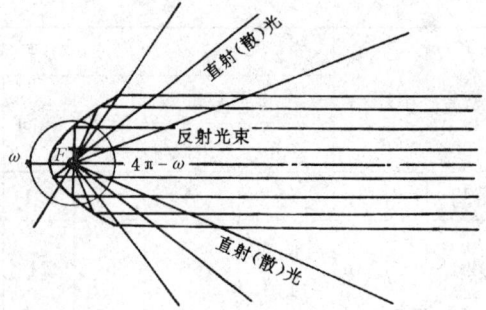

图 5 - 7　反射镜的聚光作用

灯丝位于反射镜的焦点上，灯丝的绝大部分光线向后射在立体角 $4\pi - \omega$ 范围之内，经反射镜反射后变成平行光束投射向远方，使光度增强几百倍至上千倍，达到 20 000 ~ 40 000 cd 以上，从而使车前 150 ~ 400 m 内的路面照得足够清楚。

2. 配光镜

配光镜又称散光玻璃，作用在于将反射光束进行扩散分配，使路段达到照明均匀的目的。

配光镜是用透明玻璃压制而成的棱镜和透镜的组合体，其几何形状比较复杂，如图 5 - 8 所示。

灯泡发出的光线虽然经反射后仍有些分散，如没有配光镜，仍不能使车前 100 m 内的路面各处都有良好而均匀的照明。为了弥补具有反射镜的大灯因为光束太窄，照明范围不大的缺点，都采用了配光镜。经配光镜作用后反射光束的分布，如图 5 - 9 所示。

有些国外汽车的配光镜上还设有调整凸块，以便更好地达到均匀配光的效果。

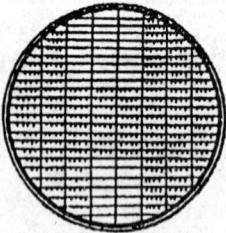

图 5 - 8　配光镜的几何形状

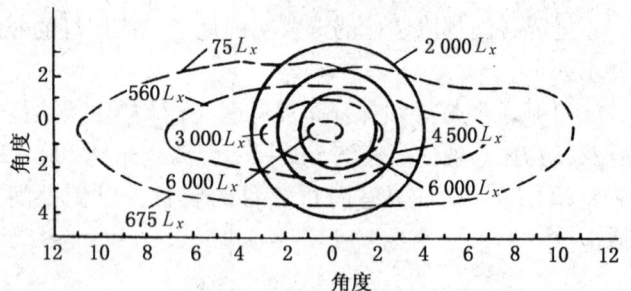

图 5 - 9　配光镜的光形分布
——反射光束；- - - -配光分布

3. 灯泡

目前汽车前照灯的灯泡有两种，即充气灯泡和新型卤钨灯泡，其构造如图 5 - 10 所示。

（1）充气灯泡。充气灯泡的灯丝由钨丝制成，因钨的熔点高，发光强，但由于钨丝受热后会蒸发，将缩短其使用寿命。因此在制造时，要先从灯泡内抽出空气，然后充入约 86% 的氩气和约 14% 的氮气的混合惰性气体，也可充氙或氪。

在充气灯泡内，由于惰性气体受热后膨胀会产生较大的压力，这样可减少钨的蒸发。故能提高灯丝的温度，增强发光效率，从而延长灯泡的使用寿命。

为了缩小灯丝的尺寸，常把灯丝制成紧密的螺旋状，这对聚合平行光束是有利的。充气灯泡的结构如图 5 - 10 （a） 所示。

（2）卤钨灯泡。充气灯泡虽已充入惰性气体，但仍会产生因钨蒸发而逐渐使灯泡变黑的问题。近年来在国内外汽车的前照灯上新装了卤钨灯泡，这是目前较先进的新型汽车前照灯光源。

所谓卤钨灯泡，就是在灯泡的充气中掺入某卤族元素，如氟、氯、溴、碘等。它是利用卤钨再生循环的原理制成的。

卤钨再生循环的基本作用过程是：从灯丝上蒸发出来的气态钨与卤族元素反应生成了一种挥

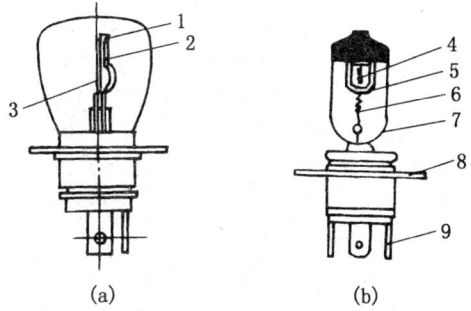

图 5 - 10 前照灯的灯泡

（a）充气灯泡；（b）卤钨灯泡

1，5—配光屏；2，4—近光灯丝；3，6—远光灯丝；
7—泡壳；8—定焦盘；9—插片

发性的卤化钨，它扩散到灯丝附近的高温区又受热分解，使钨重新回到灯丝上。被释放出来的卤素继续与下一次循环反应，如此周而复始地循环下去，从而防止了钨的蒸发和灯泡的黑化现象。

卤钨灯的玻璃泡为耐高温、机械强度很高的石英玻璃或硬玻璃制成，泡内的充气压力较大，工作温度高，借以抑制钨的蒸发量。使用寿命远长于白炽灯泡，而且光色、光效、光通量都优于白炽灯泡，如图 5 - 10 （b） 所示。

目前，我国只生产溴钨型卤钨灯泡，首先使用于 CA141 汽车。它的远、近光的配光符合国际标准，性能先进。

三、前照灯的防炫目措施

夜间会车时，大灯强光会造成迎面驾驶员炫目，而发生交通事故。所以前照灯必须采取有效的防炫目措施。

（1）利用交通法规强制性约束。我国交通法规中明确规定：夜间会车，须在距离对面来车 150 m 以外关闭前照灯，改用小灯，不准使用防雾灯。一般情况下，多是先将前照灯的远光变换为近光，再使用小灯。

（2）采用双丝灯泡。大灯采用双丝灯泡，远光灯丝位于反射镜的焦点处，功率大，一般为 45 ~ 60 W；近光灯丝位于反射镜焦点的上方或前方，功率小，一般为 20 ~ 55 W。会车时，接通近光灯，由于光度较弱，经反射后的光线大部分是只射向车前的下方，无直射对方驾驶员的眩光，如图 5 - 11 所示。

（3）采用带配光屏的双丝灯泡。这种灯泡是在双丝灯泡的近光灯丝下方，加装一个金属配光屏。当近光接通时，配光屏能让上部分光线经反射后照亮车前 30 m 的路段，而下部分光线则完全被配光屏遮住，无法反射，根本就不会产生眩光，如图 5 - 12 （a） 所示。使用远光时，配光屏不起作用，反射光仍直射前方，如图 5 - 12 （b） 所示。由于带配光屏的灯泡防炫目效果好，非常可靠，现代汽车几乎全部采用这种。

（4）非对称配光屏双丝灯泡。现在国内又生产了一种新型的防炫目前照灯 WD170F - 2 型。其配光屏安装时偏转一定的角度，使其近光的光形分布不对称，符合图 5 - 13 所示非对称型配光要求，即联合国欧洲经济委员会制订的 ECE 配光标准。其光形有一条明显的明暗

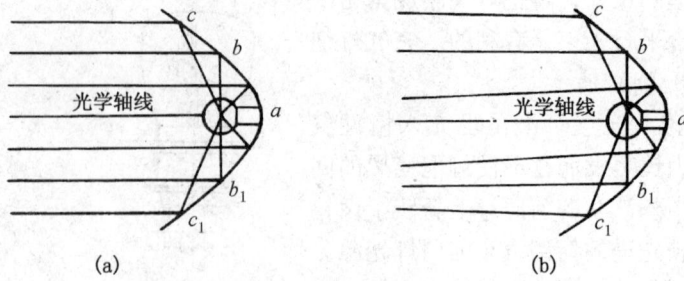

图 5-11　双丝灯泡的照射情况

(a) 远光平射；(b) 近光倾向下方

截止线，即上方区Ⅲ是一个明显的暗区。该区点 B50L 表示相距 50 m 处，迎面驾驶员的眼睛的位置。下方区域Ⅰ、Ⅱ、Ⅳ及右上方 15°内是一个亮区，可将车前面和右方人行道照亮。

（5）Z 形配光。近来，国外又发展了一种更优良的光形，其近光光形如图 5-14 所示。由于明暗截止线呈 Z 形，故称 Z 形配光。

它不仅可以防止驾驶员炫目，还可以防止迎面而来的行人和非机动车使用者炫目，更加保证了汽车行驶的安全。

前照灯各种配光光形投影如图 5-15 所示。

四、前照灯的类型

汽车前照灯可分为可拆式、半封闭式和封闭式三种。

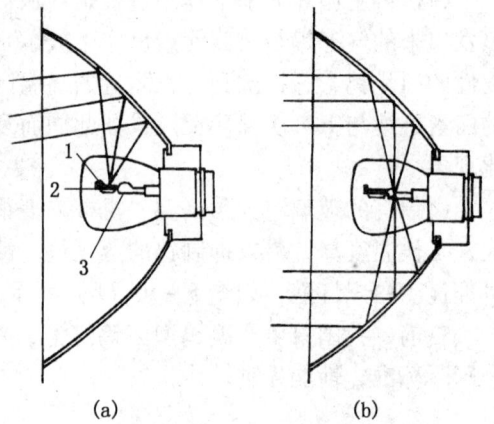

图 5-12　带配光屏的灯泡

1—近光灯丝；2—配光屏；3—远光灯丝

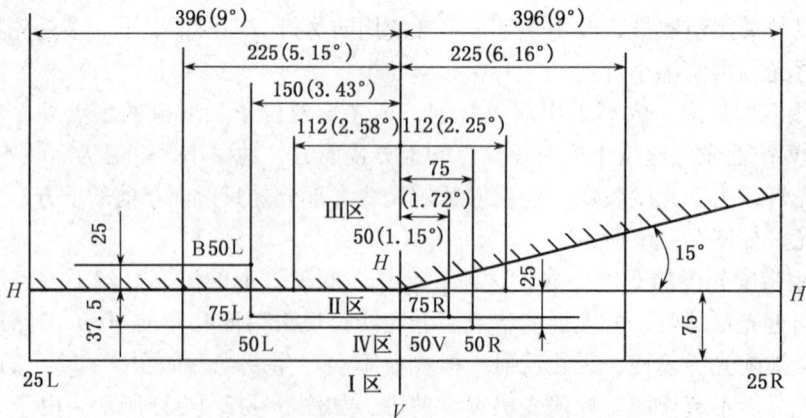

图 5-13　非对称近光配光图

（尺寸：cm；测定距离：25 m）

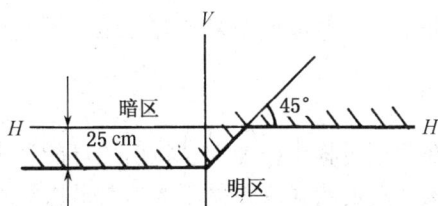

图 5 – 14　Z 形非对称配光示意图

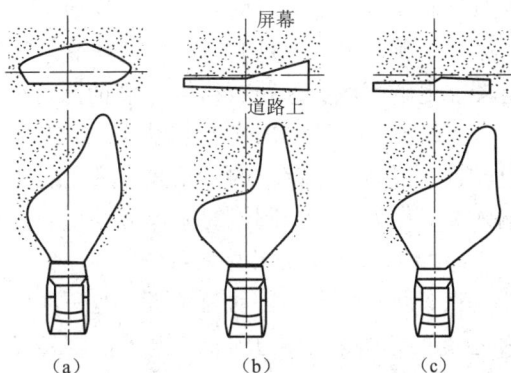

图 5 – 15　前照灯配光光形
(a) 标准型；(b) 非对称型；(c) Z 形

1. 可拆式前照灯

这是最早使用的一种，其反射镜边缘的齿簧与配光镜组合，再用箍圈和螺钉安装于灯壳上。灯泡的装拆必须将全部光学组件取出后才能进行，因而密封性很差，反射镜易受外界环境气候的影响而污染变黑，严重降低照明效果，目前已趋淘汰。

2. 半封闭式前照灯

半封闭式前照灯结构如图 5 – 16 所示。其配光镜是由反射镜周沿的牙齿经橡皮密封圈紧扣成一体，再装于灯壳内。灯泡的装拆可以从反射镜的后方进行，无须拆开光学组件。

由于这种灯具对光学组件减少了影响因素，维修方便，因此得到普遍使用。

3. 封闭式前照灯

封闭式前照灯又称真空灯。它的结构特点是

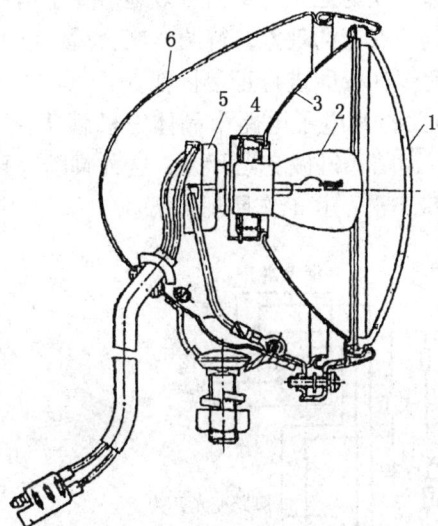

图 5 – 16　半封闭式前照灯
1—配光镜；2—灯泡；3—反射镜；
4—灯座；5—接线盒；6—灯壳

配光镜和反射镜熔合为一整体，形成灯泡，里面充以惰性气体。灯丝焊在反射镜底座上，反射镜的反射面经真空镀铝，其结构如图 5 – 17 所示。

由于封闭式前照灯完全避免了反射镜的污染，反射效率高，照明效果好，使用寿命长，因而得到更快的普及。但灯丝烧断后，需更换整个光学组件，成本较高。

五、前照灯电子控制装置

为了提高汽车夜间行驶的速度，确保行车安全，不少新型车辆都采用电子控制装置，对前照灯进行自动控制。根据所要实现的控制功能，其电子装置有：前照灯会车自动变光器、前

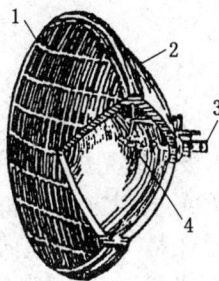

图 5 – 17　封闭式前照灯
1—配光镜；2—反射镜；
3—接线柱；4—灯丝

照灯昏暗自动发光器、前照灯关闭自动延时器等。

无论哪一种汽车灯光电子控制系统，其基本结构大致相同，通常由光敏器件、电子控制电器、电磁继电器（执行机构）和前照灯等组成。

光敏器件一般采用光敏电阻、光敏二极管、光敏三极管或光敏可控硅，其功用是进行光电转换。根据汽车前方的灯光或自然光的强弱，将光信号转换成电信号，并送至电子电路的输入端，作为电子控制器的输入信号。

1. 前照灯会车自动变光器

汽车前照灯会车自动变光器，是一种夜间行车在会车过程中，能自动将前照灯的远光变为近光，或由近光变为远光的电子控制装置。采用该装置的明显优点是不要驾驶员操纵那种机械式变光控制器，其次是体积小，性能稳定可靠，灵敏度高等。

汽车夜间行驶，一般相会两车距离为 150 ~ 200 mm 时，迎面驶来车辆的灯光一旦照射到本车自动变光器上，即对方来车的灯光信号一旦被自动变光器上的光敏元件所接收，这种电子式变光器应即刻自动变光，即把前照灯原来的远光变为近光。从而有效地避免了前照灯的远光给对方驾驶员所带来的炫目、看不清路面等危害安全的现象，待两车交会后，该变光器又自动恢复前照灯的远光，汽车即可恢复原来的速度在夜间进行正常行驶。

图 5 – 18 所示为具有光敏电阻的自动变光器电路，其电子电路由晶体三极管 T_1 ~ T_6、二极管 D 以及电阻 R_1 ~ R_{15} 等组成。该装置仍保留有脚踏式机械变光开关。这种脚踏、自动两用的前照灯变光器装于美国凯迪拉克（Cadilac）汽车上。其工作原理如下。

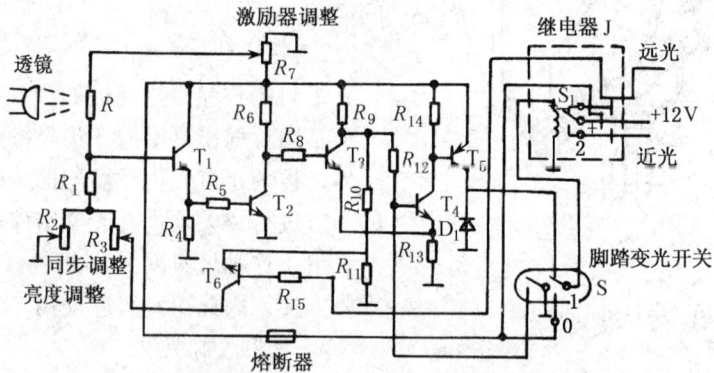

图 5 – 18　具有光敏电阻的自动变光器电路

J—继电器；S—脚踏变光开关

1—接远光灯系；2—接近光灯丝；+—接电源正极

（1）假定继电器 J 如图 5 – 18 所示为前照灯远光灯工作。继电器 J 的作用是将电源" + "极与远光灯丝接线柱接通。

（2）若对方驶来车辆在 150 ~ 200 m 处，其灯光照射到光敏电阻 R 上，使其阻值突然减小，于是 T_1 获得正向偏压而导通，T_2 也导通，故使由 T_3 和 T_4 所组成的多谐振荡器（旋密特触发器）开始翻转，即 T_3 截止，T_4 导通，并把低电平信号送至 T_5 的基极，T_5 导通。使继电器 J 线圈通过较大电流，于是 J 产生较大电磁力，将与远光灯接柱 1 接通的触点 S 打开，使其立即与近光灯接柱 2 保持接触。此时，汽车前照灯由远光转换成近光照明。

（3）当两车交会之后，该光敏电阻 R 上的光信号消失，其电阻值增大，使 T_1 截止，于

是 T_2 也截止，多谐振荡器又翻转一次；T_3 导通，T_4 截止，T_5 也截止。故切断了继电器 J 中的电流，J 的电磁力减退，其触点 S 又恢复与远光灯接柱 1 保持闭合，即恢复前照灯远光灯丝工作。

如果前照灯处于远光灯工作情况下，当用脚踏下机械式变光开关 S 时，S 就由"1"位置转至"0"位置，此时继电器 J 的线圈可由电源"+"极通过"0"到 S 的"1"而获得电流。于是继电器产生电磁力而动作，将电源"+"与"2"接柱接通，使前照明由远光变为近光。与此同时，T_4 的基极直接接地，使多谐振荡器停振。

2. 前照灯昏暗自动发光器

这种昏暗自动发光器的作用是在汽车并非夜间行驶过程中，当汽车前方自然光的强度减低到一定程度，如汽车通过高架桥、林阴道、森林或突然乌云密布天气昏暗等，发光器便自动将前照灯电路接通，开灯行驶以确保行车安全。

该装置早已作为美国通用（GM）公司和克莱斯勒（Chrysler）汽车公司的轿车选装件，一般都在汽车仪表盘上。图 5-19 所示即为该装置的电路图。

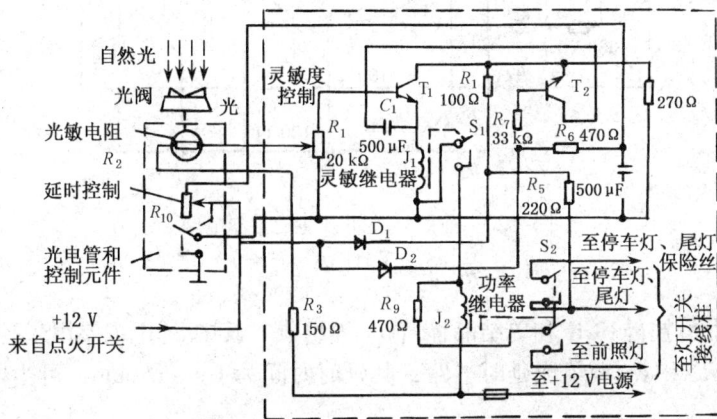

图 5-19　前照灯昏暗自动发光器电路

该装置主要由光电传感器和晶体管放大器两大部分组成。

光电传感器由光敏元件、延时电路、控制开关等组成。在往汽车上安装光电传感器时，应注意将其感光面朝上，用以接收从汽车挡风玻璃射进来的自然光。其光通量的大小可由传感器前面的光阀进行调整，以适应各种情况（包括季节）的变化。

晶体管放大器主要由三极管 T_1 和 T_2，二极管 D_1 和 D_2 电阻 $R_1 \sim R_9$，电容 C_1 和 C_2，以及灵敏继电器 J_1 和功率继电器 J_2 等组成。

这种自动发光器的工作原理如下。

（1）汽车行驶时，当自然光的强度降低至某一程度而被光电传感器接收时，传感器中光敏电阻 R_2 的阻值减小到一定数值，它便以需要发光的电压信号输出往晶体管放大器。

（2）当晶体管传感器接收到光电传感器的输出信号后，晶体管 T_1 的基极电位迅速下降而使 T_1 导通，于是灵敏继电器 J_1 线圈电路被接通。

（3）当灵敏继电器 J_1 被接通后，它便产生电磁吸力使其触点 S_1 闭合；当 S_1 闭合后，功率继电器 J_2 的电路也被接通，故开关 S_2 也被吸合将接至前丝灯的电路接通，前照灯即被点亮。

电路中，T_2 的作用是延时，即当点火开关切断时，T_2 使 T_1 保持导通，直到电容器 C_2 上的电压减小到不足使 T_2 导通为止。T_2 截止后，T_1 也截止，由于继电器 J_2 和 J_1 的作用，故使触点 S_1、S_2 均打开，以使前照灯自动熄灭。其延时时间的长短可由电位器 R_{10} 进行调节。

3. 前照灯自动关闭延时器

前照灯自动关闭延时器实为一种自动关闭前照灯的控制装置。其主要功用是当汽车停驶后，为驾驶人员下车离去时提供一段照明时间，以免摸黑离开车辆。

图 5-20 所示即为美国得克萨斯（Taxas）仪表公司制作的前照灯自动关闭延时控制器电路。

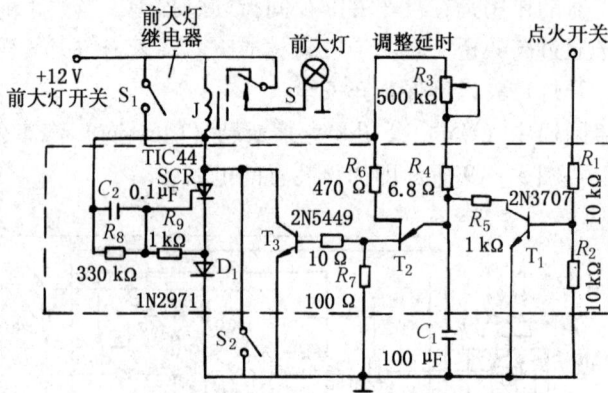

图 5-20　前照灯关闭自动延时器电路

S_2—手动开关

该电路主要由可控硅 SCR 和单结晶体管 T_2 等组成。其中 SCR 主要用来控制前照灯继电器 J，而 T_2 则与 R_3 和 C_1 等组成延时电路，其延时时间为 1 s~15 min，可由电位器 R_3 进行调整。

其工作原理如下：

当汽车停下，切断点火开关时，T_1 处于截止状态。此时，电容器 C_1 立即经电位器 R_3 和电阻 R_4 开始充电，当 C_1 上的电压充至单结晶体管 T_2 的导通电压时，C_1 则通过 T_2 的发射极、基极和电阻 R_7 放电。于是在 R_7 上产生一个电压脉冲，故使 T_3 瞬时导通，消除加于可控硅 SCR 上的正向阳极电压，使 SCR 关断。以后 T_3 很快恢复截止，SCR 还来不及导通，前照灯继电器 J 线圈失电而使其触点 S 打开，前照灯电路切断，实现自动延时关闭的功能。

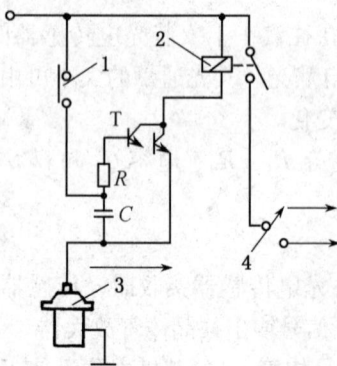

图 5-21　延迟切断前照灯电路图

1—按钮开关；2—继电器；
3—发动机机油压力开关；4—变光开关

图 5-21 所示为美国通用公司研制的一种前照灯关闭延时固态元件控制装置。只要驾驶员在关闭点火开关后，接通仪表盘上按钮开关，就能使前照灯延长一段时间后自动关闭。

由图可知，它采用机油压力开关，当发动机不运转时，它的触点是闭合的，此时才与搭铁接通。而当发动机工作时，离机油压力使触点断开。T 为高增益的复合晶体管，即达林顿管，用来接通继电器线圈。T 的发射极通过机油压力开关搭铁，所以只有当发动机停转或机油压力不足时才接通。R、C 组成延时电路。当切断点火开关和前照灯电路后，按下按钮 S 时，电容器 C 开始充电，当 C 的充电电压达到 T 的导通电压时，T 导通，电流流经继电器线圈，触点闭合，接通前照灯的远光或近光。松开按钮 S，则电容器 C 通过 R 向 T 放电，维持其导通状态，前照灯一直亮着。在 C 放电电压下降到不能维持 T 的导通所必需的基极电流时，T 截止，前照灯熄灭。延迟时间取决于 C 及 R 的参数，一般可延迟约 1 min。

第三节　车用电子式日光灯

近年来国内外的公共汽车、电车、轿车、旅游车等都普遍采用低压直流日光灯，又称荧光灯，作为车内照明。它发光率高，是白炽灯的 2～3 倍，光色柔和均匀洁净，无炫目感，节省电能。

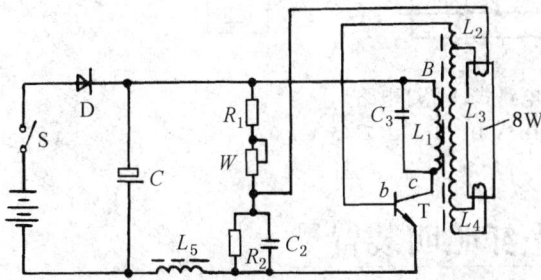

图 5－22　低压直流日光灯原理电路

它主要由荧光灯管、抛物面反射镜、有机玻璃外罩、变压器以及一些电子元件等组成。灯具总成对外引出红、蓝两根导线，分别接蓄电池的正、负极。其原理电路如图 5－22 所示。

闭合电源开关，蓄电池经 D、R_1、W 向 C_2 充电，当 C_2 两端的电压上升到某一值，通过正反馈线圈 L_2 使 T 获得正向偏压而导通，变压器的初级绕组 L_1 有电流流过产生磁通，于是在三个次级绕组 L_2、L_3、L_4 中均感应出电动势。其中 L_2 的电动势使 T 的基极电位迅速升高而很快饱和；L_3 中则感应出迅速上升的电压，形成输出脉冲的前沿。

在 T 的饱和过程中，L_2 的电动势亦通过发射极向 C_2 充电，当 C_2 两端的电压上升到某一值时，T 就在反向偏压下截止，使 L_1 中的电流减少，使在次级绕组中产生与上述反向的电动势。其中 L_2 产生的电动势能使 T 加快截止；L_3 产生的电动势迅速下降，形成输出脉冲的后沿。

T 的截止是短暂的，当 L_2 中的反向电动势下降至 0，C_2 向 R_2 放电后，电源又通过 R_1、W 向 C_2 充电，重复以上过程。

由此可知，T 起着控制 L_1 中电流通断的开关作用，通过电磁互感就能在 L_3 中得到近似矩形波的高电压，使日光灯管启辉。

图 5－23 所示为一种晶体管式日光灯电路图。

它主要由晶体三极管 T_1 和 T_2、电容器 C_1 和 C_2、电阻 R_1～R_4 等组成的多谐振荡器，三极管 T_3～T_6、二极管 D_1 和 D_2、电阻 R_5～R_8 组成的功率放大器，变压器 B 及日光灯等组成。

图 5－24 所示是另一种电子式日光灯电路。其振荡部分改用集成电路 IC 与电容器 C_1 和 C_2、电阻 R_1 和 R_2 组成，功率放大部分和晶体管式日光灯电路基本相同。

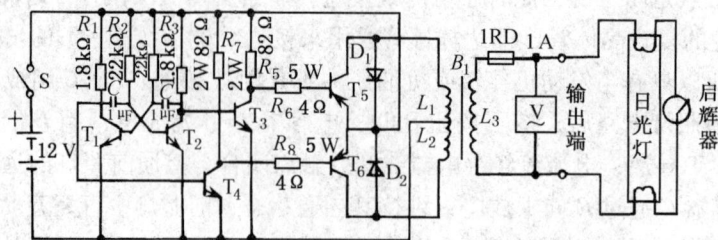

图 5-23 晶体管式日光灯电路

T_1、T_2—3DK4；T_3、T_4—3DD15（3DD03）；T_5、T_6—3AD18 B；

D_1、D_2—2CE（5A/100 V）；L_1、L_2—Φ2 mm，54 匝；L_3—Φ0.59 mm，600 匝

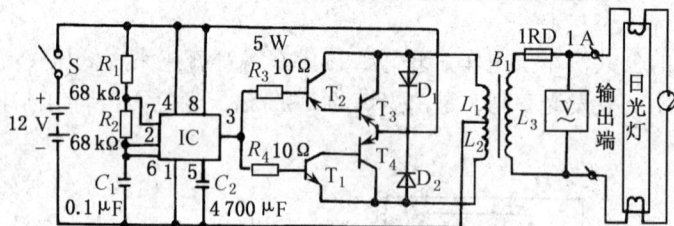

图 5-24 集成电路式日光灯电路

T_1、T_3、T_4—3CG120C；T_2—3DD15；D_1、D_2—2CZ（5 A/100 V）；

L_1、L_2—Φ2 mm，60 匝；L_3—Φ0.6 mm，600 匝

第四节 光纤照明装置

光纤照明装置是一种远距离传输光线的装置，它以普通车用灯泡为光源，让光线通过光导纤维传到末端，发生微光，照亮一定范围。

在只需要微弱光线且不便安装灯泡的地方如仪表表面、烟灰盒、门锁孔等处，往往采用光纤照明。光纤照明装置由光导纤维和照明灯组成，如图 5-25 所示。

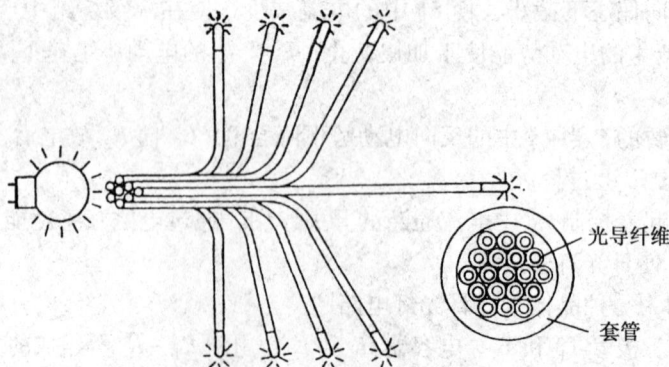

图 5-25 光纤照明装置

光导纤维由有机玻璃丝制成，其外部包有具有隔光作用的透明聚合物质。当灯泡产生的光线通过光导纤维时，在其内部经过多次反射，曲折前进而传到末端即可达到照明目的。

将多根光导纤维组合在一起就组成了光缆。光缆外部包有不透明的软管,可以任意弯曲或扭转而不会影响光线的传输。增加光导纤维的数量就可增加光缆输出端的亮度,故在不便安装甚至无法安装灯泡的地方已得到广泛的应用。

第五节 转向信号灯的闪光器

汽车转向信号灯主要用来指示车辆行驶方向。其灯光信号采用闪烁的方式,用来指示车辆左转还是右转,以引起交通警、行人及其他车辆驾驶员的注意,提高车辆的行驶安全性。近年来,国外有些汽车在行驶中,如遇危险情况,使前后左右4个转向灯同时闪烁,作为危险报警信号,我国交通法规也已采用。因此,闪光器按用途有转向和报警之分。一般都是同一闪光器,用不同开关进行控制。

闪光器按结构不同可分为电热式、电容式、水银式、电子式闪光器等几种类型。国产汽车目前使用较多的有电热式和电子式两种。

电热式闪光器又称为热丝式闪光器,具有结构简单,成本低廉的优点,仍有部分载货汽车采用。由于电热式闪光器闪光频率不稳定,使用寿命短,因此,载货汽车和小轿车目前普遍采用闪光频率稳定、使用寿命较长的电子式闪光器。

一、电热式闪光器

电热式闪光器,又称热丝式闪光器,其结构和工作原理如图5-26所示。

当汽车转向时,接通转向开关9,电流从蓄电池正极→接线柱7→活动触点臂→镍铬丝5→电阻6→接线柱8→开关9→信号灯→蓄电池负极,形成回路。此时由于附加电阻6和镍铬丝5串入电路中,电流较小,故转向信号灯不亮。通电一段时间后,镍铬丝发热伸长,使触点3、4闭合。触点闭合后,把附加电阻和镍铬丝短路,电流经过线圈2和触点形成回路。线圈通电产生电磁力把触点吸牢。电路没有附加电阻和镍铬丝,电阻减少,电流加大,转向信号灯发亮。经过一段时间后,镍铬丝冷却收缩,使触点打开。附加电阻又重新串入电路,信号灯变暗。如此反复变化,触点时开时闭,使信号灯一亮一暗不断闪烁。闪光频率70~90次/min为合适。若频率过高或过低,可以用夹嘴钳扳动调节片14,改变镍铬丝的拉力和触点间隙来调整。加大触点间隙可以使频率变慢。

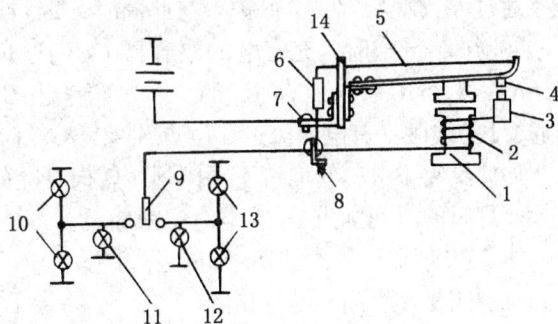

图5-26 电热式闪光器

1—铁芯;2—线圈;3—固定触点;4—活动触点;5—镍铬丝;6—附加电阻;7,8—接线柱;9—转向开关;10,13—转向灯;11,12—转向指示灯;14—调节片

二、电子闪光器

电子闪光器通常由多谐振荡器、功率放大器和继电器三大部分组成。凡振荡器由晶体三极管、电容、电阻组成的常称作晶体管闪光器;振荡部分由集成电路IC和电阻、电容组成

的称为集成电路闪光器。

1. 晶体管闪光器

晶体管闪光器分触点式和无触点式两种。

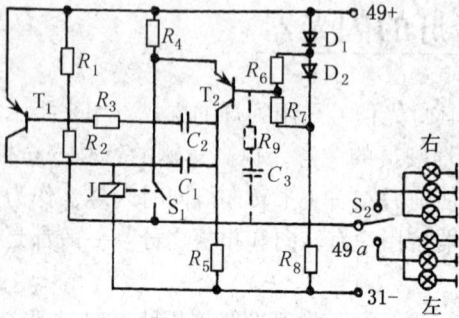

图 5-27　（德国）触点式晶体管闪光器

（1）触点式晶体管闪光器。所谓触点式晶体管闪光器实际上是一种混合式闪光器，即它的振荡器主要由晶体三极管等组成，而转向信号灯的驱动任务则由具有触点的电磁继电器来完成。

图 5-27 所示即为德国 SWF 汽车附件厂生产的触点式晶体管闪光器电路图。

其工作原理如下。

① 当汽车转向时，接通转向灯开关 S_2，电源"+"通过 $R_1 \rightarrow R_2 \rightarrow S_2 \rightarrow$ 转向信号灯 $\rightarrow$ 电源"-"构成通路。此时，由于 R_1 上的电流作用，使 T_1 产生正向偏压而导通，使继电器通入电流，其路径为：电源"+" $\rightarrow T_1 \rightarrow J \rightarrow$ 电源"-"。于是继电器 J 的触点 S_1 迅速闭合，使转向灯通入大电流而亮，电流由电源"+" $\rightarrow R_3 \rightarrow S_1 \rightarrow S_2 \rightarrow$ 转向信号灯 $\rightarrow$ 电源"-"。

② 由于 S_1 的闭合与灯亮，而使 T_2 不能获得正向偏压而截止。此时，电容器 C_2 被充电，充电电流由电源"+" $\rightarrow R_1 \rightarrow R_4 \rightarrow C_2 \rightarrow R_5 \rightarrow$ 电源"-"。只要 R_1 上有电流通过，就能保证 T_1 的发射极上加正偏压而使 T_1 保持导通。电容器 C_1 的作用是在此时保证 T_2 可靠截止。

③ 当 C_2 充电结束时，T_1 的基极电位提高而使 T_1 截止，于是继电器 J 失电而使触点断开，故灯变暗。此时继电器 J 线圈的自感电动势由电阻 R_5 和电容 C_1 吸收，即对 C_1 充电，最后通过 R_5 放电，对 T_1 保护。与此同时，T_2 导通。

④ 当 T_2 导通时，充完电的电容器 C_2 则通过 T_2 进行放电。放电回路为：C_2 的"+"极 $\rightarrow R_4 \rightarrow R_1 \rightarrow R_3 \rightarrow T_{2(e,c)} \rightarrow C_2$ 的"-"极。当 C_2 放完电后，紧接着又被充电，于是 T_1 又导通，J 的线圈又有电流流过，触点 S_1 闭合，灯又亮。

如此反复下去，转向灯不断闪烁。转向灯亮的时间取决于 C_2 的充电时间或 T_1 的导通时间，而灯灭的时间则由 C_2 放电时间来确定。

图 5-28 所示为法国 Ducellier 公司生产的触点式晶体管闪光器电路图。

这种闪光器既可作转向信号指示，又可作危险报警信号指标，并有监视指示灯，当只有一只灯泡工作时，指示灯一直不亮。

当接通电源后，电容 C_1 经 R_4、R_3 充电。由于充电电流很小，M 点电位很低，不足以使 T_1 导通。电流经 R_1，使 T_2 获正向偏压而导通，继电器 J 得电，使触点闭合，同时向 C_1 充电。当 M 点电位上升到足

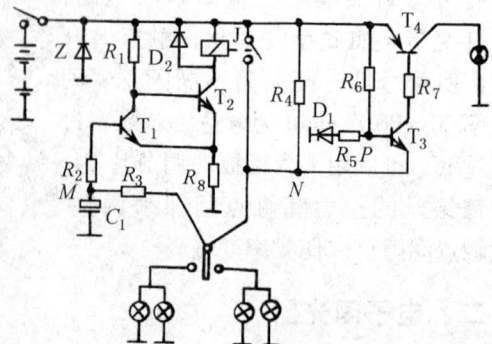

图 5-28　法国 Ducellier 晶体管闪光器电路

以使 T_1 导通时，T_2 就截止，触点打开，C_1 经 R_4、R_3 保持充电。

当接通转向开关后，电流经 R_4 不足以使灯亮。与此同时，C_1 通过 R_3、信号灯放电，M 点电位下降，T_1 截止，T_2 导通，触点闭合，灯亮，同时，向 C_1 充电。当 M 点电位升高，T_1 导通，T_2 截止，触点打开，灯又灭，电容 C_1 又经 R_3 放电，如此反复，信号灯以一定频率闪光。

图 5-29 所示是国产上海桑塔纳（Santana）轿车所采用的触点式晶体管电路。该闪光器性能符合 JB2551-1984 部标，也是国内闪光器能够全面达到国际标准（ISO/DIS4082.2）的产品。

（2）无触点晶体管闪光器。无触点晶体管闪光器又称全电子式闪光器，即把触点晶体管闪光器中的继电器去掉，采用大功率晶体管来取代原来的继电器，如图 5-30 所示。

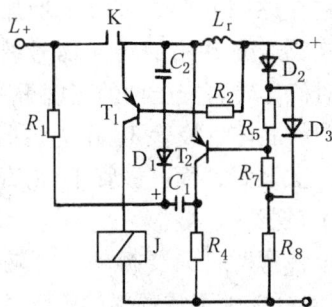

图 5-29　JSG142 型闪光器电路
"+"—接电源"+"极；"-"—接电源
"-"极（搭铁）；L_+—接转向信号灯

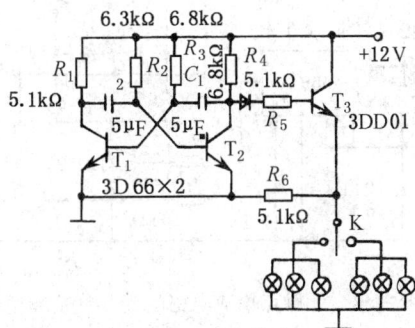

图 5-30　无触点晶体管闪光器电路

图 5-30 所示闪光器电路的振荡部分实际上是一个典型的非稳态多谐振荡器。其电路结构对称，T_1 和 T_2 为同型号的晶体三极管，且其参数相同。闪光器的输出级采用一只大功率三极管 T_3。当 T_3 导通时，电路接通灯亮；当 T_3 截止时，电路被切断，灯灭。从而发出频率为 70~90 次/min 的闪光信号。

2. 集成电路闪光器

（1）触点式集成电路闪光器。图 5-31 所示为触点式集成电路闪光器电路。

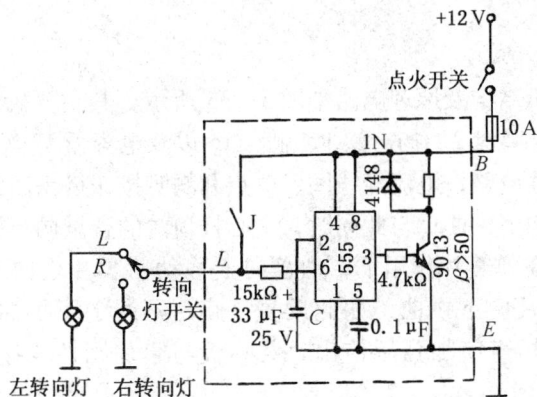

图 5-31　触点式（带继电器）集成电路闪光器电路

该闪光器主要由 555 电路构成多谐振荡器，其集成块可选用 NE555、CA555 等型号。电路中三极管（9013）起驱动继电器 J 的作用，以控制触点的开、闭，即控制转向灯的亮灭。二极管（1N4148）与继电器 J 并联，起续流作用，以保护三极管不被击穿。

集成电路闪光器体积小，外接元件少，闪光频率稳定，工作可靠性高，通用性强，使用寿命长。

（2）无触点集成电路闪光器。无触点集成电路闪光器和无触点晶体管闪光器一样，即把闪光器中功率输出级的触点式继电器改换成无触点大功率晶体管，同样可以实现对转向灯的开关作用。

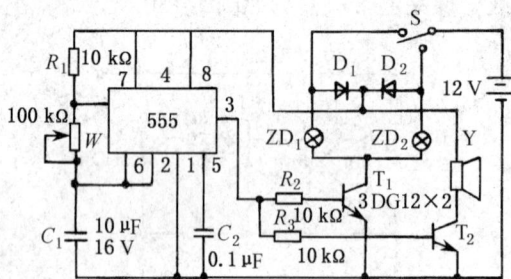

图 5 - 32　无触点集成电路闪光、蜂鸣器电路

图 5 - 32 所示是无触点集成电路、蜂鸣器电路，它在原闪光器的基础上增加了蜂鸣功能，便构成声光并用的转向信号装置，以引起人们对汽车转弯安全性的高度重视。

电路中的晶体三极管 T_1 作为转向灯 ZD_1 和 ZD_2 的开关装置，而三极管 T_2 则直接控制着蜂鸣器 Y 的发声。

当汽车转弯时，只要扳动一下转向开关 S，不仅转向灯发生正常频率的闪光，蜂鸣器也将发出同频率而有节奏的声响。其频率可由电位器 W 进行调节。

第六节　音响信号

现代汽车上除前述灯光信号之外，还装有音响信号。

一、电喇叭

汽车上都装有喇叭，用以警告行人和车辆，保证行车安全。喇叭按发音动力不同有气动和电动两种。由于电动喇叭能源方便，结构简单、声音洪亮、音质悦耳，故广泛使用于各种类型的车辆。

1. 筒形、蜗牛形电喇叭

筒形、蜗牛形电喇叭结构及原理电路如图 5 - 33 所示。其主要机件由山形铁芯 5、线圈 11、动盘 10、膜片 3、共鸣盘 2、扬声筒 1、触点 16 以及电容器 17 等组成。

按下喇叭按钮即接通电路，电流经线圈、触点和喇叭按钮搭铁回到负极。电磁铁芯产生电磁力吸引动盘使膜片向下拱曲；与此同时，中心杆顶端的音量调节螺母将动触点打开，切断电路，电磁力消失。在弹簧片作用下，动盘向上移动使膜片也向上拱曲；触点又闭合，电磁力又吸引动盘使膜片向下拱曲。如此反复，膜片不断上下拱曲而产生振动，从而发出一定音调的声波，由扬声筒加强后传出。共鸣板与膜片刚性连接，在振动时使声音更加悦耳。

触点间并联的 0.14 ~ 0.17 μF 电容器或 12.5 ~ 13.5 Ω 的消弧电阻，能减少触点的火花，延长触点使用寿命。

音调调节：拧松底板螺柱顶端的锁紧螺母8和12（见图5-33），再旋松音调调整螺母7，向上旋时，可增大动盘与铁芯气隙，音调变低；向下旋时，气隙减小，音调升高。气隙一般以0.5～1.5 mm为宜，而且周围应均匀，否则将无声或有杂音。

音量调节：旋松中心杆顶端锁紧螺母14（见图5-33），再旋松音量调节螺母13，向上调，使触点压力增大，由于接触电阻减少，触点闭合时间增长，通过线圈电流增大，使音量变大；反之，音量变小。音量不宜过大，以防城市噪声污染，其声级不得大于105 dB。

2. 盆形电喇叭

图5-34为盆形电喇叭的结构原理电路。其构造特点是无扬声筒，结构紧凑，体积小。

盆形电喇叭的工作原理与上述基本相同。但它是利用上铁芯被电磁铁芯吸下时，与下螺栓铁芯发生磁撞产生一个较低的基本振频，并激励与膜片一体的共鸣盘同时产生一个比基本振频强而分不又较集中的谐频，在此基音和谐音的配合下，得到音量适中和谐的喇叭声。

音调调节：松开锁紧螺母11，再旋转下铁芯，改变上下铁芯之间间隙，即可调整音调的高低。

音量调节：旋转调整螺钉8来改变触点7的接触压力，即可改变音量的大小。

3. 喇叭继电器

汽车上装用两个喇叭时，由于消耗电流过大，如果直接用喇叭按钮操纵，按钮易烧坏，为此采用了喇叭继电器，其构造和接线方式如图5-35所示。

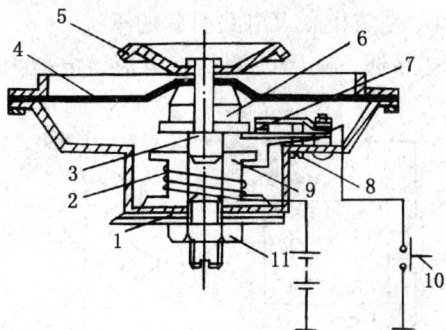

图5-33　筒形、蜗牛形电喇叭

1—扬声筒；2—共鸣盘；3—膜片；4—底板；
5—电磁铁芯；6—螺柱；7—音调调整螺母；
8，12，14—锁紧螺母；9—弹簧片；10—动盘；
11—线圈；13—音量调整螺母；15—中心杆；
16—触点；17—电容器；18—触点支架；
19—接线柱；20—喇叭按钮

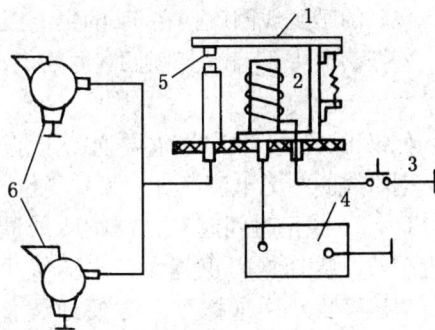

图5-34　盆形电喇叭

1—下螺杆铁芯；2—线圈；3—上铁芯；4—膜片；
5—共鸣盘；6—动铁；7—动静触点；8—调整螺钉；
9—电磁铁芯；10—喇叭按钮；11—锁紧螺母

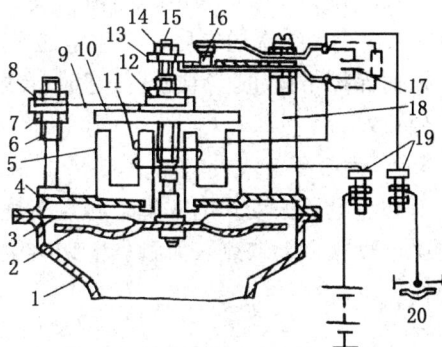

图5-35　喇叭继电器

1—触点臂；2—线圈；3—按钮；4—蓄电池；
5—触点；6—喇叭

当按下按钮 3 时，蓄电池电流便流经线圈 2，因线圈电阻很大，所以通过线圈 2 及按钮 3 的电流很小。线圈通电后，产生电磁吸力，使触点闭合接通喇叭电路。因大电流不经过按钮，从而保护了按钮。当松开按钮时，线圈中电流中断，磁力消失，触点打开，切断电路，喇叭停止发音。

4. 无触点电喇叭

有触点电磁振动式电喇叭，触点有烧蚀、氧化等问题，致使喇叭变音不易调整。无触点电喇叭可克服以上缺点。无触点电喇叭主要由多谐振荡器及功率放大器组成，图 5 - 36 为其电路图。

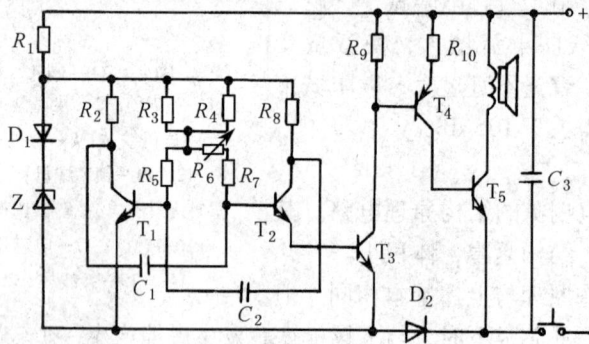

图 5 - 36 无触点电喇叭电路图

高音：$R_3 = 10\ k\Omega$；$R_4 = 10\ k\Omega$ $R_5 = 130\ k\Omega$；$R_7 = 82\ k\Omega$；

低音：$R_3 = 6.8\ k\Omega$；$R_4 = 20\ k\Omega$；$R_5 = 150\ k\Omega$；$R_7 = 130\ k\Omega$；

D_1、D_2—2CP12；T_1、T_2、T_3—3DG6B（C）；T_4—3DG12B（C）；

T_5—3DD15C；R_6—WSW30

T_1、T_2、T_3 构成一个多谐振荡器。为保证振荡频率稳定，多谐振荡器接在稳压电源上，由稳压管 Z 供给稳压电源，二极管 D_1 作为稳压管的温度补偿。T_4、T_5 组成直接耦合放大器，喇叭的励磁线圈就接在 T_5 的集电极上。电容器 C_3 是防止点火电路引起的干扰。

若振荡器中 T_2 截止，则 T_3 也截止，于是 T_4、T_5 导通，喇叭线圈中有电流，电磁力吸动膜片。

如果 T_2 导通，则 T_3 也导通，于是 T_4、T_5 截止，喇叭线圈中无电流流过，膜片复位。

T_2、T_3 截止时间越长，则喇叭线圈中通电时间也越长，膜片振幅也越大，声压级也越大；相反，声压级越小。这样可以方便地调整音量。只要改变 $R_6 + R_7$ 及 C_1 的时间常数即可，也就调整电位器 R_6 就可以调节音量大小。

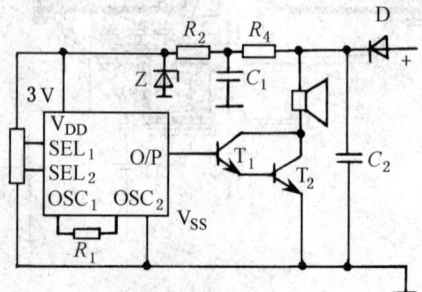

图 5 - 37 集成电路报警音响器

$R_2 = 120\ \Omega$；$R_3 = 1\ k\Omega$；

$C_1 = 100\ \mu F/16V$；$C_2 = 1\ 000\ \mu F/25$；

T_1—3DG12；$T_2 = 3DD03$；

D—2CZ13；Z—2CW11

二、汽车音响报警器

消防车、救护车、警车等都加装有音响报警装置。图 5 - 37 所示为集成电路汽车音响报警器电路图。

它采用大规模集成电路 CW9561，另加少量外围零件组成。C_1、C_2、R_1、R_2 和稳压二极管 Z 组成简易稳压电路，以防汽车充电时，电压发生波动，影响集成电路正常工作。D 作为反接电源保护。扬声器在 12 V 电源输出约 3 W 音频功率，音量可达到要求。

采用 CW9561 大规模集成电路，使得报警所用元件少，体积小，无需调试即可正常工作。

测 试 题

一、判断题

1. 前照灯采用屏幕检验法时只能检验前照光束的照射方向，而无法检验其发光强度。

（　　）

2. 转向信号灯的闪光器闪光频率一般为 80 ~ 150 次/min。　　　　　　（　　）

3. 采用喇叭继电器是为了延长喇叭按钮的使用寿命。　　　　　　　　（　　）

4. 现代汽车前照灯多采用充气灯泡。　　　　　　　　　　　　　　　（　　）

5. 光纤照明以普通车用灯泡为光源，让光线通过光导纤维传到末端，发出微光，照亮一定范围。　　　　　　　　　　　　　　　　　　　　　　　　　　（　　）

6. 前照灯的近光光束其水平位置向左或向右偏差均不得超过 100 mm。　（　　）

7. 机动车装用远光和近光双光束灯时，以调整远光光束为主。　　　　（　　）

8. 新注册两灯制每只前照灯的远光光束发光强度应达到 15 000 cd。　　（　　）

二、单项选择题

1. 普通双丝灯泡前照灯的近光灯丝位于反射镜焦点的_____。

　　A. 下方　　　　　　B. 上方　　　　　　C. 右方　　　　　　D. 左方

2. 开前照灯后，灯光暗淡的原因是_____。

　　A. 熔断器断开或熔丝熔断　　　　　　B. 灯丝烧断

　　C. 接头松动或锈蚀　　　　　　　　　D. 调节器电压过高

3. 前照灯中的远光灯一般为_____。

　　A. 20 ~ 55 W　　　B. 32 ~ 40 W　　　C. 45 ~ 60 W　　　D. 60 ~ 100 W

4. 前照灯中的近光灯一般为_____。

　　A. 15 ~ 20 W　　　B. 20 ~ 55 W　　　C. 32 ~ 40 W　　　D. 60 W

5. 牌照灯要求夜间能看清牌照上号码的距离为_____。

　　A. 25 m　　　　　　B. 30 m　　　　　　C. 15 m　　　　　　D. 5 m

6. 制动灯的颜色为_____。

　　A. 黄色　　　　　　B. 蓝色　　　　　　C. 白色　　　　　　D. 红色

7. 电喇叭音调调节，应调整_____。

　　A. 动盘与铁芯的气隙　　　　　　　　B. 调节螺母增大或减小触点压力

　　C. 电容器　　　　　　　　　　　　　D. 共鸣盘

8. 电喇叭音管调节，应调整_____。

　　A. 动盘与铁芯的气隙　　　　　　　　B. 调节螺母增大或减小触点压力

C. 电容器　　　　　　　　　　D. 共鸣盘

9. 雾灯的颜色为_____。

　　A. 红色　　　　B. 蓝色　　　　C. 黄色　　　　D. 白色

10. 雾灯安装位置较低，一般离地面_____cm左右。

　　A. 10　　　　B. 15　　　　C. 30　　　　D. 50

第六章

电器仪表及显示系统

● 学习目标

　　通过本章的学习，重点掌握汽车各种仪表与显示装置的工作原理，了解各种仪表的基本结构、电子显示系统的组成等。

　　汽车仪表用来指示汽车运行以及发动机运转的状况，以便驾驶员随时了解各系统的工作情况，保证汽车可靠而安全的行驶。

　　汽车上较常用的一般有五种仪表和三种相应的传感器，即电流表、机油压力表、水温表、燃油表及车速里程表等指示仪表和机油压力传感器、水温传感器、油量传感器等。

　　传统仪表一般是机电式模拟仪表，只能为驾驶员提供汽车运行中必要而又少量的数据信息，已远远不能满足现代汽车新技术、高速度的要求。因此，汽车电子化仪表完全有逐步取代常规的机电式仪表的可能性。

　　本章将介绍汽车电气常规仪表，同时介绍汽车电子仪表及显示装置。

第一节　仪表板总成

一、汽车电器仪表板的类型

　　仪表板总成又称仪表盘总成，分垂直安装式和倾斜安装式两类，二者又各有组合式和分装式两种。

　　1. 分装式仪表板总成

　　它是由薄钢板先冲压成一块仪表板，然后将每只单个仪表用夹板及螺栓固装在仪表板上。图6-1所示为汽车分装式仪表板总成，此种结构已趋淘汰。

　　2. 组合式仪表板总成

　　现代汽车均采用组合式仪表板总成。它是将各种仪表及仪表照明灯合装在一个表壳内，共用一块玻璃密封，如图6-2所示。

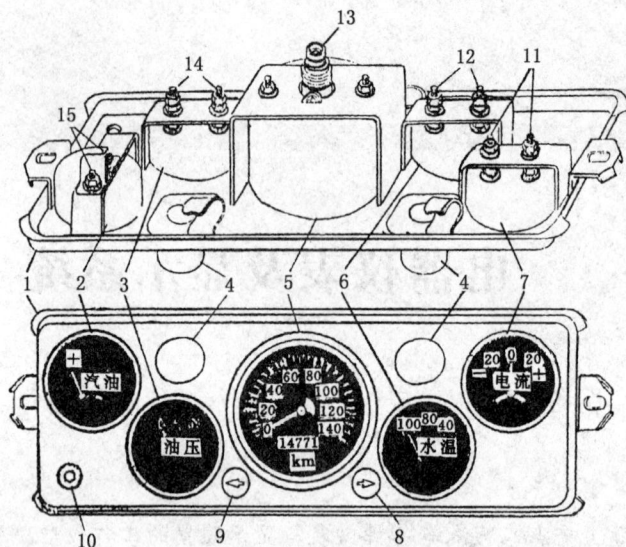

图 6-1 分装式仪表板总成

1—仪表板；2—燃油表；3—油压表；4—仪表照明灯；5—车速里程表；6—水温表；
7—电流表；8，9—右、左转向指示灯；10—前照灯远光指示灯；11—电流表接柱；
12—水温表接柱；13—车速里程表接头；14—油压表接柱；15—燃油表接柱

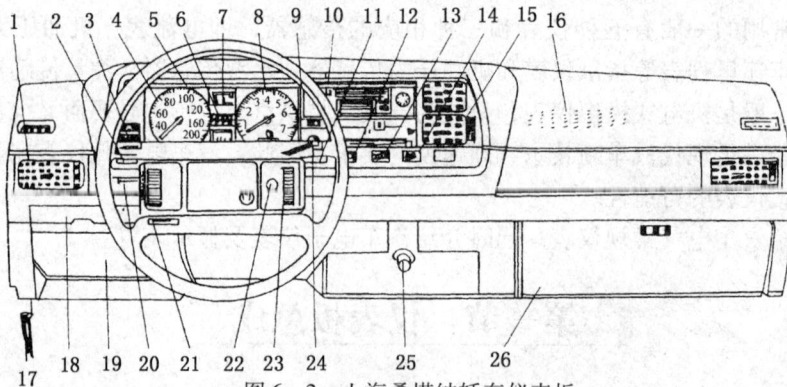

图 6-2 上海桑塔纳轿车仪表板

1，15—出风口；2—灯光开关；3—阻风门与制动信号；4—车速里程表；5—电子钟；6—报警灯；7—水
温表；8—带有燃油表的发动机转速表；9—暖风及通风控制杆；10—收音机；11—空格；12—雾灯开
关；13—后风窗加热开关；14—紧急灯开关；16—喇叭放音口；17—发动机盖锁钩脱开手柄；18—小
杂物盒；19—熔断器保护壳；20—转向信号及变光灯拨杆开关；21—阻风门拉手；22—转向器锁与
点火开关；23—喇叭按钮；24—风窗刮水器及风窗洗涤器拨杆；25—点烟器；26—杂物箱

二、组合仪表板上开关和仪表字母说明

现代汽车的仪表盘上，除了安装了一些基本的仪表外（如电流表、机油压力表、燃油
表、水温表车速里程表等），还将各种警告灯和监视灯也集成在仪表盘内，由此就形成了组
合仪表盘，这也是现代客车、轿车上使用较多的一种新型组合仪表。

由于组合仪表上的可用空间有限，对各种开关和仪表名称的说明大都采用缩写字母来表
示，各种开关和仪表上的缩写字母含义，如表 6-1 中所列。

表6-1 组合仪表开关和仪表上缩写字母含义

缩写记号	名　称	缩写记号	名　称
ACC	附件	SW	开关
ST	启动	A/T	自动变速
IG	点火	M/T	手动变速
CHG	充电警告灯	ASSY	组件
OIL	油压警告灯	P/W	压缩空气功率
BRAKE	刹车警告灯	WASH	清洗机液量警告灯
TURN	转弯信号指示灯	STOP	停车信号灯
BEAM	主光指示灯	TAIL	尾灯
IL. L	照明灯	FUEL	燃料表
DOOR	半门警告灯	VOLT	电压表
EXH·TEMP	排气温度警告灯	GLOW	发光指示灯
TEMP	水温表	F·L	指示灯
BELT	安全带警告灯	W·L	警报灯
BAT	蓄电池液量警告灯	VR	电压调节器

三、组合仪表上警告灯和监视灯符号说明

现代汽车上使用了很多警告装置，但使用最多的是警告灯和监视灯，图6-3是这些灯的符号，这些符号的含义及所使用的灯泡及指示的内容，如表6-2中所列。

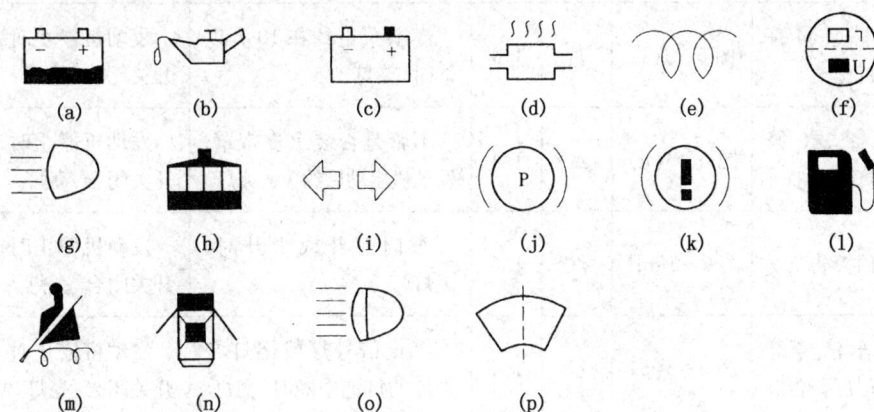

图6-3 仪表盘上常见警告灯和监视灯符号

表6-2 组合仪表上警告灯和监视灯符号含义及使用灯泡及检查方法

序号	名称	表示		灯泡/W	内容	灯泡断路检查方法
		图形	颜色			
1	蓄电池液量警告灯	图6-3(a)	红	1.4	蓄电池的液量比规定量低时亮灯	发动机停止时,由于钥匙开关闭合,亮灯
2	油压警告灯	图6-3(b)	红	1.4	发动机油的油压在0.3 kg/m² 以下时亮灯	发动机停止时,由于钥匙开关闭合,亮灯
3	充电警告灯	图6-3(c)	红	1.4	交流发电机不发电时亮时	发动机停止时,由于钥匙开关闭合,亮灯
4	排气温度警告灯	图6-3(d)	红	1.4	排气温度异常高时亮灯	钥匙开关,启动时亮灯
5	辉光警告灯	图6-3(e)	黄	1.4	点火/闭合时,亮灯,预热完了灭灯	
6	过滤器警告灯	图6-3(f)	红	1.4	燃料过滤器内有水积存时,亮灯	发动机停机时,钥匙开关闭合而亮灯
7	主光灯指示灯	图6-3(g)	蓝	1.4	使用主前照灯时亮灯	
8	散热器液量警告灯	图6-3(h)	黄	1.4	散热器的液量比规定的少时,亮灯	发动机停止时,钥匙开关闭合而亮灯
9	转弯信号指示灯	图6-3(i)	绿	1.4	转变信号动作时亮灯	
10	停车闸警告灯	图6-3(j)	红	1.4	停车闸动作时亮灯	
11	制动器液量警告灯	图6-3(k)	红	1.4	制动器液量比规定量少时,亮灯	发动机停止时,将钥匙开关闭合,亮灯
12	燃料余量警告灯	图6-3(l)	黄	1.4	燃料余量约在10 L以下时,亮灯	发动机停止时,将钥匙开关闭合,亮灯
13	皮带罩警告灯	图6-3(n)	红	1.4	不管是否装上皮带罩,发动机启动后约7 s,灭灯	发动机停止时,将钥匙开关闭合,亮灯
14	半门警告灯	图6-3(m)	红	1.4	车门打开或半开时,亮灯	发动机停止时,将钥匙开关闭合,亮灯
15	停车信号灯或尾灯警告灯	图6-3(o)	黄	1.4	停止信号灯或尾灯警告灯的灯泡中断时,亮灯	发动机停止时,将钥匙开关闭合,亮灯
16	清洗机液量警告灯	图6-3(p)	黄	1.4	清洗机液量比规定量少时,亮灯	发动机停止时,将钥匙开关闭合,亮灯

除了国产汽车上采用这些警告装置外，日本、欧、美等国的汽车上也采用这些装置，其表示方法基本相同。

第二节　常规电器仪表

一、电流表

电流表又称安培表，汽车上用的是直流电流表。国产汽车均装用电流表，但国外汽车大多都不装电流表而用充电指示灯，CA141 汽车两者都具备。电流表的用途，主要是指示蓄电池的充、放电电流值，同时还检视电源工作是否正常。

目前，国产汽车多使用电磁式电流表，东风牌汽车装有动磁式电流表。

1. 电磁式电流表

电磁式电流表的结构及工作原理如图 6 - 4 所示。条形永久磁铁 6 两端分别用黄铜夹子紧固，再用螺栓将黄铜板条 4 拧在绝缘底板上，螺栓即形成电流表的两个接线柱 1、3。永久磁铁的内侧，在转轴上装有带指针的 I 字形软钢转子 5。正面的透明玻璃下有黑色的标度盘，量程为 - 20 ~ + 20 A，显示蓄电池充、放电情况。

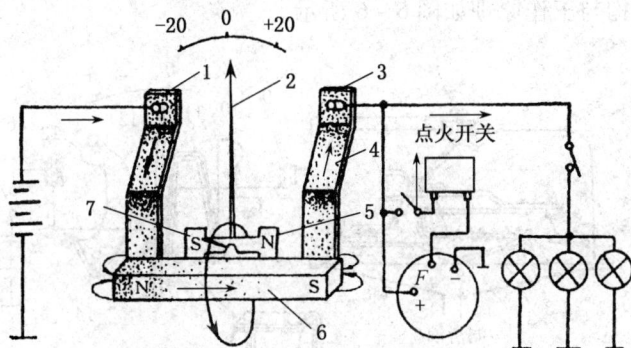

图 6 - 4　电磁式电流表

1，3—接线柱；2—指针；4—黄铜板条；5—软钢转子；6—永久磁铁；7—转轴

当没有电流流过电流表时，软钢转子被永久磁铁磁化而相互吸引，使指针停在中间的 0 标度上。

当蓄电池向外供电时，放电电流通过黄铜板条就产生磁场，其方向可用右手螺旋定则判断，与永久磁铁的磁场方向相垂直，因此，便产生一个合成磁场。这个合成磁场磁力线的方向，与永久磁铁磁力线方向成一个角度，因此软钢转子便带着指针偏转一个角度，也就是转到合成磁场的方向。电流越大，合成磁场就越强，指针偏转角度也就越大。如果电流方向相反，那么指针也反向偏转。

2. 动磁式电流表

动磁式电流表的结构如图 6 - 5 所示。

黄铜导电板 2 固定在绝缘底壳上，两端分别与正、负接线柱 1、3 相连，中间有磁轭。永久磁铁转子 4 和指针 5 即浮装在黄铜导电板的中部，标度盘的量程为 - 30 ~ + 30 A，显示

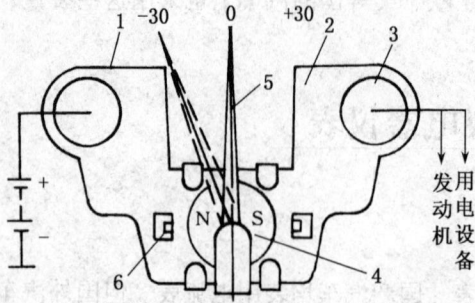

图 6-5 动磁式电流表

1, 3—接线柱；2—导电板；4—永久磁铁转子；

5—指针；6—磁轭

蓄电池的充、放电情况。

它与电磁式的区别仅在于转子是永久磁铁，一般这种类型的电流表量程较大。

当没有电流通过电流表时，永久磁铁转子通过磁轭构成磁回路，使指针保持在中间"0"的位置。当放电电流通过导电板时，在它的周围产生磁场，使浮装在导电板中心的转子和指针向"－"方向偏转，指示出放电电流值。电流越大，偏转越多，则示出安培数越大。若充电电流通过导电板时，则指针偏向"＋"，示出充电电流的大小。

二、机油压力表

机油压力表用来指示发动机润滑系工作状况与机油压力的大小。

机油压力表由拧装在发动机主油道上或粗滤器壳上的油压传感器和仪表板上的油压指示表两部分组成。国产汽车上装用最多的是电热式油压表。电热式机油压力表又称双金属片式机油压力表，其结构与工作原理如图 6-6 所示。

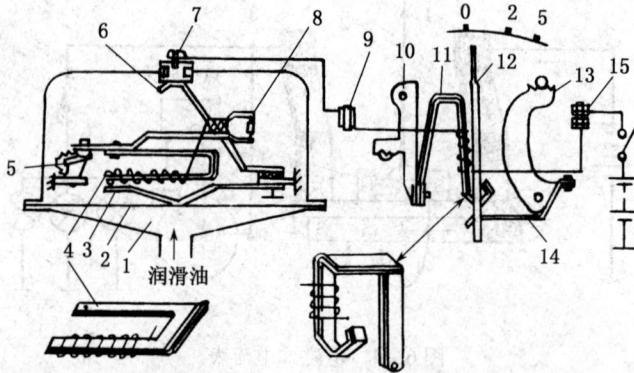

图 6-6 双金属式油压表

1—油腔；2—膜片；3—弹簧片；4—双金属片；5—调节齿轮；6—接触片；

7, 9, 15—接线柱；8—校正电阻；10, 13—调节齿扇；

11—双金属片；12—指针；14—弹簧片

1. 机油压力表的构造

（1）机油压力传感器。油压传感器俗称感压盒。总成为一圆形钢壳密封件，顶部中心有一接线螺钉，底部为拧装于主油道上的管接头，底壳呈漏斗形，管接头的上面置一圆形弹性膜片 2，片下的内腔 1 与发动机主油道相通，膜片 2 的中心顶着弯曲的弹簧片 3。弹簧片的一端与盒固定并搭铁，另一端焊有触点，且经常与上面的"Ⅱ"形双金属片 4 的触点接触，双金属片是用膨胀系数不同的两种金属制成的。双金属片 4 上绕有与其本身绝缘的加热线圈。线圈的一端直接与双金属片的触点相连，另一端经接触片 6 和接线柱 7 与指示表相连。校正电阻 8 与加热线圈并联。

（2）油压指示表。在由薄钢板冲压而成的圆形外壳内，装有特殊形状的双金属片 11，它的直臂末端固定在扇形调节齿 10 上；双金属的另一钩形悬臂上绕有电热线圈，线圈的两头构成指示表的两个接线柱 9、15，勾内装着指针 12，指针的下端与弹簧片 14 勾连，弹簧片的另一端与扇形调节齿 13 铆接。

指针的下面有黑色标度盘，用白色标度从左至右注有 0、2、5 的油压指示值。表面为透明玻璃，由外壳与之密闭封装。

2. 机油压力表的工作原理

发动机不工作时，仪表电路不通，指示表靠双金属片保持在"0"位置。

发动机运转，如果润滑油压力增大时，传感器油腔内的油压也增大，压迫膜片向上拱曲，使触点的闭合压力增大。

此时电热线圈必须经过较长时间通电后，才能使双金属片得到较大的弯曲，才能将触点分开；触点分开后，又只需较短的时间冷却，触点重又闭合。于是，在触点闭合时间长，断开时间短的不断开闭动作下，由于频率增高，使通过指示表中的脉冲电流平均值增大，电热线圈使双金属片变形大，钩动指针向右偏转，指示出较高的油压值。因此，油压越大，传感器触点开闭频率越高，脉冲电流值平均值越大，双金属片变形也越大，指针偏移角也大，指示出的油压值越高。反之，油压降低，传感器触点开闭频率变低，脉冲电流平均值减小，双金属片变形小，指针偏移角小，指示的油压值低。

这种油压表主要靠脉冲电流大小的变化，达到相应指示油压值的目的，所以又可称为电热脉冲式油压表。

脉冲电流的波形如图 6-7 所示。一般油压在 0.491 MPa 时，传感器触点的振动频率可达 100~130 次/min，油压为 0.196 MPa 时，振频只有 40~70 次/min。发动机低速运转时，油压

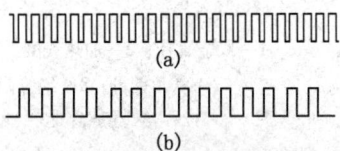

图 6-7　油压表中脉冲电流的波形
(a) 高油压时；(b) 低油压时

最低不应小于 0.147 MPa，正常压力应为 0.196~0.392 MPa，最高压力不应超过 0.491 MPa。

三、水温表

水温表是用来指示发动机冷却水工作温度的。它是由装在发动机汽缸体水套上的温度传感器及仪表板上的温度指示表两部分组成。其结构型式有两种：电热式和电磁式。

1. 电热式水温表

电热式水温表又称双金属片式水温表，它的传感器和指示表均为双金属电热式，如图 6-8 所示。

电热式温度传感器俗称感温塞，其外形及内部构造如图 6-9 所示。密封的套筒内装有条形双金属片 1，其上绕有加热线圈 2。线圈的一端接双金属片的动触点 3，另一端接导电片 9。可调静触点 4 直接搭铁。

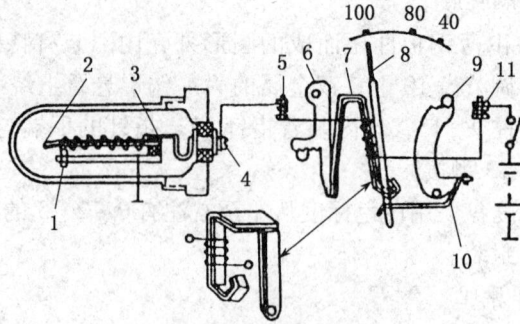

图6－8　电热式水温表

1—可调触点；2—传感器双金属片；3—导电片；4—接线螺钉；5，11—指示表接柱；

6，9—扇形调整齿；7—指示表双金属片；8—指针；10—弹簧片

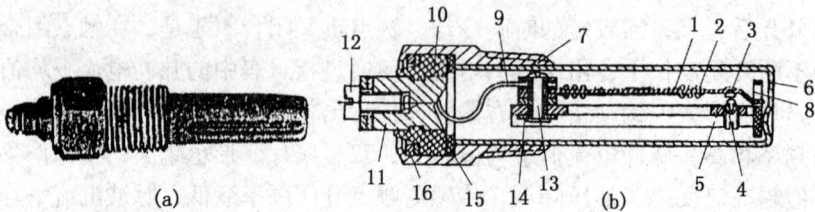

(a)

图6－9　电热式温度传感器

（a）外形；（b）内部结构

1—双金属片；2—加热线圈；3—动触点；4—可调静触点；5—静触点支架；6—铜壳；

7—六角钢母；8—绝缘限位片；9—导电片；10—胶木绝缘套；11—铜嵌件；

12—接线螺钉；13—铆钉；14—绝缘管；15—密封胶圈；16—密封垫圈

电热式温度指示表的结构与电热式机油压力表相同，仅其标度盘上的温度值是从右至左逐渐增大，分别标有40、80、100，单位为摄氏度。

水温表的工作原理与油压表的工作原理相似。当电路接通，水温不高时，双金属片经加热线圈加热变形，使触点分离。触点打开后，由于四周温度低散热快，双金属片迅速冷却又使触点闭合。于是触点在闭合时间长而断开时间短的高频开闭下，使流过指示表电热线圈中的脉冲电流平均值增大，双金属片变形大，带动指针向右偏转，指示水温低。

当水温升高时，则传感器铜壳与双金属片周围温度高，触点闭合时间短而断开时间长，开闭频率变低，流过指示表电热线圈的脉冲电流平均值小，双金属片变形少，指针向右偏角小而指出高温标度。

发动机正常工作时，水温一般应为在 75 ℃ ~ 90 ℃。

2. 电磁式水温表

电磁式水温表的结构原理如图6－10所示。

电磁式水温指示表壳内固装有互成一定角度的两个铁芯，铁芯上分别绕有电磁线圈，其中一个与传感器串联，另一个与传感器并联。两个铁芯的下端设置带指针的偏转衔铁。

电磁式水温指示表一般配用热敏电阻水温传感器。热敏电阻式水温传感器也可与电热式水温表配用，同时要增加一电源稳压器，如东风牌汽车所用。

热敏电阻水温传感器的构造如图6－11所示。其总成是一个铜壳与六角外壳的密封体，

对外只有一个接线螺钉。

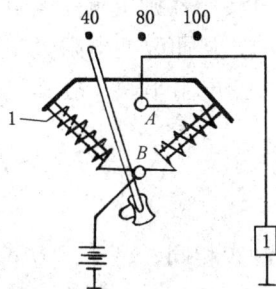

图 6-10 电磁式水温表

1—水温传感器；

A、B—指示表接线柱

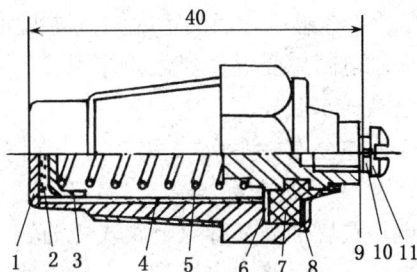

图 6-11 热敏电阻水温传感器

1—铜壳；2—热敏电阻；3—压簧座；4—绝缘套；

5—压簧；6—密封胶垫；7—绝缘端盖；8—铜垫

圈；9—垫圈；10—弹簧垫圈；11—接线螺钉

　　热敏电阻是一种半导体材料，对热和温度有高度的灵敏性，体积可以做的很小，不需要冷却，构造简单寿命长。具有负温度系数的热敏电阻的工作原理是：当温度升高时，电阻值降低。通常用来制造热敏电阻的材料有：二氧化钛和氧化镁的混合物；氧化镍和氧化锰的混合物；氧化锰、氧化镍和氧化钴的混合物等。

　　图 6-12 所示的电阻与温度的关系曲线，是负温热敏电阻的基本特性曲线。从图中可见，在温度低的部分，曲线的斜率比较陡；在温度高的部分，曲线的斜率就逐渐平直。这说明每增高单位温度，在低温部分电阻显著下降，而在高温部分电阻下降较慢。因此在低温时，热敏电阻对周围介质温度的变化显的尤其灵敏，测量精度也比较高。

　　电磁式水温指示表的等效电路如图 6-13 所示。串联电阻 R，用以限制流经线圈 L_2 的电流。当水温低时，热敏电阻传感器阻值增大，流经 L_1 和 L_2 两个线圈的电流相差不多，但 L_1 匝数多，产生磁场强，吸引衔铁使指针向低温指示方向偏；当水温增高时，热敏电阻阻值减小，分流作用增强，流经 L_1 的电流减小，磁力减弱，衔铁被 L_2 吸引，指针向右偏转指向较高温度。

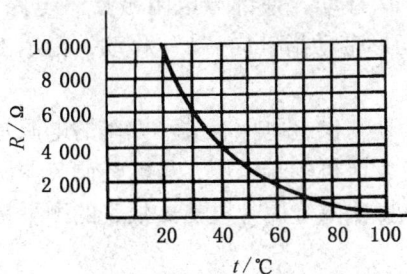

图 6-12 负温热敏电阻的基本特性曲线

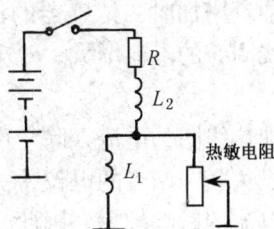

图 6-13 水温指示表等效电路

四、燃油表

　　燃油表的用途是指示汽车油箱中的存油量。由装在油箱中的油量传感器和仪表盘上的燃油指示表两部分组成。燃油指示表有电磁式和电热式两种。传感器均使用可变电阻式。

1. 电磁式燃油表

图 6-14 为电磁式燃油表。其指示表同电磁式水温指示表，其传感器则由可变电阻滑片 6 和浮子 7 等组成。当油箱内油位高低变化时，浮子带动滑片移动，从而改变电阻大小，相当于热敏电阻感受温度变化的作用。L_2 与可变电阻并联，L_1 与可变电阻串联，故其工作原理同电磁式水温表。

表面左至右标明 0、1/2、1，分别表示无油、半箱油、满油。

2. 电热式燃油表

电热式燃油表又称双金属式燃油表，它的传感器与电磁式燃油表相同。另外，为了稳定电源电压，在电路中串接了一个稳压器。其结构如图 6-15 所示。

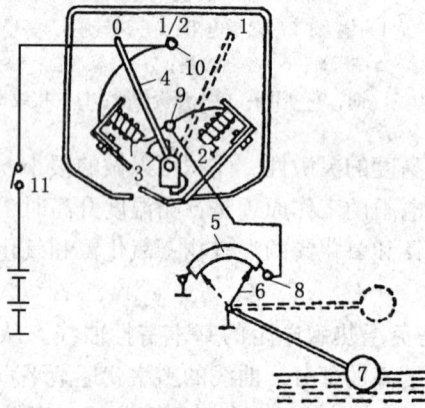

图 6-14 电磁式燃油表

1—左线圈；2—右线圈；3—转子；4—指针；
5—可变电阻；6—滑片；7—浮子；
8，9，10—接线柱；11—点火开关

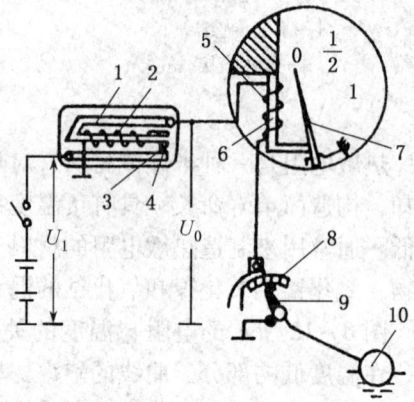

图 6-15 双金属式燃油表

1—双金属片；2—加热线圈；3—动触点；4—静
触点；5—指示表加热线圈；6—双金属片；7—指
针；8—传感器电阻；9—滑片；10—浮子

当油箱中无油时，传感器浮子 7 在最低位置，而将传感器可变电阻 8 全部接入电路，加热线圈 5 中电流最小，所以双金属片 6 几乎不变形，指针指在 "0" 处，表示无油。

当油箱的油量增加时，传感器的浮子 10 上浮，滑片 9 移动，使部分电阻被接入电路，于是流入加热线圈 5 的电流增大，双金属片 6 受热弯曲变形带动指针向 "1" 移动，指示出油量的多少。

由于流经加热线圈的电流，除与可变电阻值有关外，还与供电电压有关。汽车的电源是蓄电池与发电机关联，两者的电位差一般为 2 V 左右，且发电机的端电压，虽然经调节器调整，但受负载电流的影响较大。因此，电源电压变化必然影响双金属片电热式仪表的测量精度。因此，凡是双金属片做指示表的，都必须加稳压器。

图 6-15 左边长方形框内所示即为双金属片式稳压器。当电源电压提高时，稳压器中加热线圈 2 的电流增大、双金属片 1 温度升高，使触点 3、4 间接触压力减小，闭合时间缩短，打开时间增长，从而使加热线圈中的电流减小，端电压下降；反之，当电源电压下降时，稳压器中加热线圈的电流减小，双金属片温度较低，触点闭合时间增长，打开时间缩短，线圈中平均电流增大，端电压提高。这样，就使仪表始终在一个比较稳定的电压下工作，减少了电源电压波动的影响。

由于传感器和指示仪表都是双金属片式的，其本身就具有稳定电压的功能，所以不需要用电源稳压器（如图6-8所示电热式水温表即是）。

五、车速里程表

车速里程表是用来指示汽车行驶速度和累计行驶总里程数的仪表。由车速表和里程表两部分组成。一般为磁感应式仪表，无电路连接。

1. 构造

磁感应式车速里程表也称永磁式车速里程表，其结构如图6-16所示。

（1）车速表。主要构件为一U形永久磁铁1，它固装在主动轴顶端。永久磁铁的上面装有感应罩2，一般为铝质或铁质材料制成，可以转动；感应罩的上面又罩着一个护罩3，与底板固定。

在可以转动的感应罩中心垂直固装着指针轴，指针轴的中部有一盘形弹簧4，顶端装着车速表指针6。指针6的下面有黑色标度盘5，并用白色标度线和数字注明0、20、40、60、80、100、120等车速值，单位为km/h。

（2）里程表。里程表主要由七个接十进位内传动的数字轮9，以及三对蜗轮蜗杆7、8组成。由转轴驱动旋转，转轴用传动软轴4与汽车变速器（或分动器，差速器）输出轴上的蜗轮蜗杆5相连，如图6-17所示。

2. 工作原理

汽车行驶时，由变速器输出的转速经蜗轮蜗杆5及软轴9传至车速里程表的转轴，一方面带动U形永久磁铁旋转，在感应罩上产生涡流磁场和转矩，克服游丝的弹力使感应罩朝永久磁铁转动方面转过一个角度。于

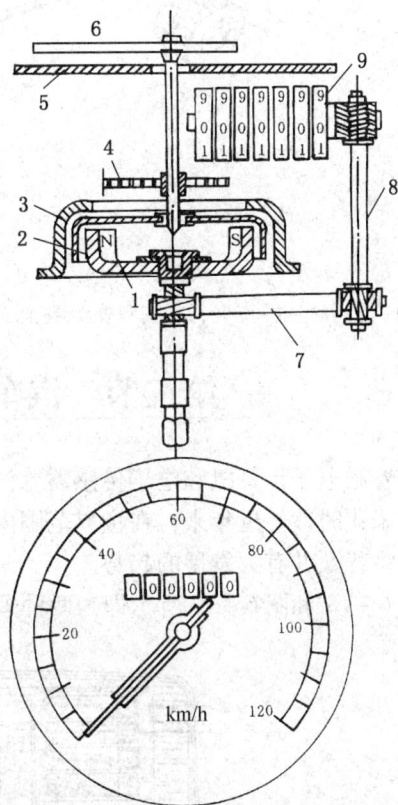

图6-16　永磁式车速里程表
1—U形永久磁铁；2—感应罩；3—护罩；4—盘形弹簧；5—标度盘；6—车速表指针；7，8—蜗轮蜗杆；9—数字轮

是，带动指针指在标度盘上的相应车速值。车速越高，永久磁铁旋转越快，感应罩上的涡流转矩越大，指针偏转角大，指示的车速值也越大。反之则指出低速值。停车后，由于永久磁铁停止转动，感应罩上涡流转矩消失，在盘形弹簧的作用下使指针回到0的位置。

另一方面由于转轴的旋转，同时也驱动了三对蜗轮蜗杆按一定的传动比转动，带动第一个数字轮滚动，第一个数字轮上所刻数字为1/10 km。行驶满1 km时，由内传动齿拨动第二个数字轮转动，计量单位为1 km；行程达10 km时，第三个数字轮转动，计量值为10 km，以后按十进位逐步依次拨动下去，就能累计汽车自投入使用后的总行驶里程数，从标度盘上的小窗口显示出来。

汽车停驶时，由于蜗轮蜗杆也停止传动，且不会倒转，所以能间歇地不断累计总里程

数。当计满 999 999.9 km 后，又重新由 0 开始。

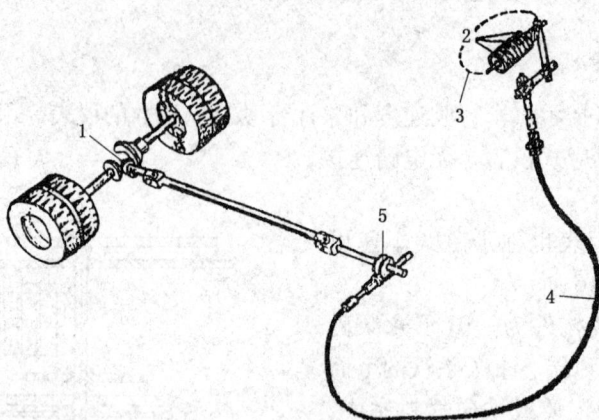

图 6-17   车速里程表传动示意图

1—差速器主传动齿轮；2—里程表数字轮组；3—标度盘；4—传动软轴；5—变速器第二轴传动蜗轮蜗杆

第三节   汽车电子仪表与显示装置

随着微电子计算机和电子传感器等汽车电子技术的蓬勃发展，汽车仪表以及显示装置已进入电子化时代。近年来，在世界范围内已有多种汽车装置了具有电子显示器件的电子仪表盘，必将普及并有大发展的趋势。

图 6-18 和图 6-19 所示即为两种国外汽车电子仪表盘。

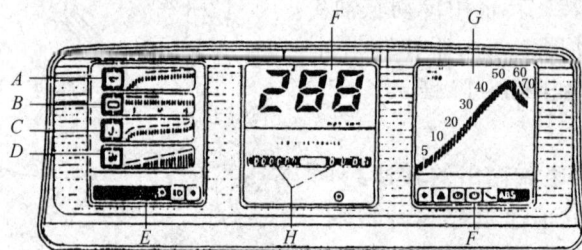

图 6-18   汽车电子仪表盘①

A—机油压力表；B—电压表；C—水温表；D—燃油表；

E—警告灯；F—车速表；G—（发动机）转速表；H—里程表

图 6-20 所示为国产 ED-02 型电子组合式仪表盘，装用在京燕牌 JY6420A（BM213A）轻型越野汽车上。

汽车仪表电子化的优点：

（1）电子化仪表能提供大量、复杂的信息。电子化仪表能迅速、准确地以数字、文字或图形的形式提供大量复杂的信息，醒目、直观。目前，汽车故障诊断、地形图显示、导向及各种信息服务装置都已开始用于汽车。仪表盘作为信息终端显示已经是大趋势。

（2）能满足小型、轻薄化的要求。小型、轻薄化，既能加大汽车仪表盘附近的宝贵空间，还能处理日益增多的信息容量。

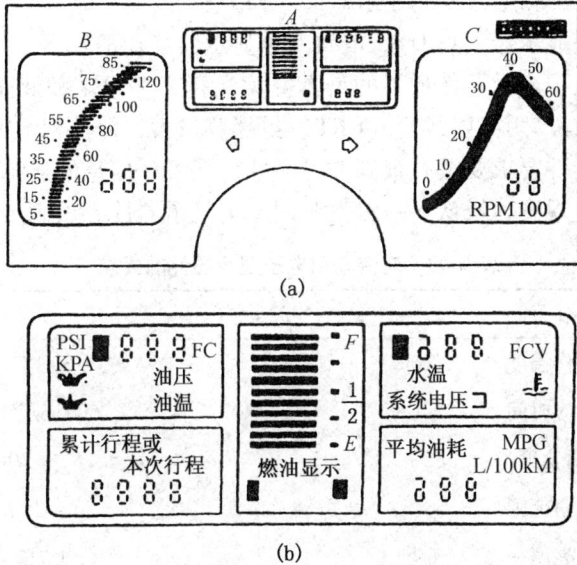

(a)

(b)

图 6-19　（雪佛兰-科弗特）汽车电子仪表盘②

A—驾驶员信息中心（DIC）数字显示（燃油量、机油压力和温度、冷却水温度、电源系统
电压、油耗、累计行驶里程或已行里程）；B—车速表；C—（发动机）转速表

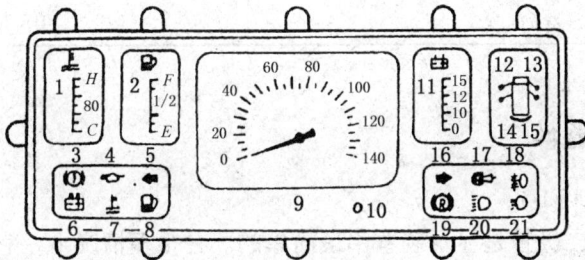

图 6-20　国产汽车电子仪表盘（国产 EC-02 型）③

1—水温表；2—燃油表；3—制动失灵警告灯；4—油压过低警告灯；5—左转向指示灯；6—充电指示灯；
7—水温过高警告灯；8—燃油量过少警告灯；9—车速表；10—蓄电池继电器开关；11—电压表；
12～15—车门状态指示灯；16—右转向指示灯；17—倒车指示灯；18—雾灯指示灯；
19—手制动指示灯；20—（前照灯）远光指示灯；21—（前照灯）近光指示灯

（3）显示图形设计的自由度高。汽车仪表盘造型美观、流行、款式新对现代汽车来说非常重要。选用构型设计自由度特别高的电子显示器件是实现汽车现代化的需要。

（4）具有高精度和高可靠性。

（5）具有一表多用的功能。采用数字显示易于用一组数字进行分时显示，并可同时显示几个参数，不必对每个参数都要设置一个指示表，故使仪表盘得以简化。

一、电子显示器件的种类及要求

电子显示器件大致分为发光型和非发光型两大类。

发光型的显示器件有发光二极管（LED）、真空荧光管（VFD）、阴极射线管（CRT）等离子显示器件（PDP）和电致发光显示器件（ELD）等。

非发光型的有液晶显示器（LCD）、电致变色显示器（ECD）等。

目前，用作汽车电子显示器件最多的是真空荧光管（VFD）和液晶显示器（LCD），其次是发光二极管（LED）。阴极射线管（CRT）虽然容量大，但体积太大。

对汽车电子显示器件要求要具有很高的可靠性，即各种信息的显示必须准确、可靠、及时、清晰，便于驾驶员观看和辨认。一般汽车用电子显示器件必须满足表6-3所列的要求。

表6-3　对汽车用电子显示器件的要求

名　称	要　求
工作温度	$-30\ ℃ \sim +85\ ℃$
响应时间	$500\ ms$（$-30\ ℃$）
对比度	$10:1$
视角范围	$\pm 45°$
亮度	$1\ 713\ cd/m^2$
显示颜色	红、绿、蓝
工作电压	$5\ V$
显示面积	$100 \times 200\ mm$
寿命	$10^5\ h$ 以上

二、电子显示器件

1. 发光二极管（LED）

广泛使用的发光二极管是显示装置中最简单的。在很多情况下，它代替了仪表板中使用的传统的白炽灯。

发光二极管是采用半导体发光材料制成的把电能转换成光能的固体发光器件。它是由二极管引线4和5、芯片2、散射透镜1等组成，如图6-21所示。

发光二极管一般都是用半导体发光材料砷化镓（GaAs）、磷化镓（GaP）、磷砷化镓（GaAsP）、砷铝化镓（GaAlAs）等制成。

当发光二极管两引线4、5所连的电极加上适当的电压后，二极管就导通，电流流经芯片2便发光，通过透明的塑料外壳1显示出来。其发光强度与通入的电流成正比。

发光二极管的颜色有红、绿、黄、橙，可单独使用，也可做成点阵形式，用来显示数字或文字。发光二极管目前已应用到不同尺寸和选址方式的显示系统。对于字母数字显示，不管是笔画式还是光点矩阵式，都需用许多个二极管组

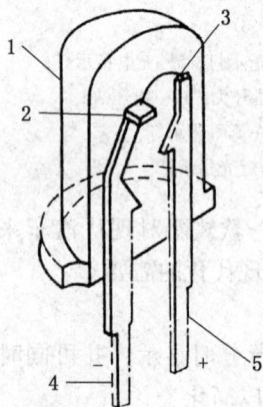

图6-21　发光二极管的结构
1—塑料外壳（透镜）；2—二极管芯片；3—导线；4，5—引线

合。图 6 – 22 所示即为用 7 只发光二极管组成的显示装置。

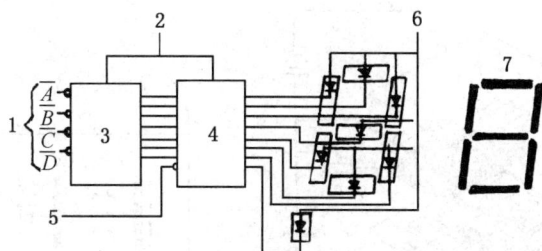

图 6 – 22　7 只发光二极管显示装置
1—输入（二 – 十进制编码）；2—逻辑电源；3—译码器；
4—恒流源；5—小数点；6—发光二极管电源；7—"8"字形

图 6 – 23 所示则是用发光二极管所组成的光点矩阵型显示器。

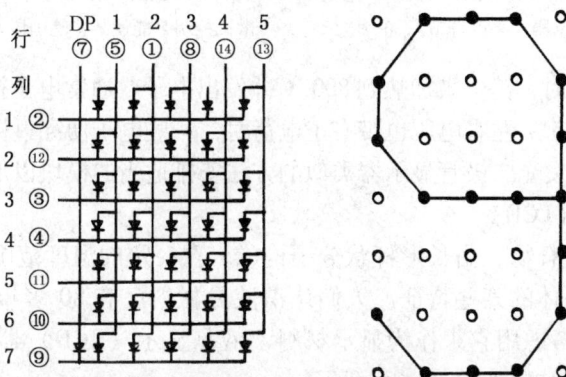

图 6 – 23　（发光二极管式）光点矩阵型显示器

发光二极管的工作电压低（2 V 左右）、响应速度快（毫微秒数量级）、寿命长（10^3 h）、亮点亮度通常为 102.78 ~ 1 027.8 cd/m^2、工作稳定、可靠性高、耐振动、体积小、质量轻。可做成各种各样的形状，有广泛的光学灵活性，可将多个光源组成一个单独的组件；可用于多种显示；易与集成电路相匹配。

LED（发光二极管显示）只适用于作汽车指示灯、数字符号段或点数不太多的小型显示，不宜作大型显示。

2. 真空荧光管（VFD）

这种主动的显示系统比发光二极管有更宽的色域，它有蓝色显示，而发光二极管很难达到这一点。它的耐用性以及驱动电路连接的简易性，使得该系统更适合显示数字、单词和条形图。

真空荧光管实际上是一种低压真空管，它由玻璃面板、金属等无机材料构成。

图 6 – 24 为汽车用的数字式车速表的真空荧光显示器。这种显示器的阳极有 20 个小的数字模块，每个模块上面都涂有荧光材料，并各与一个接线柱相连接。

当电子射到荧光表面时，模块被激活。此时，荧光表面发光照亮模块，一个细丝充当阴极发射电子，栅格便控制着电子流。这些部件被密封在一个真空室内，真空室的前端是含有一块滤色片的玻璃。显示时按规定的颜色显示。

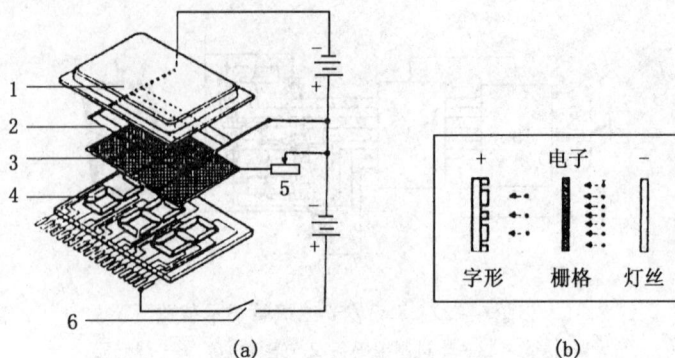

图 6 - 24 真空荧光管及其显示屏结构原理

(a) 真空灭光管结构原理；(b) 显示屏结构原理

1—玻璃罩；2—灯丝（阴极）；3—栅格；4—笔画小段（阳极）；

5—电位器（亮度调节）；6—电子开关（微机控制，能使某些笔画段发光）

当电流通过细钨丝时，钨丝被加热到 800 ℃并发出电子。通常电子被吸引到带正电荷的栅格。当模块阳极由于加 5 V 左右电压也带有正电荷时，一些电子便穿过栅格打在阳极上，使阳极发光显示信息。用和发光二极管显示器类似的方法安排适当的模块以形成不同的数字。

3. 液晶显示器件（LCD）

液晶是一种有机化合物，由长形杆状分子构成。在一定的温度范围内，它具有普遍液体的流动性质，也具有晶体的某些特征。人们认识液晶材料已有 80 多年的历史了，但是一直到最近 10 多年内，才考虑用它来作为显示材料。液晶显示（LCD）器件是一种新型的非发光型平板显示器件，其结构如图 6 - 25 所示。

它有两块厚约 1 mm 的玻璃基板 2、8，基板上涂有透明的导电材料，以形成电极图形，两基板间注入一层 5 ~ 20 μm 的液晶，再在玻璃基板的外表面分别贴上前偏振片 1 和后偏振片 9，并将整个显示板安全密封，以防湿气和氧侵入，这便构成透射式 LCD。在玻璃基板后面再加上反射镜（即反射透射片）10，便组成反射 - 透射式 LCD。

液晶相是介于结晶固相和各向同性液相之间的一种中间相。在液晶上加一个电场时，其杆状分子的长轴方向发生变化，而液晶的光学性质是随分子的排列方向的变化而变化的。因此，它的光学性质也发生变化。

图 6 - 26 所示为液晶加电压与不加电压的情况。

显示板的两个电极上密纹的方向彼此垂直，这样，液晶分子在一个电极上有一定的排列方向，而在相反的电极上分子排列方向转过 90°，从而使液晶材料具有这样一种光学性质：在液晶不加电压时，光线穿过液晶到达反射镜后反射回来，观察者可看到反射回来的

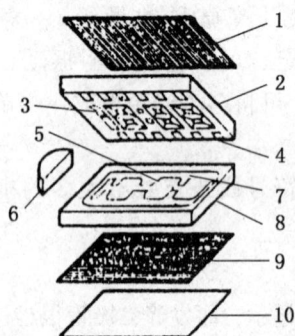

图 6 - 25 液晶显示器件的结构

1—前偏振片；2—前玻璃板；3—笔画电极；4—接线端；5—后（背）板；6—端部密封件；7—密封面；8—后（背）玻璃板；9—后偏振片；10—反射镜

光线。当加上电压时，液晶分子方向改变，通过垂直偏振镜后受到水平检偏镜的阻断不能到达反射镜，因此光线进入已通电的笔画的晶粒不能返回前面，这时笔画不亮（黑色）。

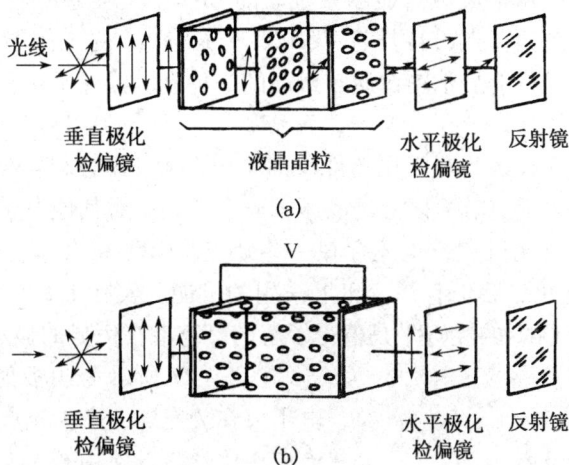

图 6-26　液晶的极化
（a）不加电压时；（b）加电压时

如果偏振镜和检偏镜的方向一致，则情况与上相反，即不加电压时，液晶不透射光；加上电压时，液晶方向改变，使光透射出来。

液晶显示的优点：

① 即使自然光很强，也不影响它的对比度。

② 工作电压低，约 3 V，功耗小。

③ 它是一种单独的组装件，易于安装、保养。

④ 可用于多种形式的显示。

⑤ 电板图形设计的自由度极高，工艺简单，成本低。

主要缺点：

① 在黑暗时，需外部光源，这与 LED 显示刚好相反。

② 低温响应特性较差。即在低温时不能很好工作，一般工作温度为 0 ℃～60 ℃，这就限制了它在汽车上的某些应用。

液晶显示器在国外的汽车上已得到推广应用。如美国研制的液晶显示汽车驾驶员信息中心就是一个例子。该中心实际是自动显示故障的装置，系统用以监视的内容有：

① 监视 20 个前后各种车灯。

② 显示汽车的各种功能或状态。如油压、冷却液温度、冷却液面、充电电压、燃油液面、风窗玻璃喷洗液面以及发动机罩、行车箱盖、四个车门的开闭状态等。

③ 维修提示系统的监视。当需要进行维修时，控制器报警。如更换机油、更换滤芯、更换和调整轮胎等。同时还能显示出在维修前尚允许行驶的公里数。

信息中心实际上是由显示器及信息处理机两部分组成。液晶显示器装置在汽车仪表板总成内，它由多色液晶构成的上述三个信息区和一个图像区组成。

液晶显示（LCD）器件是一种潜在的，将会得到广泛应用的车辆显示器件。

4. 阴极射线显示（CRT）

阴极射线管（CRT）亦称显像管或电子束管，它是一种特殊的真空管。

CRT 是显示信息和图像最灵敏的显示系统。因 CRT 具有全色彩显示，图像显示的灵活性大，分辨率和对比度高的特点，且具有 $-50\,℃ \sim +100\,℃$ 的工作温度范围，有微秒级以下的响应速度，所以它是目前显示图像质量最高的一种显示器件。它已广泛用于示波器、电视显像管和微机显示系统。

但是，CRT 作为汽车仪表盘显示用器件，则体积太大，即便已经实用化的扁平型 CRT，仍嫌太长、太重；还要采用 10 kV 以上的高压，安全性差；对其他电子电器有很大的无线电干扰等。CRT 作为汽车电视机用，也还存在一些缺点。CRT 在汽车上的应用还处于试验阶段，待 CRT 进一步小型化之后仍有在汽车上采用的可能。实际上，日本各大汽车公司所推出的新产品中也有采用 CRT 的。CRT 是值得了解的具有潜在优势的显示系统。

图 6-27 所示为阴极射线管的结构示意图。电子束在荧光屏上产生光点，其亮度与电子束电流成正比，该电流由视频信号电压 V_c 控制。电子束借助于专门的定位电磁场在光栅上扫描。磁场由扫描线圈产生使之发生偏转，总的偏转量与流经该线圈的电流成正比。

扫描与要显示的信号源同步进行，每次水平扫描线末尾，一个同步脉冲使电子束迅速向左偏转，然后再以匀速向右扫描。同样，当电子束位于 CRT 的下面时，产生一个同步脉冲，该脉冲使电子束迅速回到 CRT 的上面，然后向下匀速扫描。

被显示在 CRT 屏幕上的信息或图像，由 V_c 控制，该电压是水平和垂直同步脉冲有关的时间

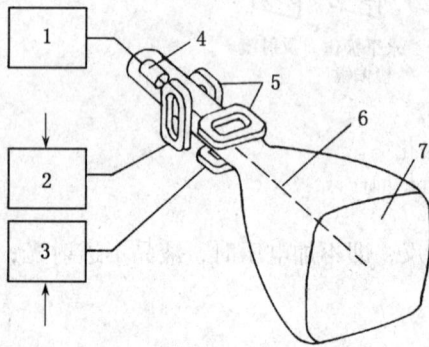

图 6-27　CRT 示意图

1—视频信号；2—水平偏转电路；3—垂直偏转电路；
4—电子枪；5—偏转线圈；6—电子束；7—屏幕

函数。因此，CRT 显示的信息，是由同步脉冲相关的时刻产生一个专门的光栅电压 V_c，该电压与视频电压有关。

视频电压和脉冲由 CRT 控制器产生。图 6-28 为典型的 CRT 显示装置，检测计算机的输出，通过 CRT 控制器控制 CRT 显示。

5. 电致发光显示器件（ELD）

电致发光显示器件（ELD）是一种将电能转换为光能的固体发光器件，它是利用某些固体材料在电场的作用下发光的特性来进行显示的。

具有这种性质的发光材料有硫化锌（ZnS）、硫化镉（CdS）、硒化锌（ZnSe）和硒化镉（CdSe）等。通常使用以 ZnS 为主体的化合物，并掺入激活剂铜（Cu）、锰（Mn）等元素，经一定比例配料，高温灼热处理后就形成了以 Cu 晶体为主体的发光中心。在电场的作用下，即可发光，通过变化激活剂的质量分数，在可见光谱范围内可得到不同颜色的光。

按照激励方法和发光材料的形式不同，电致发光技术分为交流粉式、直流粉式、交流薄膜式和直流薄膜式四种。

图 6-29 所示为交流粉式电致发光的结构原理图。在玻璃基板 1 上有一层用化学方法在 480 ℃ 左右温度下形成的二氧化锡透明的导电薄膜 2，又称为第一电极。在导电薄膜上面喷

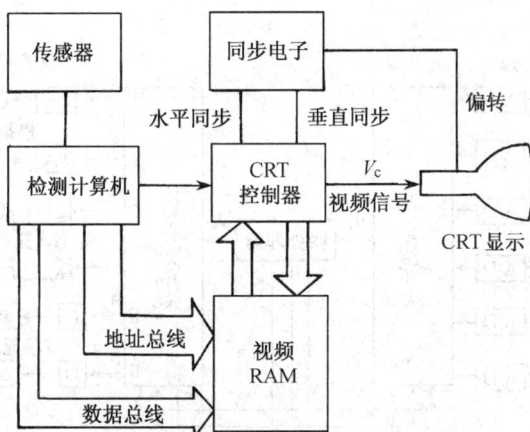

图 6-28　汽车 CRT 检测系统

上一层 15 ~ 20 μm 的发光层 3。在发光层上是铝、锡或银用真空镀膜方法制成的第二电极 4，两层电极分别引出两个电极片 8。用玻璃 5 和密封胶 6 将发光显示屏封装，以防潮湿气浸入发光层引起色变而失效。底板 7 是安装显示屏用的，可用胶黏或机械方法固定。工作时，发光层在电场作用下发光，并通过透明玻璃显示。当不需要整个显示屏发光时，可在电极层上相应覆盖上一层绝缘薄膜，以便得到文字、数字等显示。

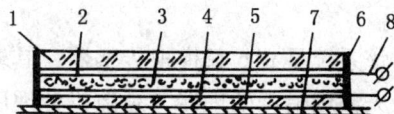

图 6-29　交流粉式电致发光
1—玻璃基板；2—透明导电薄膜（第一电极）；3—发光层；4—第二电极；5—玻璃；6—密封胶；7—底板；8—电极片

交流电致发光根据发光层的成分及其质量分数的不同，可得到绿光、黄光、红光等光源。其光线柔和、显示清晰、反映速度快、余辉短、无红外辐射，直观感强、性能稳定可靠。

交流电致发光可用于汽车仪表刻度盘及报警信号显示屏等。图 6-30 所示为其原理示意图。

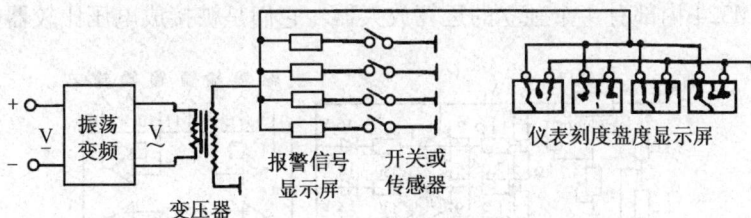

图 6-30　电致发光在汽车仪表上应用的原理示意图

电源驱动部分由振荡变频及变压器组成。汽车的直流电源经振荡器后得到交流输出，再经变压器升压，得到 70 V 500 Hz 左右的电压驱动显示屏。调节直流输入电压或频率都可改变其发光亮度。

三、汽车电子仪表

典型的汽车电子仪表及显示系统如图 6-31 所示。其终端显示包括仪表模拟显示，警告灯亮灭显示、7段数字显示等。

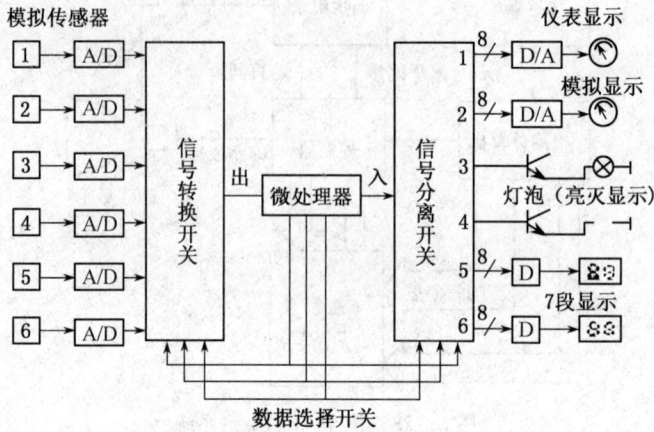

图 6-31 典型的汽车电子仪表显示系统

该系统具有 6 只模拟传感器,其输出信号经 A/D 转换器转换成 8 位数码后,由信号转换开关输送给微处理器,经微机处理后,再以 8 位数码或开关信号形式,由信号分离开关输出,以驱动相应的显示装置。它还有 6 个显示装置,有仪表、灯光、数字 3 种显示方式。整个系统由微计算机控制。

现代汽车电子仪表盘上的基本显示有:电压、速度、燃油、里程以及水温、油压等以及各种报警装置等。

1. 汽车电子电压表

传统方法是采用电流表或充电指示灯指示电系充、放电情况。它不能准确地指示出电源电压。实际使用中,常因发电机电压失调,发生蓄电池过充电和用电器承受过电压而损坏的现象。因此用电压表指示电源电压比用电流表指示充、放电电流更为重要,所以现代汽车装电压表已成为汽车电系必不可少的有效措施之一。国外已广泛应用。

图 6-32 所示为 LM324 汽车电压显示电路图。它是由集成块 LM324 组成的汽车电源电压显示电路。LM324 内部有 4 个独立的运算放大器,它们是被接成电压比较器来使用的。

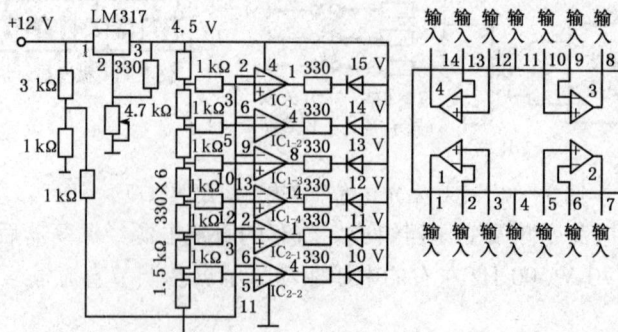

图 6-32 LM324 汽车电压显示电路

该装置采用的是 LED 显示，所显示的电压范围为 10～15 V，分 6 级显示，每级的电压显示范围为 1 V。

汽车电压显示电路的种类很多，LM324 只是其中的一例。

2. 汽车电子水温、油压表

图 6－33 所示为汽车电子式水温与油压表电路图。

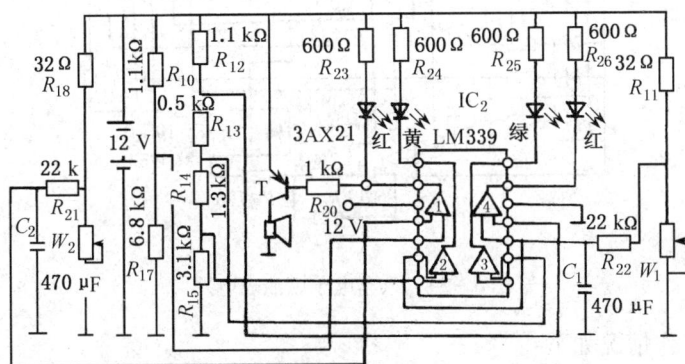

图 6－33　汽车电子水温、油压表电路

该电路具有显示发动机冷却水温和机油压力两种功能。它主要由水温传感器 W_1 和机油压力传感器 W_2、集成电路 LM339 和发光二极管显示器等组成。传感器均采用双金属片式。水温传感器装在发动机水套内，它与电阻 R_{11} 串联组成水温测量电路；机油压力传感器安装在发动机主油道上，与电阻 R_{18} 串联构成机油压力测量电路。

（1）水温显示。水温表按 40 ℃、85 ℃ 和 95 ℃ 三种水温设置发光显示和仪表刻度。通过水温传感器 W_1 的检测，水温 40 ℃ 为安全起始，提请注意信号，用黄色发光二极管来显示；85 ℃ 为发动机正常工作温度信号，用绿色发光二极管显示；95 ℃ 是发动机过热危险报警信号，用红色发光二极管显示，以示警告，与此同时，由晶体三极管 T 所控制的蜂鸣器也发出报警声响信号。

（2）油压显示。机油压力表可按油压过低、油压正常和油压过高三种情况来设置发光显示和仪表刻度。在油压过低时，双金属片式油压传感器产生的脉冲信号频率最低，即每分钟 5～20 次，此时可用红色发光二极管显示，以发出报警信号；当油压正常时，可用绿色发光二极管显示，以表示发动机润滑系供油正常；而在油压过高时，油压传感器便产生出较高频率的脉冲信号，每分钟 100～120 次，用黄色发光二极管显示。

3. 汽车电子燃油表

汽车燃油表可随时测量，并指示油箱内燃油存储量。电子燃油表电路如图 6－34 所示。

该燃油表电路主要由油量传感器 R_x、集成电路 LM324（两块）、燃油量发光二极管显示器 D_1～D_7 等组成。传感器仍采用传统的浮筒式可变电阻式传感器。电阻 R_{15} 和二极管 D_8 组成稳压电路，其稳定电压作为电路的标准电压，通过 R_8～R_{13} 接到 IC_1 和 IC_2 所组成的电压比较器反向输入端。电容 C 和电阻 R_{16} 还组成延时电路，使燃油表的发光显示不随油箱中燃油量的波动而发生变化。

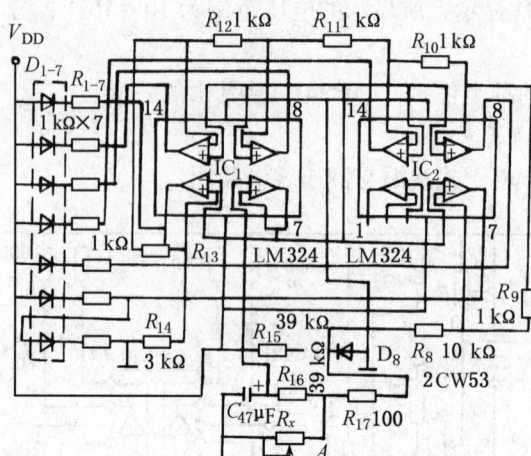

图 6-34 汽车电子燃油表电路

该燃油表的工作情况如下：

① 当油箱的燃油加满时，传感器 R_x 的阻值最小，则 A 点的电位最低，即 IC$_1$ 和 IC$_2$ 各电压比较器的输出为低电平，此时，6 只绿色 LED 发光二极管 D$_2$ ~ D$_7$ 全部点亮，而红色发光管 D$_1$ 由亮转为熄灭，此为油箱满油状态。

② 随着汽车发动机的运行，油箱燃油量逐渐减少，显示器中的发光二极管便按 D$_7$、D$_6$……依次熄灭。油量越少，绿色 LED 发光管亮的个数就越少。

③ 当油箱无油时，R_x 的阻值最大，则 A 点的电位最高，集成块 IC$_2$ 第 5 脚电位高于第 6 脚的基准电位，6 只绿色 LED 发光二极管全部熄灭，红色发光二极管 D$_1$ 自动点亮，以示无油，必须加油。

4. 汽车发动机电子转速表

为了检查和调整发动机，并监视发动机的工作状况，以及更好地掌握换挡时机、利用经济车速等，需安装转速表。

图 6-35 所示为利用电容充放电式的一种脉冲式电子转速表。

其信号取自断电器触点。在发动机正常工作时，断电器触点不断地开闭，其开闭的次数与发动的转速成正比（四冲程四缸发动机曲轴转一圈即开闭 2 次，六缸发动机开闭 3 次）。

当触点闭合时，三极管 T 无偏压而处于截止状态，电容 C$_2$ 被电源充电。其电路是：蓄电池正极→R$_3$→C$_2$→D$_2$→蓄电池负极。

当触点分开时，三极管的基极得到正电位而导通。此时，C$_2$ 便通过导通的三极管 T、电流表和 D$_1$ 构成放电回路，从而驱动电流表。

触点不断开闭，电容 C$_2$ 不断进行充放电，其放电电流平均值与发动机转速成正比，于是将电流表刻度值，经过标定刻成发动机转速即可。

稳压管 Z 起稳压作用，使 C$_2$ 再次充电电压不变，以提高测量精度。

5. 汽车电子车速里程表

图 6-36 所示为美国 GM 公司采用的电子车

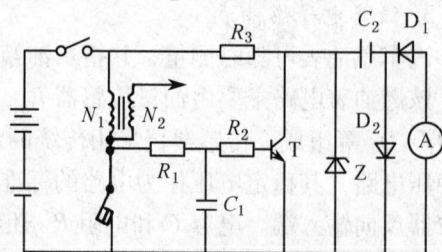

图 6-35 电容放电式转速表

速里程表的结构框图。

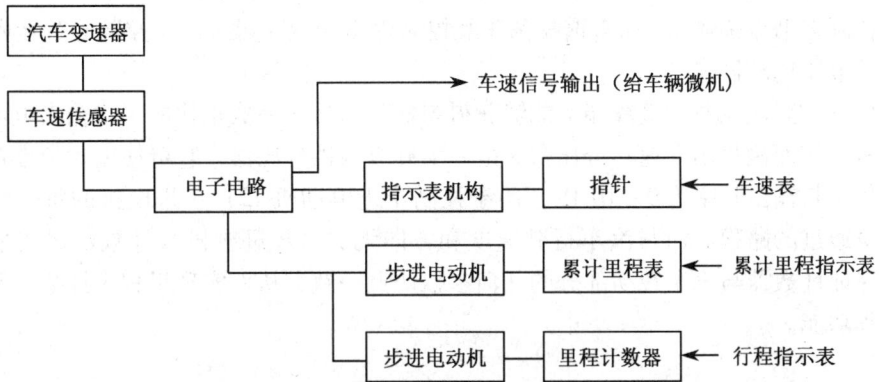

图6-36　美国GM公司电子车速/里程表结构框图

它主要由车速传感器、电子电路、车速表和里程表四大部分组成。车速传感器是一永磁发电机，由汽车变速器驱动，能够产生出正比于汽车行驶速度的电信号。图6-37所示为传感器示意图。

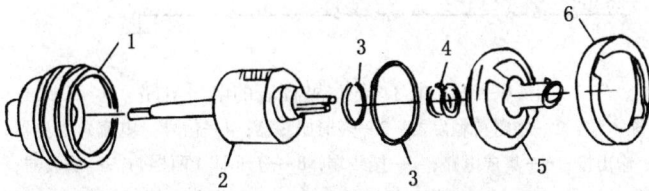

图6-37　车速传感器结构示意图
1—传感器外壳；2—传感线圈、永磁转子总成；
3—O形环；4—弹簧；5—端盖；6—固定圈

车速表仍为指针式。其内部有无芯式测量机构，即具有两套相互垂直的电磁线圈A和B，如图6-38所示。当汽车电源电压加于A线圈时，B线圈的电压则正比于电子电路的输入频率，即可反映车速。因为由轴承支撑的磁铁转子随着两个线圈所产生的电磁场的变化而使指针摆动，故能指示出车速的高低。为防止其转子产生抖动，在其线圈架的空腔内装上硅酮液，以起阻尼作用。里程表由里程计数器及表架等组成，它由步进电动机驱动。

电子电路的功用就是将车速传感器送来的具有一定频率的电信号转变为有用方波电压信号，以控制车速的电路和驱动里程表的步进电动机。图6-39所示即为电子车速里程表的一种电子电路结

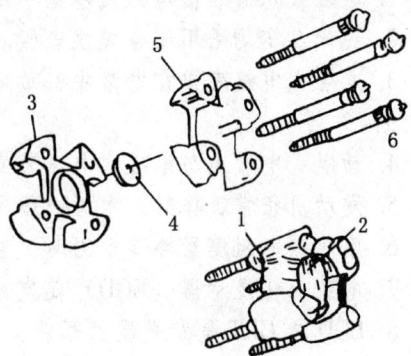

图6-38　车速表测量机构零部件
1—A线圈；2—B线圈；3—下仪表架；
4—转子；5—仪表架；6—固定螺栓

构原理图。

该电路通常用密封的触点来控制，即将密封触点产生的脉冲信号输入施密特触发器2，然后再控制多谐振荡器3。而多谐振荡3既控制着电流发生器4，又控制着分压器8和滤波器9以及电压比较器K。

工作时，集成电路的接线端7能够获得与输入信号频率成正比的平均输出电流，以使车速表正常工作而测量出车速；分压器8是一个五级两挡分压器，它可使输入频率在$1 \sim 32$ Hz之间变化。其输出频率为$0 \sim 10$ Hz，用于控制步进电动机12；步进电机的每一转角都对应于汽车所通过的路程，而与汽车行驶速度和方向无关。步进电机与计数器之间采用机械传动，以保证计数器与汽车转动部分的几何参数协调一致，从而实现里程表计数，并累计汽车行驶里程功能。

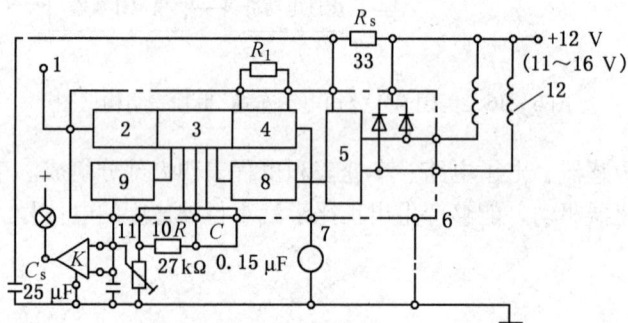

图6-39　电子车速/里程表的电子电路

1—输入端；2—施密特触发器；3—多谐振荡器；4—信号（电流）发生器；
5—输出极；6—集成电路；7—接线端；8—分压器（两挡）；9—滤波器；
10，11—（模拟量）输出端；12—步进电动机

测 试 题

一、判断题

1. 电磁式水温表由电磁式水温指示表和负温度系数的热敏电阻传感器组成。（　　）

2. 现代汽车均采用组合式仪表板。（　　）

3. 电磁式电流表接在电路中，放电电流通过黄铜板条就产生磁场，其方向可用左手定则判断。（　　）

4. 动磁式电流表与电磁式电流表的区别在于转子是永久磁铁，其量程较大。（　　）

5. 发动机正常工作时，水温一般应在75 ℃ ~90 ℃之间。（　　）

6. 用热敏电阻测量冷却水温时，温度升高，电阻值也升高。（　　）

7. 电致变化显示器（ECD）是发光型电子显示器件。（　　）

8. LED与CRT是发光显示器件。（　　）

9. 发光二极管的颜色有红、绿、黄、橙几种。（　　）

10. 电容放电式转速表不属于电子转速表。（　　）

二、单项选择题

1. 当发电机向蓄电池充电时，电磁式电流表_____。

    A. 永久磁铁磁场强度增加   B. 永久磁铁磁场方向改变

    C. 合成磁场方向改变   D. 合成磁场方向不变

2. 电热式油压表在安装传感器时，传感器外壳上的箭头应_____。

    A. 向上＜垂直位置30°   B. 向下＜垂直位置30°

    C. 向上＜垂直位置45°   D. 向下＜垂直位置45°

3. 热敏电阻式水温表，当水温低时_____。

    A. 热敏电阻阻值变小   B. 双金属片变形小

    C. 双金属片变形大   D. 双金属片不变形

4. 电热式燃油表，当油箱无油时，传感器可变电阻_____。

    A. 部分串入电路中   B. 双金属片变形大

    C. 双金属片变形小   D. 全部串入电路中

5. 机油压力表中，双金属片变形越大，指示的油压值_____。

    A. 越低   B. 越高   C. 不变   D. 不定

6. 水温表中，双金属片的触点与固定触点两者的闭合时间短、分开时间长，指示的水温值_____。

    A. 低   B. 高   C. 不变   D. 不定

7. 热敏电阻式水温表感温室内的感温件是一种_____。

    A. 热敏电阻   B. 正温度系数热敏电阻

    C. 负温度系数热敏电阻   D. 金属膜电阻

8. 下面对真空萤火管、液晶显示器、电致发光显示器的英文缩写字母排列顺序正确的是_____。

    A. LCD、VFD、ELD   B. VFD、ELD、LCD

    C. ELD、LCD、VFD   D. VFD、LCD、ELD

9. 液晶显示的工作电压解为_____V左右。

    A. 1   B. 2   C. 3   D. 4

10. 最高机油压力不应超过_____MPa。

    A. 0.196   B. 0.25   C. 0.392   D. 0.941

第七章

汽车车身电器装置

◉ 学习目标

　　通过本章的学习，重点掌握电动刮水器、风窗防冰霜及洗涤设备、电动车窗、电动后视镜、电动中央门锁、电动坐椅、汽车防盗装置的基本结构和工作原理。了解电动刮水器、电动坐椅等的工作过程。

　　现代汽车除前面所述基本电气设备外，还增设了许多其他电器设备，以满足各种需要。本章就一些其他常用电器设备作一介绍。

第一节　电动刮水器

　　为了提高汽车在雨天和雪天行驶时驾驶员的能见度，专门设置了风窗玻璃刮水器。

　　刮水器有真空式、气动式和电动式三种。目前汽车上广泛采用的是电动式刮水器，本书只介绍这种刮水器。

　　现代汽车的刮水器普遍具有两种速度的功能并采用铰接式刮水片，它还能间歇地工作。因为只有这样才能适应挡风玻璃的外形和不同运行条件的要求。

一、构造和工作原理

　　典型的电动式刮水器如图7-1所示。电动刮水器是由刮水电动机和一套传动机构组成。如图所示，电动机电枢轴端的蜗杆驱动装在摇臂上的蜗轮，摇臂转动使拉杆往复运动，从而带动刮水片左右摆动。蜗杆蜗轮机构有降低速度，增大扭矩的作用，因为驱动橡胶刮水片在挡风玻璃表面摩擦需要很大的动力，尤其风雨较大时更是如此。

　　电动式刮水器有高、低两种工作速度，其变速原理是，根据直流电动机电压平衡方程式，可以推导出

$$n = \frac{U - I_a R_a}{C_e \Phi} = \frac{U - I_a R_a}{\frac{PZ}{2\pi a}\Phi} = \frac{U - I_a R_a}{C' \frac{Z}{2a}\Phi}$$

式中　U——电动机端电压；

I_a——通过电枢绕组中的电流；

R_a——电枢绕组的电阻；

C_e、C'——常数，$C_e = PZ/2\pi a$，$C' = P/\pi$；

Z——正、负电刷间串联的导体数；

a——电枢绕组支路对数；

P——磁极对数；

n——电动机转速；

Φ——磁极磁通。

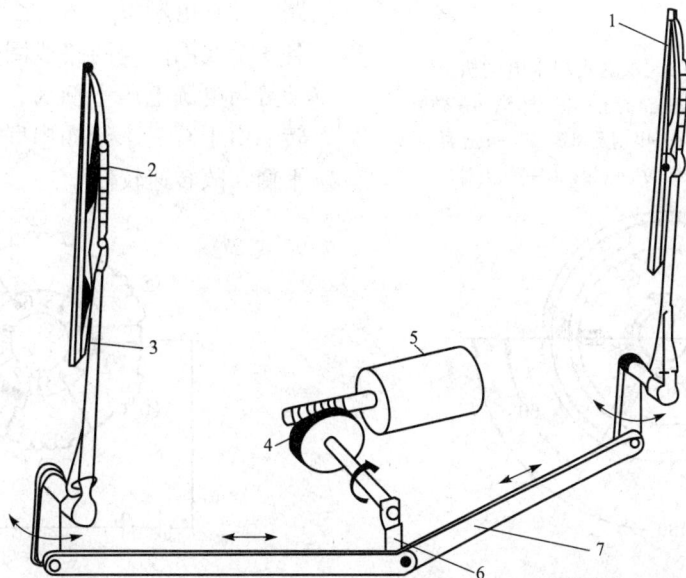

图 7-1　电动刮水器的组成

1—刮水片；2—刮水片架；3—雨刮臂；
4—蜗轮；5—电动机；6—摇臂；7—拉杆

由上式可知，电动机的转速与电源电压、电枢电阻电压降、磁通及两电刷间串联导体数有关。汽车上常采用改变磁通或两电刷间串联导体数的方法，对直流电动机进行变速。

二、永磁式电动刮水器

永磁式电动刮水器的电动机结构如图 7-2 所示。这种电动机的优点是：结构简单、体积小、质量小、省电、可靠性强。因此，目前在国内外汽车上被广泛采用。它的磁极 4 为铁氧体永久磁铁。因为它具有陶瓷的脆性、硬性和耐冲击强度低的特点，故称为陶瓷永磁。永磁式电动机磁场的强弱是不能改变的，为了改变工作速度可采用三刷式电动机。

图 7-3 所示为永磁式三刷电动机示意图。电刷 B_3 为高、低速公用，电刷 B_1 用于低速，与电刷 B_1 位置相差 $60°$ 处有一个用于高速的电刷 B_2。电枢绕组采用对称叠绕式。

永磁式三刷电动机，是利用三个电刷来改变正负电刷之间串联的线圈数实现变速的。当直流电动机工作时，在电枢内同时产生反电动势，其方向与电枢电流方向相反。如要使电枢旋转，外加电压必须克服反电动势 e 的作用，即 $U > e$，当电枢转速上升时，反电动势也相应上升，只有当外加电压 U 几乎等于反电动势 e 时，电枢的转动才趋于稳定。

三刷式电动机转动时，电枢绕组所产生的反电动势如图 7-4 所示。当开关 S 拨向 L 时，电源电压 U 加在 B_1 和 B_3 之间，在电刷 B_1 和 B_3 之间有两条并联支路，一条是由线圈①、⑥、⑤串联起来的支路；另一条是线圈②、③、④ 串联起来的支路。即在电刷 B_1、B_3 之间，有两条支路，各 3 个线圈。这两路线圈产生的全部反电动势与电源电压平衡后，电动机便稳定旋转。由于有三个线圈串联的反电动势与 U 平衡，故转速较低。

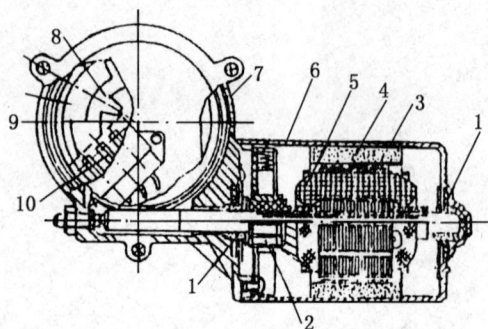

图 7-2 永磁式刮水电动机

1—球轴承；2—整流子；3—壳体；4—磁极；
5—电枢；6—电刷及弹簧；7—减速器；
8—铜环；9—蜗轮；10—触点臂

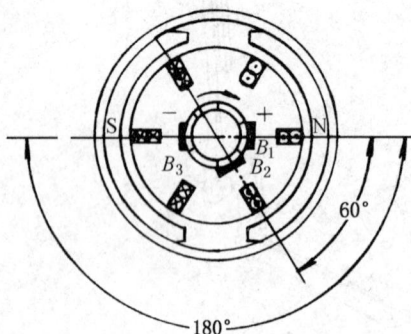

图 7-3 三刷式电动机

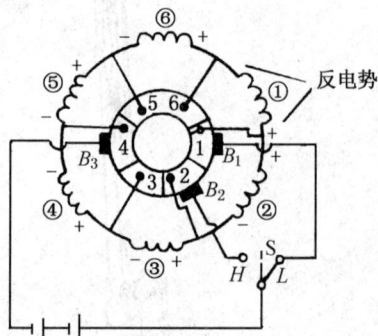

图 7-4 电枢绕组反电势分析

当开关拨向 H 时，电源电压加在 B_2 和 B_3 之间，从图 7-4 可见。电枢绕组一条由 4 个线圈②①⑥⑤串联，另一条由两个线圈③④串联。其中线圈②的反电动势与①⑥⑤的反电动势方向相反，互相抵消后，变为只有两个线圈的反电动势与电源电压平衡，因而只有转速升高使反电动势增大，才能得到新的平衡，故此时转速较高。可见，两电刷间的导体数减少，就会使电动机的转速升高，这就是永磁三刷电动机变速的原理。

为了不影响驾驶员的视线，要求刮水器片自动复位，不管在什么时候切断电源，刮水器的橡皮刷都能自动停止在风窗玻璃的下部。

图 7-5 为刮水器自动复位装置的示意图。在直流电动机减速器的蜗轮 8（由尼龙制成）上，嵌有铜环，此铜环分为两个部分，其中面积较大的一片 9 与电机外壳相连接而搭铁。触点臂 3、5 用磷铜片制成，有弹性，其一端分别铆有触点 4、6 与蜗轮端面或铜片 7、9 接触。

当电源开关 1 接通，把刮水器开关拉到"Ⅰ"挡（低速）时，电流从蓄电池正极→开关 1→熔断丝 2→电刷 B_3→电枢绕组→电刷 B_1→接线柱②→接触片→接线柱③→搭铁，电动机以低速运转。

当刮水器开关拉到"Ⅱ"挡（高速）时，电流从蓄电池正极→开关 1→熔断丝 2→电刷 B_3→电枢绕组→电刷 B_2→接线柱④→接触片→接线柱③→搭铁→蓄电池负极，形成回路，电动机以高速运转。

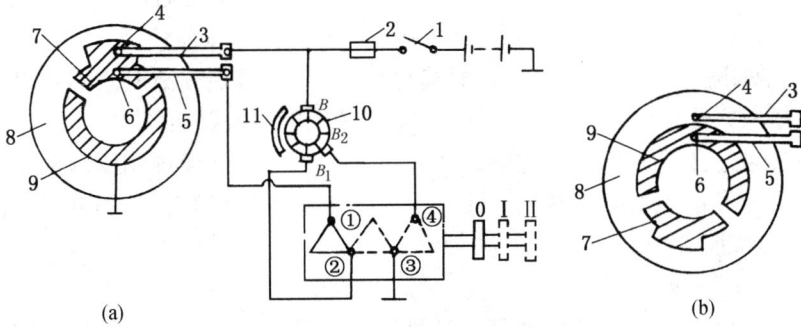

图7-5　永磁式电动机自动复位装置

1—电源总开关；2—熔断丝；3，5—触点臂；4，6—触点；7，9—铜环；8—蜗轮；10—电枢；11—永久磁铁

当刮水器开关推到"0"挡（停止）时，如果刮水器的橡皮刷没有停到规定的位置，由于触点6与铜环9接触，如图7-5（b）所示，则电流继续流入电枢。此时电流从蓄电池正极→开关1→熔断丝2→电刷B_3→电枢绕组→电刷B_1→接线柱②→接触片→接线柱①→触点臂5→触点6→铜环9→搭铁→蓄电池负极，形成回路，电动机以低速运转直至蜗轮转到如图7-5（a）所示的特定位置。触点4和触点6通过铜环7接通，由于电枢转动时的惯性，电动机不能立即停下来，电动机以发电机方式运行而发电。因为电枢绕组所产生的反电动势的方向与外加电压的方向相反，所以电流从电刷B_3→触点臂3→触点4→铜环7→触点6→触点臂5→接线柱①→接触片→接线柱②→电刷B_1，形成回路，产生制动扭矩，电机迅速停止转动，使橡皮刷复位到风窗玻璃的下部。

三、间歇式电动刮水器

汽车在毛毛细雨或雾天、小雪天气中行驶时，如按上述的刮水器速度进行刮拭，那么风窗玻璃上的微量水分和灰尘就会形成一个发黏的表面，不仅不能将风窗玻璃刮拭干净，反而会使玻璃模糊不清，留下污斑，影响驾驶员视线。因此，现代汽车上一般都增设了电子间歇系统。在碰到上述情况时，开动间歇开关，使刮水器按一定周期自动停止和刮拭，即每刮水一次停止2~12 s，这样，可使驾驶员获得良好的视野。下面介绍几种间歇式电动刮水器的实用电路。

1. 同步式间歇刮水器

同步式间歇刮水器互补间歇振荡器电路如图7-6所示。当刮水器开关置于断开位置"0"挡，间歇开关置于接通位置时，电源便向C充电。当C两端电压增加到一定值时，T_1导通，T_2也随之导通，继电器J4因通过电流而动作，使J的常闭触点打开，常开触点闭合，刮水电动机1运转。此时的电路为：蓄电池正极→B_3→B_1→刮水器开关→J的常开触点→搭铁→蓄电池负极。

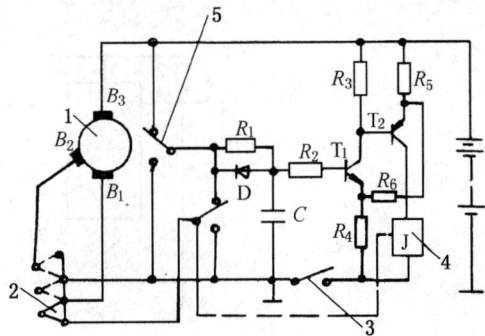

图7-6　互补间隙振荡器

1—刮水电动机；2—刮水器开关；3—间歇刮水开关；4—继电器；5—自停开关

当刮水电动机转动使自停触点 5 与下边接触时，电容器 C 便通过 D 迅速放电，此时刮水电动机仍继续运转。电容 C 放电，使 T_1 的基极电位降低，从而使 T_1、T_2 转为截止状态，J 的电流中断，常闭触点闭合。但由于这时自停触点与 T_1 接通，故刮水器仍继续转动，直到刮水橡皮刷摆回原位，自停触点接通为止，电机才因电枢短路而停止。

接着电源又通过自停触点向 C 充电，如此重复，使刮水器橡皮刷间歇动作。其停歇时间长短取决于 R_1、C 的充电时间常数。并且由上述工作原理可知，这种电路保证每个停歇周期内，雨刷只摆动一次。

2. 非同步式间歇刮水器

图 7－7 所示为非同步式间歇刮水器，这种刮水器是利用多谐振荡器控制继电器触头的开闭来实现刮水器间歇动作的，与刮水器电机转速无关，故称非同步式。

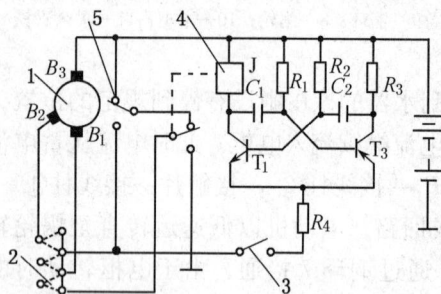

图 7－7 电子间歇刮水器

$R_1 = 20 \text{ k}\Omega$；$R_2 = 100 \text{ k}\Omega$；$R_4 = 41 \ \Omega$；$R_3 = 680 \ \Omega$；

$C_1 = C_2 = 100 \ \mu\text{F}$；$T_1$，$T_2$—CS0012

1—刮水电动机；2—刮水器开关；3—间歇刮水开关；
4—继电器；5—自停开关

当刮水器开关 2 置于断开位置时，刮水器电动机 1 由电枢 B_3、B_2 电刷和自停触点 5 和继电器 J 4 的常闭触点短路，电动机不转动。此时，若接通间歇开关 3，则 T_1 导通，T_2 截止，J 通电动作，常开触点闭合，此时刮水器电动机低速运转。当 C_1 充电到一定值后，T_2 导通，T_1 迅速截止，J 断电，常闭触点闭合。但此时自停触点通过铜环搭铁，刮水电动机继续运转，直到雨刮臂到达风窗玻璃下部，自停触点上部闭合，电枢短路制动而停止。

当 C_2 充电到 T_1 导通电压时，T_1 导通，T_2 截止，J 动作，常开触点又闭合，重复上述过程。

由上述可知，只要 T_1 导通时间足够长（1～2 s），刮水电动机转过自停位置后，即使 T_1 截止，刮水电动机也会继续转动，使雨刷橡皮刮拭一次。调整 R_2、C_2 的值，则可调节间歇时间。

3. 集成电路间歇刮水器

图 7－8 所示是用 NE555 集成电路接成的振荡器电路。充电回路由 R_1、D_1 和 C_1 构成，

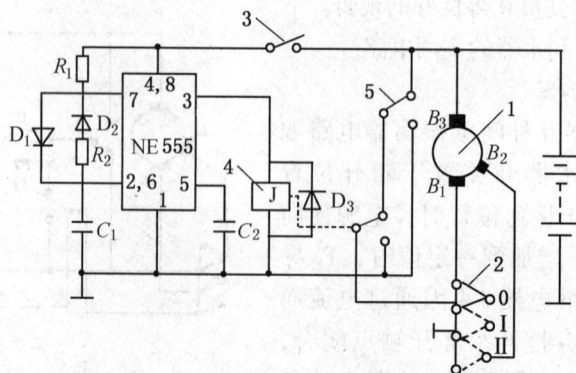

图 7－8 集成电路间歇振荡器

1—刮水电动机；2—刮水器开关；3—间歇刮水开关；4—继电器；5—自停开关

放电回路由 R_2、D_2 和 C_2 组成。当间歇开关闭合时，电路输出高电位，继电器 J 得电动作，使常开触点闭合，刮水电动机运转。经过一定时间（约 0.7 s）后，电路翻转，3 输出低电平，J 断电，常开触点断开，常闭触点闭合，此时，刮水电机继续运转，直至自停触点闭合，雨刷片停在原始位置。

第二节 风窗玻璃防冰霜设备及洗涤设备

一、风窗玻璃防冰霜设备

冬天行车时，驾驶室风窗玻璃的外面往往会结上一层冰霜，妨碍驾驶员视线，影响行车安全，故在现代汽车上都装有防冰霜以及提高驾驶室气温的电器设备。

1. 暖风装置

国产汽车的暖风装置，均采用以发动机冷却水作为热源的吸风式水暖内循环结构。通常在风窗玻璃的下方设置暖风管或散热器，利用发动机风扇向驾驶室内及风窗玻璃吹暖气，获得防冰霜和提高室温的双重效果。

图 7-9 所示为 CA141 汽车驾驶室内的暖风装置。

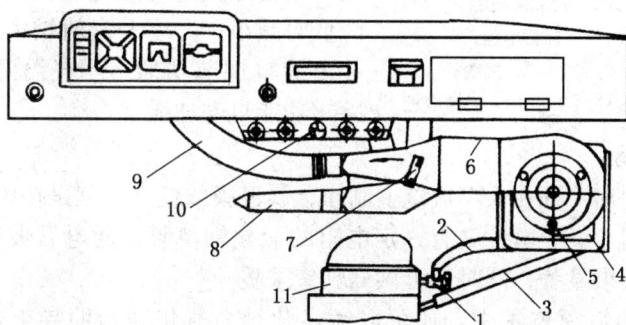

图 7-9 CA141 汽车暖风装置示意图

1—进水管阀门；2—进水软管；3—出水软管；4—暖风水箱；5—暖风电动机；6—送风总管；
7—分风阀；8—下部暖风口；9—风窗防冰霜喷口；10—暖风机开关；11—发动机汽缸盖

发动机汽缸盖 11 中的水经进水管阀门 1 和进水软管 2 流入暖风水箱 4 内，利用暖风机 5 将暖风水箱前的冷空气吸经水箱 4，进行热交换而使冷空气升温，再由暖风机 5 把热空气送入总管 6，根据需要调节分风阀 7，热风就从风窗防冰霜喷口 9 排出进行风窗防霜或除霜，也可从下部暖风口 8 排出提高室内气温。总暖风量由暖风机开关 10 控制，它有低速（将拉杆拔出约一半）和高速（将拉杆全拔出）两个挡位。

2. 电加热装置

这种装置是利用特殊的电阻丝通电发热，直接使风窗玻璃受热升温，达到防、除冰霜的目的。一般有以下两种方式。

（1）装电热框。利用 2~3 根镍铬电阻丝制成与风窗玻璃大小相同的方框，如图 7-10 所示。这种装置利用橡皮框架的吸附作用再涂以甘油，让方框紧贴于风窗玻璃内表面，

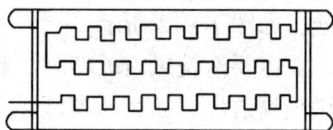

图 7-10 风窗玻璃加热器

由专用开关控制通电加热。

这种加热器耗电量为30～50W，效果很好。

（2）电热玻璃。目前在国外许多汽车上，挡风玻璃是由两层薄玻璃贴合在一起的，在其夹层中间装有很细很密的电阻丝，可以通电加热，防止结霜。由于这种电阻丝很细，所以不会妨碍视线。

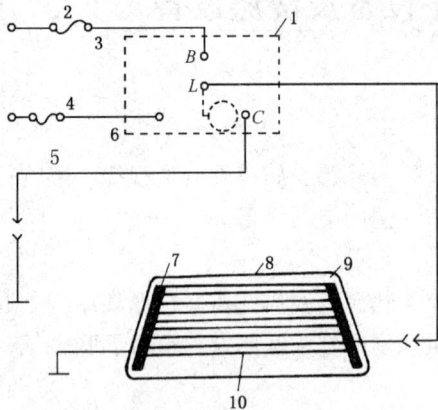

图7-11　电热式后窗除霜器

1—开关继电器；2—熔线；3—接蓄电池；4—接点火开关；5—熔断器；6—指示灯；7—接线柱'A'；8—中点'C'；9—接线柱'B'；10—后窗电栅

电热式后窗除霜器是通过电栅加热装置消除后窗玻璃上的雾和霜的。它由一组平行的含银陶瓷输电网线组成，是在玻璃成型过程中烧结在玻璃表面内。玻璃两侧有汇流条，各焊有一个接线柱，其中一个用以供电，一个是接铁接线柱，如图7-11所示。

因为后窗电栅消耗电流较大，因此电路中除开关外，还装有一个定时继电器。这种继电器在通电10 min后，即可自动将电流切断，如10 min后霜还没有除净，可再接通开关，但在这之后，每次只能通电5 min。

电栅导线的电阻随温度的变化而变化，温度降低时减小，温度升高时增大，因此除霜器具有一定的自调节功能。当气温降低时，电流增大，除霜功能自动加强。

3. 金属镀膜玻璃

有的国家还研制出一种在大型玻璃上制作金属镀膜的技术，就是在风窗玻璃的表面镀上一层既牢固，又透明、又导电、又有一定电阻的氧化铟薄膜，通电后玻璃温度可达70℃～90℃，防、除冰霜效果显著，同时还可供驾驶室采暖。

在玻璃上采用的镀膜技术中，还可以镀氧化铈、氧化镁透明导电薄层，它既不影响视线，又能反射红外线。它冬季可除冰霜夏季可降温，是最理想的防冰霜带空调的风窗玻璃。

除上述措施外，还有加电子加热器、独立式燃油暖风装置等。

二、风窗玻璃洗涤设备

为了消除附在风窗玻璃上的脏物，现代汽车上又增设了风窗玻璃洗涤器，并与刮水器配合工作，保持驾驶员良好视线。

现以日本三菱扶桑牌汽车用洗涤设备为例，作一简要叙述。

洗涤器由洗涤液缸1、电动泵2、聚氯乙烯软管3、三通管接头6和喷嘴7、8等部件组成，如图7-12所示。

需要清洗风窗玻璃时，旋动刮水器开关5至清洗位置，电动泵2工作，将洗涤液从缸内由喷嘴射出，洒在风窗玻璃表面，把尘污湿润；再后动刮水器，利用刮水片的摆拭清除尘污，如图7-13所示。这种洗涤装置的喷液压力为69～88 kPa。

使用时应注意：

① 洗涤液缸时无洗涤液时，不得启动液泵。

② 先开液泵，后开刮水器。

③ 洗涤时间一次不得超过 5 s。

④ 必须采用专用洗涤液，并保持洁净。

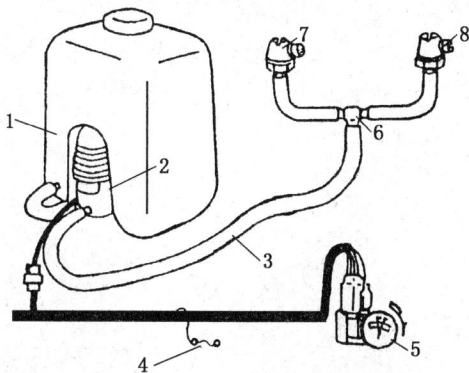

图 7 - 12　风窗玻璃洗涤设备

1—洗涤液缸；2—电动泵；3—软管；4—保险器；

5—刮水器开关；6—三通管接头；7，8—喷嘴

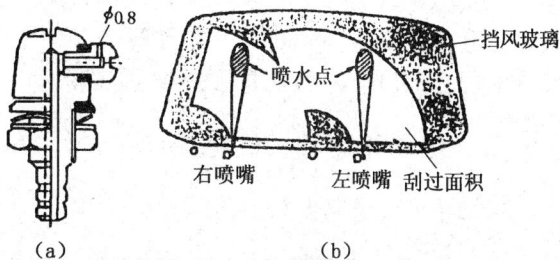

图 7 - 13　喷嘴及喷液位置

（a）喷嘴的构造；（b）喷液的位置

第三节　电动车窗

目前，轿车普遍配装有电动车窗。驾驶员坐在驾驶席上，即可利用控制开关或遥控开关使所有全部车窗玻璃自动升降，操作简便且有利于行车安全。

一、电动车窗的构造

电动车窗系统由车窗、车窗玻璃升降器、电动机、继电器、开关等装置组成。

车窗玻璃升降器常见的有钢丝滚筒式和交叉传动臂式两种，如图 7 - 14 和图 7 - 15 所示。

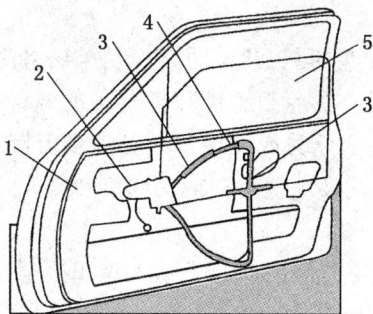

图 7 - 14　钢丝滚筒式电动车窗玻璃升降器

1—盖板；2—永磁电动机及减速器；

3—导向套；4—钢丝绳；5—玻璃

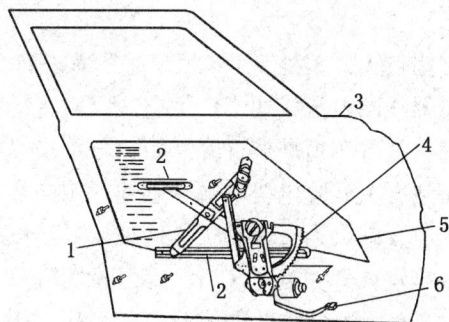

图 7 - 15　交叉传动臂式电动车窗玻璃升降器

1—调整杆；2—支架与导轨；3—车门；4—驱动
齿扇；5—车窗玻璃；6—电动机及插座

电动车窗使用的电动机是双向的，有永磁型和双绕组串励型两种。每个车窗都装有一个电动机，通过开关控制它的旋转方向，使车窗玻璃上升或下降。

一般电动车窗系统都装有两套控制开关。一套装在仪表板或驾驶员侧车门扶手上，为主开关，它由驾驶员控制每个车窗的升降。另一套分别装在每个乘客门上，为分开关，由乘客进行操纵。一般在主开关上还装有断路开关，如果它断开，分开关就不起作用。

为了防止电路过载，电路或电动机内装有一个或多个热敏断路开关，用以控制电流，当车窗完全关闭或由于结冰等原因使车窗玻璃不能自如运动时，即使操纵开关没有断开，热敏开关也会自动断路。有的车上还专门装有一个延迟开关，在点火开关断开后约 10 min 内，或在车门打开以前，仍有电源提供，使驾驶员和乘客有时间关车窗。

二、电动车窗的控制电路

电动车窗的控制电路如图 7 – 16 所示。

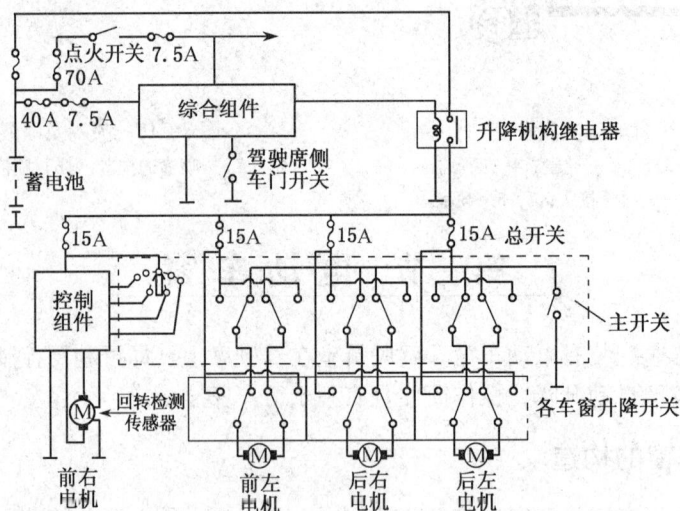

图 7 – 16　电动车窗的控制电路

当点火开关处于 ON（接通）状态时，综合组件内的时间与开关回路控制车窗升降机构继电器线圈电流接通，产生电磁吸力将继电器触点吸闭，使控制组件和各开关的电源接通。此时根据各车窗玻璃升降需要，分别操纵总开关处的各个开关或操纵各车窗玻璃升降开关，就可使开关升降电机两端分别输入正向或反向电压，从而使电机正向或反向旋转。升降电机旋转时，就会通过联动机构使玻璃升高或降低。

当点火开关处于 OFF（断开）状态时，只有在驾驶员侧的车门开关 ON（接通）30 s 后，玻璃升降机构才能进行升降动作实现车门玻璃升降。

▌第四节　电动后视镜

汽车上的后视镜位置直接关系到驾驶员能否观察到车后的情况，与行车安全有着密切的联系。而后视镜的调整一般来说比较麻烦。采用电动后视镜，可通过开关进行调整，操作十分方便。

　　电动后视镜的背后装有两套电动机和驱动器，可操纵后视镜上下及左右转动。通常上下方向的转动用一个电机控制，左右方向的转动由另一个电机控制。通过改变电机的电流方向，即可完成后视镜的上下及左右调整。

　　有的电动后视镜还带有伸缩功能，由伸缩开关控制伸缩电机工作，使整个后视镜回转伸出或缩回。

　　图7-17为日本丰田皇冠轿车可伸缩式电动后视镜控制系统电路图。电动后视镜控制开关的工作状态见表7-1。

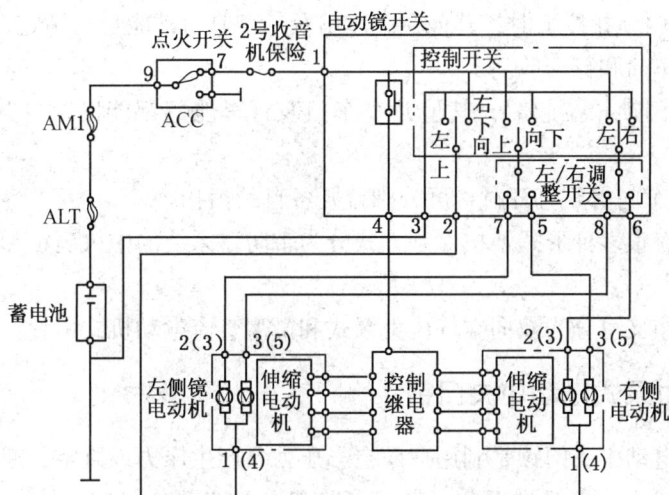

图7-17　丰田皇冠轿车可伸缩式电动后视镜控制系统电路

表7-1　电动后视镜控制开关的工作状态

触　点 调整状态	左上	右下	向上	向下	左	右
向左调整	●				●	
向右调整		●				
向上调整	●		●			
向下调整		●		●		

注：●表示开关与该触点接通。

　　在进行调整时，首先通过左/右调整开关选择好要调整的后视镜。如调整左镜时，开关打向左侧，此时开关分别与接点7、8接通，再通过控制开关即可进行该镜的上下或左右调整。如果进行向上调整时，可将控制开关推向上侧，此时控制开关分别与向上接点、左向上接点结合。电路由蓄电池正极→熔断器→点火开关→控制开关向上接点→左/右调整开关→接点7→左侧镜上下调整电机→接点1→电动镜开关接点2→控制开关左上接点→电动镜开关接点3→蓄电池负极，形成回路，左镜上下调整电机运转，完成调整过程。其他调整过程与向上调整过程类似，通过接通不同的开关即可完成。

电动后视镜的伸缩是通过电动镜开关上的侧缩开关进行控制的。该开关控制继电器动作，使左右两镜伸缩电机工作，来完成伸缩功能。

第五节　电动中央门锁

现代汽车都安装了中央门锁控制系统，使汽车的使用更方便、更安全。电动中央门锁可实现下列功能。

① 将驾驶员车门锁扣按下时，其他几个车门及行李舱门都能自动锁定；如用钥匙锁门，也可同时锁好其他车门和行李舱门。

② 将驾驶员车门锁扣拉起时，其他几个车门及行李舱门都能同时打开；用钥匙开门，也可实现该动作。

③ 在车内个别车门需要打开时，可分别拉开各自的锁扣。

电动中央门锁有很多种形式，按控制方式分为带防盗系统的中央门锁和不带防盗系统的中央门锁两种。

按结构中央门锁又可分为双向空气压力泵式和微型直流电动机式两种。

一、双向压力泵式电动中央门锁

双向压力泵式电动中央门锁是利用双向空气压力泵产生压力或真空，通过膜盒来完成门锁的开、关的动作。主要由机械部分、空气管路和电路三部分组成，是一个独立的控制系统。现以奥迪 100 型轿车电动中央门锁为例加以说明，其在车上的布置如图 7-18 所示。

当用钥匙或用手拉起两前门任一门锁锁扣来打开门锁时（见图 7-18 中的 5），由于锁扣通过连接杆与前车门锁执行元件相连接，连接杆被向上拉起，车门锁执行元件中的门锁开关的开锁触点 I 闭合，如图 7-19 所示。控制单元收到此信号后，立即控制双压力泵转动压缩空气，系统管路中的气体呈正压，气体进车门的行李舱的执行元件（膜盒）内，其膜片推动连接杆向上运动将各门锁打开。当用钥匙或按下两前门中任一门锁扣来锁车门车，连接杆被压下，车门锁执行元件中的门锁触点 II 闭合。控制单元收到此信号后，立即控制双压力泵向另一个方向运转，用以抽吸空气，系统管路中呈负压，各门锁的执行元件进入真空状态，膜片带动连接杆向下运动将各车门锁住。

后车门及行李舱的门锁执行元件与前门有所不同，它们没有门锁开关及接线，只是一个气动执行元件（膜盒）。另外，装有控制单元和双向压力泵的塑料盒内有一个双触点压力开关。压力泵不转动时两对触点都断开；压力泵转动 3~7 s 后，无论是正压还是负压，都会使一对触点闭合，控制单元收到信号后，立即使压力泵停止转动。如果管路或膜盒出现漏气，压力泵虽然转动但建立不起正压或负压，触点不能闭合。控制单元具有压力泵强行保护功能，即延迟电路每次只允许压力泵转动 30 s 便自动停机，其作用是当管路出现漏气故障后，防止压力泵因长时间运转而被烧毁。塑料盒内的系统管路上还装有一个放气阀，每当压力泵停止转动后，此阀立即打开，使系统中管路与大气相通，以备下一次操作。每当压力泵转动之前，此阀立即关闭，使系统管路与大气隔绝。

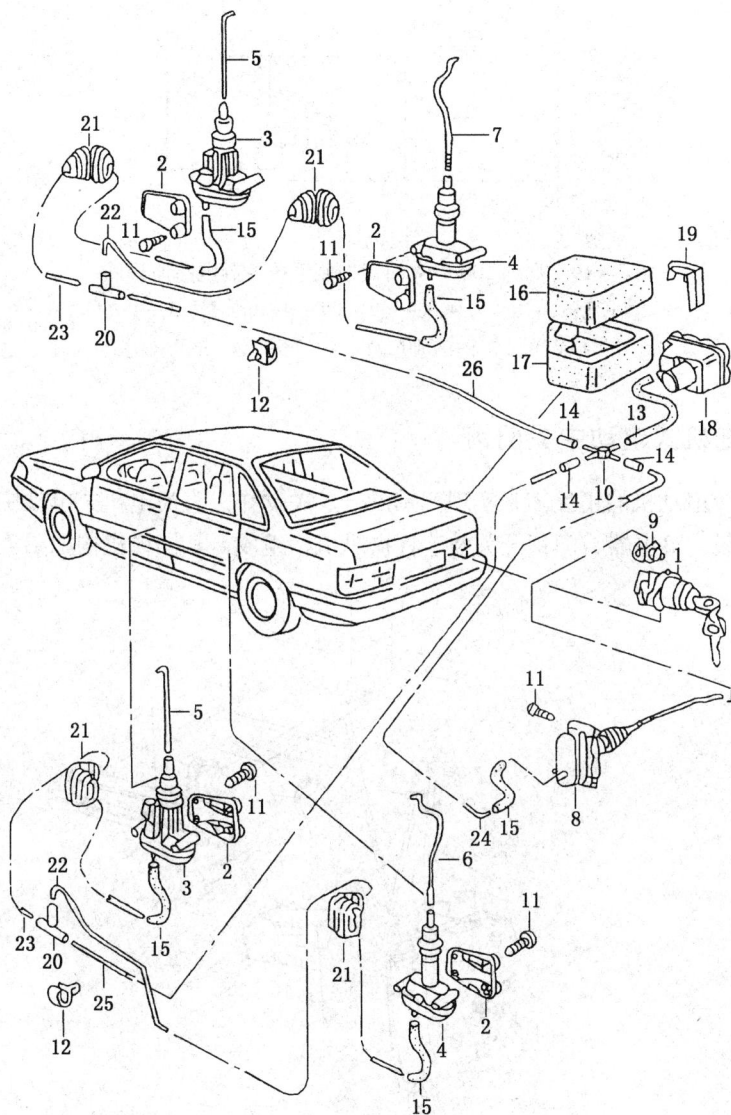

图 7 - 18 奥迪 100 轿车中央门锁系统的布置

1—行车舱盖锁心总成；2—门锁执行元件固定座；3—前门锁执行元件；4—后门锁执行元件；

5—前门锁执行元件操纵杆；6—左后门锁执行元件操纵杆；7—右后门锁执行元件操纵杆；

8—行李舱门锁执行元件；9—活节套；10—四通；11—螺钉；12—管夹；

13，14，15—连接软管；16，17—减振垫；18—双压力泵及控制器总成；

19—支架；20—三通；21—波纹管；22，23，24，25，26—软管

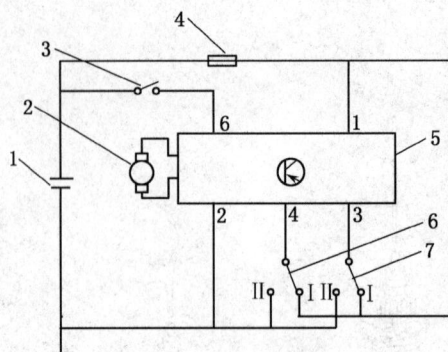

图 7 - 19   奥迪 100 中央门锁控制系统控制电路原理图
1—蓄电池；2—双压力泵；3—点火开关；4—熔断器；5—中央门
锁控制单元；6—左前门锁开关；7—右前门锁开关

二、直流电机式电动中央门锁

利用控制直流电动机的正反转来实现门锁的开、关动作。直流电机式电动中央门锁主要由双向电动机、导线、继电器、门锁开关及连杆操纵机构组成，其操纵机构如图 7 - 20 所示。

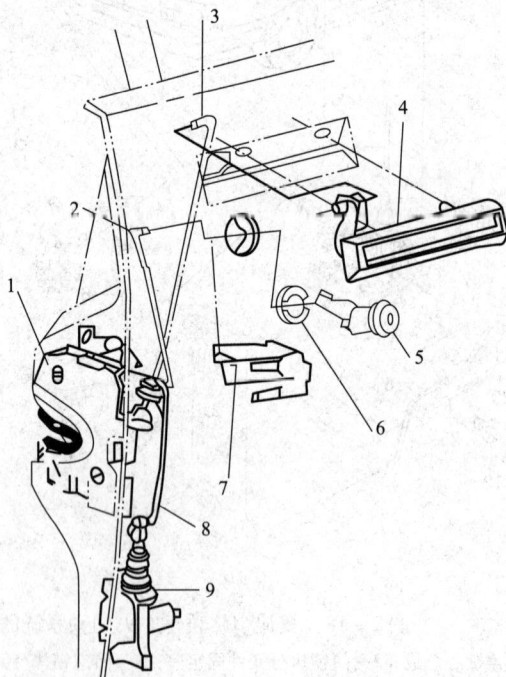

图 7 - 20   直流电机式中央门锁
1—门锁总成；2—锁心至门锁连杆；3—外门锁把手至门锁连杆；4—外门锁把手；
5—锁心；6—垫圈；7—锁心定位架；8—电动机至门锁连杆；9—门锁电动机

当门锁电动机 9 运转时，通过门锁操纵连杆 8 操纵门锁动作。电动机的旋转方向由经过电机电枢的电流方向决定。假若锁门时电机电枢流通的是正向电流，那么开锁时电机电枢流通的则为反向电流，电机即反向旋转。这样利用电动机的正转或反转，就可完成车门的闭锁和开锁动作。

由于电动中央门锁是一个独立的系统，因此判断和排除故障并不困难。在门锁系统失控时，首先应查看是全部失灵还是某个车门失灵，若是全部失灵一般属于电源断路、管路破裂、控制器损坏等。如果是某个车门失灵，一般属于气动开关或连接杆失灵造成，只要拆开故障所在的车门便能找到故障部位。

第六节　电动坐椅

汽车坐椅的主要功能是为驾驶提供便于操作、舒适而又安全的驾驶位置；为乘员提供不易疲劳、舒适而又安全的乘坐位置。电动坐椅应满足以下要求。

① 坐椅在车厢内的布置要合适，尤其是驾驶员的坐椅，必须处于最佳的驾驶位置。

② 按人体工程学的要求，坐椅必须具有良好的静态与动态舒适性。其外形必须符合人体生理功能，在不影响舒适性的前提下，力求美观大方。

③ 坐椅应采用最经济的结构，尽可能地减少质量。

④ 坐椅是支撑和保护人体的构件，必须十分安全可靠，应具有足够的强度、刚度与耐久性。可调的坐椅，要有可靠的锁止机构，以保证安全。

⑤ 坐椅应具有良好的振动特性，能吸收从车厢地板传来的振动。

⑥ 坐椅应具有各种调节机构，这是适应不同驾驶员、乘员在不同条件下获得最佳驾驶位置与提高乘坐舒适性所不可缺少的手段。

作为人和汽车之间联系部件的坐椅，对其性能的要求越来越高，已从过去的固定式坐椅发展到今天的多功能动力调节坐椅。如具有八种调节功能的电动坐椅，其动作方式有坐椅的前后调节、上下调节、座位前部的上下调节、靠背的倾斜调节、侧背支撑调节、腰椎支撑调节以及靠枕上下、前后调节。

电动坐椅前后方向的调节量一般为 100～160 mm，座位前部与后部的调节量为30～50 mm。全程移动所需时间为 8～10 s。

一、电动坐椅的构造

电动坐椅一般由双向电动机、传动装置和坐椅调节器等组成，如图 7-21 所示。

1. 电动机

电动机的数量取决于电动坐椅的类型，通常两向移动坐椅装有 2 个电动机，四向移动的坐椅装有 4 个电动机，最多可达 6 个电动机。大多数电动坐椅使用永磁式电动机，通过开关来操纵，使电动机按不同方向运转。为防止电动机过载，大多数永磁式电动机内装有断路器。

2. 传动机构

电动机的旋转运动，通过传动机构改变坐椅的空间位置。

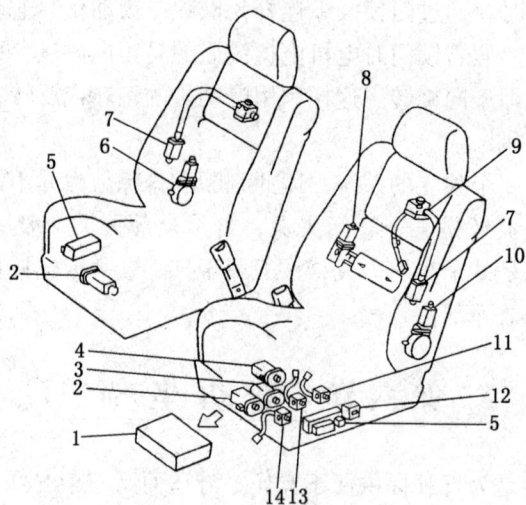

图 7-21 电动坐椅的构造

1—电动坐椅 ECU；2—滑动电动机；3—前垂直电动机；4—后垂直电动机；5—电动坐椅开关；
6—倾斜电动机；7—头枕电动机；8—腰垫电动机；9—位置传感器（头枕）；10—倾斜电动机和位置传
感器；11—位置传感器（后垂直）；12—腰垫开关；13—位置传感器（前垂直）；14—位置传感器（滑动）

（1）高度调整机构。高度调整机构由蜗杆轴、蜗轮、心轴等组成，如图 7-22 所示。调整时蜗杆轴在电动机的驱动下，带动蜗轮转动，从而保证心轴旋进或旋出，实现坐椅的上升与下降。

（2）纵向调整机构。纵向调整机构由蜗杆、涡轮、齿条、导轨等组成，如图 7-23 所示。齿条装在导轨上。调整时，电动机转矩经蜗杆传至两侧的蜗轮 4 上，经导轨上的齿条，带动坐椅前后移动。

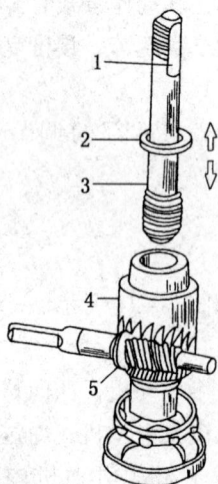

图 7-22 高度调整机构

1—铣平面；2—止推垫片；3—心轴；
4—蜗轮；5—挠性驱动蜗杆轴

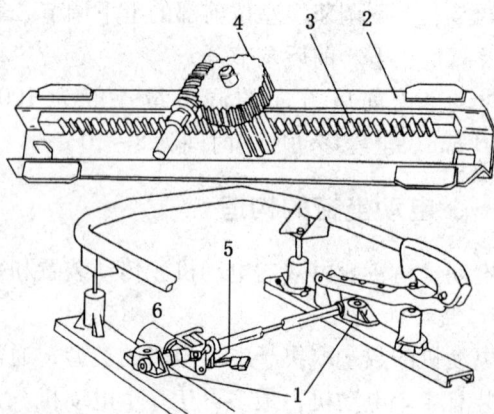

图 7-23 纵向调整机构

1—支承及导向元件；2—导轨；3—齿条；4—蜗轮；
5—反馈信号电位计；6—调整电动机

二、电动坐椅的控制电路

广州本田雅阁轿车驾驶席坐椅有 8 种可调方式：前端上、下调节；后端上、下调节；前、后调节；向前、向后倾斜调节。如图 7 - 24 所示。

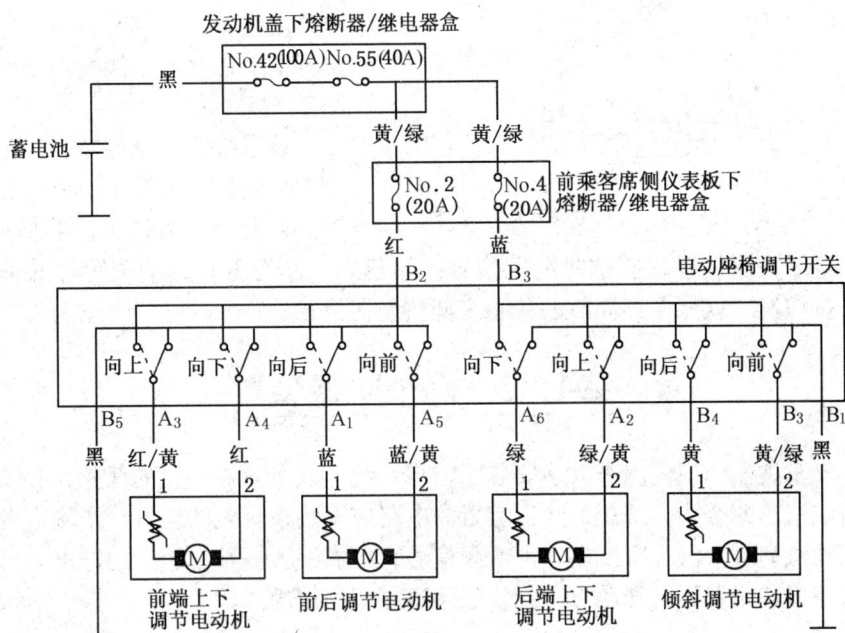

图 7 - 24 广州本田雅阁轿车驾驶席电动坐椅电路

通过电动坐椅调节开关，即可完成不同的调节功能，如电动坐椅前端上、下调节，其电路为：

① 向上调节。当将电动坐椅前端上、下调节开关打到"向上"位置时，电路中的电流为：蓄电池→黑线→（发动机盖下熔断器/继电器盒）No.42（100 A）、No.55（40 A）→黄/绿线→（前乘客席侧仪表板下熔断器/继电器盒）No.2（20 A）→红线→电动坐椅开关端子端 B_2→前端上、下调节开关端子 A_3→红/黄线→前端上、下调节电动机端子 1→前端上下调节电动机→前端上、下调节电动机端子 2→红线→A_4→B_5→黑线→搭铁→蓄电池负极。前端上、下调节电动机工作，坐椅前端向上移动。

② 向下调节。当将电动坐椅前端上、下调节开关打到"向下"位置时，电路中的电流为：蓄电池→黑线→（发动机盖下熔断器/继电器盒）No.42（100 A）、No.55（40 A）→黄/绿线→（前乘客席侧仪表板下熔断器/继电器盒）No.2（20 A）→红线→电动坐椅开关端子 B_2→电动坐椅开关端子 A_4→红线→前端上、下调节电动机端子 2→前端上、下调节电动机→前端上、下调节电动机端子 1→红/黄线→A_3→B_5→黑线→搭铁→蓄电池负极。前端上、下调节电动机启动，坐椅前端向下移动。

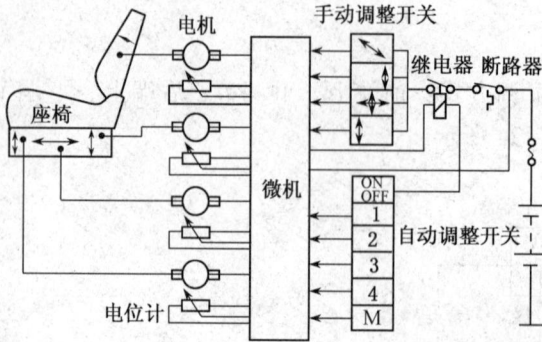

图 7-25 带存储功能的电动坐椅控制示意图

三、带存储功能的电动坐椅

带存储功能的电动坐椅采用了微机控制，它能将选定的坐椅调节位置进行存储，使用时只要按指定的按键开关，坐椅就会自动地调节到预先选定的坐椅位置上。带存储功能电动坐椅的控制如图 7-25 所示。

该系统有一个存储器，存储装置通过 4 个电位计来控制坐椅位置的调定位置。只要坐椅调定后，驾驶员按下存储器的按钮，电子控制装置就把这些电压信号存储起来，作为重新调整位置时的基准。使用时，只要一按按钮，就能按存储时的状态来调整坐椅位置。

第七节　汽车防盗装置

为防止汽车被盗，现代汽车大多安装了防盗系统。汽车防盗装置的任务，必须达到使输盗者放弃偷盗汽车的企图。理想的防盗装置的电路应安装在隐蔽的地方，当偷窃者一进入汽车或企图发动汽车时，汽车应发出一种音频信号，给偷盗者一种心理上的冲击。另外，防盗装置应能起到使盗窃者不能开动汽车，使之迷惑不解的作用。

一、汽车防盗装置

现代汽车流行的各种防盗装置款式繁多，不胜枚举，下面仅介绍其中一部分。

（1）燃油关断装置。燃油关断装置可安装在供油系统任何部位，一般安装在引擎罩下的输油管路，只要将它锁闭，发动机因缺油而不能启动。

（2）蓄电池接线柱关断装置。此装置安装在蓄电池旁，只须转动旋钮，车上的电系全被切断。此装置的安装和使用都十分方便。

（3）点火关断装置。此装置须附设在键板上按动四个正确密码，发动机才可启动。即使被人割断其线路，启动仍然失灵，它还会发出红色的光，从而起阻吓作用。

（4）闪亮警告系统。一般都在汽车仪表板上装有发光二极管，它不但可让车主知道此系统的工作状态，并且对窃车贼也会起阻吓作用。

（5）安全锁扣。通常使用一种棒装的高碳合金钢锁扣。一端固定于制动踏板，另一端扣在方向盘上，它十分坚固。可抵抗锤、锯之类的破坏，如图 7-26 所示。

（6）套索式安全锁。其主要功能是保护车上的视听器材。这种简单的手扣把音响系统扣锁在方向盘上，若无锁钥匙，是无法将它拿走的，当然也无法把汽车开走。

（7）电子警报系统。电子警报系统既可发出阻吓性信号，而一旦有人擅闯车内，还可向远处的车主发出警报。方法是，当车门、行李箱或引擎罩被人强行弄开时，或者车上传感器探测出玻璃被打破时，车主随身携带的传呼机便会发出信号。

另有一种电子警报系统更为复杂。它配备四按钮/四路遥控器：第一按钮控制系统的开关，并可控制电动车门锁的打开或锁上；第二按钮控制启动；第三按钮控制电动车窗开关；

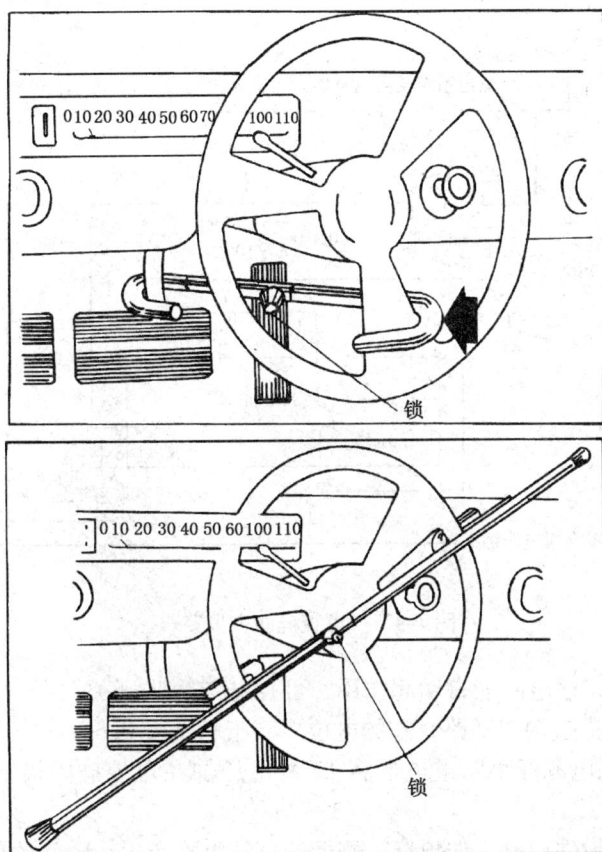

图 7-26　可伸缩钢杆锁

第四按钮控制行李箱的开锁等。

（8）声控防盗装置。最近，德国图林根（Thüringen）的 ABC 公司研制出一种声控汽车防盗装置。这种装置名叫"伏卡尔"（Fokker），主要由电子控制器、小型麦克风以及安装于车轮后轴的磁阀等组成。

在实际安装前，技术人员要先使"伏卡尔"与车主取得协调。采用的办法是：如五口之家，让每个家庭成员分别发出同一密码口令，然后取其均衡值和相关数据编制成程序输入该装置，这样，它就能十分准确地区分各种声音之间的细微差别。经实际试用表明"伏卡尔"效果十分好。即使是惯偷在取下电子控制器后，合上点火开关，汽车仍然动不了。因为装在车轮后轴的磁阀在没有接到规定的启动口令时，它依旧处于关闭状态。油箱内燃油也不会进入化油器，当然，汽车也就无法盗走。

该产品已正式定型，并投入批量生产。

二、电子防盗装置电路举例

图 7-27 所示为电子防盗装置电路图实例。

当车门被打开或有一附件电路被接通时，在蓄电池上就会出现一个小的负脉冲，该电路靠其高灵敏度的可控硅导通特性工作，其尺寸很小，容易装在隐蔽的地方。

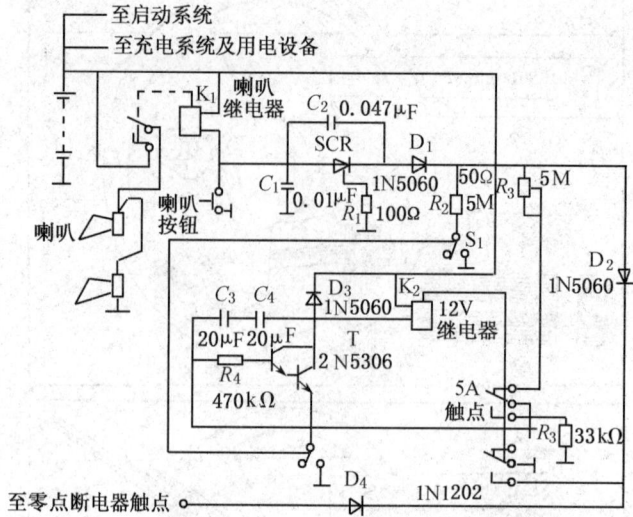

图7-27 可控硅防盗报警器

当人离开汽车时，该电路能自动起作用。可控硅与喇叭开关并联，且通过R_1搭铁，其阴极经D_1、R_2及S_1搭铁构成回路，它的电位应高于触发极0.6 V。

如果S_2接通，则电源经喇叭继电器将12 V电压加在可控硅阳极上。但由于触发极搭铁，故不导通。

现在，如果有一附件通电，如顶灯，侧低的灯泡电阻产生一瞬间的负的瞬变过程经过蓄电池，这个负的尖峰信号通过喇叭继电器线圈及与可控硅并联的电容C_2耦合，使可控硅的阴极瞬时地低于地电位，其触发极就出现正电位，可控硅被触发导通，12 V电压就通过D_1、R_2构成回路。但由于R_2有足够高的电阻，使喇叭继电器通过的电流不足以使其触点闭合，因而导通的可控硅，就使12 V电压通过K_2的常闭触点加到一延时驱动复合晶体管T，通过R_3向C_3、C_4充电，并通过高增益晶体管的集电极－发射极泄漏电阻构成回路。R_4限制基极电流。当基极－发射极电压超过门限电压值时，T就导通，使K_2继电器线圈通过该电路成回路。

当K_2继电器触点一闭合，C_3、C_4被R_5及T的导通状态分路，使储存的电荷按控制的速率释放。这时，K_2的第二对触点使D_1的阴极通过D_2搭铁，喇叭继电器通过可控硅及D_2就有足够的电流通过，使喇叭继电器触点闭合。同时，点火断电器的触点被D_4及K_2闭合的触点分路。因此，在K_2闭合的瞬间，喇叭就响。由于断电器触点被短路，使发动机不能工作，起到防止汽车被盗的作用。

当C_3、C_4放电至低于T的门限电压时就截止，K_2继电器触点打开，喇叭不响，点火断电器触点也不被短路。因此，导通的可控硅开始对C_3、C_4进行另一充电循环，使在另一延时周期之后，继电器K_2再重新闭合，这样重复循环，直到车主回来把隐藏的S_1开关断开为止。由于延时的时间较长，而喇叭响的时间及断电器触点被短路的时间比较短，蓄电池不会造成过度消耗，即使把喇叭线拆除，仍可防止汽车被开动。

测 试 题

一、判断题

1. 装有空调的汽车上，在挡风玻璃的下面装有暖气通风管，利用风扇向挡风玻璃吹暖风，可以有效地防止结霜。 （　）

2. 永磁式电动刮水器的自动定位是靠定位片及电枢的发电制动而实现制动定位的。 （　）

3. 所有重复性保险装置在电路短路或过载时会自动断开电路，断开后又会自动恢复。 （　）

4. 车窗玻璃升降器常见的有钢丝滚筒式和交叉传动臂式两种。 （　）

5. 电动车窗使用的电动机是单向的。 （　）

6. 电动后视镜一般装有两套电动机和驱动器。 （　）

7. 双向压力泵式电动中央门锁是利用双向液压泵产生压力完成门锁开关动作的。 （　）

8. 电动坐椅一般由双向电动机、传动装置和坐椅调节器等组成。 （　）

二、单项选择题

1. 永磁电动刮水器调速是靠 _____。
   A. 改变两电刷间的导体数　B. 改变磁通　　　C. 改变电源极性　　　D. 改变电机常数

2. 防止汽车电气设备对无线电干扰的措施是 _____。
   A. 提高电压　　　　　B. 提高电流　　　　C. 加装阻尼电阻　　　D. 加装二极管

3. 风窗玻璃加热器耗电量为 _____。
   A. 5～10 W　　　　　B. 20～30 W　　　　C. 50～60 W　　　　D. 30～5 0W

4. 电动坐椅全程移动所需时间为 _____ s。
   A. 1～2　　　　　　　B. 8～10　　　　　C. 20～30　　　　D. 30～40

5. 间歇式刮水器，每刮水一次停止 _____ s。
   A. 10～20　　　　　B. 20～30　　　　C. 30～40　　　　D. 2～12

6. 电动后视镜的伸缩是通过 _____ 开关进行控制的。
   A. 电磁　　　　　　B. 压力　　　　　C. 伸缩　　　　D. 双向

7. 刮水器电动机的转速与 _____ 有关。
   A. 电源电压　　　　B. 温度　　　　　C. 温度　　　　D. 转矩

8. 桑塔纳 2000GSi 轿车的危急报警闪光灯为 _____。
   A. 红色　　　　　　B. 蓝色　　　　　C. 黄色　　　　D. 绿色

第八章

汽车电子控制装置

● 学习目标

　　通过本章的学习，重点掌握电子控制汽油喷射装置、电子控制防抱死制动装置及自动空调系统的组成和基本工作原理，了解其工作过程。

　　现代电子技术特别是大规模集成电路和微机的发展，使机械-电子一体化成为一种必然的发展趋势。随着电子技术、自动控制理论和传感器技术的迅速发展，汽车的电子化程度越来越高。当前电子技术在解决汽车所面临的安全、能源和污染三大问题上起着十分重要的作用。由于采用电子技术，使汽车技术中某些以前想实现而难以实现的问题得到了较好的解决，从而大大提高了汽车的性能及舒适性。可以预言，今后汽车上某些原有的机械控制系统会逐渐被电子控制装置所取代，而且电子控制装置本身还将进一步发展。

　　本章主要介绍电子控制汽油喷射装置、电子控制防抱死制动装置、自动空调系统等内容。

第一节　电子控制汽油喷射装置（EFI）

一、概述

　　传统的化油器供油方式，已不能满足现代汽车对发动机高经济性、低污染的要求。采用电子控制汽油喷射装置，已成为现实。在车用发动机上采用电子控制汽油喷射系统，可以使发动机在任何情况均处于最佳状态下运行，它是当前解决节能和减少汽车排气污染最有效的措施。因此这项技术在世界发达国家的汽车工业中较早得到推广应用。在我国，汽车工业空前发展，城市汽车数量大幅度上升，汽车排气污染已成为城市主要的污染源之一，排放法规日趋严格，降低燃油消耗的要求也日益强烈。更为紧迫的是，我国已将汽车工业列为国家重要支柱产业，为了使我国的汽车工业尽快形成具有竞争能力的工业体系，解决日趋严重的大气环境污染及能源问题，使汽车产品的技术性能和质量接近或达到国际先进水平，我国车用汽油机电子控制燃油喷射系统的开发、研制和应用已势在必行。

　　电子控制汽油喷射装置，是用计算机控制发动机所需要的燃油量。控制器综合各种不同传感器送来的信息作出判断，控制喷嘴以一定的压力，正确、迅速地把燃油喷射到发动机进气歧管里，与吸入的空气混合后，进入发动机汽缸，同时配合电子控制点火在最佳时刻点燃可燃混合气。

电子控制汽油喷射装置与传统化油器供油方式相比具有如下优点。

① 能提高发动机最大功率。因为采用 EFI 装置，发动机的进气可不必预热，可以吸入密度较大的冷空气，同时进气歧管阻力减小，所以充气系数提高。热效率和充气系数的提高，使发动机的输出功率提高。

② 耗油量低，经济性好。因为汽油是在一定的压力下喷出的，燃油雾化质量好，且喷油量是精确控制的，混合气的空燃比为最佳值，且各缸分配较均匀，下坡时又可以完全不喷油，发动机只对空气进行压缩，所以可以降低燃油消耗量，一般能节油 5% ~ 20%。

③ 可减少排气污染。因为 EFI 装置可以分别控制汽油量和空气量，控制精度很高，能始终保持所需的最佳空燃比，使废气中的 CO、HC 和 NO_x 控制在最低范围。

④ 使汽车的加速性能提高。由于汽油是直接喷射到发动机进气门处（多点喷射），混合气经过的路程短，因此反应灵敏，减少滞后现象，加速性能得到改善。

⑤ 低温启动性能好。化油器式发动机，启动时，进气流速低，燃油雾化不好，发动机启动不良。然而电子控制燃油喷射装置在启动时能多喷入些燃油，可有效地改善启动性能。

⑥ 整个装置体积小，而且不需要机械驱动，安装灵活方便。

二、电子控制汽油喷射的基本原理

由内燃机原理知，汽油和空气必须按一定比例组成的混合气进入汽缸后，才能容易点燃和完全燃烧。理论上完全燃烧一定量的汽油所需的空气量，可以用化学当量比进行计算。按质量计，对汽油来说，空气与汽油的比为14.1:1。

一般用 α 表示过量空气系数，即

$$\alpha = \frac{实际吸入汽缸的空气量(kg)}{理论汽油完全燃烧所需要的空气量(kg)}$$

$\alpha = 1$ 称为标准混合气，$\alpha < 1$ 称为浓混合气，$\alpha > 1$ 称为稀混合气。

图 8-1 所示为发动机功率 P_e，油耗率 g_e 与过量空气系数 α 的关系曲线。

当 $\alpha = 0.9$ 左右时，由于氧气不足不能完全燃烧，但由于燃烧速度大，可以发出最大的功率。当 $\alpha = 1.1$ 左右时，由于燃烧完全，可以得到最低油耗。但过稀的混合气，由于混合气燃烧缓慢，功率有所下降，油耗率反而增加，同时，还会引起发动机温度升高。EFI 装置的作用，就是准确地计算燃油量，保证发动机在各种工况下的混合气的空燃比都在规定的范围之内。

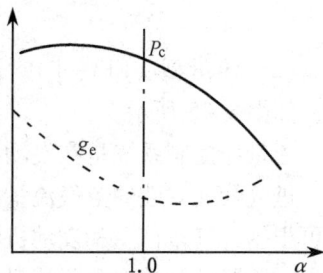

图 8-1　发动机功率与 α 的关系曲线

喷到进气歧管里的汽油量，由喷嘴的横截面面积、汽油的喷射压力和喷油的持续时间来决定。为了便于控制，实际的喷油控制系统中，喷嘴的横截面面积和喷油压力都是恒定的，汽油喷射量只取决于喷射延续时间。汽油喷射的时刻及延续时间的长短，是由发动机的各种参数确定。这些参数由传感器传给电子控制器，再经电子控制器转化为长短不一的电脉冲信号传到喷油嘴，控制喷

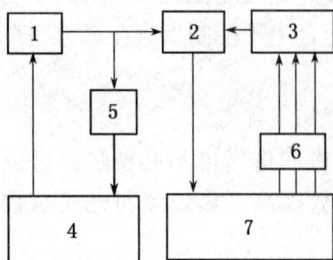

图 8-2 电子控制汽油喷射的
基本原理方框图

1—汽油泵；2—喷油嘴；3—控制器；
4—汽油箱；5—压力调节器；
6—传感器；7—发动机

油嘴打开时刻及延续时间长短，使之准确地工作。图 8-2 所示是电子控制汽油喷射系统的基本原理框图。

三、电子控制汽油喷射的类型

电子控制汽油的喷射装置按不同的方法可分为不同的类型。

1. 按检测进气量的方式分类

（1）压力型（EFI-D）。压力型控制系统的示意图，如图 8-3 所示。

压力型以进气管压力为主要控制参数，它根据进气管内的压力传感器所测得的进气管压力和发动机转速来控制喷嘴的喷油量。

压力传感器装在节气门后面，如图 8-4 所示。用以测量进气管内的压力。

该处的压力低于大气压并随节气门开度而变化，它反映了发动机负荷的大小，故可作为电子控制系统确定喷油量的信息。但是由于空气流量与该处压力不是线性关系，因此这种方式控制精度不高，现已很少采用。

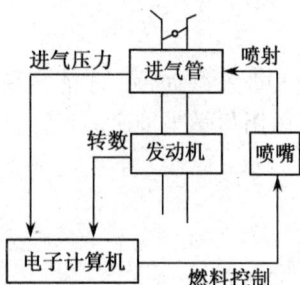

图 8-3 压力型空气流量控制系统

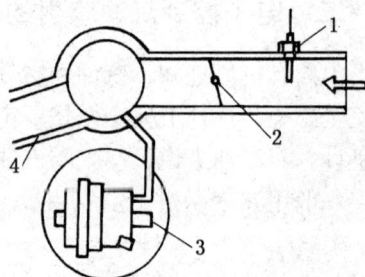

图 8-4 压力型空气流量传感器

1—空气温度传感器；2—节气门；
3—压力传感器；4—进气歧管

（2）流量型（EFI—L）。流量型以空气流量为主要控制参数。流量型控制系统的示意图，如图 8-5 所示。

流量型控制系统是在发动机进气管处安装空气流量传感器，如图 8-6 所示。

进气管处安装的空气流量传感器（流量计）直接测定进入发动机的空气量，电子控制器可根据进气量信息和发动机转速来确定其喷油量。从而得到较准确的空燃比，使排气污染减小，装置较简单。由于流量型控制精度高，现已广泛采用。

2. 按喷嘴数量分类

（1）单点喷射。单点喷射是在节气门后方用一个喷嘴集中喷射，为了将燃油喷入节气门与管壁之间的空间，使燃油雾化得更好，燃油应喷射成锥状。当然，化油器式发动机进气歧管所具有的各缸燃油分配不均、动态特性差等缺点，在单点喷射系统中也同样存在。但单

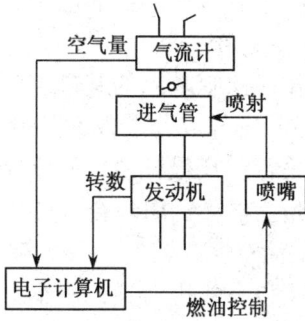

图 8-5 流量型空气流量控制系统

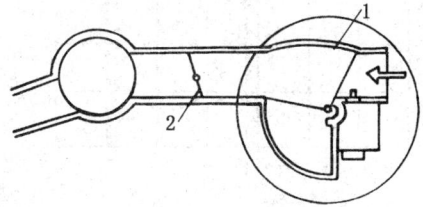

图 8-6 流量型空气流量传感器
1—流量计；2—节气门

点喷射结构简单，控制较容易，因此现在仍有应用。

（2）多点喷射。多点喷射也称气门口喷射系统，即在每个进气门前方都设一个喷嘴，因此，燃油分配均匀，它与进气歧管的结构无关，避免了壁湿影响，这样不论发动机在热态或冷态下工作，其过渡特性都是最佳的。同时，由于进气歧管中只有空气，故可设计得使发动机达到最大的充气量，这将进一步提高发动机的扭矩和工作性能。

为了使整套装置的结构简化而喷油准确，常将发动机的汽缸分为两组，供给每组汽缸的喷油嘴都是同时打开，给各缸的进气歧管同时喷油，两组喷嘴交替工作。图 8-7 所示为六缸发动机喷嘴的组合和喷射正时示意图。

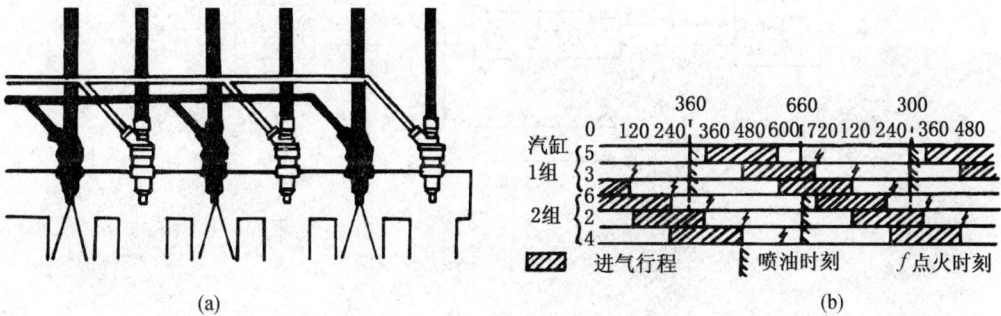

图 8-7 六缸发动机喷嘴的组合
(a) 喷嘴的组合；(b) 喷嘴的喷射正时

3. 按控制系统有无反馈的分类

（1）开环控制系统。不带氧传感器反馈控制装置的电子控制燃油喷射系统，称为开环控制系统。前面所述系统都是开环控制系统。

开环控制是先将与发动机各工况相对应的喷油量脉谱图存储于电控单元。工作时，根据空气流量计实测的进气量，查出所对应的最佳喷油量，并按当时发动机各工况的其他参数适当修正而配制成可燃混合气。

由于电子控制精度远高于机械控制精度，且三维曲面的喷油量脉谱图更优于理想化油器的特性，因此，即使是开环控制，其供油特性也优于传统化油器供油特性。

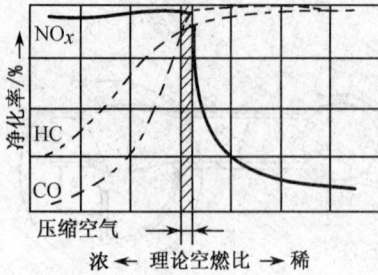

图 8 - 8　三元催化反应器排气净
化率与空燃比的变化

（2）闭环控制系统。带有氧传感器的电子控制燃油喷射系统，称为闭环控制系统。

闭环控制系统是在开环控制系统的基础上，多增设了氧传感器。它可通过对排气成分中含氧量的检测，确定可燃混合气的浓度是否偏离最佳值，并反馈给控制单元自动修正其供油量。显然，闭环控制的供油特性更优于传统化油器的供油特性。

为了获得高的经济性和小的排污量，汽车上采用了三元催化反应器。它可同时处理发动机废气中的 CO、HC 和 NO_x 三种有害气体，降低排污量。而三元催化反应器的净化能力与混合气的空燃比有关，混合气的空燃比只有在理论空燃比附近三种有害气体才能被同时净化，三元催化反应器排气净化率与空燃比的变化如图 8 - 8 所示。为了把空燃比控制在理论空燃比 $\alpha = 14.7$ 附近的狭窄范围内，就需要采用闭环控制系统，图 8 - 9 所示为闭环控制系统方框图。

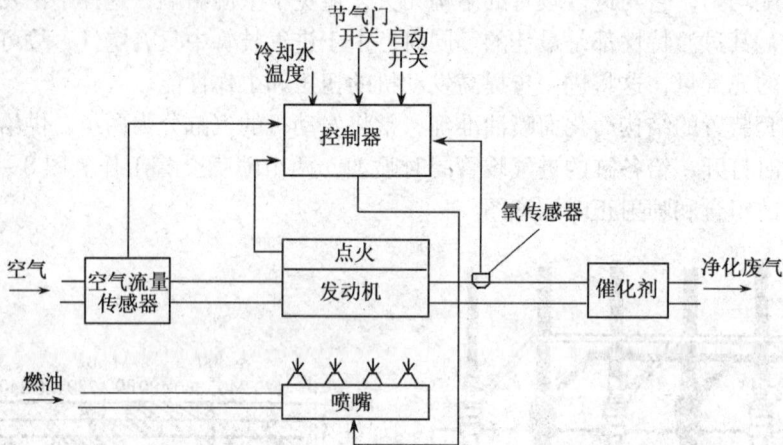

图 8 - 9　闭路控制系统方框图

为了检测理论空燃比，在排气管中安装了氧传感器，以检测实际空燃比相对于理论空燃比是小了还是大了。现在已经实用的氧传感器有二氧化锆（ZrO_2）氧传感器和二氧化钛（TiO_2）氧传感器两种。

① 二氧化锆（ZrO_2）氧传感器。它是使用最多的氧传感器。其外观和构造如图 8 - 10 所示。

氧传感器在排气管上的安装及工作原理如图 8 - 11 所示。陶瓷电解质由二氧化锆（ZrO_2）制成，呈弯管形，在陶瓷电解质的两侧分别涂有一薄层多孔性铂作为电极。内电极和空气接触，外电极与排气管内的废气接触，在外电极表面还有一层多孔性氧化铝陶瓷保护层。

这种传感器类似于干电池，陶瓷电解质内侧是氧浓度高的空气，外侧接触的是氧浓度低的汽车排气。在 300 ℃以上高温时，二氧化锆能导电，如果此时两个电极板接触气体的含氧量不同，即内外侧氧的浓度差较大时，就会产生电动势。空气一侧和汽车排气一侧的氧气浓度即氧气分压是不同的。氧离子从氧气分压高的空气一侧向氧气分压低的排气侧移动，于是

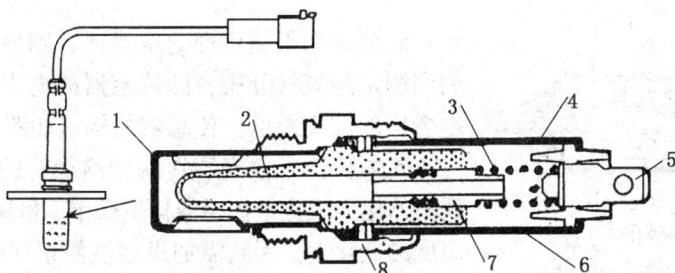

图 8-10 O_2 传感器外观和构造

1—保护壳；2—陶瓷电解质；3—弹簧；4—通风孔；5—电接头；6—保护盖；7—接触衬套；8—外壳

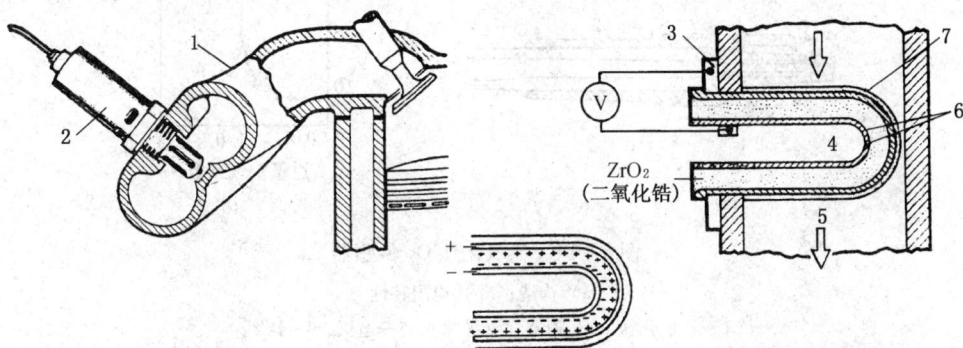

图 8-11 氧传感器在排气管上的安装及工作原理

1—排气歧管；2—氧传感器；3—外壳接触点；4—空气；5—废气；6—多孔铂电极；7—保护层

两个电极间便产生电动势。电动势与空燃比的关系如图 8-12 所示。

当接近理论空燃比时，电动势发生急剧变化，将此信息反馈到控制器，构成闭合回路，控制器根据氧传感器检测到的信号，判断混合气是浓还是稀。当氧传感器检测到混合气浓时，控制器输出减少燃油的指令，当混合气稀时，控制器发出增加燃油的指令，使混合气向浓的方向变化。这样，控制器连续地使混合气从浓到稀，再从稀到浓，维持混合气的平均值在理论空燃比附近，以提高排气净化装置的效果。

值得注意的是，上述特性只在温度比较高的条件下，才能充分体现出来。在低温时，这种特性会发生很大变化。这时为了能够得到稳定的输出，在氧传感器内侧装一陶瓷加热器，如图 8-13 所示。使氧传感器保持较高的温度，这种方案已经实用。

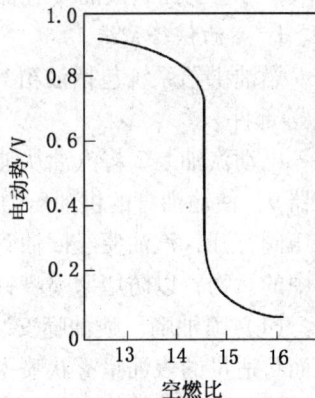

图 8-12 氧（O_2）传感器的特性

② 二氧化钛（TiO_2）氧传感器。这种传感器的工作原理与二氧化锆氧传感器有很大不同，它是利用导体二氧化钛（TiO_2）依周围氧气分压的不同而进行氧化或者还原反应，使

电阻发生变化。

氧分压如果偏离理论空燃比,则呈阶跃变化,所以利用测定的氧气分压,即传感器的电阻变化,就能测得空燃比的偏离差值。传感器的构造如图 8 – 14 所示。

二氧化钛元件安装在陶瓷绝缘物的前端。这种传感器虽然比二氧化锆传感器构造简单,价格便宜,但电阻随温度的变化大。因此需加设温度修正回路,内装加热器,以便使高温下的二氧化钛传感器检测特性比较稳定。

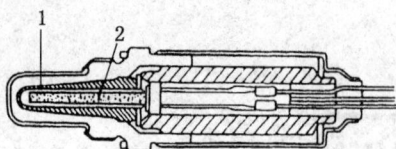

图 8 – 13　带加热器的 O_2 传感器

1—氧化锆;2—加热器(陶瓷表面)

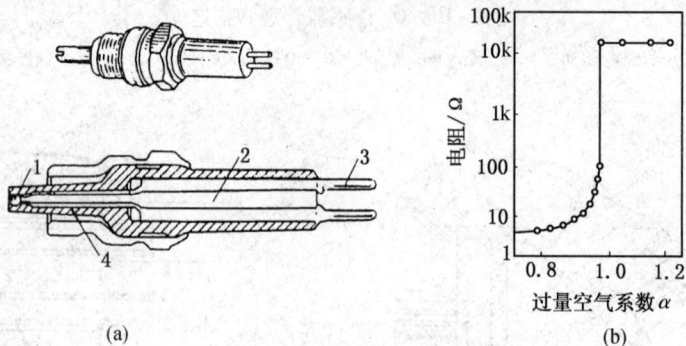

(a)

(b)

图 8 – 14　二氧化钛 O_2 传感器

(a)构造;(b)电阻特性

1—二氧化钛;2—陶瓷(绝缘物);3—电极;4—Pt 线

四、电子控制汽油喷射装置的结构和工作过程

电子控制汽油喷射装置由燃油供给系统、进气系统、控制系统及各种传感器组成。图 8 – 15 为电子控制汽油喷射装置的总体结构简图。

1. 燃油供给系统

燃油供给系统包括油箱 1、燃油泵 2、滤清器 3、压力调节器 9、喷油嘴 13、冷启动喷嘴 12 等部件。

电动汽油泵 2 将汽油从油箱 1 中吸出,经过滤清器 3 输送到喷嘴 13。油路中安装压力调节器 9,使输油管的供油压力维持在 200 kPa,当供油压力超过规定值时,压力调节器内的减压阀打开,汽油便经回油管子回到油箱,使输油管油压保持恒定。滤清器的作用是除去燃油中的污物,以防堵塞喷嘴针阀。

(1)喷油嘴。喷油嘴安装在进气歧管靠近各缸进气门附近,受控制器喷油信号的控制,从而将适量的汽油呈雾状喷入进气歧管。

喷油嘴的构造如图 8 – 16 所示。

在筒状外壳内装有励磁线圈、柱塞、复位弹簧和针阀。柱塞和针阀共同装成一体,在复位弹簧的压力下,针阀紧贴在阀座上,将喷孔封闭。当励磁线圈有电流通过时,柱塞和针阀在电磁力吸引下向上移动,打开喷孔,于是喷出汽油。喷嘴针阀开后的延续时间,取决于励磁电流的脉冲宽度,其脉冲宽度由控制器根据空气流量等参数来控制。

(2)电动汽油泵。电动汽油泵的构造如图 8 – 17 所示,油泵 6 和驱动油泵的永磁电动机 3

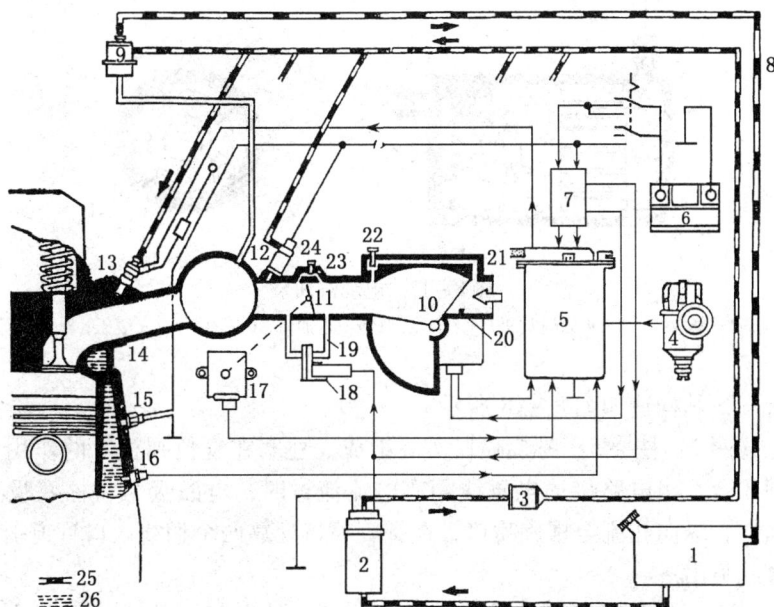

图 8-15　电子控制燃油喷射装置的总体结构简图

1—油箱；2—电动燃油泵；3—燃油滤清器；4—分电器；5—控制器（电子计算机）；6—蓄电池；7—继电器；
8—回油管；9—燃油压力调节器；10—空气流量传感器；11—节气门；12—冷启动喷嘴；13—喷嘴；
14—进气歧管；15—热时间开关；16—冷却水温传感器；17—节气门开度传感器；18—辅助空气阀；
19—辅助进气管；20—进气温度传感器；21，23—旁通道；22，24—调节螺钉；25—燃油；26—冷却水

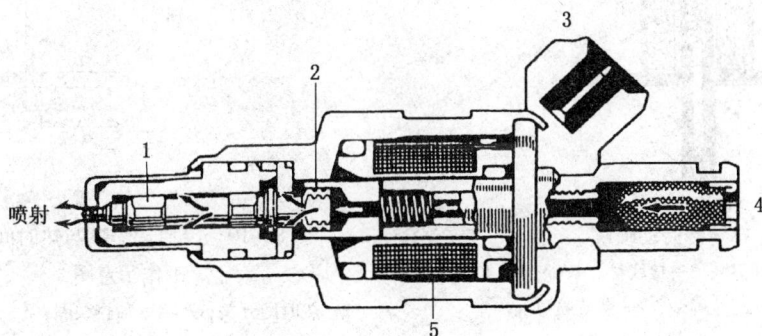

图 8-16　喷嘴

1—针阀；2—柱塞；3—电线接头；4—输油管；5—励磁线圈

合为一体。油泵 6 由偏心安装的转子 8、外壳 9 及滚子 7 组成。当电动机带动转子 8 旋转时，滚子 7 被离心力推向泵外壳，起密封作用，并沿泵的外壳移动。由于转子 8、滚子 7、外壳 9 所围成的空间周期性地增加和减少，使汽油由进油口吸入，出油口压出，流向燃油管路。

当油泵停止工作时，单向阀 2 在弹簧的作用下关闭，使油管中的汽油保持一定的压力，防止气阻，以利于启动。当油路堵塞，油压超过一定值时，安全阀 4 打开，过量的汽油返回油箱，防止油压过高而损坏油泵。

（3）冷启动喷嘴。冷启动喷嘴是为改善低温启动性能而设置的，在发动机冷态启动时，

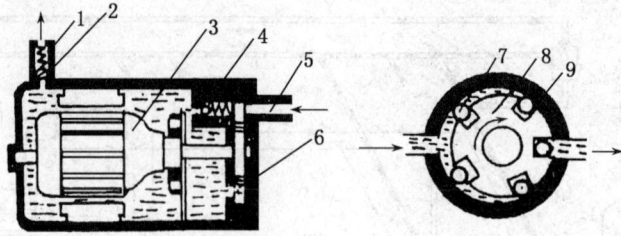

图 8 – 17 电动汽油泵

1—出油口；2—单向阀；3—永磁电动机；4—安全阀；5—进油口；6—油泵；7—滚子；8—转子；9—外壳

提供较浓混合气，其构造如图 8 – 18 所示。

它由电磁线圈 1、柱塞 5、螺旋喷口 7 等组成。柱塞在复位弹簧 6 的作用下，紧贴在阀门上，使阀门闭合。当电路接通电磁线圈有电流流过时，电磁吸力将柱塞吸上，阀门被打开，汽油经横向、纵向孔流至螺旋喷口，在螺旋喷口处靠两个切线入口管道引起旋转，汽油便以极细的雾状喷出。

（4）热时间开关。热时间开关感受发动机冷却水的温度，是控制冷启动喷嘴动作的电热式开关。如图 8 – 19 所示。

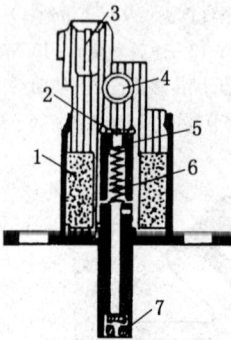

图 8 – 18 冷启动喷嘴

1—电磁线圈；2—密闭垫；3—接线柱；4—汽油入口；
5—柱塞；6—复位弹簧；7—螺旋喷口

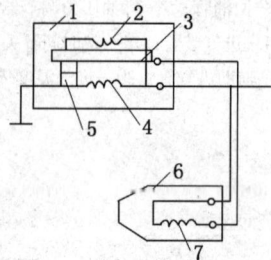

图 8 – 19 冷启动喷嘴与热时间开关
工作示意图

1—热时间开关；2，4—加热线圈；3—双金属片；
5—触点；6—冷启动喷嘴；7—电磁线圈

它是由双金属片 3、触点 5 及绕在双金属片上的加热电阻线圈 2 和 4 组成。冷启动喷嘴与热时间开关联合工作。

当发动机启动，冷却水温很低时，热时间开关的触点 5 闭合，电流从电源经冷启动喷嘴的电磁线圈 7、双金属片 3、触点 5 搭铁构成回路。冷启动喷嘴的电磁线圈有电流通过，产生吸力，吸动柱塞，打开阀门使雾状的汽油喷出。

当冷却水温度上升到截止温度时，触点被打开，线圈 7 的电流被切断，喷油停止。线圈 2 和 4 用来加热双金属片 3，线圈 2 起迅速加热作用。

2. 进气系统

进气系统包括空气滤清器、进气歧管 14、空气流量传感器 10、节气门 11 等部件（见图

8-15)。空气由空气滤清器进入进气歧管，顶开空气流量传感器 10 的测量片，经节气门 11 进入各个汽缸。进气量取决于节气门的开度。

节气门 11 由加速踏板操纵，怠速时节气门全闭，怠速运转所需的空气量经过设在空气流量传感器和节气门侧面的旁通管 21 和 23 进入进气歧管，此时的进气量可由调节螺钉 22 和 24 控制。为了保证发动机低温怠速期间运转平稳所需增加的空气量可通过辅助进气管 19 进入汽缸。辅助进气管 19 内装有辅助空气阀 18，其阀门打开的截面积由电加热双金属弹簧随发动机温度而变化。

3. 传感器

传感器主要有发动机转速传感器、冷却水温传感器、进气温度传感器、空气流量传感器、节气门开度传感器、第一缸上止点位置传感器等。它们将发动的负荷、转速、加速、减速、吸入空气量、温度、压力等变化的情况转换成电信号，输入到控制器，控制器则根据这些信息与储存在 ROM 中的信息进行比较，然后输出一个控制脉冲，去控制喷油嘴针阀的开启时刻和持续时间。从而保证供给发动机各缸最佳的混合气。

一般的传感器在电子点火系及仪表中已作过介绍，这里不再重复。其中最关键的是空气流量传感器。因此，这里着重介绍几种常用的空气流量传感器。

空气流量传感器又称空气流量计，是测量发动机吸入空气量的装置。根据测量原理不同，有叶片式、卡尔曼旋涡式及热线式空气流量计等。

(1) 叶片式空气流量传感器。图 8-20 为叶片式空气流量传感器的外观和构造。

叶片式空气流量传感器是利用空气流动产生的压力差将测量板推开的原理进行工作的。图 8-21 所示为叶片式空气流量传感器的工作原理图。

在矩形管道中装有矩形测量片 2，此片在流动空气的压力和复位弹簧 6 的作用下，可转到一定的角度。其转动的角度由同轴连接的电位器 8 转变为电信号，输入到控制器内，作为检测发动机负荷状态的重要参数。测量片的开度大，电位高；开度小，电位低。除了测量片以外，还安装了一个补偿片 5，它起阻尼作用，可减少活塞运动所引起的进气歧管内压力波动对测量片的影响，从而保证测量精度。

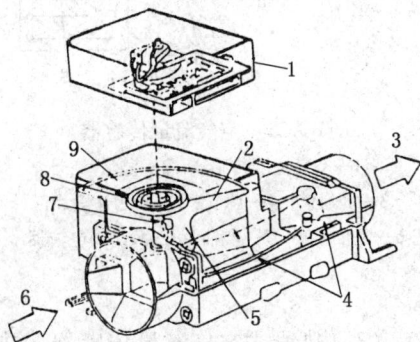

图 8-20　叶片式空气流量计
1—电位器；2—补偿校正片；3—发动机侧；
4—旁通系统；5—测量板；6—空气滤清器侧；
7—进气温度传感器；8—回位弹簧；9—阻尼室

(2) 卡尔曼 (Karman) 旋涡式空气流量传感器。图 8-22 所示为卡尔曼旋涡式空气流量传感器。

它的外壳用塑料制成，装在空气滤清器罩内，其内部由空气通路中的卡尔曼旋涡发生柱 2、超声波发生器 5、发射器 4 和超声波接收器 10 等部件组成。

当空气流过卡尔曼旋涡发生柱 2 时，在发生器的后面便产生两列并排的旋涡，此旋涡称为卡尔曼旋涡。若空气流速为 u，旋涡发生柱的宽度为 d，产生的旋涡数为 f，则

$$f = S_t \cdot u/d \qquad (8-1)$$

式中　S_t——常数。

从公式 (8-1) 可见，卡尔曼旋涡数 f 与空气流速 u 成正比，只要测出 f 数，便可算出

空气流量，进而可确定所必需的汽油喷射量。

旋涡数 f 是采用超声波来测定的。其方法是：在卡尔曼旋涡发生区空气通道的两侧，分别装上超声波发射器 4 和超声波接收器 10，发射器 4 沿涡流的垂直方向发射超声波，由于涡流使超声波的传播速度发生变化。超声波受到周期性的调制，使其振幅、相位、频率发生变化。这种被调制后的波，被接收器 10 接收后，变换成相应的电压，再经整形、放大电路，形成与旋涡数目相应的矩形脉冲信号，然后送入控制器作为空气流量信号。进而成为确定喷油量的主要参数。

卡尔曼旋涡式流量计没有可动部件。特点是结构简单，反应灵敏，测量精度高，现被广泛采用。

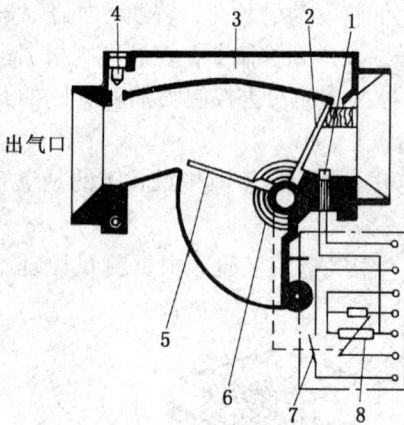

图 8-21　空气流量传感器

1—空气温度传感器；2—测量片；
3—旁通道；4—调节螺钉；5—补偿片；
6—复位弹簧；7—燃油泵开关；8—电位器

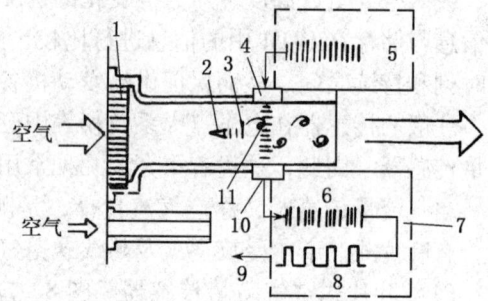

图 8-22　卡尔曼（Karman）旋涡式空气流量传感器

1—整流栅；2—卡尔曼旋涡发生柱；3—旋涡稳定板；
4—超声波发射器；5—超声波发生器；6—接收到的
疏密波；7—整理放大电路；8—脉冲信号；9—输入
控制器；10—超声波接收器；11—卡尔曼旋涡

（3）热线式空气流量传感器。热线式空气流量传感器，如图 8-23 所示。

这种传感器是把通电受热的铂制热线装在节气门的上方，将热线置于空气流中。热线是一发热体。由于热量被空气吸收，发热体本身变冷。发热体周围通过的空气流量越多，被带走的热量也将增加。热线式空气流量计就是利用发热体和空气之间的这种热传递现象进行空气流量测量的。

热线的温度，可通过调节电流大小保持恒定。当空气流过热线时，热线被冷却，为了维持热线的恒定温度，须增大电流。从而根据流经热线的电流大小，便可测定进入汽缸的空气流量。

为了清除使用中热线上附着的胶质积炭对测量精度的影响，启动时可由控制器控制通入热线

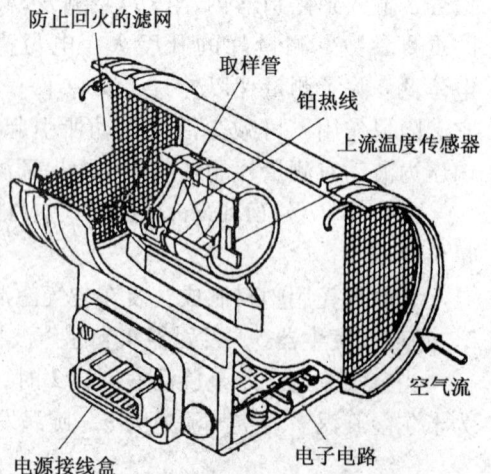

图 8-23　博世公司的热线
式空气流量传感器

电流，将积炭烧净。以免影响其测量精度。

最近，出现了使用硅半导体代替铂热线的传感器。这种传感器机械强度大，灵敏度也高。

除以上三种流量传感器外，还有涡流式、离子偏流式、超声波式等流量传感器。

4. 控制系统

控制系统的作用是根据反映发动机工况的各种信息确定喷油针阀开启的时间，以确保供给发动机最佳可燃混合气。如图8-15所示，继电器7承受蓄电池的电压，当闭合点火开关时，继电器7便接通控制器5、燃油泵2、冷启动喷嘴12、热时间开关15和辅助空气阀18等电路，使燃油喷射系统开始工作。控制器即电子计算机是电子控制燃油喷射装置的中枢。为了提高其稳定性和降低成本，控制器广泛采用集成电路。控制原理方框图如图8-24所示。

控制器根据空气流量传感器和分电器送来的空气流量和发动机转速信号，从而决定喷嘴针阀为基本开启时间，即基本喷油量。其基本喷油量与转速成反比，与进气总量成正比。然后再根据下列参数对每一工作循环的基本喷油量进行不断的修正。

（1）进气温度。进气量的多少与当时吸入空气的密度有关，但直接测量空气的密度较为困难，而空气的密度与进气温度成比例，所以可根据温度传感器20（见图8-15）检测出进气温度信号，对基本喷油量进行修正，即温度升高，空气密度下降时，缩短喷嘴的打开时间；温度降低则相反。

图8-24 控制原理方框图

（2）发动机冷却水的温度。低温时由于汽油汽化不良，要求使用较浓的混合气，即需要增加喷油量，因此在发动机低温启动和升温期间，须根据冷却水温传感器16（见图8-15）送来的发动机冷却水温度信号，对喷油量进行修正。

（3）节气门开度。节气门开度决定发动机的负荷和转速。

加速时，节气门全开，节气门开度传感器17（见图8-15）则根据节气门开启速度和开启状况对喷油量进行修正，以保证所要求的加速性能及最大功率。减速时，若节气门全闭，发动机转速低于规定值时，则停止喷油。

（4）电压修正。电源电压较低时，喷嘴开启时间短，喷油量少，因此应延长喷射信号，以修正喷油量。

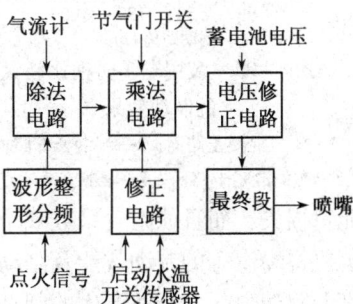

第二节 汽车电子控制防抱死制动装置（ABS）

汽车电子控制防抱死制动装置即ANTILOCK BRAKING SYSTEM，缩写为ABS。

世界上第一个研制出这种系统的是德国博世（BOSCH）公司（1971年）。它是利用电子电路自动控制车轮制动力的装置。这种装置使汽车制动系统结构发生了质的变化，它可充分发挥制动器的制动效能，提高制动减速度和缩短制动距离，并能有效地提高车辆制动时方向稳定性。防止车轮测滑和甩尾，减少车祸，是当前提高汽车行驶安全性的有效措施之一。

从实验得知，装有和不装电子防抱死制动装置的汽车，以80 km/h的车速在各种路面上行驶时的紧急制动距离对比，如图8-25所示。

一、电子控制防抱死制动装置的理论基础

电子控制防抱死制动是将传统的制动过程转变为瞬态控制的制动过程，其特点是在任何情况下都能使紧急制动的车轮保持在最佳的制动状态。

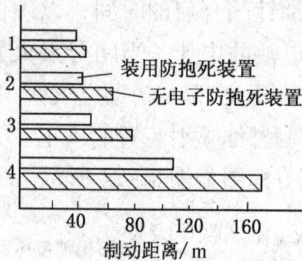

图 8 - 25 装用电子防抱死装置的制动效果

1—干燥混凝土路面；2—湿的沥青路面；3—湿的混凝土路面；4—湿的玄武岩路面

汽车在制动过程中，有两个地方会产生摩擦阻力：即车轮制动器（如制动鼓与制动蹄片之间）产生摩擦阻力，使车轮转速减慢；另外是车轮与地面之间产生摩擦力使汽车减速。前者称为制动器制动力，后者称为地面制动力。在车轮未抱死之前，地面制动力始终等于制动器制动力，此时制动器制动力可全部转化为地面制动力。在车轮抱死后，地面制动力等地车轮与地面的附着力，它不再随制动器制动力的增加而增加。也就是说，当制动器所产生的摩擦力大于轮胎与地面的附着力时，轮胎与路面间将发生相对滑动（即车轮被抱死），这不仅使轮胎局部发热，造成能量损失，而且使附着系数减小，汽车纵向和侧向附着力降低，并产生摆尾和侧滑现象。因此若要提高汽车的制动效能及制动稳定性，除了要求制动器具有足够的制动力外，还需地面提供高的附着力，并且所产生的制动力的最大值不能超过其附着力。附着力 F_φ 的大小等于地面对轮胎的垂直反作用力 Z 与附着系数 φ 的乘积，即

$$F_\varphi = Z \cdot \varphi$$

汽车车轮在既滚动又滑动的状态中，常用滑移率来说明滑移量的多少。滑移率 S 定义为

$$S = \frac{v_V - v_W}{v_V} \times 100\% \qquad\qquad (8-2)$$

$$= \left(1 - \frac{v_W}{v_V}\right) \times 100\%$$

$$= \left(1 - \frac{\omega \cdot r}{v_V}\right) \times 100\%$$

式中　v_V——车身的瞬时速度；

　　　v_W——车轮的瞬时速度；

　　　ω——车轮绕轮轴旋转的角速度；

　　　r——车轮工作半径。

由公式（8-2）可知：车轮作纯滚动时，$v_V = v_W$，滑移率 $S = 0$；车轮抱死作纯滑动时，$v_W = 0$，滑移率 $S = 100\%$。

最佳制动是指车轮既滚动又滑动，以滚动为主，滑移率 $S = 10\% \sim 25\%$ 的状态。

图 8 -26 所示为附着系数 φ 与滑移率 S 的变化关系。

图中纵向附着系数 φ 在滑移率 $S = 20\%$ 左右时为最大值；侧向附着系数 φ 在滑移率 $S = 0$ 时为最大值，并且随着滑移率的增加而急剧降低。制动时，若能使滑移

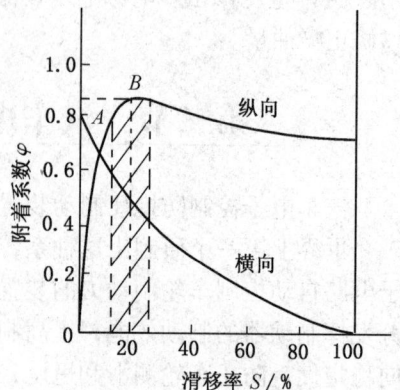

图 8 -26 车轮附着系数 φ 与滑移率 S 的关系

率 S 保持在 10% ~25% 之间，便可同时获得较大的纵向和侧向附着系数，即最佳制动状态，但是这是一般制动系所无法做到的。然而采用电子控制防抱死制动装置便可使加在车轮上的制动力矩作周期性变化，从而控制车轮的滑移率在上述最佳范围之内。

二、电子控制防抱死制动装置的分类及控制原理

电子防抱死制动装置的形式很多，按其控制参数的不同，可分为三种：车轮滑移率控制、车轮减速度控制、车轮滑移率与车轮减速度混合控制。

1. 车轮滑移率控制防抱死制动原理

车轮滑移率控制防抱死制动装置，又称多普勒（Doppler）雷达式防抱死制动装置。

由滑移率 S 的公式可知，若要实现滑移率控制，需要测知车身速度 v_V 和车轮速度 v_W，而测知车轮速度 v_W 是很容易的，然而要测定车身的瞬时速度 v_V 却十分困难。现在一般采用多普勒（Doppler）雷达测定车身速度 v_V。制动时，将多普勒雷达所测得的车身速度信号和车轮速度传感器测得的车轮速度信号同时送入电子电路，即采用双信息输入，进而控制制动机构的动作。

多普勒雷达测速原理如图 8 – 27 所示。

振荡器产生频率为 f_1 的等幅振荡连续波，其频率一般为几十千兆赫兹，经转换器输送至天线，再以一定的倾角向地面发射。当汽车行驶时，雷达天线在单位时间内接收到的地面反射波频率为 f_2，它与发射频率 f_1 之间将有一差值 $f_1 - f_2$，其数值为

$$F_D = f_1 - f_2 = \frac{2v_V}{\lambda}\cos\theta \qquad (8-3)$$

式中　F_D——多普勒频率；

　　　v_V——汽车的车身速度；

　　　λ——发射波的波长；

　　　θ——天线相对地平面的发射倾角。

图 8 – 27　多普勒雷达工作原理

公式（8 – 3）所表达的物理现象称为多普勒效应。由于多普勒频率 F_D 与汽车车身速度 v_V 成正比，因而可用多普勒频率 F_D 作为车身速度信息。

由公式 $S = \left(1 - \dfrac{v_W}{v_V}\right) \times 100\%$ 可知，可采用双输入信息到控制器中，经过计算求得滑移率与最佳滑移率进行比较，当滑移率高于 0.2 时，控制器发出指令，使电磁线圈接通通电，减低制动油压（或气压），制动力被解除，车轮转速升高，滑移率下降。当车轮滑移率低于最佳值时，控制器又发出指令，切断电磁线圈电流，制动油压又迅速增大，重新进行制动，使车轮转速下降。如此反复，直至汽车完全停止。

多普勒雷达防抱死制动装置实现了滑移率控制，防抱死制动性能好，但制动系需增加一个测速雷达，其电路结构复杂、成本高。

2. 汽车减速度控制防抱死制动原理

图 8 – 28 表示一个车轮制动时的受力分析，由理论力学知

$$I\frac{d\omega}{dt} = Z \cdot \varphi(s) \cdot r - M_\mu(t)$$

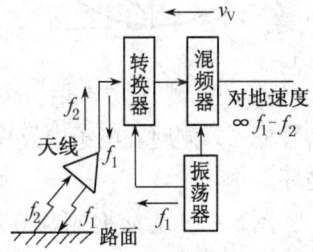

所以

$$\frac{\mathrm{d}\omega}{\mathrm{d}t} = \frac{Z \cdot \varphi(s) \cdot r}{I} - \frac{M_\mu(t)}{I} \tag{8-4}$$

式中　Z——车轮的法向反力；

　　　$\varphi(s)$——附着系数，它是车轮滑移率 S 的函数；

　　　I——车轮的转动惯量；

　　　r——车轮半径；

　　　$M_\mu(t)$——车轮制动器制动力矩，是时间 t 的函数。

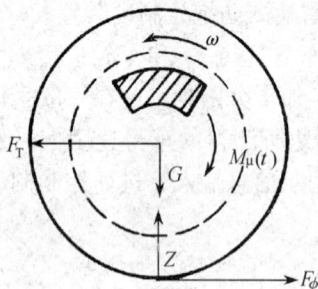

图 8-28　制动时车轮的受力

由公式（8-4）可知，$Z \cdot r/I$ 为只与车辆及车轮结构参数有关的常数，所以车轮减速度对制动器制动力矩的变化有强烈的敏感性。试验表明，在制动过程中，车轮抱死总是出现在相当大的 $\mathrm{d}\omega/\mathrm{d}t$（即减速度大）的时刻，因此可以预选一个减速度门限值，当实测的 $\mathrm{d}\omega/\mathrm{d}t$ 超过此预选值时，控制器发出指令，开始释放制动系压力，使车轮得以加速旋转。再预选一个加速度门限值，当车轮的加速度达到此值时，控制器又发出指令，使制动压力又开始增大，车轮作减速运转。所以可用一个车轮速度传感器测量车轮的角速率，即单信号输入，同时在电子电路中设置合理的加、减速度门限值，就可以实现防抱死制动的工作循环。

图 8-29 为防抱死调节制动时车轮速度的变化曲线。

当踩下制动踏板时，制动压力迅速上升，车辆开始减速，当减速度达到 A 点（减速度门限值）时，控制器发出指令，使制动压力迅速下降。车轮惯性地减速一段时间后，转速开始上升，因为这时车轮的瞬时速度大，附着力矩大于制动力矩。车轮加速后，当加速度达到 B 点（加速度门限值）值时，控制器又发出指令，使制动压力迅速上升，车轮又惯性地加速一

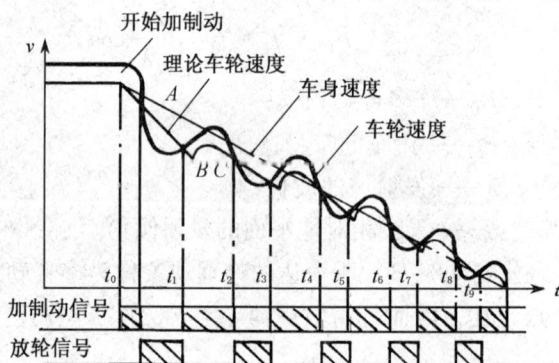

图 8-29　电子控制防抱死制动控制原理曲线

段时间之后，转速开始下降，车辆减速。当减速到 C 点时，车轮减速度又达到门限值，控制器又发出指令，减小制动压力，车轮转速又开始上升。如此反复多次，便可得出如图 8-29 所示曲线。

当车辆速度低于某一值时，停止制动力的自动调节，制动压力增加，直至停车。这种控制，由于是用车轮减速度信号作比较量，因此控制的精度较差，但测量及控制系统简单，易于实现。

3. 车轮滑移率与车轮减速度混合控制的防抱死制动系统

这种系统在制动时，能把车轮的速度控制在一定的范围内，即使车轮速度围绕最佳值上下波动，且波动的幅值越小越好。如图 8-30 所示。

图上 S_1 和 S_2 分别为车轮围绕最佳运动的上下限值。

三、电子控制防抱死制动装置的组成和工作

电子控制防抱死制动装置，主要由传感器、压力调节器和控制器三部分组成。

图 8-31 所示为典型的后轮驱动的汽车电子控制防抱死制动系统（ABS）分布示意图。

图 8-32 为博世（BOSCH）以车轮减速度作比较量的防抱死制动装置的结构简图。

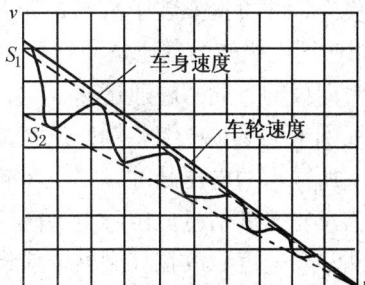

图 8-30　车轮速度变化曲线

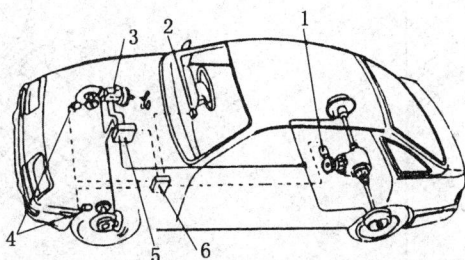

图 8-31　ABS 在汽车上的分布

1，4—车轮速度传感器；2—警告灯；3—制动总泵；5—压力调节器；6—电子控制器

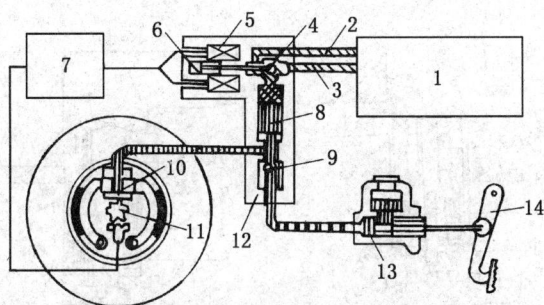

图 8-32　电子控制防抱死制动系统简图

1—液力蓄能器；2—低压管路；3—高压管路；4—球阀；5—电磁线圈；6—推杆；
7—控制器；8—减压活塞；9—球阀；10—分泵；11—角速度传感器；
12—制动压力调节器；13—总泵；14—制动踏板

1. 传感器

车轮速度传感器由两部分组成。一部分装在车轮的转动部分，随车轮一起转动；另一部分装在车的固定部分。车轮速度传感器的型式很多，目前用得较多的为磁电式非接触传感器。

车轮速度传感器由感受头和齿圈等组成，如图 8-33 所示。

传感头的外形如图 8-34 所示，它是一个静止部件，其磁极有长方形（图 8-34（a））和圆柱形（图 8-34（b））两种形状。传感头应具有耐高温、抗振动、使用安全、可靠等特点。

传感器的内部结构和工作原理如图 8-35 所示。车轮速度传感器的极轴 5 被传感线圈 4

所包围，并直接安装于齿圈6的上方。齿圈一般装在车轮的轮毂或后桥上。极轴同永久磁铁2相连接，磁体的磁通延伸到齿圈，并与它构成磁路。当齿圈旋转时，齿顶和齿隙轮流交替地对向极轴，此时磁通迅速变化，并切割传感线圈，于是在线圈4中产生感应电压信号，并由线圈末端通过电缆传输，送至控制器，该电压变化的频率便能精确地反映出车轮速度的变化。所输出的电压脉冲频率与车轮转速成正比，将此脉冲经整形放大后送至控制器，便可处理为车轮速度信息。由于电磁感应式传感器，在车轮转速很低时产生的电压很低，以致不能检测车轮速度，故在控制器中应设置下限车速控制器，当车速低于某一值时，停止制动力的自动调节，制动压力增加直至停车。

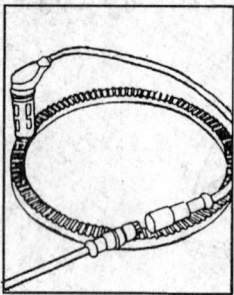

图8-33 车轮速度传感器齿圈外形

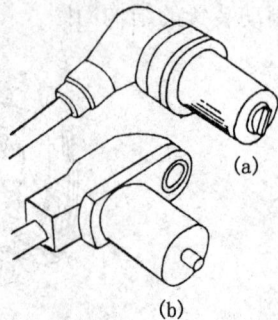

图8-34 车轮速度传感器的传感头外形
(a) 磁极为长方形；(b) 磁极为圆柱形

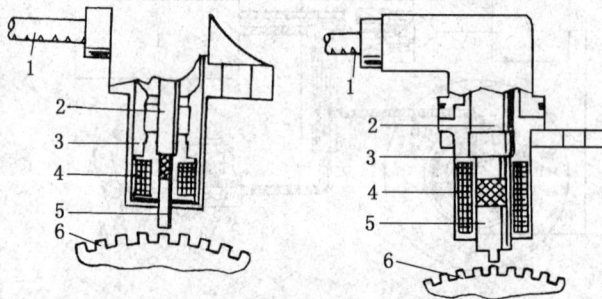

图8-35 车轮速度传感器的结构
1—导线；2—永久磁铁；3—传感头外壳；4—电磁线圈；5—磁极；6—齿圈

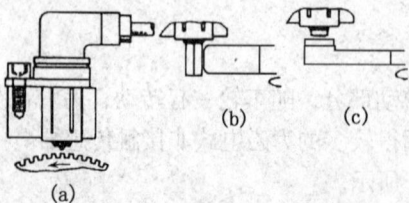

图8-36 不同极轴形式传感器的安装方式
(a) 凿式极轴；(b) 菱形极轴；(c) 柱形极轴

对于极轴形状不同的传感头，其相对于齿圈的安装方式也不同，如图8-36所示。

长方形极轴轮速传感头一般径向垂直于齿圈安装，如图8-36(a) 所示，菱形极轴其轴向相切于齿圈安装，如图8-36(b) 所示。这两种安装都必须精确地对准齿圈。对于圆柱形极轴，其安装方式则需将其轴向垂直于齿圈，如图8-36(c) 所示。

为了保证传感器无错误信号输出，安装车轮速度传感器时，应保证其传感头与齿圈间留有一很小的空气隙，约为1 mm。另外，要求安装要牢固，只有这样，才能确保汽车在制动过程中的振动不会干扰或影响传感信号，做到正确无误地输出。

2. 制动压力调节器

无论气制动，还是液压制动，均是靠控制器送来的电信号控制电磁阀动作，从而调节制动压力减弱或加强，使车轮的滑移率接近最佳值。

由图 8 - 32 可知，在正常制动时，液力蓄能器的高压油将球阀 4 推开，高压油作用在减压活塞 8 的上方，使球阀 9 处于常开状态，制动分泵 10 与制动总泵 13 直接相通。制动过程中，控制器 7 不断分析传感器送来的信息，当减速度达到某一门限值时，控制器 7 发出指令，电磁线圈 5 通电产生电磁吸力，铁芯连同推杆 6 向右移动，球阀 4 关闭液力蓄能器的高压油道，同时使减压活塞 8 上方与低压泄油道相通而上移，球阀 9 关闭，分泵油压与低压泄油道相通，油压降低，制动器制动力下降。松开制动器后，车轮转速增加，当其角加速度达到设定的门限值时，控制器又发出指令，切断电磁线圈电流。在液力蓄能器高压油的作用下，铁芯左移，球阀 4 再次关闭减压活塞 8 上方与低压泄油道 2 的通道，蓄能器中的高压油迫使减压活塞 8 下移，顶开球阀 9，分泵压力重新上升，又开始制动，如此循环，直至停车。

根据压力调节器控制装置的布置形式不同，有轴控制和轮控制两种。小客车一般采用前轮用轮控制和后轮用轴控制的形式，载重汽车多采用前、后轴控制方式。所谓轴控制，就是用一个压力调节器，同时控制同一轴的左右两个车轮，如图 8 - 37 所示。

3. 控制器

控制器实际上就是一个微型电子计算机，电子逻辑运算控制器型式很多，由于所选择的比较量不同，其逻辑电路各异。图 8 - 38 为较简单的控制原理方框图。

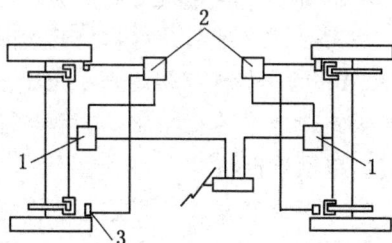

图 8 - 37　前、后"轴控制"布置方案
1—调压器；2—电子控制盒；3—轮速传感器

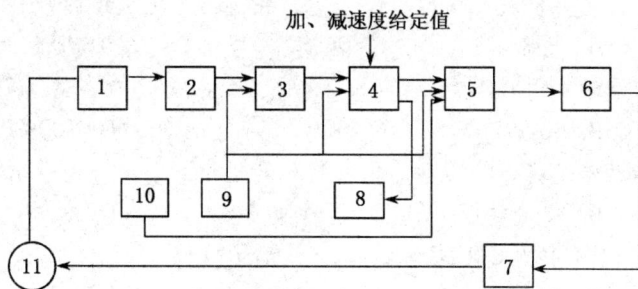

图 8 - 38　控制原理方框图
1—传感器；2—整形放大；3—加、减速度运算；4—逻辑运算控制器；5—功率放大器；6—压力调节器；
7—制动器；8—监控指示灯；9—主控制器；10—下限车速控制器；11—车轮

它是将传感器 1 产生的正比于车轮速度的脉冲数，经整形放大电路 2 变换为同频率的方波，再进行加、减速度的计算，并将计算结果送到逻辑运算控制器 4 中与存储的给定门限值进行比较，一旦达到门限值时，便发出一个控制指令脉冲，经功率放大器5放大后，控制调节器6的阀动作。主控制器9的作用是使各部分协调工作。下限车速控制器10是当车速低到一定值（一般为8 km/h）时，自动切除防抱死制动的调节，而执行原车制动。

监控指示灯8是一项安全措施，目的是保证起始时有制动。制动前如果指标灯亮，则警告驾驶员制动油路关闭，必须切断防抱控制电路，恢复原车制动。

测 试 题

一、判断题

1. 通常称中央处理单元为 ECU。 （　　）
2. 传感器是将各装置的物理参数转换为电信号。 （　　）
3. 霍尔式曲轴位置传感器当触发叶片离开永久磁铁与霍尔元件之间的空气隙时，便产生霍尔电压。 （　　）
4. 装有氧传感器的发动机一定是开环控制。 （　　）
5. 氧传感器的使用寿命一般为5年。 （　　）
6. 热线式空气流量传感器的热丝材料是铜。 （　　）
7. ABS 的车轮速度传感器是用于检测制动时汽车的速度。 （　　）
8. 车轮速度传感器由感受头和齿圈组成。 （　　）

二、单项选择题

1. 计算机内表示正，用 _____ 符号数。
   A. 0 　　　　　 B. 1 　　　　　 C. 0 或 1 　　　　　 D. 同时用0和1
2. 计算机控制系统一般可分为传感器、执行器和 _____。
   A. 存储器 　　　 B. 控制器 　　　 C. CPU 　　　　　 D. 输入设备
3. 正常情况下，氧传感器的工作电压在 _____ V 之间。
   A. 0~1 　　　　 B. 1~5 　　　　 C. 5~10 　　　　　 D. 10~12
4. 叶片式空气流量计主要检测空气的 _____，并将信号传送给微机。
   A. 流量 　　　　 B. 质量 　　　　 C. 温度 　　　　　 D. 压力
5. 车轮完全抱死拖滑时，滑移率为 _____。
   A. 20% 　　　　 B. 50% 　　　　 C. 60% 　　　　　 D. 100%
6. 磁感应式轮速传感器是将车轮转动的位移信号转化为 _____ 信号。
   A. 直流电压 　　 B. 交流电压 　　 C. 脉冲电压 　　　 D. 电流
7. 发动机电子控制 ECU 中的 CPU 输入的信号一般为 _____。
   A. 模拟信号 　　 B. 正弦波信号 　　 C. 脉冲数字信号 　　 D. 余弦波信号

第九章

CAN 数据传输系统

● 学习目标

通过过本章的学习，重点掌握 CAN 数据传输系统总线的作用、优点、构成和基本工作原理，了解 CAN 数据的构成、产生与发送。

在汽车微机控制单元（ECU）增加的同时，电器配线和各种信号配线也愈来愈多，许多汽车的线束质量和线束直径已分别达到甚至超过 40 kg 和 12 cm。由于导线太多，严重影响汽车零部件的设计、布局和制造，给汽车维修带来许多不便，反过来制约了控制技术在汽车上的应用。在这种情况下，将计算机网络设计中的多路复用通信技术应用到汽车中，则可促成对汽车性能的精确、高速控制，并可减少配线。这就需要设计一个良好的传递方式来确保车辆保的电器、电子部件更易管理且节省空间。

由博世公司（BOSCH）生产的 CAN 数据总线是专门为汽车开发研制的，它能实现数据传输的网络化，并已在大众、宝来和奥迪等车型上得到应用。CAN 数据传输总线的优点是当汽车上的控制单元数目增多时，其传输的方式变得更加简单，不需要许多条传输线来完成。

CAN 是 Controller Area Network（控制单元区域网络）的缩写，意思是控制单元通过网络交换数据。CAN 数据总线可以比作公共汽车，如图 9 - 1 所示。以前许多人骑着自行车来

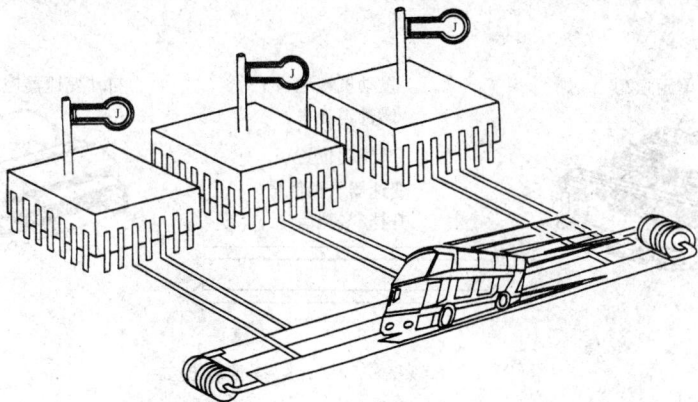

图 9 - 1　CAN 数据传输模式

来往往，现在是这些人乘坐公共汽车，公共汽车可以运输大量乘客，即 CAN 数据总线包含大量的数据信息，故数据总线又称 BUS 线。

第一节　CAN 数据传输系统简介

一、CAN 数据传输系统的构成

1. 为什么要采用数据总线

我们知道，汽车两块电脑之间的信息传递，有几个信号就要有几条信号传输线（信号传输线的接地端可以采用公共回路），如图 9 - 2 例中，5 个信号就需要有 5 条数据线来传递。如果传递信号项目多，还需要更多的信号传输线，这样会导致电控单元针脚数增加、线路复杂、故障率增多及维修困难，所以，这种数据传递形式只适用于有限信息量的数据交换。

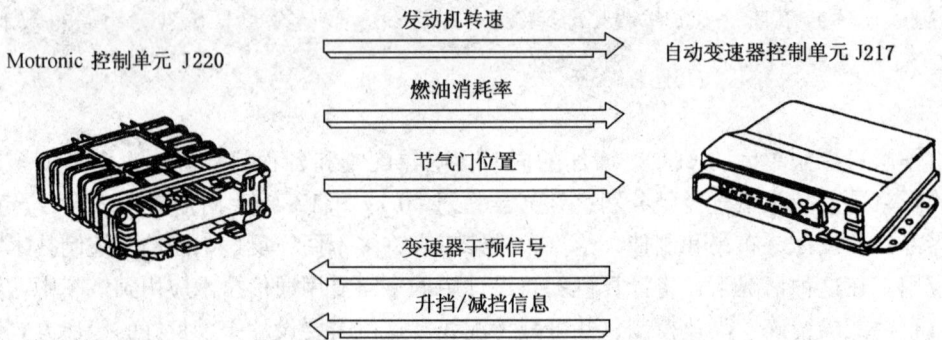

图 9 - 2　传统车型数据传输模式

鉴于上述原因，现代一些新型高档轿车各控制单元间的所有信息都通过两根数据线进行交换，即 CAN 数据总线。例如，宝来轿车发动机控制单元 J220 与自动变速器控制单元 J217 之间需要传输 5 个信号，通过 CAN 数据总线仅需要两条双向数据线即可进行传递，如图 9 - 3 所示。

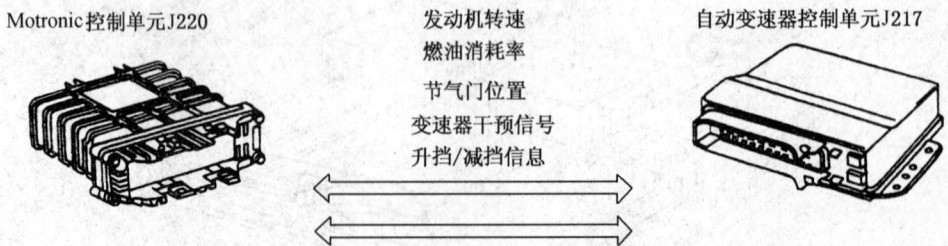

图 9 - 3　宝来轿车 CAN 数据传输模式

通过这种数据传递形式，所有的信息，不管控制单元的多少和信息容量的大小，都可以通过这两条数据线进行传递，所以，如果控制单元间进行大量的信息交换，CAN 数据总线也能完全胜任。

2. 什么是数据总线

一辆汽车不管有多少电控单元，不管信息容量有多大，每块电控单元都只需引出两条导线共同接在两个节点上，这两条导线就称为数据总线。

3. CAN 数据传输系统的优点

CAN 数据总线是控制单元间的一种数据传递形式，它与各个控制单元连接在一起就成为数据传输系统。如果一个控制单元从整个系统中获得的信息越多，那么它控制自身的功能会更全面。

在动力传动系统中，发动机控制单元、自动变速器控制单元和 ABS 控制单元组成了一个完整的 CAN 系统；在舒适系统中，中央控制系统和车门控制系统组成了一个完整的 CAN 系统，如图 9-4 所示。

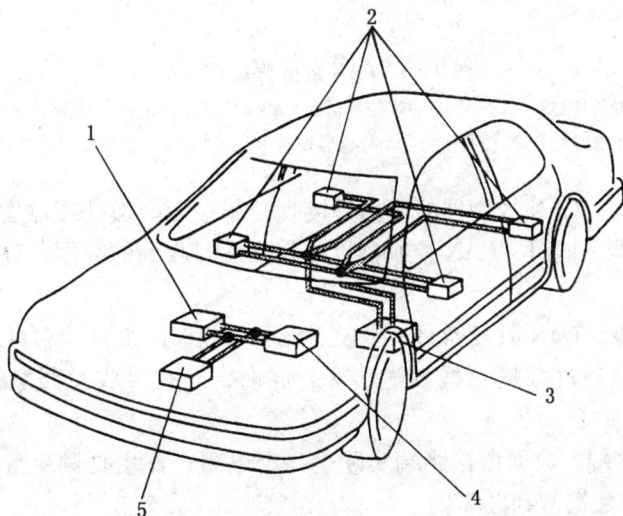

图 9-4 CAN 数据传输系统在动力传动和舒适系统的应用
1—ABS 控制单元；2—车门控制单元；3—中央控制单元；
4—自动变速器控制单元；5—发动机控制单元

CAN 数据传输系统有以下优点：

（1）将传感器信号线减至最少，使更多的传感器信号进行高速数据传递。

（2）控制单元和控制单元插脚最小化应用，从而节省更多有用空间。

（3）如果系统需要增加新的功能，仅需软件升级即可。

（4）各控制单元对所连接的 CAN 总线进行实时监测，如出现故障该控制单元会存储故障码。

（5）CAN 数据总线符合国家标准，以便于一辆车上不同厂家的控制单元间进行数据交换。

4. CAN 数据传输系统的构成

CAN 数据传输系统中每块控制单元的内部增加了一个 CAN 控制器，一个 CAN 收发器，每块控制单元外部连接了两条 CAN 数据总线，如图 9-5 所示。在系统中作为终端的两块控制单元，其内部还装有一个数据传递终端（有时数据传递终端安装在控制单元外部）。

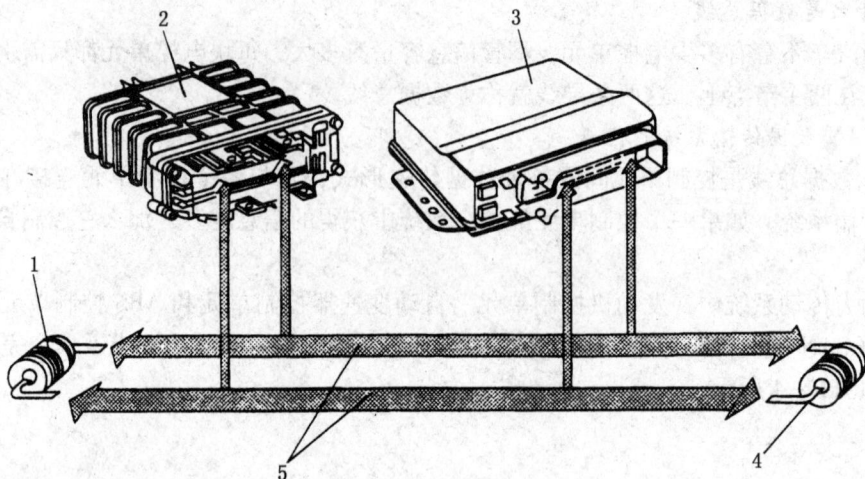

图 9-5 CAN 数据总线的构成

1—数据传递终端；2—带有 CAN 控制器和 CAN 收发器的 Motronic 控制单元 J220；
3—带有 CAN 控制器和 CAN 收发器的自动变速器控制单元 J217；4—数据传递终端；5—数据总线

（1）CAN 控制器。CAN 控制器的作用是接收控制单元中微处理器发出的数据，处理数据并传给 CAN 收发器。同时，CAN 控制器也接收收发器收到的数据，处理数据并传给微处理器。

（2）CAN 收发器。CAN 收发器是一个发送器和接收器的组合，它将 CAN 控制器提供的数据转化成电信号并通过数据总线发送出去，同时，它也接收总线数据，并将数据传到 CAN 控制器。

（3）数据传输终端。数据传输终端实际是一个电阻，作用是避免数据传输终了反射回来，产生反射波而使数据遭到破坏。

（4）CAN 数据总线。CAN 数据总线用以传输数据的双向数据线，分为 CAN 高位（CAN-high）和低位（CAN-low）数据线。数据没有指定接收器，数据通过数据总线发送给各控制单元，各控制单元接收后进行计算。

5. 数据传递过程

每条数据的传递包括以下 5 个过程：

提供数据 → 发送数据 → 接收数据 → 检查数据 → 接受数据

（1）提供数据。控制单元向 CAN 控制器提供需要发送的数据。

（2）发送数据。CAN 收发器接收由 CAN 控制器传来的数据，转为电信号并发送。

（3）接收数据。CAN 系统中，所有控制单元转为接收器。

（4）检查数据。控制单元检查判断所接收的数据是否是所需要的数据。

（5）接受数据。如果接收的数据重要，它将被接受并进行处理，否则，忽略掉。整个数据传递过程，如图 9-6 所示。

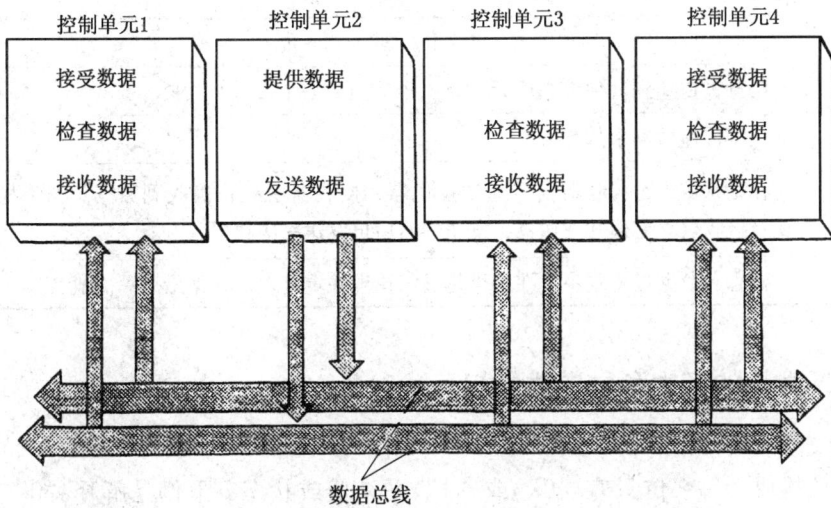

图 9 - 6　CAN 数据的传递过程

二、CAN 数据的构成

CAN 数据总线在极短的时间里，在各控制单元间传递数据。一条数据的形成由 7 个区域组成，即开始域、状态域、检查域、数据区、确认域、安全域和结束域，如图 9 - 7 所示。各区域的功能见表 9 - 1。该形式在两条数据传输线上是一样的。

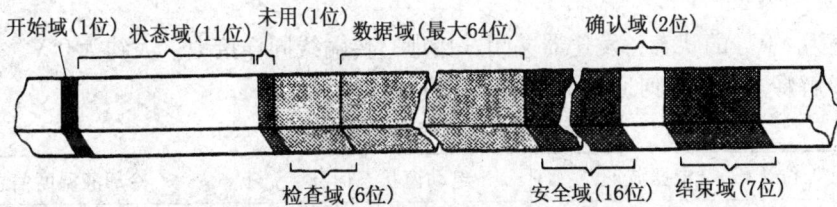

图 9 - 7　CAN 数据的构成

表 9 - 1　数据中各区域的功能

区域名称	区 域 功 能
开始域	标志数据开始。带有大约 5 V 电压（由系统决定）的 1 位被送入 CAN 高位传输线，带有约 0 V 电压的 1 位被送入 CAN 低位传输线
状态域	判定数据中优先权，举例说明，如果两个控制单元都要同时发送各自的数据，那么，具有较高优先权的控制单元优先发送
检查域	显示在数据域所包含的信息项目数，在这里允许任何接收器检查是否已经接收到所有信息

续表

区域名称	区 域 功 能
数据域	信息被传递到其他控制单元
安全域	检测传递数据中的错误
确认域	在确认域中，接收器信号通知发送器，接收器已经正确收到数据。如果检查到错误，接收器立刻通知发送器，发送器然后再发送一次数据
结束域	标志着数据报告结束。在这里是显示错误并重复发送数据最后一次机会

三、CAN 数据的产生和发送优先权

1. 数据的产生

数据由多位构成，每一位只有"0"或"1"两个值或状态。下例是解释"0"或"1"的状态是如何产生的：

（1）灯开关：打开或关闭灯，这说明灯有两个不同状态。

① 灯开关处于值"1"的状态：开关闭合，灯亮。

② 灯开关处于值"0"的状态：开关断开，灯不亮。

从原理上讲，CAN 数据总线的功能与此完全相同。

（2）发送器：发送器也能产生两个不同位的状态。

① 位值为"1"的状态：发送器打开，在舒适系统中，电压为 5 V（动力传递系统中，电压大约 2.5 V）；相同电压施加到传递线上，在舒适系统中，电压大约为 5 V（动力传递系统中，电压大约为 2.5 V）。

② 位值为"0"的状态：发送器关闭，接地，传输线同样接地，大约为 0 V。

表 9 - 2 解释了信息如何通过两个连续位进行传递。

表 9 - 2　两位数所表示的信息

变化	2 位	1 位	电压波形	电动窗状态信息	冷却液温度信息
1	0 V	0 V		工作	10 ℃
2	0 V	5 V		不工作	20 ℃
3	5 V	0 V		在范围内	30 ℃
4	5 V	5 V		停于上位	40 ℃

注：如果位 1 和位 2 都是 0 V 传递，表中的信息则显示"电动窗工作"或"冷却液温度为 10 ℃"。

从表中不难发现，通过 2 个位，可以产生 4 个变化。其中每一项信息都可以由每一个变

化状态表示，并与所有的控制电压相联系。

表9-3解释了随着位数的增加，信息量是如何增加的。

表9-3 三位数所表示的信息

包含1位的位值变化	产生的信息	包含2位的位值变化	产生的信息	包含3位的位值变化	产生的信息
0 V	10 ℃	0 V, 0 V	10 ℃	0 V, 0 V, 0 V	10 ℃
5 V	20 ℃	0 V, 5 V	20 ℃	0 V, 0 V, 5 V	20 ℃
		5 V, 0 V	30 ℃	0 V, 5 V, 0 V	30 ℃
		5 V, 5 V	40 ℃	0 V, 5 V, 5 V	40 ℃
				5 V, 0 V, 0 V	50 ℃
				5 V, 0 V, 5 V	60 ℃
				5 V, 5 V, 0 V	70 ℃
				5 V, 5 V, 5 V	80 ℃

表9-3表明，位数越高，产生的信息就越多，每增加一位数，产生的信息量就会增加一倍。

2. CAN 数据发送的优先权

如果多个控制单元要同时发送各自的数据，那么系统就必须决定哪一个控制单元首先进行发送。

具有最高优先权的数据，首先发送。基于安全考虑，由 ABS/EDL 控制单元提供的数据比自动变速器控制单元提供的数据（驾驶舒适）更重要。

数据的每一个位都有一个值，这个值定义为电位。这样就有两个可能：高电位（值为0）或低电位（值为1）。状态域由11位编码组成，其数据的组合形式决定了其优先权，表9-4是三组不同数据报告的优先权。

表9-4 数据优先权的分配

优先权	数据报告	状态域形式
1	制动数据1	001 1010 0000
2	发动机数据1	010 1000 0000
3	变速器数据1	100 0100 0000

若三个控制单元同时发送数据，此时，在数据传输总线上进行1位、1位的数据比较。如果一个控制单元发送了一个低电位，而检测到一个高电位，那么这个控制单元就停止发送，而转为接收器。举例说明，如图9-8所示，图中第一位是开始域，它只有一位，从第二位开始是状态域，其中状态域中：

位1：

—ABS/EDL 控制单元发送了一个高电位。

—Motronic 控制单元也发送了一个高电位。

—自动变速器控制单元发送了一个低电位，而检测到一个高电位，那么它将失去优先权，而转为接收器。

位2：

—ABS/EDL 控制单元发送了一个高电位。

——Motronic 控制单元发送了一个低电位并检测到一个高电位，那么，它也失去优先权，而转为接收器。

位 3：

——ABS/EDL 控制单元，拥有最高优先权并且接收分配的数据。该优先权保证控制单元持续发送数据直至发送终了。

——ABS/EDL 控制单元结束发送数据报告后，其他控制单元再发送各自的数据报告。

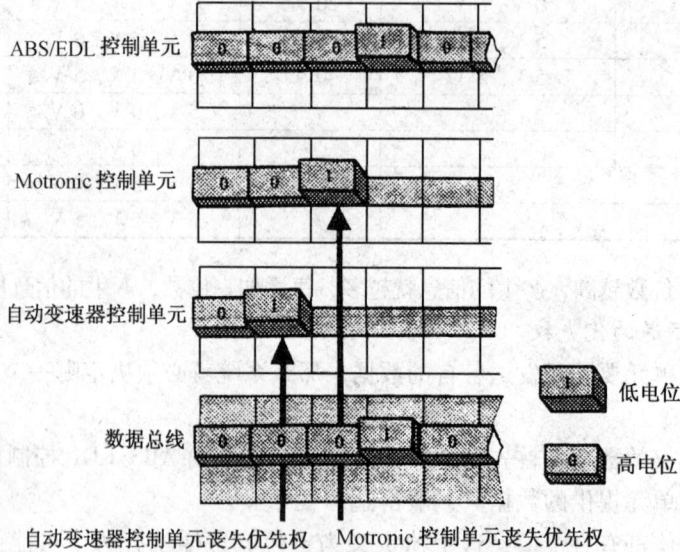

图 9 - 8　CAN 数据传递优先权的确定

3. CAN 的数据总线防干扰

车辆中的干扰源是由电火花和电磁线圈开关联合作用产生的。其他干扰源，还包括移动电话和发送站等。电磁波能够影响或破坏 CAN 的数据传送。

为了防止外界电磁波干扰和向外辐射，CAN 总线采用两条线缠绕在一起的形式，如图 9 - 9 所示。两条线上的电位是相反的，如果一条线的电压是 5 V，另一条线就是 0 V，两条线的电压和总等于常值，而且所产生的电磁场效应也会由于极性相反而互相抵消，所以通过这种办法，CAN 总线得到保护而免受外界电磁场干扰，同时 CAN 总线向外辐射也保持中性，即无辐射。

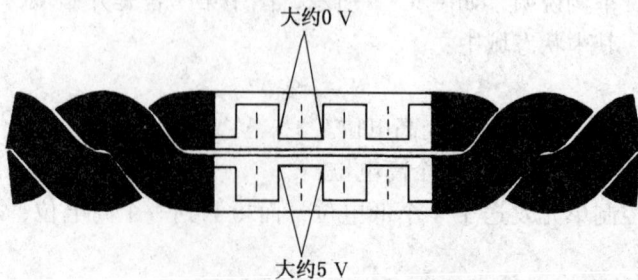

图 9 - 9　两条数据传输线缠绕一起防止外界辐射干扰

第二节 典型 CAN 数据传输系统

一、动力系统 CAN 数据传输系统

1. 动力系统 CAN 数据传输系统的组成

动力系统 CAN 数据总线连接 3 块控制单元，如图 9 – 10 所示，它们是发动机、ABS/EDL 及自动变速器控制单元（动力 CAN 数据总线实际可以连接安全气囊、四轮驱动与组合仪表等控制单元）。总线可以同时传递 10 组数据，发动机控制单元 5 组、ABS/EDL 控制单元 3 组和自动变速器控制单元 2 组。数据总线以 500 kbit/s 速率传递数据，这意味着传递速率处于 125 ~ 1 000 kbit/s 的速率范围（高速率），每一数据组传递大约需要 0. 25 ms。每一控制单元7 ~ 20 ms发送一次数据。优先权顺序为 ABS/EDL 控制单元→发动机控制单元→自动变速器控制单元。

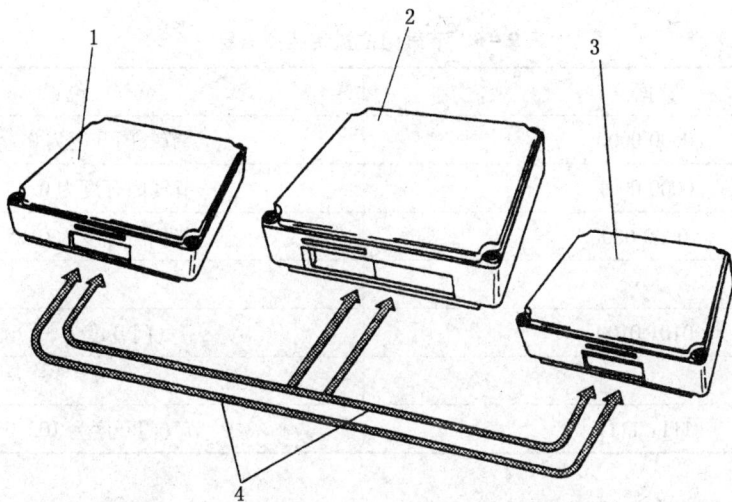

图 9 – 10 动力系统 CAN 数据传输系统
1—ABS/EDL 控制单元；2—Motronic 控制单元；3—自动变速器
控制单元；4—数据总线（外部节点）

在动力传动系统中，数据传递应尽可能快速，以便及时利用数据，所以需要一个高性能的发送器。高速发送器会加快点火系统间的数据传递，这样使接收到的数据立即应用到下一个点火脉冲中去。CAN 数据总线连接点通常置于控制单元外部的线束中，在特殊情况下，连接点也可能设在发动机控制单元内部。

2. 动力传动系统的信息

各控制单元所传递的信息非常多，例如由 ABS 控制单元所决定的安全因素信息，由发动机控制单元所决定的点火控制和燃油喷射信息以及由自动变速器控制单元决定的驾驶方便性信息等。如表 9 – 5 为各控制单元的部分数据信息举例，更详细的数据例如节气门位置传感器的信息如表 9 – 6 所示。

表 9 – 5 动力系统所包含的信息

优先权顺序	数据来源	信息举例
1	ABS/EDL 控制单元	发动机制动控制请求（EBC） 牵引力控制系统请求（TCS）
2	数据组 1 发动机控制单元	发动机转速 节气门位置 换低挡
3	数据组 2 发动机控制单元	冷却液温度 车速
4	自动变速器控制单元	换挡机构 应急模式 选挡手柄位置

表 9 – 6 节气门位置传感器信息

数据位	节气门位置
0000 0000	节气门开度为 0°
0000 0001	节气门开度为 0.4°
0000 000	节气门开度为 0.8°
...	
0101 0100	节气门开度为 33.6°
...	
1111 1111	节气门开度为 102.0°

3. 动力传动系统中 CAN 数据总线的自诊断功能

可以使用 VAG1551 或 VAG1552 或 VAS5051 电脑诊断仪，分别进入 01、02、03 地址，对发动机、ABS/EDL 和自动变速器控制单元进行自诊断，再进入功能码 02 查询三块控制单元是否储存 CAN 数据传输故障码。

例如宝来 1.8T 轿车 AUM 动力系统 CAN 数据传输故障码：

① SAE 码 P1626、VAG 码 18034——数据总线缺少来自自动变速器控制单元的信息。

② SAE 码 P1636、VAG 码 18004——数据总线缺少来自安全气囊控制单元的信息。

③ SAE 码 P1648、VAG 码 18056——数据总线损坏。

④ SAE 码 P1649、VAG 码 18057——数据总线缺少来自 ABS/EDL 控制单元的信息。

⑤ SAE 码 P1650、VAG 码 18058——数据总线缺少来自组合仪表控制单元的信息。

⑥ SAE 码 P1682、VAG 码 18090——数据总线中来自发动机控制单元的信号不可靠。

⑦ SAE 码 P1683、VAG 码 18091——数据总线中来自安全气囊控制单元的信号不可靠。

⑧ SAE 码 P1683、VAG 码 18261——数据总线中来自 ABS/EDL 控制单元的信号不可靠。

得到系统的故障码后，再根据常规车型的诊断维修方法分系统去排除汽车的故障。

二、舒适系统 CAN 数据传输系统

1. 舒适系统 CAN 数据传输系统的组成

舒适系统 CAN 数据总线连接 5 块控制单元，包括中央控制单元及 4 个车门的控制单元。舒适系统 CAN 数据传递有 5 个功能：中央门锁、电动窗、照明开关、后视镜加热及自诊断功能。控制单元的各条传输线以星状形式汇聚一点，这样做的好处是，如果一个控制单元发生故障，其他控制单元仍可发送各自的数据。

该系统使经过车门的导线数量减少，线路变得简单。如果线路中某处出现对地短路、对正极短路或线路间短路，CAN 系统会立即转为应急模式运行或转为单线模式运行。四个车门控制单元都是由中央控制单元控制，只需较少的自诊断。数据总线以 62.51 kbit/s 速率传递数据，每一组数据传递大约需要 1 ms，每个控制单元 20 ms 发送一次数据。

各控制单元的优先权顺序为：中央控制单元→驾驶员侧车门控制单元→前排乘客侧车门控制单元→左后车门控制单元→右后车门控制单元。由于舒适系统中的数据可以用较低的速率传递，所以发送器性能比动力传动系统发送器的性能低，因而其价格也较低。

2. 舒适系统 CAN 数据传输系统的信息

舒适系统的信息主要有关于无线电遥控操作的信息、当前的中央门锁状态信息，表 9-7 是司机侧车门控制单元的部分数据信息，包括中央门锁状态和电动窗状态信息。

表 9-7 舒适系统所传递的信息

功能状态	信 息	数据位		位值
		位 5　位 4	位 3　位 2　位 1	
中央门锁	基本状态		0 V，0 V，0 V	000
	安全		0 V，0 V，5 V	001
	锁止（中央门锁）		0 V，5 V，0 V	010
	车门打开		0 V，5 V，5 V	011
	车门锁止		5 V，0 V，0 V	100
	打开（中央门锁）		5 V，0 V，5 V	101
	信号错误，输入传感器		5 V，0 V，5 V	110
	错误状态		5 V，5 V，5 V	111
电动窗	运动中	0 V，0 V		00
	静止状态	0 V，5 V		01
	在行程范围内	5 V，0 V		10
	最上端停止点	5 V，5 V		11

3. 舒适系统的电路图

图9-11所示为舒适系统各控制单元和CAN数据传输系统的电路图。

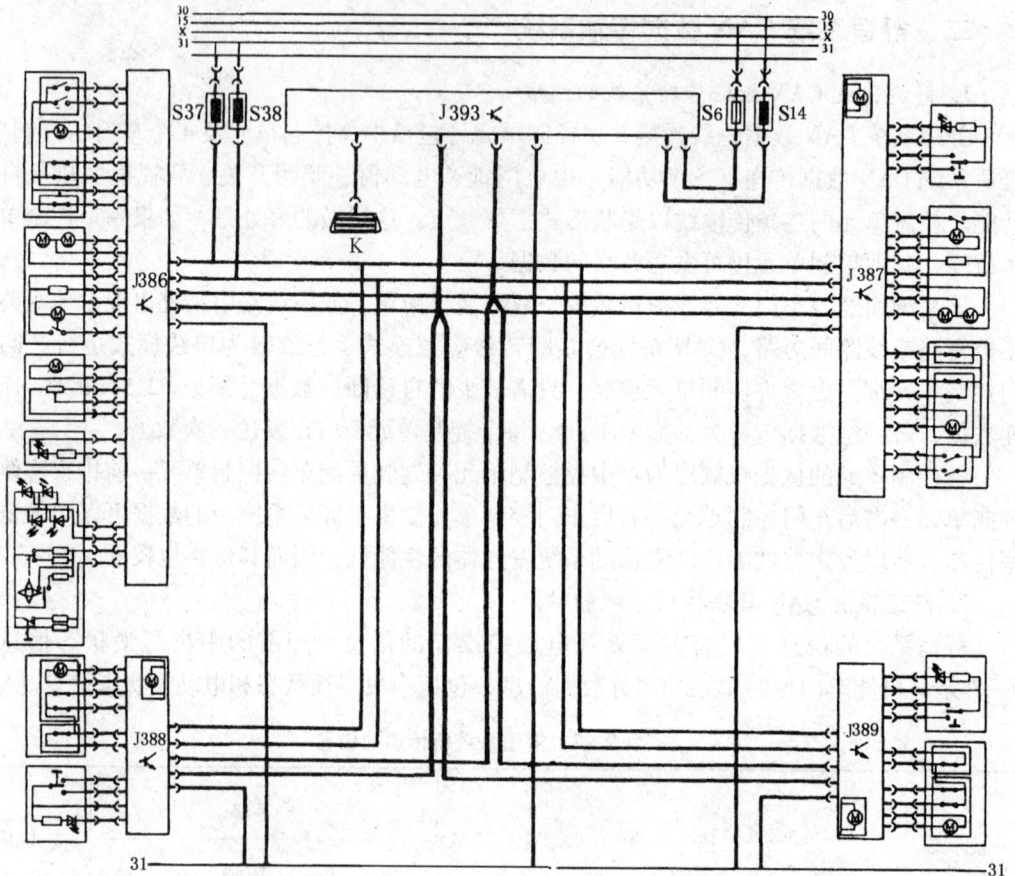

图9-11　舒适系统的电路图

4. 舒适系统中CAN数据总线的自诊断功能

可以使用VAG1511或VAG1552，进入地址码46，对舒适系统控制单元进行自诊断，进入功能码02查询舒适系统中央控制单元是否储存故障码。例如宝来舒适系统中央控制单元CAN数据传输故障码：

① VAG码01327——舒适系统数据总线或控制单元存在故障。

② VAG码01329——舒适系统数据总线处于紧急模式。

三、宝来轿车CAN总线线路图

宝来轿车CAN总线，用于连接ABS/EDL控制单元，转向角传感器、四轮驱动控制单元、自动变速器控制单元、发动机控制单元，如图9-12所示。

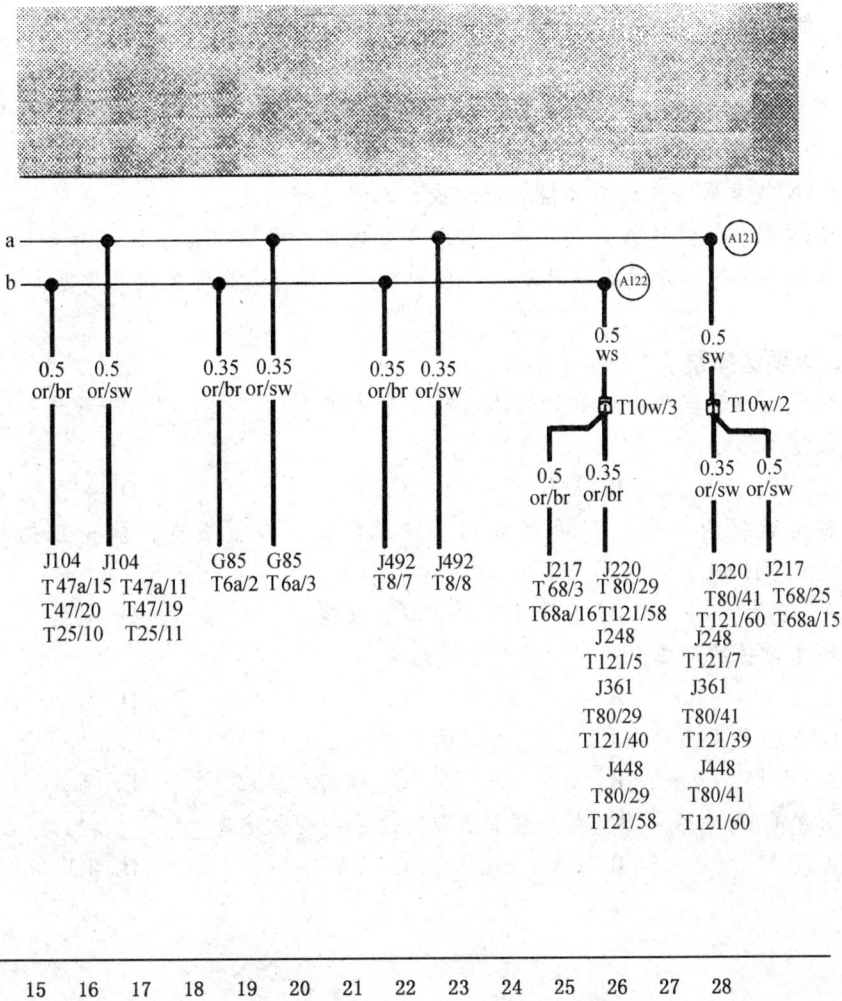

0.5 or/br	0.5 or/sw		0.35 or/br	0.35 or/sw		0.35 or/br	0.35 or/sw		

a ────────────●────────●──────────●──────────────●──────────────(A121)
b ──────────────●────────●────────────●────────────●──────────(A122)

						0.5 ws	0.5 sw

T10w/3　　　T10w/2

0.5 or/br	0.35 or/br		0.35 or/sw	0.5 or/sw

| J104
T47a/15
T47/20
T25/10 | J104
T47a/11
T47/19
T25/11 | G85
T6a/2 | G85
T6a/3 | J492
T8/7 | J492
T8/8 | J217
T68/3
T68a/16
J248
T121/5
J361
T80/29
T121/40
J448
T80/29
T121/58 | J220
T80/29
T121/58 | J220
T80/41
T121/60
J248
T121/7
J361
T80/41
T121/39
J448
T80/41
T121/60 | J217
T68/25
T68a/15 |

15　16　17　18　19　20　21　22　23　24　25　26　27　28

图 9 – 12　CAN 总线线路图

ws = 白色；sw = 黑色；br = 棕色；or = 橙色；G85—转向角度传感器，在转向柱上；J104—ABS/ABS 及 EDL 控制单元；J217—自动变速器控制单元；J220—多点喷射控制单元；J248—柴油直喷系统控制单元；J361—Simos 控制单元；J448—4AV/4LV/4MV 控制单元（喷射系统）；J492—四轮驱动控制单元，在后轿主传动器附近；T6a—6 脚插头；T8—8 脚插头；T10w—10 脚插头，白色，在插头保护壳体内，在流水槽左侧；T25—25 脚插头，在 ABS/ABS 及 EDL 控制单元上；T47—47 脚插头，在 ABS 及 EDL/TCS/ESP 控制单元上（2000 年 7 月以前）；T47a—47 脚插头，在 ABS 及 EDL/TCS/ESP 控制单元上（2000 年 8 月以后）；T68—68 脚插头，用于 4 挡自动变速器（AG4）；T68a—68 脚插头，用于 5 挡自动变速器（AG5）；T80—80 脚插头；T121—121 脚插头；

(A121) —连接（high-bus），在仪表板线束内；(A122) —连接（low-bus），在仪表板线束内

测 试 题

一、判断题

1. CAN 总线的意思是控制单元通过网络交换数据。 （ ）

2. 各控制单元对所连接的 CAN 总线进行实时监测，如出现故障该控制单元会存储故障码。 （ ）

3. CAN 收发器由发送器和接收器组成，二者是相同的。 （ ）

4. CAN 数据总线连接点通常置于控制单元内部的线束中。 （ ）

5. 如果多个控制单元要同时发送各自的数据，具有最高优先权的数据，首先发送。 （ ）

二、单项选择题

1. 现代高档轿车各控制单元间的所有信息都通过_____根数据线进行交换，即 CAN 数据总线。

   A. 1　　　　　 B. 2　　　　　　 C. 3　　　　　　 D. 4

2. 每条数据的传递应经提供数据、发送数据、接收数据、检查数据和_____数据5 个过程。

   A. 接受　　　　 B. 分析　　　　　 C. 反馈　　　　　 D. 监控

3. 一条数据的形成由_____个区域组成。

   A. 2　　　　　 B. 3　　　　　　 C. 5　　　　　　 D. 7

4. CAN 总线采用两条线是_____的形式。

   A. 平行　　　　 B. 交叉　　　　　 C. 缠绕在一起　　 D. 垂直

5. 如果 CAN 总线一条线的电压是 5 V，则另一条线就是_____。

   A. 0 V　　　　 B. 1 V　　　　　 C. 2 V　　　　　 D. 3 V

第十章

汽车导航系统

● 学习目标

通过本章的学习，重点掌握汽车导航的基本概念，掌握卫星定位导航系统的基本原理，GPS 汽车定位系统的基本构成，GPS 定位原理，电子地图，汽车 GPS 的作用、类型及特点；同时了解汽车导航技术的发展前景等。

第一节　概　　述

汽车在行驶中确定当前行驶位置并能在车内显示系统中准确地标注出来，这不仅可为驾驶员提供路线导航，合理安排出行，而且可使管理者掌握车辆运行状态，合理地进行调度，这对现代汽车极为重要。将汽车定位技术与地图技术结合起来，可有效地实现这一功能，即利用全球卫星定位导航系统，就可满足汽车驾驶的需要。

一、卫星定位导航系统

目前，世界上正在运行的全球卫星定位导航系统主要有两大系统，即美国的 GPS 系统和俄罗斯的 GLONASS（格鲁纳斯）系统。近年来，欧洲也提出了具有自己特色的 GALILEO（伽利略）全球卫星定位计划。中国在 21 世纪初也已开始建设拥有自主知识产权的全球卫星定位导航系统，即北斗星卫星导航系统。该系统空间段由 5 颗静止轨道卫星和 30 颗非静止卫星组成，提供开放服务和授权服务两种服务方式。在太空的全球卫星定位导航系统方面，将形成美、俄、欧、中"四强争霸"的格局。

由于美国的全球卫星定位系统 GPS 在大多数国家和地区得到了广泛应用，这里主要介绍美国的 GPS 系统。

卫星定位系统（Globl Positioning System，GPS）目前是广泛应用于汽车的定位导航系统。它是基于美国发射的 24 颗共同作用的军用卫星网络，实现世界范围导航的。24 颗卫星分布在互成 60°的 6 个椭圆轨道面上，如图 10 - 1 所示。

GPS 是以 24 颗定位人造卫星为基础，向全球各地全天候提供三维位置、三维速度等信息的一种无线电定位导航系统。GPS 汽车定位系统如图 10 - 2 所示，它由三部分构成，一是地面控制部分，由主控站、地面天线、监测站及通信辅助系统组成。二是空间部分，由 24

颗卫星组成，分布在6个轨道平面。三是用户接收部分，由卫星天线、GPS接收机和数据处理软件组成。

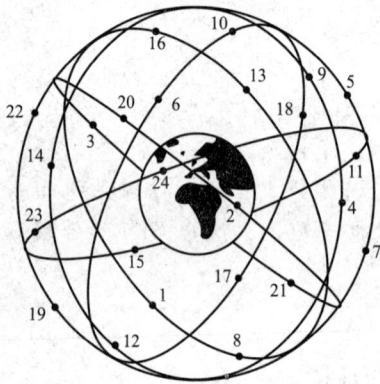

图10-1 卫星定位系统
1～24—24颗卫星，用以确定汽车的位置

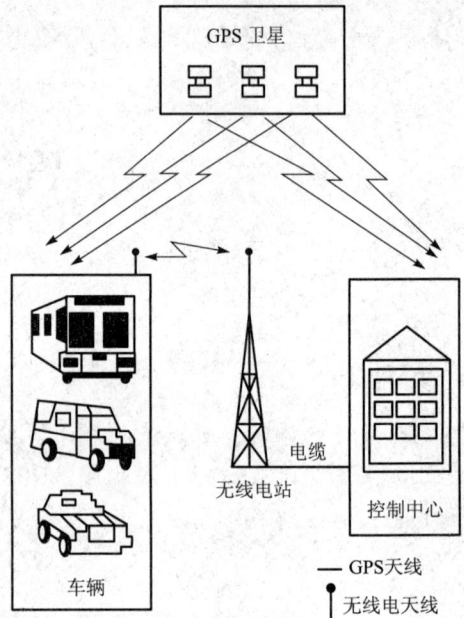

图10-2 GPS汽车定位系统

车载GPS，其内置的GPS天线会接收到来自环绕地球的24颗GPS卫星中的至少3颗所传递的数据信息，结合储存在车载导航仪内的电子地图，通过GPS卫星信号确定的位置坐标与此相匹配，进行确定汽车在电子地图中的准确位置，这就是定位功能。

在定位的基础上，可以通过多功能显示器，提供最佳行车路线、前方路况以及最近的加油站、饭店、旅馆等信息。GPS最初只是用于军事领域。目前GPS已被广泛应用于交通行业，它利用GPS的定位技术结合无线通信技术、地理信息管理系统等高新技术，实现对车辆的远程监控、定位导航、信息查询、服务救援、轨迹记录等功能。

车载GPS还有一个很大的功能就是防盗，分为静态防盗和动态跟踪防盗两种。前者是指车主离开汽车，停泊的车辆遭遇偷盗、毁坏或移动时，车辆通过自身的监控系统向GPS监控中心发出警报，并自动与车主手机联系、电话报警等。后者则可对行使中的被盗车辆进行定位跟踪、车况监听和车迹记录，甚至控制车辆断电、断油等。

在工业发达国家，车载导航已经是一个非常成熟的系统，只要用户需要，就可以在自己的车上安装这套系统。目前在国际上已经形成了日本、欧洲和北美三大市场。中国的车载导航也在快速发展。现在一般中高档汽车上都装有GPS，随着这项技术的不断发展以及服务提供的不断完善，越来越多的人将会享受到GPS所带来的便捷。

GPS的主要特点：全天候；全球覆盖；三维定位、三维定速、定时、高精度；快速、省时、高效率；应用广泛、多功能。

GPS的应用：

① 陆地应用，主要包括车辆导航、应急反应、大气物理观测、地球物理资源勘探、工程测量、变形监测、地壳运动监测和市政规划控制等。

② 海洋应用，包括远洋船最佳航程航线测定、船只实时调度与导航、海洋救援、海洋探宝、水文地质测量以及海洋平台定位、海平面升降检测等。

③ 航空航天应用，包括飞机导航、航空遥感姿态控制、低轨卫星定轨、导弹制导、航空救援和载人航天器防护探测等。

实践证明，GPS 是一个高精度、全天候和全球性的无线电导航、定位和定时的多功能系统。GPS 技术已经发展成为多领域、多模式、多用途和多机型的国际性高新技术产业。

二、合成导航系统

如果没有地面标记和不能持续地按天文方法确定地点，则需要采用合成导航，如图10-3 所示。若用指南针确定行驶方向和测出汽车驶过路段的长度，则可进行合成计算。合成计算是所有独立的或自主导航方法的基础。汽车驶过一小段路程时，以致觉察不出它的行驶方向的改变。这时可以把这一小段路程看成为指示方向的路段单元，用箭头或向量表示。如果通过计算或在地图上将这些从坐标原点开始至目前位置的坐标点的许多指示方向的路段单元依次连接起来，就可得到合成导航。

在确定方向和测定路程时，不可避免的误差会随着逐次计算当前的位置而越来越大，所以在计算中必须随时校正，即必须识别路程点，并把路程点的坐标输入到计算机中。借此，不断地将汽车当前所在的位置与数字地图上的道路走向进行比较（地图匹配）就可补偿积累误差。

在汽车导航系统中，导航计算机确定汽车驶过的路程和从转速传感器或几个车轮传感器得到行驶方向的变化，可以知道道路的走向，从而进行合成导航。导航计算机每秒多次进行地图匹配，即将存储在 CD-ROM 中的道路数字地图与汽车驶过的道路走向进行比较。导航的精度在有数字化地图的地区点可提高 ±5 m，在高速公路上可达 ±50 m。

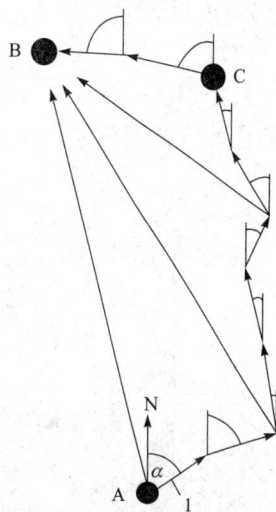

图 10-3　合成导航原理
A—已知的始点；B—目的地；
C—目前的（计算的）位置；
N—指北方向；1—指示方
向的路段单元；与北成 α 角

在非数字化地图的地区还不能进行地图匹配，而只能通过卫星数据导航。卫星导航可显示汽车到目的地的空中直线距离和方向。

第二节　GPS 的工作原理

一、GPS 定位原理

1. 地理坐标系

物体在很大空间范围内的位置只能依靠适当的参考系才能确定它的方向和地点，如确定天空星星的位置，可取太阳或可见山峰为参考系。为确定物体位置的参考系统至少要确定参考系统的原点和零点以及相应的主方向。在实际中用坐标系确定物体位置，位置参考系统之一就是笛卡尔直角、直线坐标系，如大家熟知的城市地图。

要在地球上的很大空间确定物体的位置就无法再用笛卡尔坐标系，只能采用带圆形线网格的地理坐标系。

在北南方向并在两极相交的所有坐标线称为子午线。子午线在赤道按角度距离分为东经度和西经度，零子午线始于伦敦的格林尼治，这就是经线。第二组坐标线从东向西，并与所有的子午线成直角相交。赤道是北纬线和南纬线计数的始点。对这样的坐标线作适当修改就能用于实际的地球体。只是这些坐标线不再是圆形的，而是复杂的曲线。根据这些曲线就可用两个数确定地球上的每一个点。

在地图上画出地球表面纬线有一种适用于地面导航的有效的坐标系方法，如麦卡托（Mercaton）投射法和以此为基础的通用横向麦卡托投影法（Univesale Transversale Mercaton-Projektion，UTM）。其方法是：画出从地球引出的投影射线落向圆柱形罩上的球形的地球表面上的每一个点，这些点一方面靠在赤道线上，另一方面旋转 90°靠在子午线上，如图 10-4、图 10-5 所示。在不断制作时会出现不可避免的失真，需用失真因数进行修正。展开圆柱形罩就可得到一张平面图。

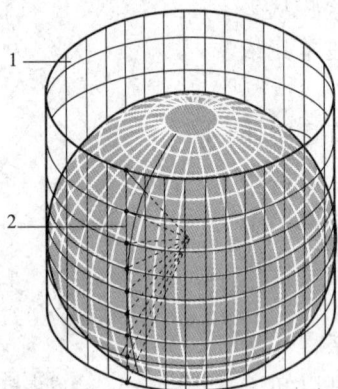

图 10-4　Mercaton 投影
1—投影圆柱体，靠在赤道线上；2—投影射线

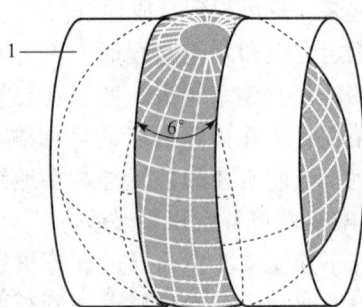

图 10-5　UTM
1—投影圆柱体，靠在子午线上

2. GPS 定位原理

24 颗 GPS 卫星均匀分布在离地约 20 000 km 的位置，并在 6 个不同的旋转轨道上每 12 h 绕地球转动一次，并且每秒 50 次向地球发送专门的位置信号、识别信号和时间信号。

在任意时刻，地面上的任意一点都可以同时观测到 4 颗以上的卫星。由于卫星的位置精确可知，在 GPS 观测中，我们可得到卫星与接收机之间的距离，利用三维坐标中的距离公式、3 颗卫星，就可以组成 3 个方程，解出观测点的位置（X，Y，Z）。考虑到卫星的时钟与接收机时钟之间的误差，实际上有 4 个未知数，X、Y、Z 和钟差，因而需要引入第 4 颗卫星，形成 4 个方程式进行求解，从而得到观测点的经纬度和高度。

导航卫星定位一般需要 4 颗卫星，用户根据卫星发射的星历表信息，通过接收机自动地选择能提供最佳几何图形的 4 颗卫星，到 4 颗卫星的距离分别等于信号传输时间乘以光速。用户根据卫星发射导航电文中的星历表参数，随时可计算出每颗卫星在发射信号时的位置。当使用不精确的时钟测量时，到卫星的距离称为"伪距离"，这个距离不是用户到卫星的真正距离，其中还包括卫星时钟偏差、用户时钟偏差以及信号传播延迟引起的测量误差。

卫星时钟与全球定位系统时间必须精确同步才能保证系统正常运行，通过每颗卫星采用的原子钟频率标准和控制部分提供的时钟校正参数可实现同步。如果用户有与全球定位系统同步的精确时钟，则用 3 颗卫星就可以完成定位工作，如图 10 - 6 所示。

用 3 颗卫星来测定用户位置，可消除每次距离估算所产生的固定距离偏差。从图 10 - 6 中可以看出，3 颗卫星的伪距离半径不相交于一点，而是呈一个三角形。但是，总可以找到一个固定距离 L，当从伪距离中减去或加上这一固定值时，该值可使 3 颗卫星的伪距离半径相交于一点，此点即是用户位置。图中 3 颗卫星和用户才处在一个平面内，当采用 4 颗卫星的距离进行三维定位时，其原理相同。

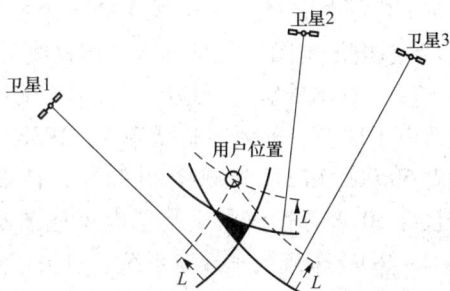

图 10 - 6　导航卫星定位原理

由于卫星运行轨道、卫星时钟存在误差，大气对流层、电离层对信号的影响，以及人为的保护政策，使得民用 GPS 的定位精度只有 100 m。为提高定位精度，普遍采用差分 GPS（DGPS）技术，建立基准站（差分台）进行 GPS 观测，利用已知的基准站精确坐标，与观测值进行比较，从而得出一修正数，并对外发布。接收机收到该修正数后，与自身的观测值进行比较，消去大部分误差，得到一个比较准确的位置。实验表明，利用差分 GPS，定位精度可提高到 5 m。

二、电子地图

从地图中查找当前位置是确定方位、决定汽车行驶路线的传统方法，但随着现代技术的发展，原有的地图概念已经改变，通过适当的描述方法和相应显示技术可方便地将地图显示出来，为汽车定位导航提供基础。电子地图是现代汽车导航系统中的最基本的也是最重要的部件之一。电子地图结合 GPS 技术、"3C"技术（电脑 Computer、通信 Communication、控制 Control）、传感器技术等的不断发展，在各式各样先进的导航技术中已经广泛应用。

以导航和监控为目的的电子地图是建立在计算机基础上的一种新型地图。它综合应用了导航、计算机图形学、数据库、地理信息系统（GIS）等技术。通过计算机进行信息管理和图形操作，在计算机屏幕上以地理表面物体为背景，显示车辆实时位置（轨迹），为驾驶员提供导航和决策服务。各种比例尺的地图显示和车辆定位是电子地图的关键技术。

模拟地图（纸地图）是在纸上用图形及文字的方法表示地理、地形、环境、人文等信息的一种工具。它很早就广泛应用于导航、旅游、航海、勘探等领域。在人们生活中，地图发挥着重要的作用。与模拟地图相比，导航电子地图（因为以数字形式存在计算机中，所以又叫数字地图）具有查找和携带方便、容易和其他先进技术结合等优点。

早在 20 世纪 80 年代，由于计算机软、硬件的飞速发展，尤其是大容量的存储设备、图形图像技术的发展，美国等国家就开始了应用于车辆导航、管理和安全保卫等领域的数字化地图（DRM）的研制。经过多年的努力，已发展成目前应用比较成熟的 DRM 应用系统。

1. 电子地图的种类

比较具有代表性、先进性的电子地图主要有以下两种。

（1）Etak 导航电子地图。美国 Etak 公司先后研制了各个国家、地区的高精度的电子地图，包括美国、法国、德国、中国香港等国家和地区的导航电子地图，其中美国 3.0 和 3.4 版本的电子地图覆盖了美国 100 多个主要城市地区，其使用的地图比例为 1∶24 000；版本 4.0 导航电子地图导航型具有最佳路线寻找、地名匹配等功能。

（2）日本导航电子地图。日本导航电子地图联盟由 82 个日本公司组成。这些公司生产经营电子地图、车辆导航设备等。1988 年，该联盟研制出第一版本的电子地图，地图比例为 1∶50 000 和 1∶25 000。1993 年，日本的城镇及农村公路网的电子地图数据量已达 2GB，并且有 50 多万辆汽车安装了电子地图及导航系统。例如松下电子公司的 CN - DV007D 型 DVD - ROM 车载汽车导航系统，过去用 6 张 CD - ROM 光盘容纳日本 630 个大大小小城市的详细的交通。现在只用一张 DVD - ROM 光盘即代替 6 张 CD - ROM 光盘。装在汽车上的 DVD - ROM 机和 LCD 显示器，能从光盘中迅速检索出汽车行经的交通路线图，给驾驶员实时导航。光盘上录有上万个电话号码，有的还存储有全日本的停车场、交通线上的旅馆、饭店地址等上百个内容，大大方便了车主的出行。

2. 电子地图的组成及原理

电子地图是由单一的 CD - ROM 机（或 DVD - ROM 机）及显示器组成。CD - ROM 机和 VCD 原理是差不多的，都是先把图像的模拟信号（如纸地图）经过逐行扫描转换成数字信息，把压缩的数字信息记录在光盘上。在显示时，通过激光束自动跟踪照射到光盘（CD 或 DVD 盘）上，由于光盘在制造时把数字信息变成了凸凹不平的机械信息，当激光照到凸凹不平的 CD 盘面时，又把凸凹不平的机械信息，回变成数字信息，计算机再把数字信息经过技术处理变成原来的模拟信号，与电视机相类似，通过逐行的扫描变成一幅幅静态信息——地图，在显示器的屏幕上显示出来。

3. 电子地图应完成的任务

① 图形操作，包括地图的放大、缩小、平移和漫游等。

② 信息查询，包括对单个目标的查询、某一属性目标集的查询。

③ 测量操作，包括测量两点之间的距离、目标的面积等。

④ 地图编辑，包括修改、插入、删除空间目标和属性等。

上述为电子地图的基本功能，这些功能都是从 GIS 中继承下来的。随着电子地图应用的深入和领域的扩大，这些功能已不能满足用户的需求。因此，电子地图除完成上述任务外，还应以矢量数据为基础，进行查询和空间拓扑计算，为用户提供如下功能。

（1）地址匹配。该功能可把坐标转换成地址，把地址转换成坐标。电子地图在导航中是以经纬度坐标为基础的，但对用户而言，他们只关心目标的地址名，即以现实的地址为基础。因此，电子地图必须进行地址匹配，并保证匹配误差在一定范围之内（小于 50 m）。

（2）地图匹配。移动目标（如汽车）在电子地图上显示时，由于地图和定位误差，使车辆不显示在公路上，而显示在公路附近的建筑物或空地上。这时，电子地图的地图匹配功能将根据车辆移动的方向和速度，通过公路网络计算，求出最合理的解，使车辆显示在公路上。

（3）最佳路径计算。在计划行车路线时，最佳路径计算可为用户的决策提供最直接的帮助。当用户输入行驶的起始地址和目的地址时，电子地图能按照一定的约束条件，如最短时间、最短路径等，计算出行驶的最佳路径，并在行驶中为用户提供导航信息。最佳路径的计算需要矢量数据库存储更多的路径信息，如公路的状况、交通信号灯个数、是否为单行路和路口转弯限制等。

（4）路径导航。当车辆在公路上运行时，路径导航可为用户提供有效的帮助。一旦行车路径确定，路径导航便可在实时运行中用语音提醒用户在某区段应注意的事项、将要进行的转弯以及要到达的地方等。

三、GPS 导航

GPS 由空间卫星部分、地面控制部分和用户接收机三大部分组成。

1. 空间卫星

24 颗卫星分布在互成 60° 的 6 个椭圆形轨道面上，每个轨道上都有 4 颗卫星，运行周期为 11 h 58 min，这样的卫星分布，可保证全球任何地区、任何时刻都有不少于 4 颗卫星以供观测。图 10 - 7 为 GPS 空间卫星示意图。

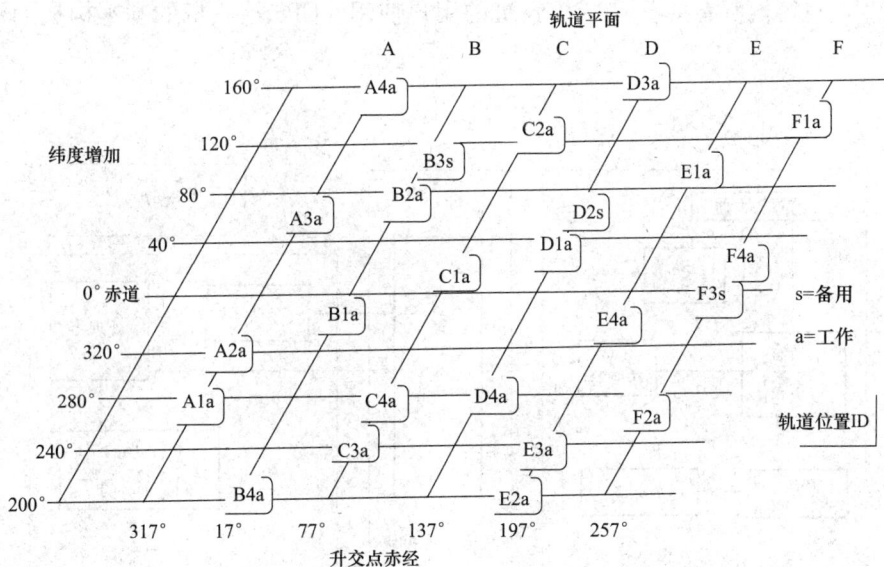

图 10 - 7　GPS 空间卫星示意图

卫星重约 774 kg，采用铝蜂巢结构，主体呈柱形，直径为 1.5 m。卫星的供电部分为对日定向太阳能电池帆板，版面始终对准太阳，为卫星不断地提供电力，同时给镍镉蓄电池充电，保证卫星在恶劣区域仍能正常工作。星体底部装有多波束定向螺旋天线阵，能发射 L1（L1 = 1 575.42 MHz）和 L2（L2 = 1 227.60 MHz）波段的信号，其波束方向图能覆盖约半个地球。星体两端面上装有全向遥测遥控天线，用于与地面监控网通信。GPS 空间卫星上采用了铯原子钟作为频率标准，保证了所有卫星能够在一个月或更长时间内独立工作而无需地面校正，也保证了精密定位的要求。此外，卫星上还装有姿态控制系统和轨道控制系统。

2. 地面控制

地面控制部分主要用来测量和计算每颗卫星的星历。也就是要监测每颗卫星的运行情况，并通过注入站及时修正卫星的有关参数，以保证整个GPS系统正常运行。

地面控制由1个主控站、3个注入站和5个监测站组成。主控站位于Colorado Springs的联合空间执行中心；3个注入站分别设在大西洋、印度洋和太平洋的三个美国军事基地内，即大西洋的Ascension岛、印度洋的Diego Garcia岛和太平洋的Kwajalein岛；5个监测站设在主控站和3个注入站以及Hawaii岛。监测站是一种无人值守的数据采集中心，其任务是对每颗卫星进行连续不断的观测，并在主控站的控制下定时将观测数据送往主控站。5个监测站所提供的观测数据形成了GPS卫星实时发布的广播星历。主控站的任务是提供GPS的时间基准，控制地面部分和卫星的正常工作，包括处理由各监测站送来的数据、编制各卫星星历、计算各卫星钟的钟差和电离层校正等参数，并将这些导航信息送给注入站；此外，还用来控制卫星运行轨道、起用备用卫星等。注入站的任务是在卫星通过其上空时，把导航信息注入卫星，并负责监测信息的正确性。

3. 用户接收机

上述两大部分是由专门机构投资建立、维护和运行的，一旦工作，将不间断地提供导航信息。这些信息可供所有持有GPS接收机的用户使用。GPS接收机的基本构成如图10-8所示。

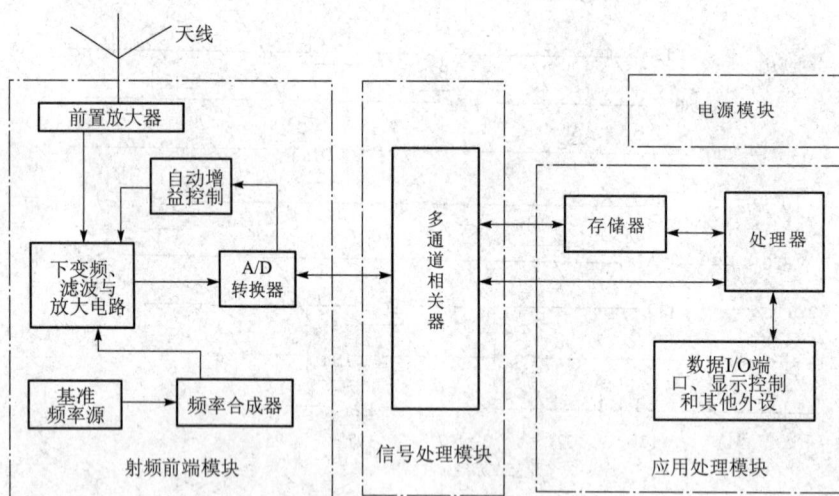

图10-8　GPS接收机的基本构成

GPS接收机接收卫星发射的信号（导航电文），根据导航电文提供卫星位置和钟差改正信息计算用户的位置。用户接收机按使用环境可分为低动态用户接收机和高动态用户接收机，按所要求的精度可分为C/A接收机和双频精码（P码）接收机。

带USB接口的GPS接收机也被称为GPS Mouse。它把GPS模块、天线和串口/USB转换芯片集成在一起，通过一段1~1.5 m的线缆连接到笔记本电脑的USB口。USB接口既可以传递GPS定位信息，也可以向GPS模块供电。GPS Mouse非常适合笔记本电脑车辆导航。

在车辆导航时，GPS Mouse 可以放到车外并吸附到车顶上，最大限度地接收 GPS 信号。这种产品的特点是价格便宜，只能配合笔记本电脑使用，携带不方便。

带 CF 接口的 GPS 接收机主要是为 PDA 设计的，不过现在的 PDA 越做越小，已经逐渐放弃 CF 口而改用 SD 口。CF 口通过转接卡可以接入 PDA 的 PCMCIA 接口，因为没有线缆连接，使用起来比 USB 接口更为方便。在车用导航时，CF 口 GPS 可以通过外接天线实现 GPS Mouse 灵活摆放的特点。这种产品的特点是携带方便，价格适中，但兼容性不好。

蓝牙 GPS 接收机，通过蓝牙可无线连接笔记本电脑、PDA 甚至智能手机都非常方便，又有灵活摆放的特点，因此受到了用户的普遍欢迎。由于蓝牙标准本身就有模拟串口的功能，所以在电子地图兼容性方面也比较好。随着越来越多的笔记本电脑集成蓝牙功能，蓝牙 GPS 接收机有望成为主流产品。这种产品的特点是携带方便，使用范围广，但需要经常充电。

第三节　汽车 GPS 的作用类型及特点

一、汽车 GPS 的作用

GPS 与电子地图、无线电通信网络及计算机车辆管理系统相结合，可实现车辆跟踪和交通管理许多功能。

1. 车辆跟踪

利用 GPS 和电子地图可以实时显示出车辆的实际位置，并任意放大、缩小、还原和换图，可以随目标移动，使目标始终保持在屏幕上；还可以实现多窗口、多车辆、多屏幕同时跟踪，利用该功能可对重要车辆和货物进行跟踪监视。

2. 提供出行路线的规划和导航

提供出行路线的规划是汽车导航系统的一项重要功能，包括自动线路规划和人工线路设计。

自动线路规划：由驾驶员确定起点和终点，由计算机软件按照要求自动设计最佳行驶路线，包括最快路线、最短路线以及通过高速公路段次数最少的路线等。

人工线路设计：由驾驶员根据自己的目的地设计起点、终点和途经点等，自动建立线路库。线路规划完毕后，显示器能够在电子地图上显示设计线路，并同时显示汽车运行路径和运行方法。

3. 信息查询

用户可以查阅任何入网者的有关情况和背景资料。查询内容有：地理信息，如城区、街道、地名等；移动目标信息，如车辆型号、牌照号、使用单位、驾驶员姓名以及车辆档案照片等；固定目标信息：如旅游景点、宾馆、医院等场所地址、名称、概况、建筑物构造图、电话号码等；警力网点信息：如派出所、治安岗亭、居委会等的位置及分布情况等。

用户能够在电子地图上根据需要进行查询。查询资料可以文字、语言及图像的形式显示，并在电子地图上显示其位置。同时，监测中心可以利用监测控制台对区域内任意目标的所在位置进行查询，车辆信息将以数字形式在控制中心的电子地图上显示出来。

4. 话务指挥

指挥中心可以监测区域内车辆的运行状况，对被监控车辆进行合理调度。指挥中心也可随时与被跟踪目标通话，实行管理。

5. 紧急援助

通过 GPS 定位和监控管理系统可以对遇有险情或发生事故的车辆进行紧急援助。监控台的电子地图可显示求助信息和报警目标，规划出最优援助方案，并以报警声、光提醒值班人员进行应急处理。

二、汽车 GPS 的分类

1. 按汽车 GPS 产品的使用性能，可分为独立式和非独立式两大类

（1）独立式 GPS 导航。独立式 GPS 导航产品集 GPS 信号接收机、电子地图、支持软件和信息显示为一体，一般便携式导航产品都属于独立式。

（2）非独立式 GPS 导航。非独立式 GPS 导航产品仅仅是 GPS 信号的接收设备，没有显示屏，不能独立使用，需要有笔记本电脑、PDA 或带有操作系统的智能手机等外围设备和软件的支持，才能实现导航功能。根据接口的不同，非独立式又分为 USB（也被称为 GPS Mouse）、CF（Compact Flash）和蓝牙等 3 种接口的 GPS 接收机。

2. 按汽车 GPS 产品的配置方法，可分为以下 6 类

（1）手持型。手持型大多没有地图，有地图也大多是单线地图，没有语音导航，价格一般比较便宜，适合爬山、探险等户外运动使用，车中需要外加天线。

（2）原装车载型。高级轿车往往配置原装车载 GPS，一般需要借助插入的光盘提供导航地图，屏幕大，整合 DVD 等影音功能，有些有语音导航功能。

（3）改装车载型。车辆购买后重新加装 GPS，有嵌入式和外置式。新加装的汽车 GPS 在市场上呈现快速增长的势头，一般有技术先进、外形美观、实用便捷、安装方便和导航精确等特点。

（4）GPS＋PDA 型。GPS＋PDA 型可分为连线性型、CF 卡型和蓝牙型等，可以有语音导航功能，主要优点在于携带方便。

（5）GPS＋笔记本电脑型。这种 GPS 可以用国产导航软件和地图数据，也可以用 OZI 软件＋扫描的地图，可以有语音导航，除了放置不便这个缺点外，其他性能都比较优越。

（6）防盗黑匣子型。防盗黑匣子内含 GPS、控制部件、通信模块。有些含显示屏、电话手柄，有些可以通过短消息控制断油断电、锁止门窗，一般应用于防盗。

三、汽车 GPS 的特点

（1）汽车 GPS 系统软件功能强大，以多媒体方式提供定位、最佳路径等信息，并具有娱乐功能，如 RADIO、播放 CD、查询股票行情和接收体育节目等。

（2）适用范围广，在全国任何地方均可实现自导航。

（3）可以利用无线通信网络实现异地查询道路信息。

（4）应用灵活、使用方便。

（5）汽车 GPS 系统数据通信利用 GSM/CDMA 短消息功能，费用低廉，数据安全性高，传输速度快。

第四节　汽车导航技术的发展前景

GPS 是近年来开发的最具有开创意义的高新技术之一。由于 GPS 技术所具有的全天候、高精度和自动测量等特点，作为先进的测量手段和新的生产力，已经融入了军事、经济等各个领域。

随着冷战结束和全球经济的蓬勃发展，GPS 民用信号精度在全球范围内得到改善，这将进一步推动 GPS 技术的应用，提高生产力、作业效率、科学水平以及人们的生活质量，刺激 GPS 市场的增长。汽车导航市场的潜力巨大，GPS 技术市场的应用前景十分可观。

目前，太空中有美国的 GPS、俄罗斯的 GLONASS、欧洲的 GALILEO 以及中国的"北斗"4 大卫星定位系统。法国《铁塔报》2008 年 12 月 30 日发表了题为《中国的"北斗星座"全面超过美国 GPS》的文章，此文章称待 2010 年"北斗星座"完全建成时，美国将彻底丢掉在导航系统的霸主地位，中国将毫无疑问地取而代之。

事实上，最早向 GPS 发起挑战的是俄罗斯 GLONASS 卫星导航系统。俄罗斯自称 GLONASS 系统的定位精度可以达到 1 m，比 GPS 的民用信号精度更高，但 GLONASS 的普及情况远不及 GPS，因为它没有开发民用市场，主要还是被军方使用。

中国近期将发射 12 颗"北斗二号"卫星升空，并计划 3 年内完成系统组网。"北斗二号"系列卫星将进入组网高峰期，预计在 2015 年形成覆盖全球的卫星导航定位系统。较之目前仍在运行的"北斗一号"，"北斗二号"在诸多方面具有优势：可以有效避免遭受电磁干扰和攻击，实现无源定位；定位精确度大大提高，由"北斗一号"的 10 m 精确到"厘米"之内等。"北斗二号"是打破美俄在卫星导航定位领域垄断的重要举措，是保障国家安全和促进国民经济发展的关键性技术支撑系统。

我国北斗导航系统方案是 1983 年提出来的，2000 年以来已经先后拥有 5 颗卫星，2003 年 12 月正式开通运营，称为"北斗一号"。其突出的特点是构成系统的空间卫星数目少，用户终端设备简单，一切复杂性均集中于地面中心处理站。至 2008 年，"北斗一号"开通 5 年来，为中国和周边地区累计提供定位服务 2.5 亿次，系统运行可靠性达到 99.98%。2008 年，北斗导航系统在汶川抗震救灾、奥运安全保障中起到了十分重要的作用。

中国的卫星导航系统虽然起步比 GPS 晚了 20 多年，但在技术上并不落后。正在加速布网的"北斗二号"卫星导航系统，目标是最终建成和 GPS 一样的全球卫星导航系统，而且还要比 GPS 多一项通信功能。中国的卫星导航应用近年来发展迅速，但是绝大多数应用都是建立在美国的 GPS 基础之上。

总之，随着经济的快速发展，以及高等级公路的快速修建、汽车保有量的不断增长，汽车导航技术包括 GPS 技术应用的深入研究，车辆导航技术必将在军事、民用等各个领域得到长足的发展，导航产品市场将逐渐成熟，应用前景十分广阔。

测 试 题

一、判断题

1. 汽车 GPS 导航系统由空间卫星部分、地面控制部分和用户接收机三大部分组成。

（   ）

2. 电子地图和普通纸质地图的作用是一样的。（   ）

3. 要在地球上确定物体的位置，只能采用带圆形线网格的地理坐标系。（   ）

4. 汽车 GPS 导航系统的地面控制部分由 1 个主控站就可完成全部控制工作。（   ）

5. 非独立式 GPS 导航产品也能独立使用。（   ）

二、单项选择题

1. GPS 是英文 Globl Positioning System 的缩写，其中文意思是。（   ）

A. 卫星定位系统　　 B. 卫星跟踪系统　　 C. 卫星控制系统　　 D. 卫星监测系统

2. 美国发射的 24 颗卫星分布在互成 60°的（   ）个椭圆轨道面上。

A. 4　　　　　　　 B. 6　　　　　　　 C. 8　　　　　　　 D. 10

3. 如果用户有与全球定位系统同步的精确时钟，则用（   ）颗卫星就可以完成定位工作。

A. 1　　　　　　　 B. 2　　　　　　　 C. 3　　　　　　　 D. 4

4. 按照汽车 GPS 产品的配置方法，可分为（   ）类。

A. 2　　　　　　　 B. 4　　　　　　　 C. 5　　　　　　　 D. 6

5. 中国正在加速布网的（   ）卫星导航系统，目标是最终建成和 GPS 一样的全球卫星导航系统，而且还要比 GPS 多一项通信功能。

A. 北斗一号　　　　 B. 北斗二号　　　　 C. 北极星一号　　　 D. 北极星二号

第十一章

汽车电器设备总线路

◉ **学习目标**

通过本章的学习，重点掌握汽车电器设备总线路的分析原则及电路结构特点，进一步理解汽车电路的识图与分析方法，掌握汽车导线及线束的有关知识。了解不同车型电气系统的区别。

汽车电器设备总线路，就是将电源、启动系、点火系、照明、信号、仪表、电子控制装置以及辅助电器装置等，按照它们各自的工作特性以及相互间的内在联系，通过开关、保险器用导线连接起来构成一个整体。

汽车电器设备总线路的布置虽然因车而异，但都存在一定的规律性。了解汽车电器线路的内在联系和熟悉全车电器线路，对正确使用、保证汽车安全可靠都有十分重要的意义。

第一节　线路分析的原则

一、线路的基本概念

1. 线路和电路

任何电源向外供电，任何用电设备要使用电能，都必须用导线将二者合理地连接起来，让电流形成回路，才能使电流在用电器中做功，把电能转换成其他形式的能，发挥电源和用电器的作用。电工学中将这种电流通过的路径称为电路。而一般的电路都是导线连接，故又称为线路。

2. 线路图和电路图

线路图是电器设备之间用导线相互连接的真实反映。它是一种专门用来标记接线的实际位置线路走向、线型色码等的指示图。它所连接的电器设备的安装位置、外形和线路走径都与实际情况一致，便于汽车电器故障的判断和排除。

电路图是将电器设备接电气符号作原理性的连接。其特点是电路清晰，简单明了，对分析各电器设备工作原理有很大作用，故又称之为原理电路图。图 11 - 1 为 EQ1091 型汽车电器设备原理电路图。

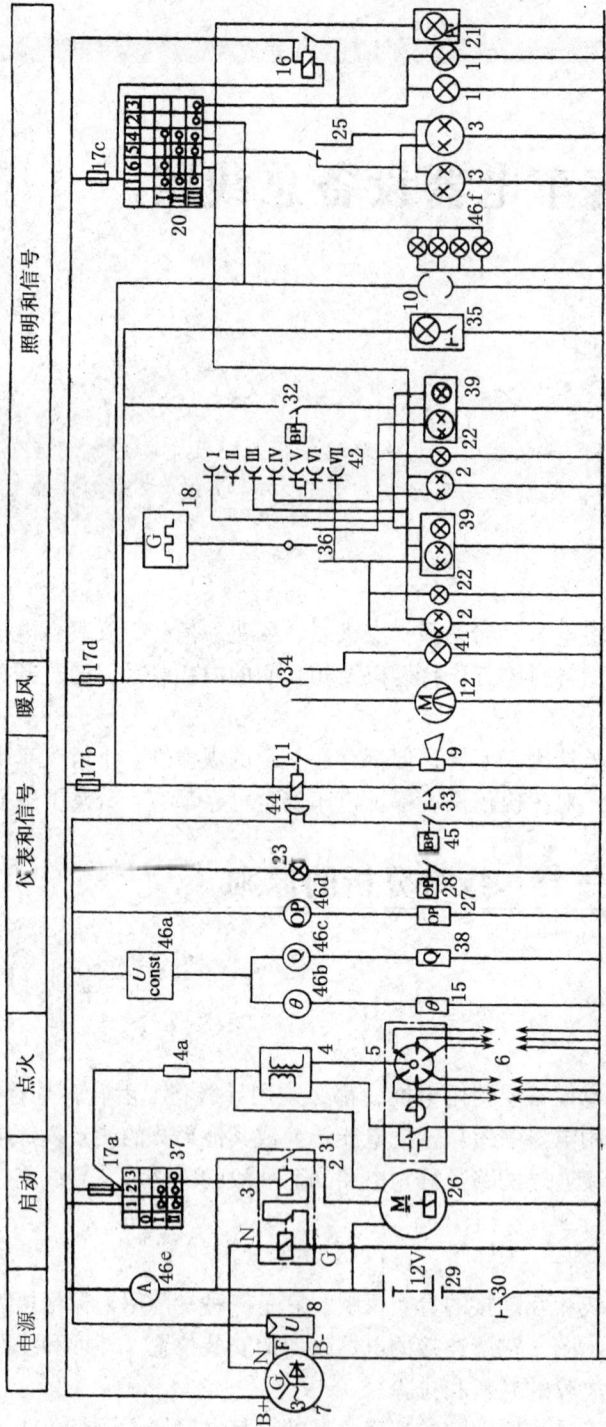

图11-1 东风EQ1091 型汽车电气总线路原理图

1—前侧灯；2—组合前灯；3—前照灯；4—点火线圈；4a—附加电阻线；5—分电器；6—火花塞；7—交流发电机；8—交流发电机调节器；9—喇叭；
10—工作灯插座；11—喇叭继电器；12—暖风电动机；15—温度表传感器；16—灯光继电器；17a～17d—熔断器；18—闪光器；20—车灯开关；21—喇叭按钮；
21—发动机罩下灯；22—左右转向指示灯；23—机油压力警告灯；25—变光开关；26—起动机；27—油压表传感器；28—机油压力报警开关；
29—蓄电池；30—电源总开关；31—组合启动继电器；32—制动灯开关；33—喇叭按钮；34—后照灯和暖风电动机开关；35—驾驶室顶灯；
36—转向灯开关；37—点火开关；38—燃油表传感器；39—组合后灯；41—后照灯；42—挂车插座；44—低气压报警蜂鸣器；45—低气压报警开关；
46a—稳压器；46b—温度表；46c—燃油表；46d—油压表；46e—电流表；46f—仪表灯

由图可知，各电器设备均以电工符号表示，其位置是以电路连接最短、最清晰为原则布置，且电器设备内部电路也基本表示出来。因此，电路图既表达了电器之间的连接，又体现了内电路情况，容易分析各电器工作时电流的具体路径，了解其工作原理。

除上述两种汽车电器线路图外，还有汽车电器设备连接简图和全车线束图。连接简图的特点是各独立电系划分明确，既有电器符号又有外形特征，电路更简化。图 11－2 为东风汽车电器设备连接简图。

线束图主要说明哪些电器的导线汇合在一起组成线束，从何处进行连接。

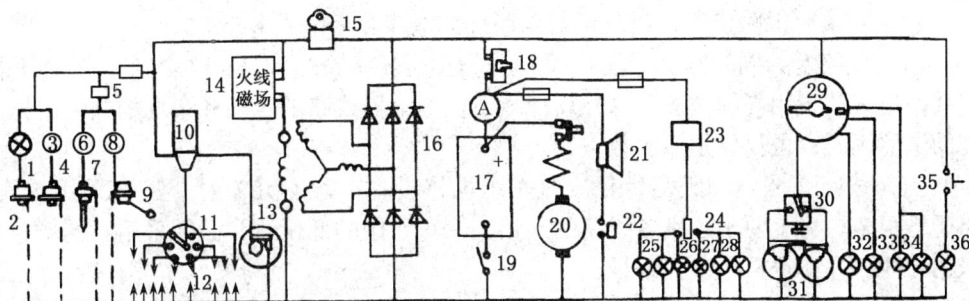

图 11－2　东风汽车电器设备连接简图

1—机油压力警告灯；2—机油压力警告灯传感器；3—机油压力指示表；4—机油压力表传感器；5—稳压器；6—水温指示表；7—水温传感器；8—燃油指示表；9—燃油表传感器；10—点火线圈；11—分电器；12—火花塞；13—断电器；14—调节器；15—点火开关；16—交流发电机；17—蓄电池；18—电路断电器；19—电源总开关；20—起动机；21—喇叭；22—按钮；23—闪光器；24—转向开关；25—左转向信号灯（前、后）；26—左转向指示灯；27—右转向指示灯；28—右转向信号灯（前、后）；29—转柄式车灯总开关；30—变光开关；31—前照灯；32—侧前照灯；33—尾灯；34—小灯；35—制动灯开关；36—制动灯

二、线路分析的一般原则

有了电路和电路图的基本概念，就可以对汽车线路作正确的分析。汽车电器线路与一般直流电路相比，既有共同之处又有其特殊性。

汽车总线路，由于各种车型的结构型式、电器设备的数量、安装位置、接线方法不同而各有差异。但其线路一般都遵循以下基本原则。

（1）汽车线路均为单线制。单线连接是汽车线路的特殊性，它是指汽车上所有电器设备的正极均用导线相互连接，俗称火线；而所有的负极则分别与车架金属部分相连，即搭铁。任何一个电路中的电流都是从电源的正极出发经导线流入用电设备后，由搭铁的负极通过车架金属流回电源负极而成回路。

这种接线方式已形成汽车电器线路设计安装的制度，故称单线制。它具有节约铜线，减轻质量，简化线路，便于安装，容易排除故障等优点。

但是，对某些个别电器设备，为了保证其工作可靠，提高灵敏度，仍然采用双线连接方式，如发电机与调节器的连接，双线电喇叭和双线电热塞等。

（2）汽车线路为直流并联电路。汽车上的两个电源之间，以及与所有的用电设备之间，都是正极接正极，负极接负极，这与一般直流并联电路完全相同。

接成并联电路，能发挥两个电源的优越性；能满足蓄电池工作的要求；能使任何一个用电设备的启用、停止非常方便；能保证每个用电器的正常工作而互不干扰；能限制电路的故障范围；便于电器设备的独立装拆和排除故障维护保养。但仍有少数电器设备与某一电路接成串联。如电流表与电源电路串联；闪光器串接在转向灯电路之中；电源稳压器串联于油压表和燃油表电路内等。

（3）汽车线路为负极搭铁。一般汽车线路都是负极搭铁。负极搭铁，火花塞点火有利，对车架金属的化学腐蚀较轻，对无线电干扰小。仍有少数汽车采用正极搭铁方式，使用时必须注意。

（4）电流表串联在电源电路中，以测量蓄电池充、放电流的大小。因起动机工作时间短、启动电流大，所以起动机电流不经过电流表。

（5）各车均装有保险装置，以防止短路而烧坏电缆和用电设备。

（6）汽车线路有共同的布局。无论哪一种类型，哪一个国家生产的汽车，各种电器设备均按其用途安装于相同的位置，这样就形成了汽车电器线路的走径和布局的共性，即使有个别辅助电器不同，也仅仅是极少数。

（7）汽车线路有颜色和编号特征。汽车上电器设备一般有几十种，虽然采用单线制，但线路还是很多。为了便于区别各线路的连接，汽车所用的低压线，必须采用不同颜色的单色或双色导线，并在每根导线上编号。

汽车用低压导线的颜色与代号见表 11 - 1。

表 11 - 1　汽车用低压导线的颜色与代号

线色	常用缩写	中文	线色	常用缩写	中文
Black	BLK/B	黑色	Light Green	LT GRN	线绿
Blue	BLU/BL	蓝色	Orange	ORG/O	橙色
Brown	BRN/BR	棕色	Pink	PNK/P	粉红
Clear	CLR/CL	透明	Purple	PPL/PP	紫色
Dark Blue	DK BLU	深蓝	Red	RED/R	红色
Dark Green	DK GRN	深绿	Tan	TAN/T	褐色
Green	GRN/G	绿色	Violet	VIO/V	粉紫
Gray	GRY/GR	灰色	White	WHT/W	白色
Light Blue	LT BLU	浅蓝	Yellow	YEL/Y	黄色

（8）为不使全车电线零乱，以便安装和保护导线的绝缘，应将导线做成线束。一辆汽车可以有多个线束。

（9）汽车电器线路由各独立电系组成。

第二节　汽车线路分析

现代汽车，由于电器设备不断完善，数量增多，整车电器设备总线路十分复杂。为便于分析和正确判断电路故障，按其用途和电路的组成，可将整车电路分解为电源电路、启动电路、点火电路、仪表电路、照明及信号电路等进行分析。现以东风 EQ1090 型汽车电路为例分述如下。

一、电源电路

图 11 - 3 为 EQ1090 型汽车的电源电路。它包括硅整流交流发电机及调节器和蓄电池。在此电路中，发电机与蓄电池并联。电流表的"－"端接蓄电池的正极，电流表的"＋"端直接与交流发电机的"电枢"接线柱 B 相连，同时也与用电设备相连。这样电流表才能正确地指示蓄电池的充放电电流值。蓄电池的负极经电源总开关搭铁。在汽车停用时，应注意切断电源总开关，以防止蓄电池漏电。发电机的激磁电流由点火开关控制。

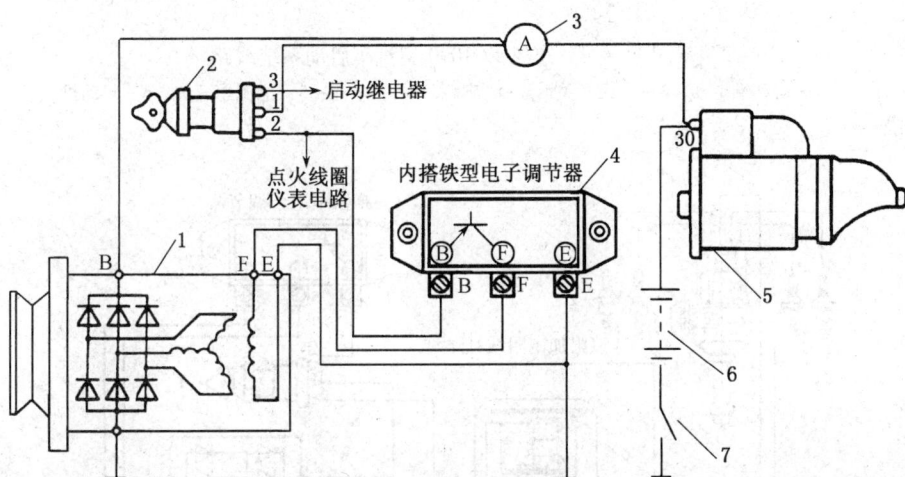

图 11 - 3　东风 EQ1090 型汽车电源系统线路
1—交流发电机；2—点火开关；3—电流表；4—电子式电压调节器；
5—起动机；6—蓄电池；7—电源总开关

二、启动电路

图 11 - 4 是 EQ1090 型汽车的启动电路。它包括起动机、蓄电池及启动继电器等。其特点是起动机上的电磁开关由启动继电器控制，而启动继电器由点火开关控制。

启动发动机时，通过启动继电器和电磁开关接通蓄电池和起动机电路。蓄电池即向起动机供给 200～600 A 的大电流。根据启动要求，线路电阻应尽可能小，其电压降不得超过 0.2～0.3 V，因此连接导线须用多股铜线，并应连接牢固接触良好。

三、点火电路

图 11 - 5 是点火电路。在低压电路中串有点火开关，用来切断和接通初级电流。点火线圈有两个接线柱，标有"－"号的接线柱接断电器活动触点，"＋"号接线柱接有两根导线，其特点如下。

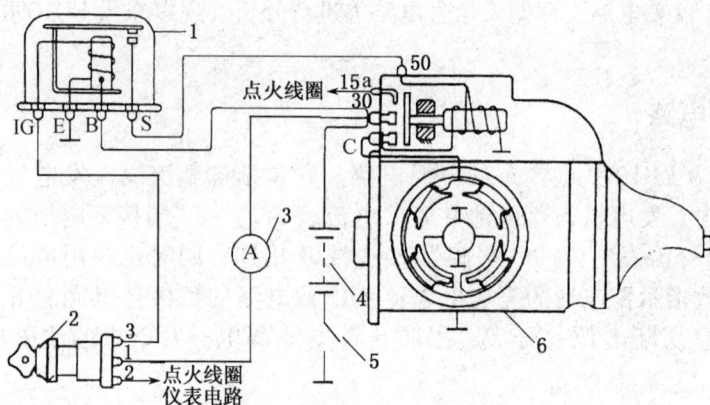

图 11 – 4　东风 EQ1090 型汽车启动系统线路

1—启动继电器；2—点火开关；3—电流表；4—蓄电池；5—电源总开关；6—起动机

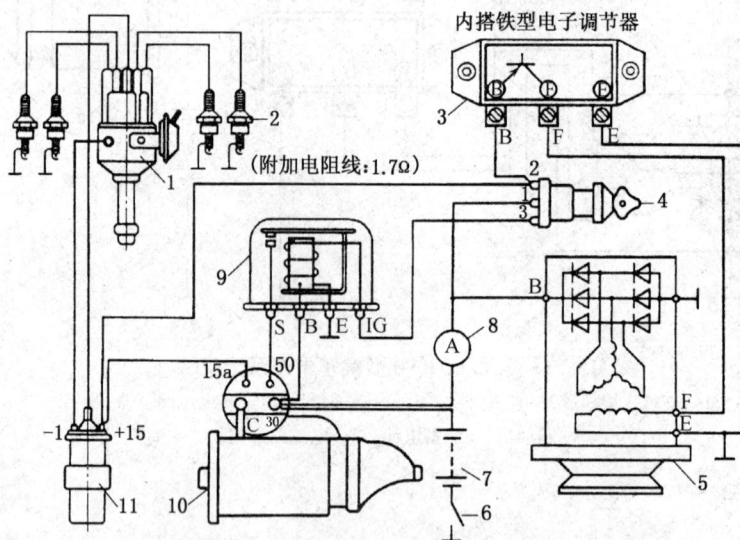

图 11 – 5　东风 EQ1090 型汽车点火系统线路

1—分电器；2—火花塞；3—电压调节器；4—点火开关；5—交流发电机；6—电源总开关；
7—蓄电池；8—电流表；9—启动继电器；10—起动机；11—点火线圈

（1）点火线圈不带附加电阻，而是采用附加电阻线（白色，电阻值为 1.7 Ω 左右）。它一端接点火开关"＋"接线柱，一端接点火开关。

（2）启动时，初级电流不经过电流表，不经过白色导线，而是直接由蓝线流入点火线圈，以短路附加电阻线，增大点火线圈初级电流。

在高压电路中，由分电器至各火花塞的导线应按点火次序连接。

四、仪表电路

图 11－6 是仪表电路。它是由电流表、机油压力表、水温表、燃油表、机油压力警告灯等组成。电流表串接在电源电路中，其他几个仪表均为并联，仪表的火线接熔断器，点火开关接电源。为了供给水温表和燃油表以稳定的工作电压，在其电路中串有电源稳压器（输出电压为 8.64 ± 0.15 V），稳压器封装在仪表板内。

东风 EQ1090 型汽车的车速里程表是机械传动的，故图中未加表示。

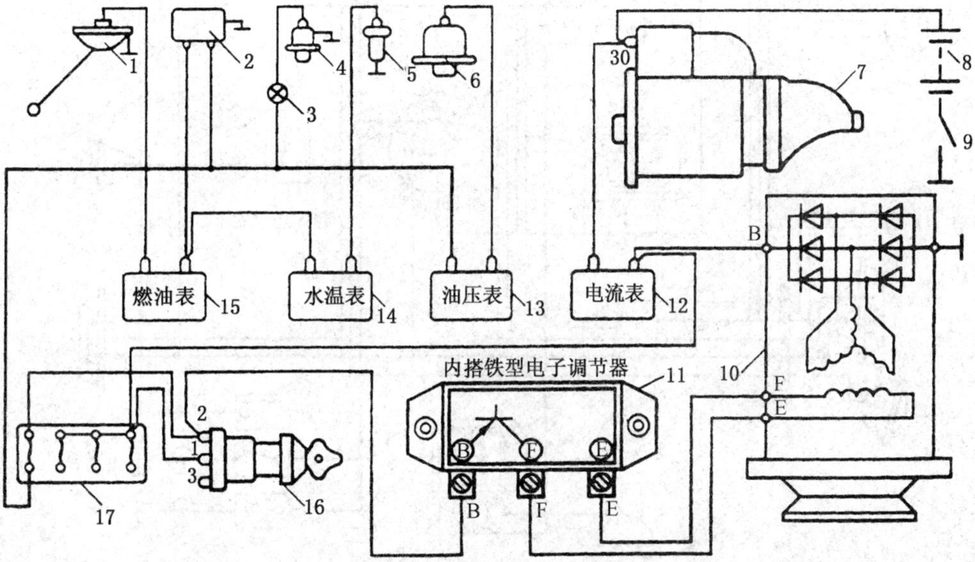

图 11－6　东风 EQ1090 型汽车仪表系统线路

1—燃油传感器；2—仪表稳压器；3—油压过低指示灯；4—油压过低报警开关；
5—水温传感器；6—油压传感器；7—起动机；8—蓄电池；9—电源总开关；
10—交流发电机；11—电压调节器；12—电流表；13—油压表；
14—水温表；15—燃油表；16—点火开关；17—熔断器盒

五、照明与信号系统电路

照明与信号系统包括全车所有照明灯、灯光信号和音响信号，系统线路如图 11－7 所示，其特点如下。

（1）前照灯为两灯制，并采用双丝灯泡。

（2）前照灯外侧为前侧灯，采用单灯丝，其光轴与前照灯光轴成 20°夹角，即分别向左、右偏斜 20°。因此，在夜间行车时，如果前照灯与前侧灯同时点亮，那么汽车正前方和左、右两侧的较大范围内都有较好的照明，即使在汽车急转弯时，也能照亮前方的路面，从而大大改善了汽车在弯道多、转弯急的道路上行驶时的照明条件。

（3）前照灯、前小灯、前侧灯及尾灯均由手柄式车灯开关控制。

（4）设有灯光保护线路。

（5）制动信号灯不受车灯总开关控制，直接经熔断丝与电源相连接，只要踩下制动踏板，制动灯开关就会接通制动灯电路使制动灯发亮。

（6）转向信号灯受转向灯开关控制。

（7）电喇叭由喇叭按钮和喇叭继电器控制。

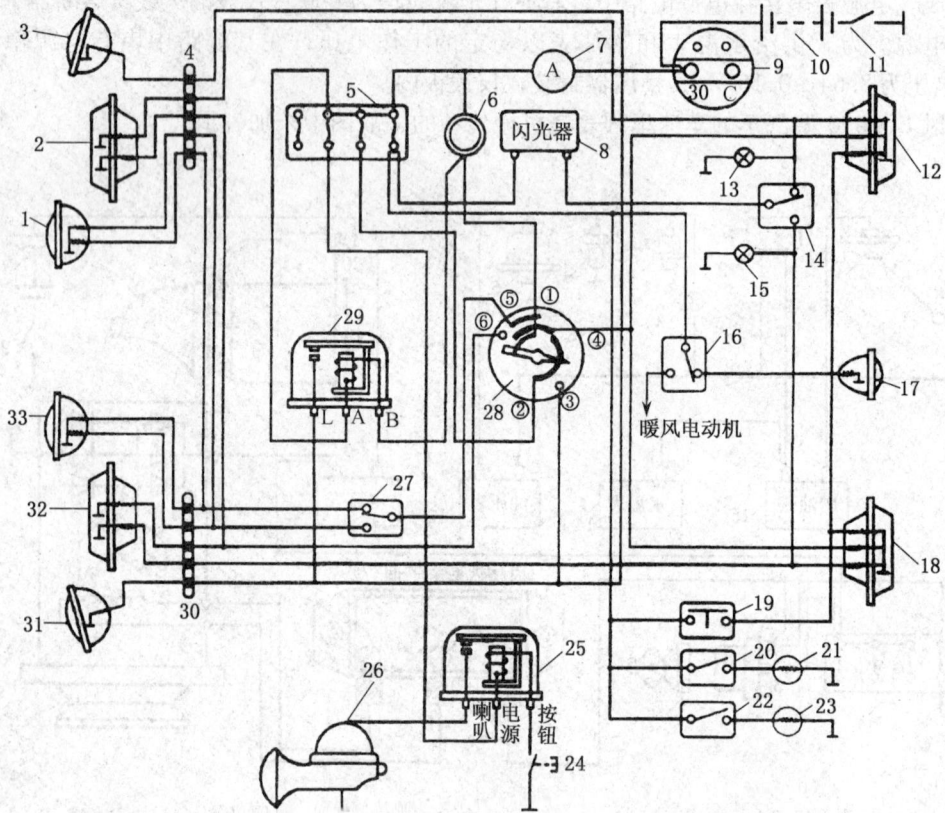

图 11 - 7　东风 EQ1090 型汽车照明与信号系统电路

1—右前照灯；2—右前组合灯；3—右侧灯；4—右前接线板；5—熔断器盒；6—20 A 熔断器；
7—电流表；8—闪光器；9—起动机；10—蓄电池；11—电源总开关；12—右后组合灯；
13—右转向指示灯；14—转向灯开关；15—左转向指示灯；16—暖风电机与后照灯开
关；17—后照灯；18—左后组合灯；19—制动灯开关；20—顶灯开关；21—顶灯；
22—发动机罩下灯开关；23—发动机罩下灯；24—喇叭按钮；25—喇叭继电器；
26—喇叭；27—变光开关；28—车灯开关；29—灯光继电器；30—左前接线板；
31—左侧灯；32—左前组合灯；33—左前照灯；①—电源；②—侧灯电源；
③—侧灯；④—尾灯；⑤—前照灯；⑥—前小灯

第三节　汽车总线路实例

一、东风 EQ1092 型汽车电器设备总线路图（图 11 - 8）

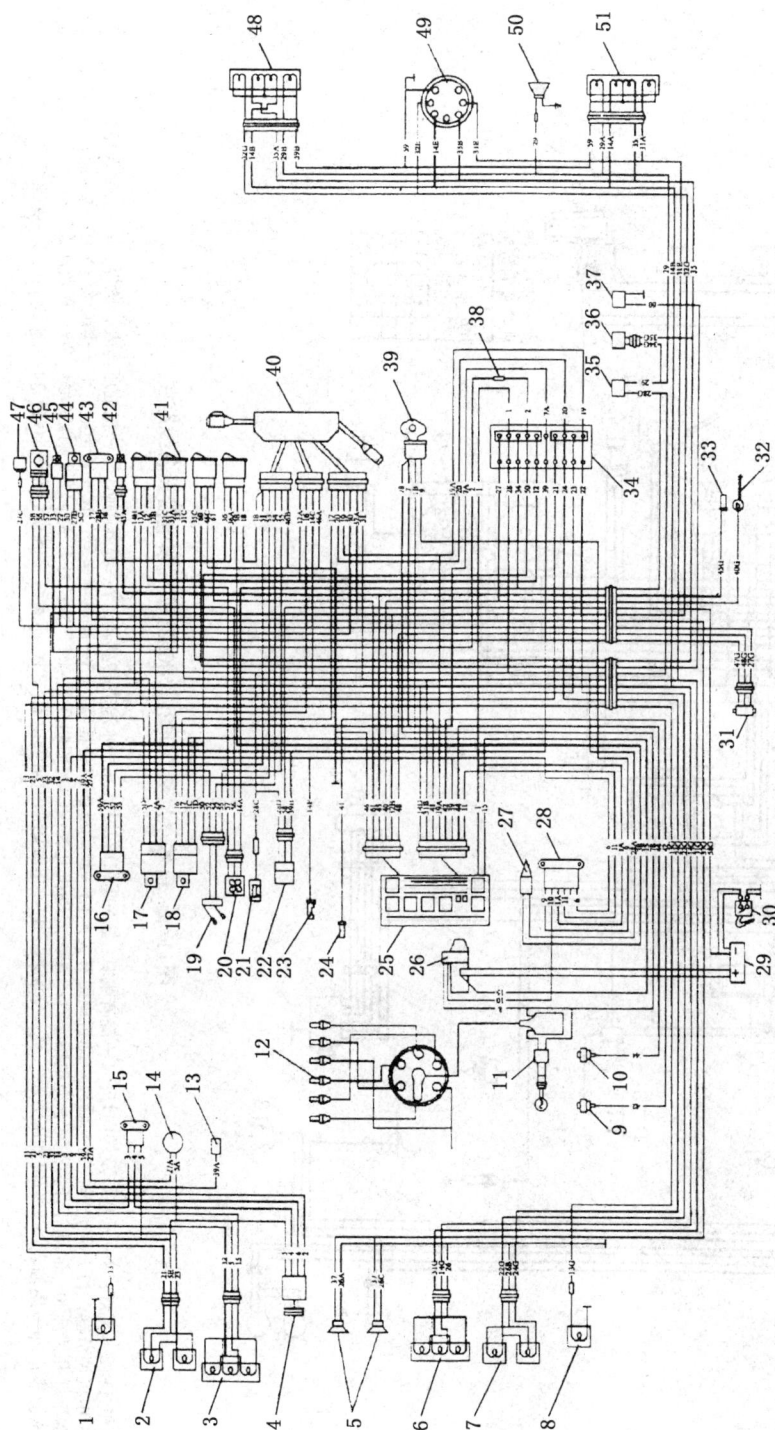

图11-8 东风EQ1092型载货汽车全车线路图

1—右雾灯；2—右前组合灯；3—右前照灯；4—交流发电机；5—电喇叭；6—左前组合灯；7—左前照灯；8—左雾灯；9—油压表传感器；10—油压警报器；11—无触点分电器；12—火花塞；13—化油器电磁阀；14—工作灯插座；15—电子调节器；16—间歇刮水继电器；17—磁场继电器；18—灯光继电器；19—电动刮水器；20—暖风刮水器；21—收音机；22—右英钟；23—发动机舱照明灯；24—水温传感器；25—组合仪表盘；26—起动机；27—气喇叭电阀；28—复合继电器；29—蓄电池；30—电源总开关；31—停车灯开关；32—汽油表传感器；33—气压过低报警传感器；34—熔断器盒；35—倒车灯开关；36—制动灯开关；37—电磁阀；38—易熔线；39—点火启动开关；40—组合尾灯；41—四联翻板开关；42—报警蜂鸣器；43—喇叭继电器；44—闪光器；45—危及报警闪光器；46—暖风电机；47—顶灯；48—右组合尾灯；49—拖车插座；50—倒车蜂鸣器；51—左组合尾灯

二、尼桑 U681、UG681 型汽车电器设备总线路图（图 11 – 9）

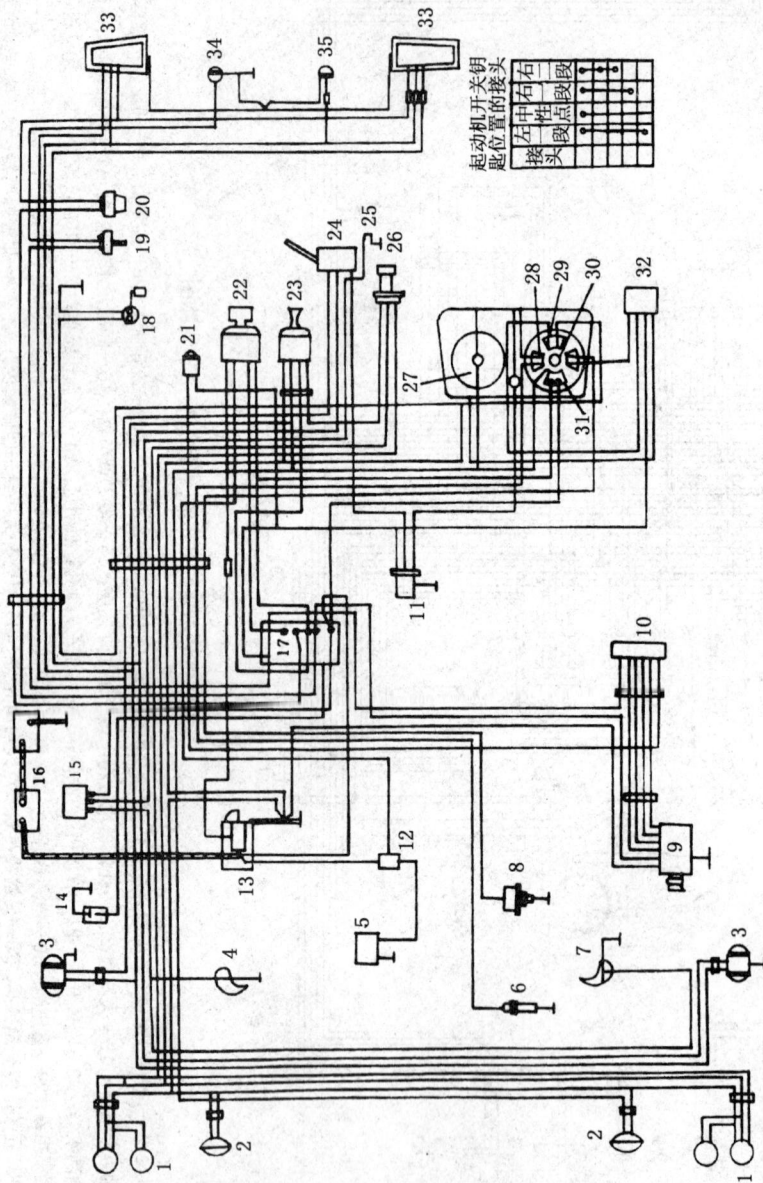

图11-9 日本"尼桑" U681、UG681 型汽车电器设备线路图

1—前照灯；2—雾灯；3—示宽灯及转向灯；4—高音喇叭；5—暖风鼓动机；6—水温表传感器；7—低音喇叭；8—机油压力表传感器；9—交流发电机；10—发电机调节器；11—闪光器；12—暖风电动机电磁开关；13—起动器；14—暖风电动机开关；15—喇叭继电器；16—蓄电池；17—熔断丝盒；18—燃油表传感器；19—倒车灯开关；20—前照灯示灯；21—充电指示灯；22—起动机开关；23—照明灯开关；24—转向灯开关；25—喇叭按钮；26—变光开关；27—车速表；28—水温表；29—燃油表；30—机油压力表；31—电流表；32—电缆附加电阻继电器；33—示宽灯、制动灯及转向灯；34—倒车灯；35—牌照灯

现代汽车电路图中有的使用了一些统一符号，如电路图上部的灰色区域内的 4 根导线分别标以 "30"、"15"、"X"、"31"，其中 "30" 表示常火线，"15" 表示接小容量电器的火线，在点火开关打开时，由点火开关将其接通带电；"X" 表示接大容量电器的火线，在点火开关处于点火位置时，由中间继电器（减荷继电器）将其接通带电；"31" 表示接地线。如图 11 - 10 所示。

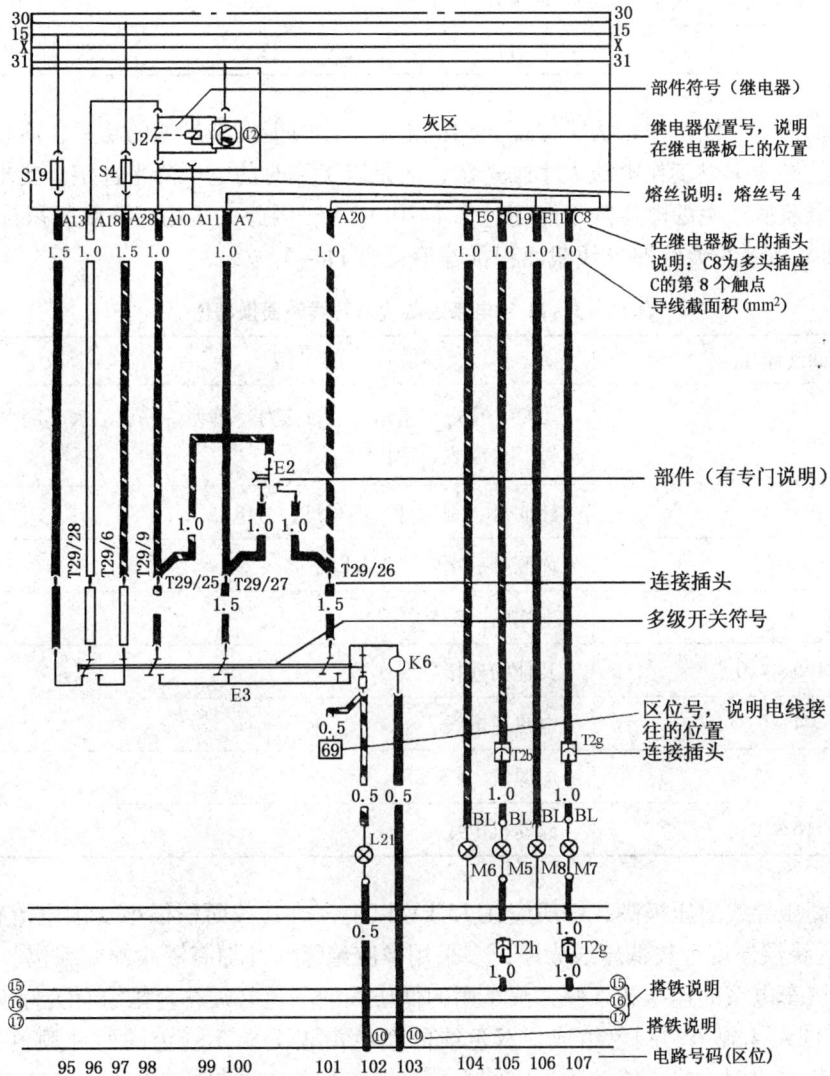

图 11 - 10　上海桑塔纳 LX 型轿车电路图中的符号说明

第四节　汽车电系的导线和线束

一、导线

汽车电系的导线有高压线和低压线两种，二者均采用铜质多芯软线。导线截面积主要根据其工作电流选择。对于一些电流很小的电器，为保证导线应具有一定的机械强度，其导线截面积不得小于 0.5 mm^2。

低压线主要根据用电设备的工作电流来选择。各种低压导线截面积所允许的负载电流列于表 11-2。

表 11-2　低压导线标称截面允许负载电流值

导线标称截面积/mm^2	0.5	0.8	1.0	1.5	2.5	3.0	4.0	6.0	10	13
允许电流/A			11	14	20	22	25	35	50	60

由于起动机是短期工作，为了保证起动机正常工作时能发出足够的功率，所以连接蓄电池与起动机的导线不以工作电流大小来选定，而是以工作时的电压降来选定。要求在线路上每 100 A 的电流所产生的电压降不能超过 0.1~0.15 V，因此，所用导线截面积较大。

汽车 12 V 电系主要线路导线截面积推荐值见表 11-3。

表 11-3　12 V 电系主要线路导线截面推荐值

标称截面/mm^2	用　　途
0.5	尾灯、顶灯、指示灯、仪表灯、牌照灯、燃油表、刮水器电动机、电钟、水温表、油压表
0.8	转向灯、制动灯、停车灯、分电器
1.0	前照灯、喇叭（3 A 以下）
1.5	电喇叭（3 A 以下）
1.5~4.0	其他的连接导线
4~6	电热塞电线
6~25	电源线
16~95	起动机电线

汽车的高压导线耐压极高，一般应在 15 kV 以上，故其截面积很小（因电流很小），约 1.5 mm^2，绝缘层厚度远较低压线为厚，多采用橡胶绝缘，外加有浸漆棉质编包。

为便于汽车电系的连接和维修，汽车用的低压线的颜色必须符合国家有关标准。单色线的颜色由表 11-4 规定的颜色组成。双色线的颜色由表 11-5 规定的两种颜色配合组成。双色线的主色占比例大些，辅助色占比例小些。辅助每条纹沿圆周表面的比例为 1:3~1:5。双色线的标注第一色为主色，第二色为辅助色。

表 11-4　汽车用电线颜色

电线颜色	黑	白	红	绿	黄	棕	蓝	灰	紫	橙
代　号	B	W	R	G	Y	Br	Bl	Gr	V	O

导线颜色的选用程序，应符合表 11-5 的规定。

表 11 - 5　电线颜色的选用程序

选用程序	1	2	3	4	5	6
电 线 颜 色	B	BW	BY	BR		
	W	WR	WB	WBL	WY	WG
	R	RW	RB	RY	RG	RBL
	G	GW	GR	GY	YBL	GBL
	Y	YR	YB	YG	BrB	YW
	Br	BrW	BrR	BrY	BLB	
	BL	BLW	BLR	BLY	GB	BLO
	Gr	GrR	GrY	GrBL	GrB	GrB

汽车电系一般分为 9 个系统，各系统的主色见表 11 - 6。

表 11 - 6　汽车电路各系统的主色

序　号	系　统　名　称	电线主色	代　号
1	电源系	红	R
2	点火和启动系	白	W
3	前照灯、雾灯及外部灯光照明系统	蓝	BL
4	灯光信号系统，包括转向指示灯	绿	G
5	车身内部照明系统	黄	Y
6	仪表及警报指示和喇叭系统	棕	Br
7	收音机、电钟、点烟器等辅助装置	紫	V
8	各种辅助电动机及电器操纵系	灰	Gr
9	电器装置搭铁线	黑	B

二、线束

对繁杂的汽车电器线路，为了达到排列整齐、有条不紊、便于拆装、保证绝缘良好，免受振动而磨损折断导线的目的，除高压线外，都应用棉纱编织或用薄聚氯乙烯带缠绕包扎成束，称作线束或线缆。

安装汽车线束时，一般都事先将仪表板和总灯开关，点火开关等连接好，然后再往汽车上安装。接线时，可根据导线颜色区分，分别接于相应的电器上。安装线束时应注意：

① 线束应用卡簧或绊钉固定，以免松动磨坏。

② 线束在拐弯处或在有相对运动的部件间，不应拉得太紧。

③ 在穿过洞口或绕过锐角处，应用橡皮、毛毯之类垫子或套管保护，使其不被磨损而造成搭铁、短路甚至酿成火灾等危险。

④ 各个线头连接必须牢固、可靠，线头与线头之间、线头与接线柱之间应接触良好。

图 11 - 11 为东风 EQ1090 型汽车的电源、启动、点火系统线束图，图 11 - 12 为东风 EQ1090 型汽车仪表、照明、信号系统线束图，图 11 - 13 为东风 EQ1090 型汽车车身线束图。

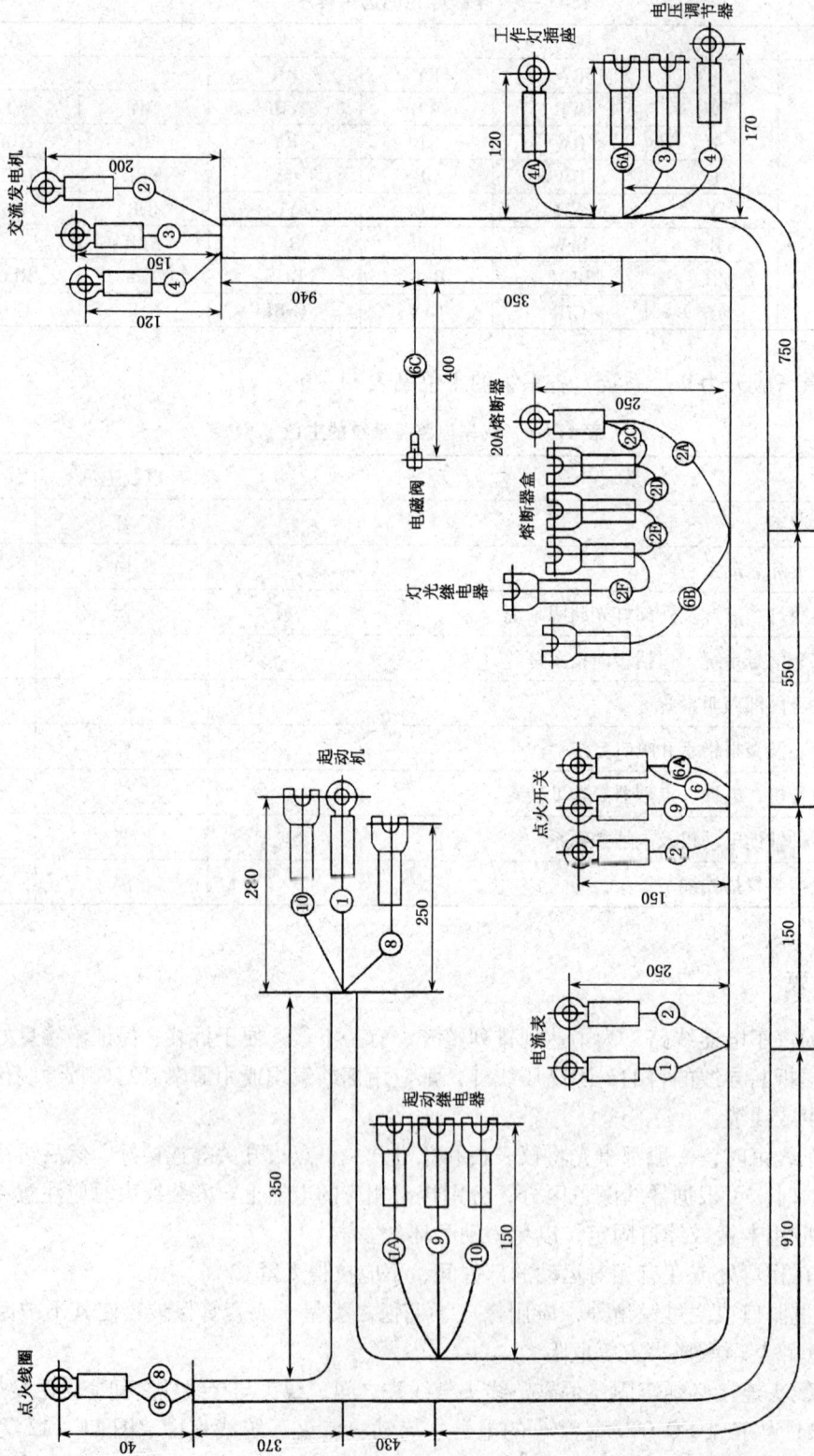

图11-11 东风EQ1090型载货汽车电源、启动、点火系统线束图

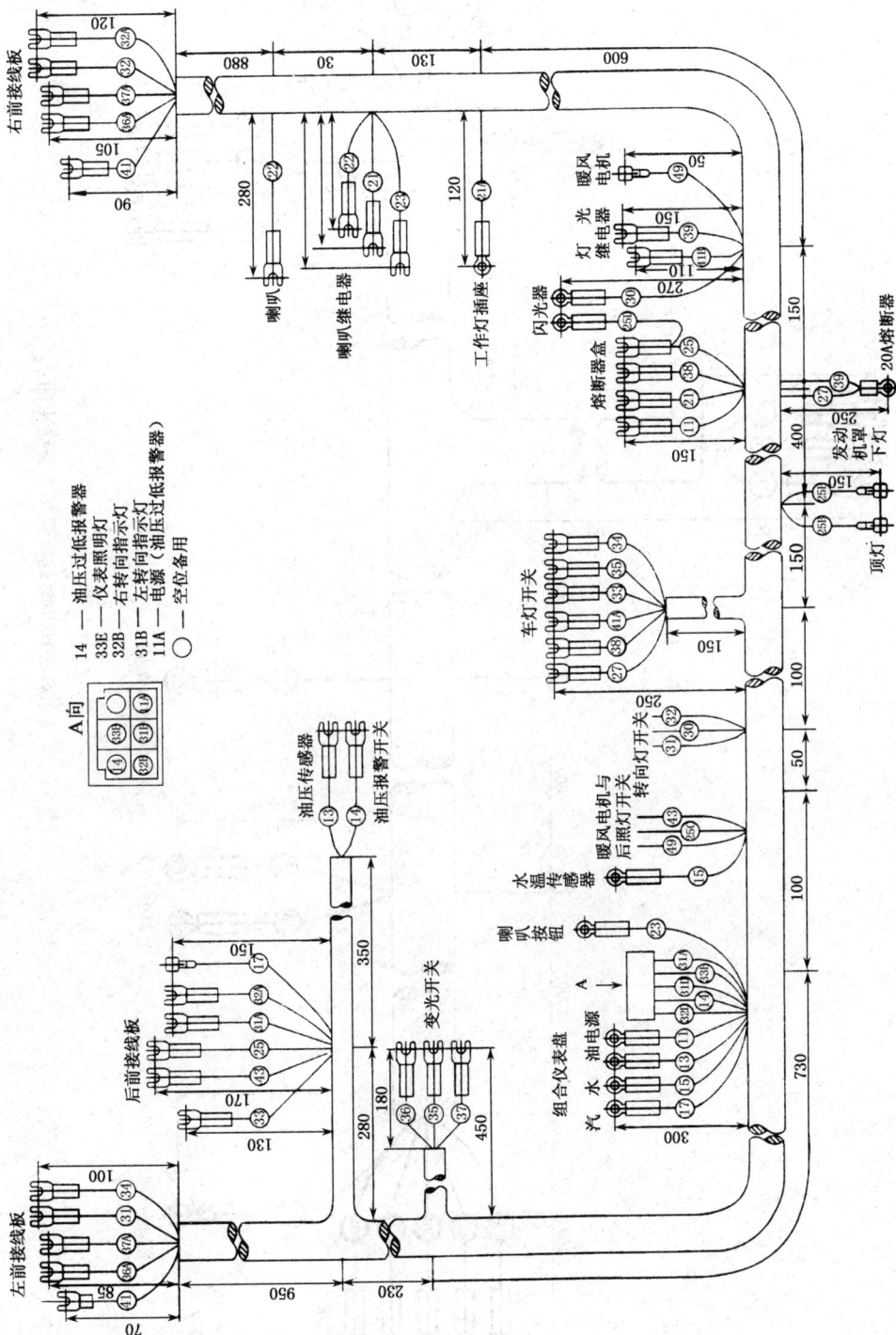

图11-12　东风EQ1090型载货汽车仪表、照明、信号系统线束图

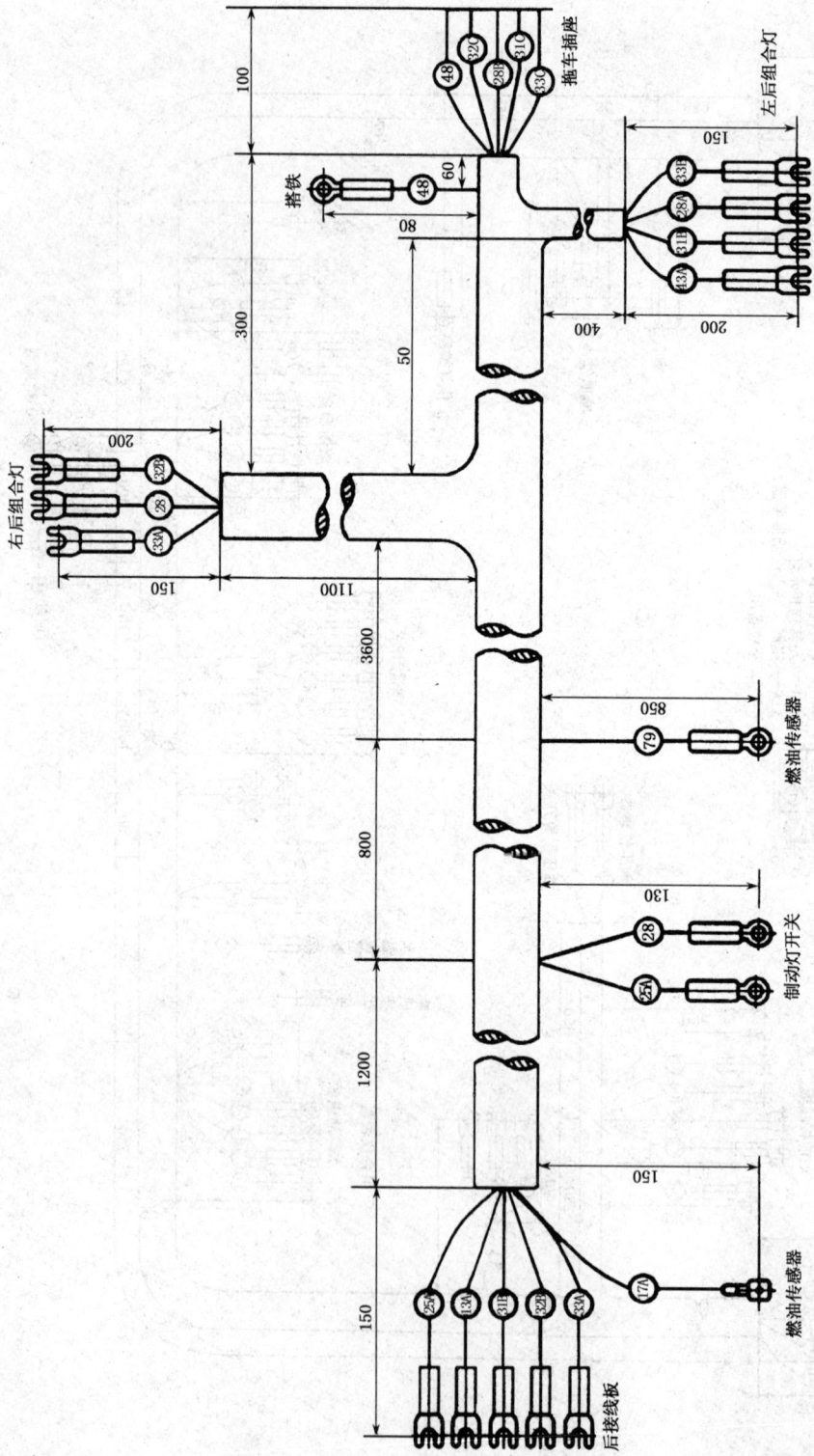

图11-13 东风EQ1090型载货汽车车身线束图

测 试 题

一、判断题

1. 电路图是用来表示电路中的实物及电路连接情况的图。 （　　）

2. 线束图是用来表示电路中接线的实际位置、线路走向、线型色码的指示图。 （　　）

3. 短路是指电路中某处断开，不成通路的电路。 （　　）

4. 开路也称断路，此时电路中无电流。 （　　）

5. 在标准画法的线路图中，开关的触点处于断开状态。 （　　）

6. 在阅读电路图时，应掌握回路原则，即电路中工作电流是由电源正极流出，经用电设备后流回电源负极。 （　　）

7. 点火高压线的选择主要以耐压为依据。 （　　）

8. 拆卸蓄电池时，应先拆下正极接线。 （　　）

9. 连接蓄电池与起动机的导线以工作电流的大小来选定。 （　　）

10. 低压线主要根据用电设备工作电流来选择。 （　　）

二、单项选择题

1. 一般工作电流大、工作时间短的用电设备的电流不经过_____。

　　A. 开关　　　　　　B. 熔断器　　　　　　C. 继电器　　　　　　D. 电流表

2. 电路图中在电路的中断处（或线的上方）有"—1.0 R—"（或1.0 R），"1.0"表示该导线_____。

　　A. 标称截面积为 1.0 mm^2　　　　　　B. 标称截面积为 0.1 mm^2

　　C. 是红色的　　　　　　　　　　　　　D. 是黑色的

3. 电路图中在电路的中断处（或线的上方）有"—1.0 R—"（或1.0 R），"R"表示该导线_____。

　　A. 标称截面积为 1.0 mm^2　　　　　　B. 标称截面积为 0.1 mm^2

　　C. 是红色的　　　　　　　　　　　　　D. 是黑色的

4. 启动电缆线为_____。

　　A. 高压线　　　　　　B. 低压线　　　　　　C. 屏蔽线　　　　　　D. 绝缘线

5. 大部分用电设备都通过_____，形成许多条并联的支路。

　　A. 继电路　　　　　　B. 配电器　　　　　　C. 电容器　　　　　　D. 熔丝盒

6. 汽车的手动电源总开关一般安装在_____。

　　A. 蓄电池和电流表之间　　　　　　　　B. 蓄电池搭铁和车架之间

　　C. 车灯、小灯和尾灯的总火线上　　　　D. 蓄电池和起动机之间

7. 电路图上部的 4 根导线分别称以"30"、"15"、"X"、"31"，其中"30"表示_____。

　　A. 常火线　　　　　　　　　　　　　　B. 接小容量电器的火线

　　C. 接大容量电器的火线　　　　　　　　D. 接地线

8. 电路图上部的 4 根导线分别标以"30"、"15"、"X"、"31"，其中"15"表示_____。

A. 常火线   B. 接小容量电器的火线

C. 接大容量电器的火线   D. 接地线

9. 一般电路的基本组成有电源、开关、连接导线和_____。

A. 负荷   B. 电容器   C. 电阻器   D. 熔断器

10. 线束端子一般由黄铜、紫铜、铝材料制成，它与导线的连接均采用_____的方法。

A. 焊接   B. 插接   C. 冷铆压合   D. 缠绕

参 考 文 献

［1］边焕鹤. 汽车电器与电子设备［M］. 北京：人民交通出版社，1997.

［2］秦明华. 汽车电器与电子技术［M］. 北京：北京理工大学出版社，2003.

［3］吴基安. 汽车电器维修指南［M］. 北京：电子工业出版社，1994.

［4］藤迟美也，小林久德. 电子控制汽油喷射［M］. 于贵林，译. 北京：汽车与驾驶维修杂志出版社，1992.

［5］林田洋一. 汽车电子学［M］. 蔡锐彬，译. 北京：人民交通出版社，1998.

［6］V A W Hillier. Fundamentals of Automotive Electronics［M］. London：Century Hutchinson Ltd，1987.

［7］Tom Denton. Automobile Electrical & Electronic Systems［M］. London：Edward Arnold，1995.

［8］Ken Layne. Automotive Engine Performance［M］. Englewood Cliffs，New Jersey，Regents/Prentice Hall，1993.

［9］李春明. 汽车电器与电路［M］. 北京：高等教育出版社，2003.

［10］舒华. 姚国平. 汽车电器与电子技术［M］. 北京：人民交通出版社，2004.

［11］尹万建. 轿车发动机电控系统原理与检修实用教程［M］. 北京：机械工业出版社，2003.

［12］李涵武. 汽车电器与电子技术［M］. 哈尔滨：哈尔滨工业大学出版社，2003.

［13］孙余凯. 项绮明，等. 汽车电器维修入门［M］. 北京：人民邮电出版社，2003.

［14］肖云魁，等. 21 世纪汽车［M］. 北京：兵器工业出版社，1999.

［15］陈无畏. 汽车车身电子与控制技术［M］. 北京：机械工业出版社，2008.